Houghton Mifflin Company · Boston

Dallas   Geneva, Illinois   Lawrenceville, New Jersey   Palo Alto

Kaleidoskop

Kultur, Literatur und Grammatik

Second Edition

Jack Moeller

Oakland University

Helmut Liedloff

Southern Illinois University

Helen Lepke

Clarion University

with
Constanze Kirmse

Boston University

Cover Art by Anton Stankowski: **Zellendurchdringung**, 1975, acrylic on canvas. (see pp. A64–A66 for all other art and text credits)

Acknowledgments

The authors and publishers would like to thank the following people for their in-depth reviews of portions of the manuscript:

Susan Austin, Winchester High School (Winchester, MA); Samuel Berr, State University of New York at Stony Brook (Stony Brook, NY); Ulrich Cuertin, Goethe Institute (Boston, MA); Thomas Di Napoli, Louisiana State University (Baton Rouge, LA); Beverly Eddy, Dickinson College (Carlisle, PA); Ellin S. Feld, Columbia University (New York, NY); Alfred F. Goessl, University of Missouri — St. Louis (St. Louis, MO); Walther Hahn, University of Oregon (Eugene, OR); Ingeborg Henderson, University of California, Davis (Davis, CA); Barbara Hyams, Boston University (Boston, MA); Clifford Kent, Beverly High School (Beverly, MA); Gertrud Lackschewitz, University of Montana (Missoula, MT); William E. Pohl, Texas Christian University (Fort Worth, TX); Arlene Schalich, University of Maryland — European Division (Heidelberg, West Germany); Marlies Stueart, Wellesley Senior High School (Wellesley, MA); Sigrid Weinmann, Michigan Technological University (Houghton, MI). Thanks also to Claudia Fiederle (Kirchzarten, FRG) for providing the slang expressions in *Thema 6.* In addition, thanks to Marianne Richert for preparing the reading in *Thema 9.* We are especially grateful to Professor John Barthel, Oakland University (Rochester, MI) for his valuable suggestions for the second edition.

Components of **Kaleidoskop**:

  Student Text (hardbound)
  Instructor's Annotated Edition (hardbound)
  Workbook/Lab Manual
  Tapescript/Answer Key (in printed form)
  Recordings (cassettes and reel-to-reel)
  Test Resource Booklet
  Videos with accompanying Guide

Printed in the U.S.A.

Library of Congress Catalog Card Number: 86-81691

Student's Edition ISBN: 0-395-35949-X

Instructor's Annotated Edition ISBN: 0-395-42417-8

BCDEFGHI—RM—8987

Contents

To the Student

Kaleidoskop, 2nd Edition, is an intermediate course designed for students who have completed two semesters of college (or two years of high-school) German, or the equivalent. The program consists of a textbook, a Workbook/Lab Manual, a set of recordings, and a set of videos.

The overall aim of **Kaleidoskop** is to continue the development of reading, writing, speaking, and listening skills. You will read various types of modern prose. A number of oral and written exercises will require you to read the texts closely and intensively, thus aiding you in vocabulary acquisition, and encouraging you to express personal opinions and attitudes. The readings and exercises in the textbook are supplemented by the Workbook/Lab Manual and recordings that further develop and refine the skills of listening, speaking, and writing.

A second set of aims for **Kaleidoskop** is to review basic grammar commonly covered in beginning courses, expand and redefine the basics, and offer you additional practice in speaking and writing everyday German.

An important feature of **Kaleidoskop** is the systematic presentation and reinforcement of vocabulary. The text assumes familiarity with a basic vocabulary of 1,200 high-frequency words, most of which are found in *Das Zertifikat Deutsch als Fremdsprache*; Heinz Oehler, *Grundwortschatz Deutsch*; and J. Alan Pfeffer, *Grunddeutsch: Basic (Spoken) German Word List*. Each *Thema* introduces and practices thirty to forty new vocabulary words for active use. By the end of the course you should have an active vocabulary of approximately 1,600 words plus a recognition vocabulary of an additional 1,500 words.

Kaleidoskop has two main parts. Eleven *Themen* make up the reading section (*Lektüre*) containing cultural readings and short stories; twelve *Kapitel* make up the grammar review section (*Grammatik*). A third smaller section (*Weitere Lektüre*) of five additional short stories falls between the two main parts of the book.

Each *Thema* in the *Lektüre* focuses on a contemporary theme such as stereotypes, equal rights, humor, or environmental concerns. Two readings appear in each *Thema:* a cultural reading and a short story. The cultural readings are presented in various formats: newspaper and magazine articles, interviews, letters, songs, rhymes. The second selection in each *Thema* is a short story written by a modern author from the Federal Republic of Germany, the German Democratic Republic, Switzerland, or Austria.

Each reading selection is accompanied by a series of learning aids. A brief English introduction gives a preview of the cultural reading's content or a brief biography of the short story author. To prepare you for the reading, the *Vorbereitung auf das Lesen* has several questions (*Zum Thema*) designed to elicit what you already know about the topic, several study questions (*Leitfragen*) to help guide you in your reading, and three groups of guessable words: *Verwandte Wörter*, *Wortfamilien*, and *Wörter im Kontext*. Marginal glosses will enhance your comprehension and reading enjoyment by defining low-frequency words that are neither a part of the basic list of 1,200 words nor introduced in the active vocabulary of a particular *Thema*.

Three groups of activities follow each reading:

1. *Zum Text* contains exercises that help you gain a deeper understanding of the selection as you work intensively with the text.
2. *Wortschatzübungen* contains a list of vocabulary words to be learned actively with their English equivalents and an exercise to check mastery. Other word-building exercises help you enlarge your vocabulary through work with prefixes and suffixes.
3. *Was meinen Sie?* provides you with the opportunity to express your opinions about the topic, to prepare skits or debates, and to engage in role-playing.

The self-contained grammar portion of the book reviews most of the grammar features normally covered in beginning courses and introduces some new elements. Grammar points are explained in English for the sake of clarity, and are followed by a series of situationalized exercises. Because the vocabulary in the exercises is limited to the basic list of 1,200 words, you can concentrate on the grammar at issue without the distraction of unfamiliar vocabulary.

The reference section in **Kaleidoskop** contains appendixes with translations of songs and grammar tables, charts, and lists; a German-English and an English-German vocabulary; and an index.

BUNDESREPUBLIK DEUTSCHLAND/DEUTSCHE DEMOKRATISCHE REPUBLIK

Erster Teil

Lektüre

Thema 1

Die lebendige Sprache

Man duzt Freunde und redet sie mit Vornamen an.

Du oder Sie?

Language reflects social customs. For instance, a Japanese speaker is expected to acknowledge the social position of the person addressed. The speaker must select one of twenty possible forms for *you*, depending on the social relationship and the degree of intimacy between the speaker and the person addressed. Modern German has three different forms for *you*, compared to a single form in English.

The formal **Sie** is a relatively late addition to the German language. The seventeenth and eighteenth centuries saw a development that brought about the practice of addressing a person of higher social standing in the third person plural (**sie**) and capitalizing the form in writing (**Sie**). As social behavior changed so did the language. The third person form of address evolved into the separate form **Sie**, added to **du** and **ihr**. The use of **du** and **Sie** in German today involves a number of complex social attitudes and values that are learned at a very early age. But social behavior continues to change. The following selection discusses the changing attitudes and values as they relate to **du** and **Sie** and reports the views of the younger generation who are dissatisfied with words that denote social distinctions and wish to abolish **Sie**.

Vorbereitung auf das Lesen

One way to read more successfully in German is to become aware of things you may already know about a selection. In this section, **Vorbereitung auf das Lesen**, you will read about the general theme of the unit (**Thema**) under the title of **Zum Thema**. Following this general presentation of the topic, you will find more specific questions and observations, **Leitfragen**, to keep in mind as you read. To help you develop your skill at guessing the meaning of new words short lists of cognates and word families will direct you in this endeavor. The general orientation to the theme, the questions, and the vocabulary should focus your attention on specific points, aid your comprehension, and add to your enjoyment of the German selections in this textbook.

Zum Thema

Research has shown that in order to understand a piece of writing, you must first determine its topic. The sooner the topic is clear to you, the more immediate will be your understanding. It is also obvious that your comprehension will improve if you already know something about the topic. In order to facilitate your reading of German, each selection will be introduced by a series of questions that relate to the general theme.

1. Wann gebrauchen die Amerikaner Nachnamen°? Vornamen°?   *last names / first names*
2. Welche Titel gebrauchen die Amerikaner? Wann gebraucht man sie?
3. Wo redet man Sie mit Vornamen an: Auf der Bank? Beim Arzt? An der Tankstelle? Im Warenhaus? Wo sonst?

Leitfragen

In this section, you will be asked to keep questions in mind that are specifically related to the reading selection. By focusing on certain specifics, these questions will provide clues to greater overall understanding of the texts.

Die Deutschen gebrauchen Vornamen und Nachnamen oft anders als die Amerikaner. Beim Lesen beachten° Sie: *observe*

1. Wann gebrauchen die Deutschen Vornamen? Nachnamen?
2. Was sind die Regeln für „du" und „Sie"?
3. Duzen° oder siezen° sich folgende Personen: Kinder, Familienmitglieder°, Verwandte°, die sich nicht kennen; Kollegen; Soldaten; Studenten?   *say du / say Sie* / *family members / relatives*
4. Was spricht für Siezen und Duzen, d.h. für zwei Formen? Was spricht für allgemeines Duzen?

Verwandte Wörter, Wortfamilien, Wörter im Kontext

To develop reading facility in German it is also important to become adept at the art of intelligent guessing. The following three sections will help you develop this skill by bringing to your attention three groups of guessable words that will regularly appear before the German reading selections in this book.

Verwandte Wörter: identical cognates or words that are closely related to English words. Some cognates are easy to guess because they are either identical to or similar to English words in spelling and meaning, such as **Hand** or **Kamera**. Other cognates require perhaps more imagination to recognize because the spelling differs considerably from English.

Wortfamilien: words in families that are compounds such as **der Zahltag** from **zahlen** and **Tag**, or words that have the same base word but are different parts of speech, often formed by the addition of a suffix or prefix. This category includes nouns, verbs, adjectives, and adverbs, such as **die Furcht, fürchten, furchtbar,** and **fürchterlich.** For words in this category related words that you probably know are given in parentheses.

　　Wörter im Kontext: words whose meaning can be guessed from context. Each word in this category will either be used in a sentence or made understandable by means of an equivalent expression.

Verwandte Wörter

die Distanz	reservieren
die Identität	resultieren
der Komplex	die Solidarität
psychisch	der Ton

Wortfamilien

ausdrücken (der Ausdruck)	menschlich (der Mensch)
die Bewegung (bewegen)	die Persönlichkeit (die Person)
d.h. (das heißt)	usw. (und so weiter)
die Freundschaft (der Freund)	undenkbar (denken)
der Gebrauch (gebrauchen)	z.B. (zum Beispiel)
kulturell (die Kultur)	

Wörter im Kontext

Man **duzt** Freunde: Man sagt „du" zu Freunden.
Man **siezt** Fremde: Man sagt „Sie" zu Fremden.
Die Frau heißt Inge Schmidt. Inge ist ihr **Vorname**; Schmidt ist ihr **Nachname**.

Sprache und Kultur — wie hängen sie zusammen? Kultur ist in der Sprache, sagt man; oder Sprache hat etwas mit Kultur zu tun. Aber wie? Vielleicht ist eine Sprache wie ein Kulturmuseum. Viele kulturelle Einzelheiten sind hier zu sehen. Einige deutsche kulturelle Einzelheiten kann man auch auf englisch beschreiben. Man kann z.B. ins Englische übersetzen: Die Deutschen haben eine Vorliebe° für geschlossene Türen, für Hecken° und Zäune°, d.h.° für eine besondere Art von Distanz zu ihren Nachbarn. Oder sie gebrauchen Messer und Gabel beim Essen anders als die Amerikaner. Bei den sprachlichen Einzelheiten ist es dagegen schwieriger. Solche Einzelheiten kann man in einer anderen Sprache nur schwer ausdrücken. Und doch sind sie

special liking

hedges / fences / = **das heißt:** that is

*Das „Sie" impliziert eine
bestimmte Förmlichkeit.*

sehr wichtig. Die Sprache ist nämlich ein bestimmender° Teil des Men-   determining
schen, der menschlichen Identität.

    Ein Beispiel für den Zusammenhang von Kultur und Sprache ist der
15 Gebrauch von „du" und „Sie". Diese beiden Wörter unterscheiden
zwischen Vertraulichkeit° und Distanz. Die Vertraulichkeit ist für die   intimacy
Familie und einige wenige Freunde reserviert. Die Distanz ist für die
Vielen. Man duzt die wenigen Freunde und redet sie mit Vornamen
an°. Man siezt die vielen Bekannten und redet sie mit Nachnamen an.   **redet an:** addresses
20 Das „Sie" impliziert° eine bestimmte Förmlichkeit°. Es schafft   implies / formality
psychische Distanz.

    Eine Ausnahme war schon immer das Duzen in bestimmten Grup-
pen. So duzten sich z.B. Soldaten und Arbeiter und auch Studenten,
wenn sie Mitglieder einer Verbindung° waren.   fraternity

25   Bei diesem ganzen Komplex von Regeln gab es manchmal pein-
liche° Augenblicke. Wenn z.B. ein Mitglied der Familie heiratete, sollte   embarrassing
man plötzlich alle neuen Familienmitglieder mit „du" anreden.
Irgendwie unpassend°. Aber so war's nun mal. Die Regel galt: Ver-   inappropriate
wandte duzt man.
30   Vor fünfzig, ja vor zwanzig Jahren gab es ziemlich klare Regeln für
„du" und „Sie". Und keiner dachte daran, diese Regeln zu ändern. Vor
ein paar Jahren ist nun Bewegung in diese klaren Regeln gekommen.

Vielleicht hat der Generationskonflikt etwas damit zu tun. Die jüngere
Generation fühlt den Gegensatz° zur älteren besonders stark. Daraus   opposition
35 resultiert ein besonders starkes Gruppengefühl, ein Gefühl der
Solidarität. Früher haben sich z.B. nur Studenten geduzt, die Freunde
waren. Heute duzen sich fast alle Studenten sofort. Früher war es
undenkbar, daß ein Schüler einen Lehrer duzte. Heute erlauben einige
jüngere Lehrer, daß ihre Schüler sie duzen. Es gibt sogar Leute, die das
40 „Sie" ganz abschaffen möchten.
    Kürzlich lud die Wochenzeitung *Die Zeit* ihre jungen Leser (unter
20) zu einer Diskussion über die Du-Sie-Frage ein. Hier sind einige
Briefe:

    Kinder und Teenager duzen sich, und keiner findet das unpassend.
45 Ganz natürlich ist es auch, daß sich Erwachsene siezen. Warum? Höf-   politness
lichkeit und Respekt spielen hier eine Rolle. Wenn sich Erwachsene
siezen, kennen sie sich meistens erst kurze Zeit. Oder sie wollen
Distanz halten. Wird jedoch die Kommunikation durch das „Sie" nicht
schwieriger? Mit dem „du" wäre es leichter, Kontakte herzustellen.
50 Man könnte offener über Probleme sprechen.
                                                    Doris S., 17 Jahre

    Du oder Sie? Das ist eine schwere Frage. Ist es überhaupt möglich,
jeden zu duzen? Ich glaube nicht. Denn das wäre für viele Menschen
ein unerträglicher° Bruch° in der Sprach- und Denktradition. Deshalb   unbearable / break
55 empfehle° ich diese Zwischenform: Man redet sich mit Vornamen an   recommend

*Das „Du" macht die
Kommunikation einfacher.*

und siezt sich dabei. Im Büro gibt das einen neuen Ton: Er ist nicht
mehr so steif° und erhält trotzdem einen Rest von Distanz.

Christian A., 18 Jahre

stiff

Ich bin fürs Duzen. Früher habe ich es so gemacht, und alle fanden
60 das in Ordnung. Jetzt bin ich elf, und es ist sehr kompliziert°, sich zu
fragen, wen man siezen muß.

Patrick W., 11 Jahre

complicated

Neben uns wohnt ein junges Ehepaar. Die beiden haben mir
gesagt, ich soll sie duzen. Meine Mutter sagte aber: „Das ist doch
65 unhöflich. Schließlich sind das erwachsene Leute. Die mußt du mit ‚Sie'
anreden." Das verstehe ich nun überhaupt nicht. Was sollte ich tun?
Vielleicht sind die Nachbarn beleidigt, wenn ich sie weiter sieze. Und
wenn ich sie duze, ist meine Mutter böse. Also rede ich sie weder mit
„du" noch mit „Sie" an.

Kerstin A., 14 Jahre

70

Diese Meinungen zeigen sehr klar, daß mit den Wörtern „du" und
„Sie" ein ganzer Komplex von kulturellen Einzelheiten zusam-
menhängt. Es geht dabei um Dinge wie° Distanz, Respekt, Höflichkeit,
75 Freundschaft, Vertraulichkeit usw. Für viele sind diese Begriffe°
außerordentlich° wichtig. Hier geht es um eine Sprach- und Denktradition, und ein Bruch erscheint ihnen unerträglich.

Es ... wie: it's a matter of such
things as / concepts

exceptionally

Es ist noch nicht klar, ob es zu diesem Bruch kommt. Klar aber ist:
Eine Generation mit einem neuen Lebensgefühl° will dieses Gefühl in
80 der Sprache ausdrücken. Man sieht also, Sprache und Denken und
Fühlen, Sprache und Benehmen°, Sprache und Kultur sind untrennbar°.
Und diesen besonderen Zusammenhang muß man in der Sprache
selbst erleben. Man kann ihn kaum in eine andere Sprache übersetzen.

philosophy of life

behavior / inseparable

Zum Text

A. Hauptidee. Was ist die Absicht° des Autors? Wählen Sie den
besten Satz oder die besten Sätze, oder formulieren Sie Ihren
eigenen Satz, der die Hauptidee ausdrückt.

intent

Der Autor will Folgendes zeigen:

1. Es ist heute schwierig zu wissen, wen man duzen und wen man
   siezen soll.
2. Man kann die Deutschen und ihre Kultur erst richtig verstehen,
   wenn man die Sprache kann.

3. Die Regeln für Duzen und Siezen haben sich geändert.
4. Junge Leute wollen das „Sie" abschaffen und alle Leute mit „du" anreden, weil das „Sie" Distanz impliziert.
5. Die Sie-Anredeform zeigt die deutsche Vorliebe für das Privatleben.
6. Das Du-Sie-Problem ist ein Symptom des Generationskonflikts.

B. Zum Inhalt

1. Welche traditionellen Regeln gelten dem Artikel nach für „du" und „Sie" im Deutschen? Wer dutzt wen? Wer siezt wen?
2. Viele junge Leute finden „du" besser. Welche Gründe haben sie dafür?
3. Viele Erwachsene finden zwei Anredeformen besser, „du" und „Sie". Warum finden sie es nötig, zwei Anredeformen zu haben?

C. Erfinden Sie Titel! In dem Essay hat jeder Absatz° ein eigenes Thema. Jeder Absatz könnte einen Titel haben. Zum Beispiel für den vierten Absatz (Zeile 25–29) könnte ein Titel heißen: *Peinliche Augenblicke* oder *Verwandte duzt man.* Erfinden Sie Titel für fünf Absätze des Lesestückes!   paragraph

Wortschatzübungen

Substantive

die **Ausnahme, –n**   exception
das **Ehepaar, –e**   married couple
die **Einzelheit, –en**   detail, individual element
der/die **Erwachsene** *(noun declined like adj.)*   adult
das **Mitglied, –er**   member.
die **Ordnung, –en**   order
die **Regel, –n**   rule
der/die **Verwandte** *(noun declined like adj.)*   relative
der **Zusammenhang, ⁼e**   connection

Verben

beleidigen   to insult
erhalten (erhält; erhielt, erhalten)   to maintain; to receive
erlauben (+ *dat.*)   to allow; **erlauben Sie mir**   permit me
erleben   to experience
her·stellen   to establish, produce

übersetzen   to translate
unterscheiden (unterschied, unterschieden)   to distinguish
zusammen·hängen (hing zusammen, zusammengehangen)   to
  be connected with, have to do with

Andere Wörter

jedoch   but, however
kürzlich   recently
schwierig   difficult

D. Vokabeln.   Ergänzen Sie die Sätze mit Wörtern aus der obigen Liste!

Einige _____ der deutschen Kultur kann man auf englisch beschreiben, z.B. die deutsche Vorliebe für geschlossene Türen. Bei den sprachlichen Einzelheiten ist es dagegen _____, sie in einer anderen Sprache auszudrücken. Man kann sie nicht in eine andere Sprache _____. Sprache und Kultur _____ _____. Ein Beispiel für den _____ von Kultur und Sprache ist der Gebrauch von „du" und „Sie". Man gebraucht diese beiden Wörter, um so zwischen Vertraulichkeit und Distanz zu _____. Kinder duzen sich, aber _____ siezen sich, wenn sie sich nicht gut kennen. Man redet nur gute Freunde mit „du" an. Eine _____ war schon immer das Duzen in bestimmten Gruppen. So duzten sich z.B. Soldaten und Arbeiter und auch Studenten, wenn sie _____ einer Verbindung waren. Bei diesem Komplex von _____ gab es manchmal peinliche Augenblicke. Wenn z.B. _____ erschienen, die man noch nie gesehen hatte, dann sollte man die plötzlich duzen. Sie wären _____, wenn man sie siezen würde. Teenager glauben, daß man durch das Duzen Kontakte leichter _____. Sie finden es z.B. ganz in _____, daß sie ein junges Ehepaar duzen. Schüler haben es gern, wenn ihre Lehrer _____, daß sie sie duzen. Erwachsene meinen _____, daß es gut ist, wenn man zu anderen Erwachsenen eine bestimmte Distanz aufrecht _____.

E. Definitionen.   Nennen Sie das deutsche Wort!

1. ein Mensch, der kein Junge oder kein Mädchen mehr ist
2. jemand, der in einem Verein oder in einer Gruppe ist
3. eine Person, die zur Familie gehört
4. etwas in einer Sprache hören oder lesen und es dann in einer anderen Sprache sagen oder schreiben
5. etwas, was gegen die Regel ist

F. Synonyme. Wie kann man den Satz anders sagen?

1. In einem Jahr haben sie eine Million Autos **produziert.**
2. Auf diesem Bild ist es schwer zu **erkennen**, ob das eine Frau oder ein Mann ist.
3. Seine Migräne **hat etwas mit** dem schlechten Wetter **zu tun.**
4. Ich habe ihm zweimal geschrieben, er hat **aber** nicht geantwortet.
5. **Herr und Frau** Schulz haben ein neues Haus gekauft.
6. Du wirst eines Tages **die Erfahrung machen**, daß deine Freunde dich verlassen, wenn du dich nicht änderst.

Was meinen Sie?

G. Redewendungen. Können Sie die Bedeutung der folgenden idiomatischen Ausdrücke erraten?

1. Wir haben Schwein gehabt.
   We had pork.
   We were lucky.

2. Er ist mir sympathisch.
   He feels sorry for me.
   I like him.

3. Er hat ein Jahr gesessen.
   He was out of work for a year.
   He was in jail for a year.

4. Ich mache mir nichts aus Fisch.
   I can't make any dishes with fish.
   I don't care for fish.

5. Was hältst du von Ute?
   What do you think of Ute?
   What are you holding for Ute?

6. Sie nimmt ihn auf den Arm.
   She takes his arm.
   She's teasing him.

H. Zur Diskussion/Zum Schreiben

1. Sollte ein Kind einen Erwachsenen (z.B. den Nachbarn) mit Vornamen anreden? Warum (nicht)?
2. Lesen Sie noch einmal die Zeilen 25–29! Beschreiben Sie einen peinlichen Augenblick, den Sie erlebt haben!
3. Lesen Sie noch einmal die Zeilen 56–57! Sollte man am Arbeitsplatz Distanz zu den Mitarbeitern halten? Wenn ja, wie tut man das am besten? Wenn nein, warum nicht?
4. Schreiben Sie einen Absatz (50 Wörter) über die Vorteile und Nachteile von zwei Anredeformen wie „du" und „Sie"! Finden Sie das deutsche oder das englische System besser?

Ein Tisch ist ein Tisch

Peter Bichsel

Peter Bichsel was born in 1935 in Lucerne, Switzerland, and started out as an elementary school teacher. The success of his first collection of short stories, **Eigentlich möchte Frau Blum den Milchmann kennenlernen,** and a novel, **Die Jahreszeiten,** led him to give up teaching at the age of 33 and devote himself to writing. Bichsel has received several important literary awards over the years: the Prize of Gruppe 47 and the Lessing Prize (given by the city of Hamburg) in 1965, the award of "Town Scribe" of Bergen-Enkheim (one of Germany's most valuable literary prizes) in 1981, and the Johann Peter Hebel Prize in 1986.

The story, "Ein Tisch ist ein Tisch," is from an early collection of short stories, **Kindergeschichten**. The central character is familiar from other stories by Bichsel: the lonely individual isolated from everyday life. Bichsel is interested in the problem of language. Observe how he uses language to show the world of uncertainty in which his characters live. Daily speech is conventional and does not permit real communication. By inventing a new language, the man in "Ein Tisch ist ein Tisch" hopes to create a new reality and overcome the emptiness and loneliness of his existence. But in the attempts to overcome his estrangement, he loses all contact with the world surrounding him and becomes even more isolated.

Vorbereitung auf das Lesen

Zum Thema

1. Beim Sprechen gebraucht man Wörter oft mechanisch. Man sagt etwas, ohne an die wirkliche Bedeutung zu denken. So ein Wort ist „Entschuldigung". Geben Sie weitere Beispiele dafür im Deutschen und im Englischen!

Leitfragen

1. In dieser Geschichte findet ein alter Mann das Leben langweilig. Er erfindet° eine neue Sprache, um es interessanter zu machen. Was sind die Folgen° davon, daß er der einzige ist, der seine neue Sprache versteht?

    invents
    consequences

2. Sie lesen etwas darüber, wie der Mann aussieht. Inwiefern° ist
sein Aussehen seinem Leben ähnlich°? Wie sieht sein Zimmer
aus? Wie sieht der Alltag° für ihn aus?

in what respect
similar
everyday life

Ich will von einem alten Mann erzählen, von einem Mann, der kein
Wort mehr sagt, ein müdes Gesicht hat, zu müd zum Lächeln und zu
müd, um böse zu sein. Er wohnt in einer kleinen Stadt, am Ende der
Straße oder nahe der Kreuzung°. Es lohnt sich fast nicht, ihn zu
5 beschreiben, kaum etwas unterscheidet ihn von andern. Er trägt einen
grauen Hut, graue Hosen, einen grauen Rock° und im Winter den
langen grauen Mantel, und er hat einen dünnen Hals, dessen Haut
trocken und runzelig° ist, die weißen Hemdkragen° sind ihm viel zu
weit.

intersection

jacket

wrinkled / shirt collars

10   Im obersten Stock des Hauses hat er sein Zimmer, vielleicht war er
verheiratet und hatte Kinder, vielleicht wohnte er früher in einer
andern Stadt. Bestimmt war er einmal ein Kind, aber das war zu einer
Zeit, wo die Kinder wie Erwachsene angezogen waren. Man sieht sie
so im Fotoalbum der Großmutter. In seinem Zimmer sind zwei Stühle,
15 ein Tisch, ein Teppich, ein Bett und ein Schrank. Auf einem kleinen
Tisch steht ein Wecker, daneben liegen alte Zeitungen und das
Fotoalbum, an der Wand hängen ein Spiegel und ein Bild.

Der alte Mann machte morgens einen Spaziergang und nachmittags einen Spaziergang, sprach ein paar Worte mit seinem Nachbarn,
20 und abends saß er an seinem Tisch.

Das änderte sich nie, auch sonntags war das so. Und wenn der
Mann am Tisch saß, hörte er den Wecker ticken, immer den Wecker
ticken.

Dann gab es einmal einen besonderen Tag, einen Tag mit Sonne,
25 nicht zu heiß, nicht zu kalt, mit Vogelgezwitscher°, mit freundlichen
Leuten, mit Kindern, die spielten — und das Besondere war, daß das
alles dem Mann plötzlich gefiel.

Er lächelte.

„Jetzt wird sich alles ändern", dachte er. Er öffnete den obersten
30 Hemdknopf, nahm den Hut in die Hand, beschleunigte° seinen Gang°,
wippte° sogar beim Gehen in den Knien und freute sich. Er kam in
seine Straße, nickte den Kindern zu°, ging vor sein Haus, stieg die
Treppe hoch, nahm die Schlüssel aus der Tasche und schloß sein Zimmer auf°.

35   Aber im Zimmer war alles gleich, ein Tisch, zwei Stühle, ein Bett.
Und wie er sich hinsetzte, hörte er wieder das Ticken, und alle Freude
war vorbei, denn nichts hatte sich geändert.

bird chirping

hastened / step
bounced
nickte zu: nodded to

schloß auf: unlocked

Ferdinand Hodler: *Bildnis Carl Spitteler*, 1915.

Und den Mann überkam° eine große Wut.

Er sah im Spiegel sein Gesicht rot anlaufen°, sah, wie er die Augen
40 zukniff°; dann verkrampfte° er seine Hände zu Fäusten°, hob sie und
schlug mit ihnen auf die Tischplatte°, erst nur einen Schlag, dann noch
einen, und dann begann er auf den Tisch zu trommeln° und schrie
dazu immer wieder:

„Es muß sich ändern, es muß sich ändern!"

45 Und er hörte den Wecker nicht mehr. Dann begannen seine Hände
zu schmerzen, seine Stimme versagte°, dann hörte er den Wecker
wieder, und nichts änderte sich.

„Immer derselbe Tisch", sagte der Mann, „dieselben Stühle, das
Bett, das Bild. Und dem Tisch sage ich Tisch, dem Bild sage ich Bild, das
50 Bett heißt Bett, und den Stuhl nennt man Stuhl. Warum denn eigentlich?" Die Franzosen sagen dem Bett „li"°, dem Tisch „tabl"°, nennen
das Bild „tablo"° und den Stuhl „schäs"°, und sie verstehen sich. Und
die Chinesen verstehen sich auch.

came over

rot anlaufen: flush

narrowed / clenched / fists

tabletop

drum

failed

le lit / la table

le tableau / la chaise

„Weshalb heißt das Bett nicht Bild", dachte der Mann und
55 lächelte, dann lachte er, lachte, bis die Nachbarn an die Wand
klopften und „Ruhe" riefen.

„Jetzt ändert es sich", rief er, und er sagte von nun an dem Bett
„Bild".

„Ich bin müde, ich will ins Bild", sagte er, und morgens blieb er oft
60 lange im Bild liegen und überlegte, wie er nun dem Stuhl sagen wolle,
und er nannte den Stuhl „Wecker".

Er stand also auf, zog sich an, setzte sich auf den Wecker und
stützte° die Arme auf den Tisch. Aber der Tisch hieß jetzt nicht mehr   leaned
Tisch, er hieß jetzt Teppich. Am Morgen verließ also der Mann das Bild,
65 zog sich an, setzte sich an den Teppich auf den Wecker und überlegte,
wem er wie sagen könnte.

Dem Bett sagte er Bild.

Dem Tisch sagte er Teppich.

Dem Stuhl sagte er Wecker.

70 Der Zeitung sagte er Bett.

Dem Spiegel sagte er Stuhl.

Dem Wecker sagte er Fotoalbum.

Dem Schrank sagte er Zeitung.

Dem Teppich sagte er Schrank.

75 Dem Bild sagte er Tisch.

Und dem Fotoalbum sagte er Spiegel.

Also:

Am Morgen blieb der alte Mann lange im Bild liegen, um neun
läutete das Fotoalbum, der Mann stand auf und stellte sich auf den
80 Schrank, damit er nicht an die Füße° fror, dann nahm er seine Kleider   an ... Füße: an den Füßen
aus der Zeitung, zog sich an, schaute in den Stuhl an der Wand, setzte   (dialect)
sich dann auf den Wecker an den Teppich und blätterte den Spiegel
durch°, bis er den Tisch seiner Mutter fand.   blätterte durch: leafed through

Der Mann fand das lustig, und er übte den ganzen Tag und prägte
85 sich die neuen Wörter ein°. Jetzt wurde alles umbenannt°: Er war jetzt   prägte ein: impressed on his
kein Mann mehr, sondern ein Fuß, und der Fuß war ein Morgen und   memory / renamed
der Morgen ein Mann.

Jetzt könnt ihr die Geschichte selbst weiterschreiben. Und dann
könnt ihr, so wie es der Mann machte, auch die anderen Wörter
90 austauschen°:   interchange

läuten heißt stellen,

frieren heißt schauen,

liegen heißt läuten,

stehen heißt frieren,

95 stellen heißt blättern.

So daß es dann heißt:

Am Mann blieb der alte Fuß lange im Bild läuten, um neun stellte das Fotoalbum, der Fuß fror auf und blätterte sich auf den Schrank, damit er nicht an die Morgen schaute.

100   Der alte Mann kaufte sich blaue Schulhefte und schrieb sie mit den neuen Wörtern voll, und er hatte viel zu tun damit, und man sah ihn nur noch selten auf der Straße.

Dann lernte er für alle Dinge die neuen Bezeichnungen° und vergaß dabei mehr und mehr die richtigen. Er hatte jetzt eine neue 105 Sprache, die ihm ganz allein gehörte.

designations

Hie und da° träumte er schon in der neuen Sprache, und dann übersetzte er die Lieder aus seiner Schulzeit in seine Sprache, und er sang sie leise vor sich hin°.

Hie ... da: now and then

vor ... hin: to himself

Aber bald fiel ihm auch das Übersetzen schwer, er hatte seine alte 110 Sprache fast vergessen, und er mußte die richtigen Wörter in seinen blauen Heften suchen. Und es machte ihm Angst, mit den Leuten zu sprechen. Er mußte lange nachdenken, wie die Leute zu den Dingen sagen.

Seinem Bild sagen die Leute Bett.
115   Seinem Teppich sagen die Leute Tisch.
Seinem Wecker sagen die Leute Stuhl.
Seinem Bett sagen die Leute Zeitung.
Seinem Stuhl sagen die Leute Spiegel.
Seinem Fotoalbum sagen die Leute Wecker.
120   Seiner Zeitung sagen die Leute Schrank.
Seinem Schrank sagen die Leute Teppich.
Seinem Tisch sagen die Leute Bild.
Seinem Spiegel sagen die Leute Fotoalbum.
Und es kam so weit, daß der Mann lachen mußte, wenn er die Leute 125 reden hörte.

Er mußte lachen, wenn er hörte, wie jemand sagte:

„Gehen Sie morgen auch zum Fußballspiel?" Oder wenn jemand sagte: „Jetzt regnet es schon zwei Monate lang." Oder wenn jemand sagte: „Ich habe einen Onkel in Amerika."
130   Er mußte lachen, weil er all das nicht verstand.

Aber eine lustige Geschichte ist das nicht. Sie hat traurig angefangen und hört traurig auf.

Der alte Mann im grauen Mantel konnte die Leute nicht mehr verstehen, das war nicht so schlimm.
135   Viel schlimmer war, sie konnten ihn nicht mehr verstehen.

Und deshalb sagte er nichts mehr.

Er schwieg,

sprach nur noch mit sich selbst,

grüßte nicht einmal mehr.

Zum Text

A. Hauptidee.   Was ist die Absicht des Autors? Wählen Sie den besten Satz oder die besten Sätze! Oder schreiben Sie Ihren eigenen Satz, der die Hauptidee ausdrückt!

1. Es lohnt sich nicht, den Mann zu beschreiben, denn nichts unterscheidet ihn von anderen.
2. Der alte Mann war unglücklich, weil alles immer gleich blieb — nichts änderte sich.
3. Der alte Mann hat jetzt eine Sprache, die ihm ganz allein gehört.
4. Weil der alte Mann eine neue Sprache hat, verstehen ihn die Leute nicht mehr, und seine Isolierung wird größer.

B. Zum Inhalt

1. Beschreiben Sie den alten Mann!
2. Beschreiben Sie sein Zimmer!
3. Erzählen Sie, was der Mann gewöhnlich tut!
4. Wie versucht der Mann sein Leben interessanter zu machen?
5. Welche Probleme hatte er, weil er seine eigene Sprache hatte?
6. Warum nennt der Autor seine Geschichte traurig?
7. Was ist der Sinn einer Sprache?
8. Hat die neue Sprache des alten Mannes noch Sinn?
9. Der Autor gebraucht eine sehr einfache Sprache. Was ist der Effekt dieser einfachen Sprache?
10. Was hat diese Geschichte mit dem Thema „Die lebendige Sprache" zu tun?

C. Welche Stimmung°?   Der alte Mann ist bald glücklich, bald traurig, bald zufrieden, bald unzufrieden. Sagen Sie welche Stimmung die folgenden Worte beschreiben!

1. ein müdes Gesicht
2. ein Tag nicht zu heiß, nicht zu kalt
3. freundliche Leute
4. das änderte sich nie
5. im Zimmer war alles gleich
6. er beschleunigte seinen Gang
7. alle Freude war vorbei
8. eine große Wut überkam ihn

9. er nickte den Kindern zu
10. er kniff die Augen zu
11. er schlug auf die Tischplatte
12. er freute sich
13. seine Hände schmerzten
14. der Mann fand das lustig
15. seine Stimme versagte

D. Suchen Sie im Text! Bichsel macht eine allgemeine Beobachtung, und dann erklärt er sie durch Einzelheiten. Welche Details machen die folgenden Sätze klarer?

1. Kaum etwas unterscheidet den alten Mann von anderen. (Zeile 5)
2. Dann gab es einmal einen besonderen Tag. (Zeile 24)
3. Aber im Zimmer war alles gleich. (Zeile 35)
4. Und den Mann überkam eine große Wut. (Zeile 38)
5. Nichts änderte sich. (Zeile 47)
6. Jetzt wurde alles umbenannt. (Zeile 85)
7. Aber eine lustige Geschichte ist das nicht. (Zeile 131)

Wortschatzübungen

Substantive

die **Haut**	skin
der **Knopf, ∸e**	button
die **Ruhe**	peace, quiet
der **Wecker, –**	alarm clock

Verben

frieren (fror, gefroren) to freeze; **ich friere** or **es friert mich** I'm freezing

lächeln to smile

läuten to ring

sich lohnen to be worthwhile, be worth the trouble; **es lohnt sich (nicht)** it's (not) worthwhile

nach·denken (über + *acc.*) (dachte nach, nachgedacht) to think about, reflect

schauen to look

schmerzen to hurt

schweigen (schwieg, geschwiegen) to be silent

steigen (stieg, ist gestiegen) to climb; **auf einen Berg ...** to climb a mountain; **ins Auto ...** to get in the car

träumen (von) to dream (of)

Andere Wörter

verheiratet married

E. Vokabeln.   Ergänzen Sie mit Wörtern aus der obigen Liste!

In unserer Stadt wohnt ein alter Mann. Nichts unterscheidet ihn von anderen alten Leuten und es _____ sich fast nicht, ihn zu beschreiben. Seine Haare sind grau und seine _____ ist trocken. Vielleicht war er früher _____, aber er hat jetzt keine Frau. Weil er immer allein ist, ist er oft traurig; er _____ nie. Er versteht die Leute nicht und sie ihn auch nicht. Das kam so.

Eines Tages _____ der Wecker wie immer. Er steht auf, frühstückt, zieht seinen grauen Mantel an, _____ die Treppe hinunter und macht einen Spaziergang. Der Mantel ist offen, denn die _____ fehlen, und da es kalt ist, _____ der Mann. Weil seine Füße vor Kälte _____, geht er wieder nach Hause. Im Zimmer hört er nur den _____ ticken, wie immer. Er setzt sich ans Fenster und _____ auf die Leute auf der Straße. Etwas muß sich ändern, sagt er. Er fängt an, alles anders zu nennen, und bald hat er eine neue Sprache gemacht. Am Anfang macht es ihm Spaß. Bald kann er aber die Leute nur verstehen, wenn er lange darüber _____, wie die Wörter früher waren. Mit der Zeit kann er ihre Worte überhaupt nicht mehr verstehen. Er hat seine frühere Sprache vergessen. Nur wenn er _____, kann er heute mit den Leuten sprechen, denn im Traum sprechen sie seine Sprache. Aber am Tag bleibt alles wie es war. Es hat sich nichts geändert.

F. Verwandte Wörter.   Ergänzen Sie die Sätze!

denken   der Gedanke   nachdenken   undenkbar

1. Der alte Mann _____ über sein Leben _____.
2. Er _____ an die Zeit, als er noch jung war.
3. Als junger Mann fand er es _____, daß er mehr als zwei Jahre in demselben Zimmer wohnen könnte.
4. _____ an eine neue Sprache gefiel dem Mann.

die Heirat, heiraten, verheiratet, sich verheiraten

5. Nach fünf Jahren im Ausland kommt Gerd wieder nach Deutschland, um seine alte Schulfreundin Barbara zu _____.
6. Barbara ist aber schon _____.
7. Sie hat _____ vor zwei Jahren schon _____.
8. An eine _____ zwischen Gerd und Barbara ist also nicht zu denken.

Suffix -*lich*

The suffix -**lich** forms adjectives and adverbs from nouns, verbs, or other adjectives: **die Sprache**>**sprachlich; kaufen**>**käuflich.** The

English suffixes *-able* after verbs *(understandable)* and *-ly* after nouns and adjectives *(friendly)* correspond to **-lich**.

G. Wörter auf *-lich*. Übersetzen Sie die Wörter mit dem Suffix *-lich!* Dann geben Sie ein verwandtes deutsches Wort!

Die Leute fanden, der alte Mann war eine lächerliche Figur und auch nicht sehr freundlich. Weil er sich in seiner alten Sprache nicht verständlich machen konnte, wurde er ängstlich. Er versuchte, alles wörtlich zu übersetzen, aber es gelang ihm nicht.

Suffix *-bar*

The suffix **-bar** forms adjectives from verbs: **denken>denkbar**. Such adjectives express the possibility of something being done. English equivalents often end in *-ble* or *-ful*.

H. Bilden Sie einen Satz mit einem verwandten Verb! Dann übersetzen Sie das Wort auf *-bar!*

▶ zahlbar   *Man muß die Rechnung in Dollar* **zahlen***; payable*

1. brauchbar   3. hörbar   5. übersetzbar
2. eßbar   4. tragbar   6. waschbar

Was meinen Sie?

I. Erfinden Sie ein neues Ende für die Geschichte.

J. Interaktionen.   Bilden Sie eine Gruppe von 2–4 Personen; eine Person führt Protokoll°. Als Mitglieder der Schulverwaltung° müssen Sie entscheiden, ob jedes Kind eine Fremdsprache lernen soll oder nicht. Was spricht dafür, was dagegen? Besprechen Sie unter anderen die folgenden Punkte:

keeps a record of the proceedings / school administration

1. In welcher Klasse sollen die Kinder mit einer Fremdsprache anfangen?
2. Woher soll bei einem vollen Lehrplan° die Zeit kommen?
3. Woher bekommen Sie das Geld?

schedule

Am Ende der Diskussion entscheiden Sie: ja oder nein. Der Protokollführer/Die Protokollführerin informiert die Klasse über die Argumente und die Entscheidung.

K. Zur Diskussion/Zum Schreiben

1. Sollte man eine Universalsprache erfinden, und sollte jeder diese Sprache lernen?
2. Wäre Englisch die beste Universalsprache?
3. Sollten alle Ausländer in diesem Land Englisch sprechen, auch in der Schule?
4. Wie lernt man am besten eine Fremdsprache?
5. Sind alte Leute meistens isoliert? Wenn ja, an wem oder woran liegt es, daß sie isoliert sind?
6. Was sollte die Regierung für alte Leute tun?

Gefühle kann man nicht beschreiben

Gefühle kann man nicht beschreiben,
man kann sie nur geben …
und auch das nicht immer,
denn Gefühle kann man zurückhalten,

aus Scheu,°   shyness
aus Angst,
aus Rücksichtnahme,°   consideration
aus Trotz°   contrariness
und aus Sicherheit.°   safety

Wenn ich könnte,
würde ich dir meine
per Post schicken,
als Einschreiben,°   registered mail
— streng vertraulich° —   strictly confidential
und mit Rückporto°   return postage

man kann ja nie wissen.

—Kristiane Allert–Wybranietz
(geb. 1955)

Thema 2

Stereotypen

Typisch deutsch? Sind diese zwei Frauen
„unhöflich und reserviert"?

Lernt sie erst kennen!

Many Germans and Americans know very little about each other in spite of the close ties between their countries. The first German immigrants arrived in America as early as the seventeenth century, and other groups followed so that between 1820 and 1920 more than six million Germans had settled in the United States. They brought with them customs that have become part of American life, from the Christmas tree to the kindergarten. Today the Federal Republic of Germany and the United States are important trading partners, working together in a close political and economic relationship. Yet there are very few American books on German postwar history. The chief sources of information on Germany for many Americans are film and television, media that often portray stereotypes and contribute to prejudices.

The following article looks at some common stereotypes about Germans and Americans and explores the origin of prejudice. In this American businessman's report on his experience in Germany he lists some differences he discovered between German and American life. He also considers what is necessary to get beyond stereotypical thinking and understand the people as they really are.

Vorbereitung auf das Lesen

Zum Thema

1. Wie sieht für viele Amerikaner der typische Deutsche aus?
2. Wie sehen viele Ausländer wohl den typischen Amerikaner? Was meinen Sie?

Leitfragen

Denken Sie beim Lesen an folgende Fragen:

1. Was führt zu Vorurteilen°?   prejudices
2. Welche Unterschiede zwischen der amerikanischen und deut-
   schen Lebensweise° findet der Geschäftsmann?   life style
3. Warum soll ein Geschäftsmann die Sprache des Landes lernen,
   in dem er arbeitet?
4. Warum kann er nicht einfach Englisch sprechen?

Verwandte Wörter

automatisch	der Kontakt	respektieren
charakterisieren	perplex	systematisch
diszipliniert	die Privatsphäre	typisch
die Gruppe	reserviert	

Wortfamilien

die Entscheidung (entscheiden)	sinnlos (der Sinn)
die Entwicklung (sich entwickeln)	sparsam (sparen)
die Erfahrung (erfahren)	unerwünscht (wünschen)
die Freundlichkeit (freundlich)	verdunkeln (dunkel)
die Nachbarschaft (der Nachbar)	die Wirklichkeit (wirklich)

„Die Deutschen sind diszipliniert und reserviert." — „Sie sind unhöflich und arrogant." — „Sie sind ehrlich, gründlich° und sparsam." Das   thorough
sind Antworten, die ausländische Besucher in Deutschland bei einer
Umfrage° sehr oft gaben. Ist der typische Deutsche also unhöflicher als   poll
5   andere Menschen? Verglichen mit einem einzelnen Ausländer, der zu
einem solchen Urteil kommt, vielleicht ja. Sind alle Deutschen arrogant? Natürlich nicht. Einige Besucher haben es vielleicht schwierig

*Man lernt die Deutschen
am besten in ihrem
eigenen Land kennen.*

gefunden, mit Deutschen Kontakt herzustellen. Oder sie haben vielleicht gesehen, daß einige Deutsche die ausländischen Arbeitnehmer° — workers
10 unhöflich oder arrogant behandeln°. Und sie schließen daraus, daß die — treat
Deutschen reserviert oder arrogant oder intolerant sind. Das Problem
mit solchen Adjektiven ist, daß die meisten Leute sie verallge-
meinern°. Sie gebrauchen sie wie ein Etikett° auf einer Flasche. Sie — generalize / label
vergessen jedoch, daß sie nur einen oder mehrere Deutsche in dieser
15 oder jener Situation als unfreundlich oder arrogant erlebt haben. Sie
vergessen, daß solche Adjektive nur zu einer ganz bestimmten Situation passen.

Eine weitere wichtige Frage bei solchen Urteilen über andere Völ-
ker ist, ob die Urteilenden° die Sprache dieses Volkes können. Bei einer — persons making the judgment
20 Umfrage unter amerikanischen Geschäftsleuten über die Deutschen
hat sich nämlich gezeigt, daß ihre Urteile vor allem davon abhingen,
ob sie Deutsch konnten. Die, die° Deutsch konnten, fanden die Deut- — **die, die:** those, who
schen u.a.° freundlich, diszipliniert, gebildet°, reserviert, systematisch. — = **unter anderen:** among other things / cultured
Die, die kein Deutsch konnten, fanden die Deutschen u.a. unfreund-
25 lich, undiszipliniert, unnahbar°, stur°. Wer hat nun recht? Eine mög- — unapproachable / pig-headed
liche Erklärung ist vielleicht, daß beide Gruppen verschiedene
Verhaltensmuster°, verschiedene Maßstäbe als Grundlage für ihr — behavior patterns
Urteil° benutzt haben. — **Maßstäbe ... Urteil:** standards as bases for judgment / **längere Zeit:** for some time
Ein amerikanischer Geschäftsmann, der schon längere Zeit° in
30 Deutschland lebt und Deutsch kann, erzählt: „Es ist wichtig, daß man
die Sprache lernt und auch, daß man den Alltag° in der Sprache erlebt. — daily life
Man ist dann kein Tourist mehr, man nimmt teil — man arbeitet, man
kauft ein, man hat ein Haus oder eine Wohnung, man hat Nachbarn,
man hat Kollegen.

35 Als ich zuerst nach Deutschland kam, fand ich die Deutschen
schrecklich unfreundlich. Die Kollegen in der Firma haben ‚Guten Morgen' gesagt und mir die Hand gegeben. Aber gelächelt hat keiner.
Und nur Nachnamen haben sie benutzt. Das habe ich mit meinen
amerikanischen Maßstäben natürlich alles als unfreundlich registriert°. — took note of
40 Erst später habe ich gelernt, daß unser Lächeln und der Gebrauch° von — use
Vornamen den Deutschen oberflächlich° und unecht erscheinen. — superficial
Als meine Familie etwas später kam, fand sie unsere Nachbarn
auch unfreundlich. Wir hatten ein Einfamilienhaus, genau wie zu
Hause, und erlebten, daß unsere Nachbarn kaum mal ein freundliches
45 Wort über Zaun oder Hecke mit uns sprachen. Eigentlich ging das auch
gar nicht, denn die Hecke° war viel zu hoch und dick. Wenn wir den — hedge
Nachbarn auf der Straße begegneten, grüßten sie zwar, wenn wir
‚Guten Tag' sagten; aber gelächelt hat keiner. Es kam auch keiner, um
sich mal was zu borgen°, wie wir das von zu Hause gewohnt waren. Da — borrow
50 hatten wir natürlich das Gefühl, daß wir uns auch nichts borgen

*Ein Büro mit vielen
Pflanzen ist freundlicher.*

konnten. Wir fühlten uns also ziemlich isoliert und fanden unsere deutschen Nachbarn unfreundlich.

Es hat ziemlich lange gedauert, bis wir gemerkt haben, daß Nachbarschaft für die Deutschen mit Freundlichkeit nichts zu tun hat.

55 Nachbarn haben in Deutschland eben ein anderes Verhältnis° zuein-   relationship ander als in Amerika. Man ist viel reservierter hier. Man respektiert die Privatsphäre der Nachbarn einfach viel mehr. Bekannte und Freunde hat man weniger in der Nachbarschaft. Und vor allem dauert es sehr viel länger, bis man einen Kreis von Bekannten und Freunden findet.

60 Man muß überhaupt lernen, daß einige Sachen in Deutschland sehr viel länger dauern als in Amerika. Wir Amerikaner sind schrecklich ungeduldig, finden meine deutschen Freunde. Da habe ich in meiner Firma interessante Erfahrungen gemacht. In Amerika hatte ich gelernt, daß eine schnelle Antwort auf einen Vorschlag großes Interesse ver-

65 rät°. Als ich also in meiner Firma meinen ersten Plan vorlegte° und   indicates / presented lange Zeit nichts hörte, meinte ich schon, daß kein Mensch sich dafür interessierte. Als schließlich eine sehr positive Antwort kam, war ich perplex. Hatten sie nun Interesse oder nicht? Erst später habe ich gelernt, daß man in Deutschland viel länger braucht, weil man Ent-

70 scheidungen sehr systematisch vorbereitet.

So habe ich viel gelernt, und ich habe vieles nur lernen können, weil ich die Sprache gelernt habe. Das dauert natürlich seine Zeit.

Ohne die Sprache ist es schwer zu verhandeln°. Ohne die Sprache ist es
schwer, Freundschaften zu entwickeln. Und man braucht Freunde, die
75 einem helfen, den deutschen Markt zu verstehen. Ohne die Sprache
hat man außerdem keinen direkten Zugang° zu den Mitarbeitern°. Da
glaubt man dann leicht, daß die Leute mit dem besten Englisch auch
die besten Leute sind. Ich hatte immer gedacht, daß zwei Jahre in
Deutschland genug sein müßten. Aber heute weiß ich, daß man als
80 Geschäftsmann nach zwei Jahren gerade richtig gelernt hat, in der
Sprache zu denken und die deutsche Lebensweise mehr oder weniger
automatisch zu verstehen."

Der Geschäftsmann hat eine interessante Entwicklung hinter sich.
Am Anfang hat er die Deutschen mit amerikanischen Maßstäben
85 gemessen und sie unfreundlich gefunden. Dann hat er die Sprache
gelernt, er hat Menschen kennengelernt, hat ihren Alltag auf deutsch
erlebt und hat gelernt zu denken wie sie. Er hat gefunden, daß so ein
Adjektiv wie „freundlich" für Deutsche in einem anderen Zusammenhang steht als „friendly" für Amerikaner. Daher sind solche Adjek-
90 tive, die ein Volk charakterisieren sollen, eigentlich sinnlos. Sie
erklären nichts. Sie verdunkeln die Wirklichkeit eher°, als daß sie sie
erhellen°.

negotiate

access / co-workers

rather

shed light on

Zum Text

A. Hauptidee. Was ist die Absicht des Autors? Wählen Sie den
besten Satz oder die besten Sätze! Oder formulieren Sie selbst!
Der Autor will zeigen,

1. wie das Bild des typischen Deutschen aussieht.
2. woher Vorurteile kommen und was man dagegen machen kann.
3. wie leicht es ist, ein falsches Bild von einem anderen Volk und
   Land zu gewinnen.
4. daß Ausländer, die Deutsch können, ein positiveres Bild der
   Deutschen haben als Ausländer, die kein Deutsch können.
5. warum Amerikaner Deutsche unfreundlich und arrogant
   finden.
6. was amerikanische Geschäftsleute lernen sollten, um in
   Deutschland erfolgreich zu sein.

B. Suchen Sie im Text! Im Text finden Sie viele Meinungen.
Suchen Sie den genauen Satz und entscheiden Sie: Drückt der

Autor seine eigene Meinung aus, oder berichtet er nur über die Meinung anderer Leute?

1. Die Deutschen sind diszipliniert, aber arrogant.
2. Es ist schwierig, mit Deutschen Kontakt herzustellen.
3. Die meisten Urteile passen nur zu einer bestimmten Situation.
4. Man versteht ein Volk leichter, wenn man die Sprache kann.
5. Wenn man oft lächelt und sofort den Vornamen benutzt, ist das oberflächlich und unecht.
6. Deutsche respektieren die Privatsphäre ihrer Nachbarn sehr.
7. Bei amerikanischen Geschäftsleuten soll alles möglichst schnell gehen.
8. Um ein erfolgreicher Geschäftsmann in Deutschland zu sein, muß man Deutsch können.
9. Man kann ein Volk mit Wörtern wie freundlich oder arrogant nicht charakterisieren.
10. Wenn man andere Leute wirklich verstehen will, muß man lernen zu denken wie sie.

C. Zum Inhalt

1. Welche Unterschiede zwischen Deutschen und Amerikanern hat der Geschäftsmann gefunden? Machen Sie eine Wortliste, damit Sie über die Unterschiede sprechen können!
2. Warum sollten amerikanische Geschäftsleute Deutsch lernen? Welche Argumente finden Sie in dem Artikel?

D. Anders als zu Hause? Im Ausland interpretiert man das Verhalten° eines Menschen oft anders als zu Hause. Wie würde man folgendes interpretieren? Was meinen die Amerikaner? Was meinen die Deutschen?

behavior

1. Ein Mensch lächelt viel.
2. Ein Mensch benutzt fast nur Nachnamen.
3. Ein Mensch spricht wenig über den Zaun mit den Nachbarn.
4. Ein Mensch will immer etwas von seinen Nachbarn borgen.
5. Bei einem Vorschlag wartet ein Mensch sehr lange mit seiner Antwort.
6. Ein Mensch hat viele Freunde.

E. Zur Diskussion/Zum Schreiben. Welche Meinungen erinnern Sie an Klischees oder Vorurteile, die Sie schon oft über Deutschland gehört haben?

Wortschatzübungen

Substantive

der **Ausländer, –**   foreigner (*m.*)
die **Ausländerin, –nen**   foreigner (*f.*)
die **Geschäftsfrau, –en**   business woman
der **Geschäftsmann**, pl. **Geschäftsleute**   business man
das **Interesse, –n**   interest; **Interesse an etwas** (*dat.*)
  haben   to be interested in something
der **Kreis, –e**   circle
das **Urteil, –e**   judgment
der **Vorschlag, ¨e**   suggestion
das **Vorurteil, –e**   prejudice
der **Zaun, ¨e**   fence

Verben

ab·hängen (+ **von**) (**hing ab, abgehangen**)   to depend (on);
  es hängt davon ab, (ob) ...   it all depends (whether) ...
grüßen   to greet; **grüße Petra (von mir)**   say hello to Petra (for
  me)
messen (mißt; maß, gemessen)   to measure
teil·nehmen (an + *dat.*) (**nimmt teil; nahm teil,**
  teilgenommen)   to participate (in)
vergleichen (+ **mit**) (**verglich, verglichen**)   to compare (to)

Andere Wörter

ausländisch   foreign
ehrlich   honest
gewohnt   accustomed; **etwas gewohnt sein**   to be
  accustomed to something
recht   right; **recht haben**   to be right
schrecklich   horrible; very (*colloquial*); **schrecklich**
  schnell   very fast
ungeduldig   impatient

F. Vokabeln.   Ergänzen Sie die Sätze mit Wörtern aus der obigen
Liste!

Susan Engel ist _____ und arbeitet bei einer amerikanischen
Firma in Frankfurt. Sie lebt zum ersten Mal in Deutschland. Sie
schreibt an ihre Chefin in Chicago: „Ich habe hier viel gesehen,
erlebt und gelernt. Als Amerikanerin, als _____ sehe ich manches,

was die Deutschen nicht sehen. Ich kann das Leben hier mit dem Leben zu Hause _gewohnt_. Ich verstehe auch, wie leicht es ist zu sagen, daß die Deutschen etwas falsch machen, einfach weil ich es nicht _____ bin. Das führt aber natürlich zu _____. Ich habe gelernt, alles _hängt_ von dem System _ab_, in dem man lebt. Am Anfang habe ich alles mit amerikanischen Maßstäben _gemessen_. Zum Beispiel, das erste Mal, als ich in der Firma einen _Vorschlag_ machte, wie man etwas besser machen könnte, haben meine Kollegen wenig gesagt. Eine Woche später zeigten sie großes _Interesse_ daran. Als ich sie fragte, warum sie am Anfang nichts gesagt hätten, meinten sie, Amerikaner seien schrecklich _ungeduldig_. Vielleicht haben sie _recht_, daß wir unsere Pläne nicht gut genug vorbereiten. Es ist eigentlich unmöglich, zu einem _Urteil_ darüber zu kommen, ob unser System oder ihr System besser ist. Solange ich in Deutschland bin, _nehmen_ mein Mann und ich am deutschen Leben _teil_. Wir haben einen kleinen _Kreis_ von Freunden und Bekannten. Am Anfang fanden wir unsere Nachbarn unfreundlich. Sie sprachen nicht mit uns, auch nicht wenn wir uns mal am _Zaun_ oder an der Hecke trafen. Sie _grüßten_ uns zwar auf der Straße, aber sie lächelten nicht. Vor ein paar Tagen hat ein guter Bekannter meines Mannes ihm gesagt, daß die Amerikaner zuviel lächeln. Deutsche finden das nicht ganz _____. Und so lerne ich langsam, wie die Deutschen zu denken."

G. Verwandte Wörter. Ergänzen Sie die Sätze!

das Geschäft   geschäftlich   die Geschäftsfrau
der Geschäftsmann

1. Frau Koepke ist eine gute _____.
2. Sie hat morgen in Hamburg _____ zu tun.
3. Sie hofft, ein gutes _deal_ zu machen.
4. Die _____ schließen um 18 Uhr.

das Interesse   sich interessieren (für)   (un)interessant

5. Manfred: Ich habe kein großes _____ an diesem Konzert.
6. Gisela: _Interesiert_ du _dich_ nicht für klassische Musik?
7. Manfred: Nein, ich finde solche Musik _____.

VOLKSOPER

19.00–22.00	aufg. Abo Preise IV

Wiener Blut
von Johann Strauß
Leitung: Bauer-Theussl
Mit: Szep, Haas, Papouschek, Gordon, Klein; Schreibmayer, Branoff
a. G., Hellberg, Prikopa, Gerhard, Kolmann, Jeschek, Haider

Worauf man in Europa stolz° ist

proud

Dieser Erdteil° ist stolz auf sich,
und er kann auch stolz auf sich sein.
Man ist stolz in Europa:
Deutscher zu sein
Franzose zu sein
Engländer zu sein
Kein Deutscher zu sein
Kein Franzose zu sein
Kein Engländer zu sein.

— Kurt Tucholsky
(1890–1935)

continent

Was meinen Sie?

H. Stimmt das? Ein Journalist fragte einige Ausländer über Amerika. Hier sind die Antworten. Welche Meinungen stimmen ganz? Welche stimmen nur zum Teil?

1. Die Amerikaner sind faul; sie gehen nie zu Fuß.
2. Der Amerikaner ist nicht elegant oder schick gekleidet — der Mann trägt bunte Hemden und Hosen, und die Frau trägt immer Hosen.
3. Der Amerikaner interessiert sich nicht für Kultur — für Museen, Oper, Theater, alte Kirchen.
4. Die Amerikaner glauben, daß sie das freieste Volk auf der Erde sind.
5. Amerikaner kochen nicht richtig.
6. Die Amerikaner haben Sinn für Humor und sind freundlich.
7. Sie sind idealistisch, aber naiv.
8. Sie sind nicht offen: Sie sagen nicht, was sie denken.

I. Bei einer Umfrage. Die Tabelle unten zeigt, was einige ausländische Studenten von den Deutschen halten.

2 = sehr, 1 = etwas, 0 = neutral

Jetzt machen Sie dasselbe für die Amerikaner!

2   1   0   1   2

freundlich	__	__	X	__	__	unfreundlich
fleißig	X	__	__	__	__	faul

```
          2  1  0  1  2
```

phantasievoll	__ __ __ X __	phantasielos
humorvoll	__ __ __ X __	humorlos
offen, ehrlich	__ X __ __ __	verschlossen°, falsch reserved
kultiviert	__ X __ __ __	unkultiviert, primitiv
warmherzig, herzlich	__ __ X __ __	kalt
demokratisch	__ __ X __ __	undemokratisch, autoritär
ordnungsliebend	X __ __ __ __	disziplinlos
höflich, friedlich	__ __ __ X __	unhöflich, aggressiv
beweglich°	__ __ X __ __	unbeweglich flexible
bescheiden°	__ __ __ X __	arrogant modest
lustig	__ __ X __ __	ernst
sparsam	__ X __ __ __	freigebig
sauber	X __ __ __ __	schmutzig

J. Zur Diskussion/Zum Schreiben

1. Beschreiben Sie, wie Sie einmal ein Vorurteil korrigieren mußten!

2. Der Geschäftsmann meint, daß man längere Zeit in Deutschland leben muß, um die deutsche Lebensweise zu verstehen. Amerikanische Studenten könnten z.B. in Deutschland studieren. Schreiben Sie einen kurzen Aufsatz über die Vor- und Nachteile eines Jahres an einer deutschen Schule oder Universität!

3. Sie sind Austauschstudent(in) in Berlin. Was machen Sie, um mit den Deutschen Kontakt herzustellen?

»Ich will an die See. Berge hab' ich täglich auf dem Schreibtisch.«

Wenn Ihr »Berg an Arbeit« immer größer wird:
Leitz ALPHA Schreibtisch-Aktei
für methodisches Arbeiten am Arbeitsplatz

Die grüne Krawatte

Arthur Schnitzler

Arthur Schnitzler (1862–1931) was trained as a physician, and like his Viennese contemporary, Sigmund Freud, he studied the complexities of human beings and their relationships. He observes human actions carefully and describes them with a certain detachment that leaves judgment and interpretation up to the reader. Although Schnitzler wrote several novels, his talent for describing the subtleties of human thought and action reveals itself best in his short stories and plays.

Schnitzler's world is that of Vienna at the turn of the century, with its atmosphere of overrefinement, an era that was to disappear with the end of World War I. In "Die grüne Krawatte" a young man's elegant dress causes ambivalent feelings in others—a desire to imitate, but also feelings of envy, mistrust, and dislike of anything that is different. Thus the story reveals the same forces acting on a personal level that operate on a national level to produce prejudice, envy, and mistrust.

Vorbereitung auf das Lesen

Zum Thema

1. Was sind die Vor- und Nachteile des Lebens in einer Kleinstadt, wo jeder Sie kennt?
2. Inwiefern beeinflußt die Kleidung eines Menschen den Eindruck, den man von ihm bekommt?

Leitfragen

In der Geschichte „Die grüne Krawatte" ist Herr Cleophas immer sehr elegant gekleidet. Beim Lesen beachten Sie, wie die Leute auf Herrn Cleophas reagieren. Wie reagieren sie, als er zum zweiten Mal eine grüne Krawatte trägt? Als er eine blaue Krawatte trägt? Wie reagieren die Leute, die keine so schöne Krawatte haben wie Herr Cleophas?

Wörter im Kontext

Er **erwiderte** nichts auf die Frage: Er antwortete nicht auf die Frage.

Er **kleidete sich wohlanständig** an: Er trug schöne Kleidung.

Ein junger Mann **namens** Cleophas: ein Mann mit Namen Cleophas.

Ein junger Herr namens Cleophas wohnte zurückgezogen° in seinem Hause nah der Stadt. Eines Morgens wandelte ihn die Lust an°, unter Menschen zu gehen. Da kleidete er sich wohlanständig an wie immer, tat eine neue grüne Krawatte um° und begab° sich in den Park. Die
5 Leute grüßten ihn höflich, fanden, daß ihm die grüne Krawatte vorzüglich zu Gesicht stehe°, und sprachen durch einige Tage mit viel Anerkennung° von der grünen Krawatte des Herrn Cleophas. Einige versuchten, es ihm gleichzutun°, und legten grüne Krawatten an° wie er — freilich° waren sie aus gemeinerem Stoff und ohne Anmut°
10 geknüpft°.

Bald darauf machte Herr Cleophas wieder einen Spaziergang durch den Park, in einem neuen Gewand°, aber mit der gleichen grünen Krawatte. Da schüttelten einige bedenklich° den Kopf und sagten: „Schon wieder trägt er die grüne Krawatte ... Er hat wohl
15 keine andere ... " Die° etwas nervöser waren, riefen aus: „Er wird uns noch zur Verzweiflung° bringen mit seiner grünen Krawatte!"

Als Herr Cleophas das nächste Mal unter die Leute ging, trug er eine blaue Krawatte. Da riefen einige: „Was für eine Idee, plötzlich mit einer blauen Krawatte daher zu kommen°?" Die Nervöseren aber
20 riefen laut: „Wir sind gewohnt, ihn mit einer grünen zu sehen! Wir brauchen es uns nicht gefallen zu lassen°, daß er heute mit einer blauen erscheint!" Aber manche waren sehr schlau° und sagten: „Ah, uns wird er nicht einreden°, daß diese Krawatte blau ist. Herr Cleophas trägt sie, und daher ist sie grün."
25 Das nächste Mal erschien Herr Cleophas, wohlanständig gekleidet wie immer, und trug eine Krawatte vom schönsten Violett. Als man ihn von weitem kommen sah, riefen die Leute höhnisch° aus: „Da kommt der Herr mit der grünen Krawatte!"

Besonders gab es eine Gesellschaft° von Leuten, der ihre Mittel
30 nichts anderes erlaubten, als Zwirnsfäden° um den Hals zu schlingen°. Diese erklärten, daß Zwirnsfäden das Eleganteste und Vornehmste° seien, und haßten überhaupt alle, die Krawatten trugen und besonders Herrn Cleophas, der immer wohlanständig gekleidet war und schönere und besser geknüpfte Krawatten trug als irgendeiner.

secluded

wandelte ... an: he was seized with the desire

tat um: put on / went

zu ... stehe: suited
appreciation
to imitate / **legten an**: put on
of course / charm
tied

suit

critically

those who
despair

daher ... kommen: to come here

wir ... lassen: we don't have to put up with that / sly

convince

scornfully

group
pieces of yarn / twist
most fashionable

Rudolf Berndt: *Porträt eines Mannes*, 1927.

35 Da schrie einmal der Lauteste unter diesen Menschen, als er Herrn Cle-
    ophas des Weges° kommen sah: „Die Herren mit der grünen Krawatte
    sind Wüstlinge°!" Herr Cleophas kümmerte sich nicht um ihn und ging
    seines Weges.
        Als Herr Cleophas das nächste Mal im Park spazierenging, schrie
40 der laute Herr mit dem Zwirnsfaden um den Hals: „Die Herren mit der
    grünen Krawatte sind Diebe!" Und manche schrien mit. Cleophas
    zuckte° die Achseln° und dachte, daß es mit den Herren, die jetzt
    grüne Krawatten trugen, doch weit gekommen sein° müßte. Als er das
    dritte Mal wieder kam, schrie die ganze Menge, allen voran° der laute
45 Herr mit dem Zwirnsfaden um den Hals: „Die Herren mit der grünen
    Krawatte sind Meuchelmörder°!" Da bemerkte Cleophas, daß viele
    Augen auf ihn gerichtet waren. Er erinnerte sich, daß er auch öfters
    grüne Krawatten getragen hatte, trat auf den Gesellen° mit dem
    Zwirnsfaden zu und fragte: „Wen meinen Sie denn eigentlich? Am
50 Ende mich auch?" Da erwiderte jener: „Aber, Herr Cleophas, wie kön-
    nen Sie glauben — ? Sie tragen doch gar keine grüne Krawatte!" Und
    er schüttelte ihm die Hand und versicherte ihn seiner Hochachtung°.
        Cleophas grüßte und ging. Aber als er sich in gemessener Ent-
    fernung befand°, klatschte° der Mann mit dem Zwirnsfaden in die
55 Hände und rief: „Seht ihr, wie er sich getroffen fühlt°? Wer darf jetzt
    noch daran zweifeln, daß Cleophas ein Wüstling, Dieb und
    Meuchelmörder ist?!"

des Weges: on the way

lechers

shrugged / shoulders

weit … sein: have come to a
fine state of affairs
allen voran: foremost among
them
assassins

fellow

esteem

sich … befand: found himself at
a proper distance / clapped
sich … fühlt: feels he's meant

Zum Text

A. Hauptidee.　Wählen Sie den Satz, der die Hauptidee am besten ausdrückt! Oder formulieren Sie selbst!

1. Ein junger Mann hielt sich für besser als die Leute im Park und sprach sehr wenig mit ihnen.
2. Die Leute im Park glaubten, daß Männer mit grünen Krawatten Wüstlinge, Diebe und Meuchelmörder sind.
3. Die Leute im Park haßten einen jungen Mann, weil sie auf seine elegante Kleidung neidisch waren.
4. Immer wenn ein junger Mann im Park spazieren ging, war er elegant gekleidet.
5. Leute sind oft mißtrauisch gegen das, was anders ist, und sie hassen oft Leute, die anders sind.

B. Zum Inhalt

1. Wie nennen die Leute Cleophas? Warum?
2. Warum paßt der Name nicht genau?
3. Warum sind die Leute neidisch auf Cleophas?
4. Warum sehen die Leute nicht mehr, daß Cleophas dann blaue und violette Krawatten trägt?
5. Cleophas hat als einziger einen Namen in der Geschichte. Wer sind die anderen? Welche Wörter benutzt der Autor für sie?

C. Suchen Sie die Wörter!

1. Suchen Sie die Wörter oder Sätze, die das Benehmen von Herrn Cleophas beschreiben!
2. Suchen Sie die Wörter und Sätze, die Cleophas kritisieren!
3. Suchen Sie die Verben, die Synonyme für „sagen" sind!

D. Ordnen Sie die Sätze, so daß sie den Wechsel von Freundlichkeit zu Neid und dann Haß zeigen!

1. Die Herren mit der grünen Krawatte sind Wüstlinge.
2. Was für eine Idee, plötzlich mit einer blauen Krawatte daher zu kommen.
3. Als man ihn von weitem kommen sah, riefen die Leute höhnisch aus.
4. Einige versuchten, es ihm gleichzutun.
5. Sie haßten überhaupt alle, die Krawatten trugen.
6. Wer darf jetzt noch daran zweifeln, daß Cleophas ein Wüstling, Dieb und Meuchelmörder ist.
7. Wir brauchen es uns nicht gefallen zu lassen.
8. Er wird uns noch zur Verzweiflung bringen mit seiner grünen Krawatte.

Wortschatzübungen

Substantive

der **Dieb,** —e   thief

Verben

[handwritten: Quiz Friday]   *[handwritten: Finden Tragen Bringen Rufen Erscheinen Erklären]*

sich kümmern (um)   to care about, bother about
richten   to direct; to adjust, correct   *[handwritten: richtet gerichtet richt]*
schreien (schrie, geschrien)   to shout, scream
schütteln   to shake; **einem die Hand schütteln**   to shake
   one's hand
versichern (+ *dat.*)   to assure   *[handwritten: versichern]*
zweifeln (an + *dat.*)   to doubt

Andere Wörter

bald darauf   soon thereafter
gemein   common; mean
öfters   sometimes, repeatedly
vorzüglich   excellent, remarkable

E. Vokabeln.   Ergänzen Sie mit den Wörtern aus der obigen Liste!

Ein gewisser Herr Meyer war gewohnt, sonntags einen Spaziergang
im Park zu machen. Die Leute sahen ihn gern, denn er war höflich
— er grüßte sie und sprach __öfters__ mit ihnen über das Wetter. Wie
sie war er einfach gekleidet. Eines Tages kam er zu etwas Geld.
Dieses Geld erlaubte ihm, sich bessere Kleidung zu kaufen. ____
erschien er elegant gekleidet im Park. Alle Augen __richten__ sich auf
ihn. Am ersten Sonntag fanden die Leute, daß die neue Kleidung
ihm __vorzüglich__ stehe. Am nächsten Sonntag erschien er wieder in
einem neuen Anzug. Diesmal __schüttel__ einige Leute den Kopf. Andere
sagten: „Ach, Herr Meyer, was machen Sie denn unter __gemein__
Leuten?" Herr Meyer wurde nervös, denn ein Mann begann laut zu
__schreien__ „Wir sind einfache Leute, aber wir stehlen nicht. Wir sind
keine __Diebe__." Herr Meyer __versicherte__ er hätte nichts gestohlen. Aber
die Leute wollten nicht auf ihn hören. Sie __kümmern__ sich nicht um das,
was Herr Meyer sagte. Und als Herr Meyer später nicht wieder in den
Park kam, sagten die Leute: „Wer __zweifelt__ jetzt daran, daß Herr
Meyer sich zu fein ist, um unter einfachen Menschen spazie-
renzugehen!"

F. Ergänzen Sie!

die Gewohnheit   sich gewöhnen an   gewohnt
gewöhnlich

1. Ein komisch gekleideter Mann hatte _____, nachmittags einen
   Spaziergang zu machen.
2. Er ging _____ im Park spazieren.
3. Er war auch _____, eine Weile auf dem Rasen zu liegen.
4. Mit der Zeit _____ _____ die Leute im Park an ihn.

G. Wortfamilien.   Nennen Sie die verwandten Verben!

1. der Gruß
2. der Vergleich
3. der Schmerz
4. der Traum
5. die Heirat
6. der Unterschied
7. der Zusammenhang
8. das Erlebnis
9. die Erlaubnis
10. der Vorschlag

Was meinen Sie?

H. Was ist wichtig?   Was halten Sie bei Freunden und Bekannten
für wichtig? Was ist unwichtig? Beschreiben Sie eine Freundin oder
einen Freund!

sieht gut aus	höflich	fleißig	gesund
sauber gekleidet	schlank	humorvoll	intelligent
gut gekleidet	stark	unterhält sich gern	kultiviert
groß	freundlich	nett	informiert

I. Interaktionen. Eine Firma hat Stipendien° für Jugendliche, die ein Jahr in einem deutschsprachigen Land verbringen wollen. Bilden Sie eine Gruppe zu vier Personen. Sie sollen ein System entwickeln, nach dem man die Stipendien verteilt°. Machen Sie eine Liste von Kriterien und ordnen° Sie sie nach ihrer Wichtigkeit. Ein Sprecher/Eine Sprecherin macht Notizen und berichtet vor der Klasse, was Sie beschlossen haben.

scholarships

distribute
arrange

Brauchbare Wörter bei der Diskussion:

also, …	wie ich vorhin gesagt habe, …	ich bin ganz deiner Meinung
ich würde sagen, …	was meinst du genau?	da möchte ich widersprechen°
ich meine, …	das finde ich auch	laß mich doch ausreden!

disagree

J. Zur Diskussion/Zum Schreiben

1. Vergleichen Sie den Mann in der Geschichte „Ein Tisch ist ein Tisch" mit Herrn Cleophas!
2. Welchen Zusammenhang gibt es zwischen Kleidung und Vorurteilen?
3. Sie waren unter den Leuten im Park. Schreiben Sie einen Brief, in dem Sie von der Episode im Park kritisch erzählen!
4. Gibt es in unserer Gesellschaft Menschen, die so reden und so handeln wie die Leute mit den Zwirnsfäden?

Thema 3

Nach der Gleichberechtigung

In wissenschaftlichen Laboratorien spielen Frauen eine wichtige Rolle.

Frauen in Männerberufen
Die erste Generation kommt aus der Lehre

Until fairly recently German women who wanted to do physical work, work with natural materials, solve technical problems and learn a skill were limited to traditional female jobs such as seamstress or clerical positions. Today more and more German women are going into so-called male jobs and becoming cabinet makers (**Schreiner**), pattern makers (**Modellbauer**), and auto mechanics (**Kfz-Mechaniker**). This newspaper article reports on the first generation of women who have completed training in a number of traditionally male jobs. How have they fared? Has experience shown that women can do male jobs as well as men? Or better? How well have they been accepted by their male colleagues? Do companies show sex discrimination in hiring and promoting women when jobs are scarce? Article 3 of the Constitution of the Federal Republic of Germany states: "Men and women have equal rights. Nobody shall be disadvantaged or privileged because of her/his sex. . ." (*Grundgesetz, Artikel 3: (2) Männer und Frauen sind gleichberechtigt. (3) Niemand darf wegen seines Geschlechts … benachteiligt oder bevorzugt werden.*) Women's rights are guaranteed by law, but the question remains to what degree equality exists in practice and what can be done to promote absolute equality.

Vorbereitung auf das Lesen

Zum Thema

1. Das deutsche Grundgesetz garantiert Gleichberechtigung. Vergleichen Sie das mit der amerikanischen Verfassung°!   constitution
2. Machen Sie eine Liste von traditionellen Männerberufen! Warum waren sie traditionell nur für Männer?   *vgl. Ü J (51)*
3. Welche Berufe waren traditionell nur für Frauen? Warum?
4. Welche waren traditionell für beide?
5. Welches Bild von Frauen findet man in Fernsehen und Reklame?

Leitfragen

Beim Lesen beachten Sie:

1. Warum haben viele Frauen Männerberufe gewählt?
2. Welche Vorurteile gegen Frauen erleben die Frauen von seiten ihrer männlichen Kollegen?

3. Warum wollen die Frauen besonders gut sein?
4. Welche Vorurteile erleben Frauen von seiten der Arbeitgeber°?   employers
5. Welche Diskriminierungen gegen Frauen gibt es in der Industrie immer noch?
6. Was muß sich in der Gesellschaft ändern, damit mehr Frauen qualifizierte Arbeit bekommen?

Verwandte Wörter

akzeptieren	qualifiziert	das Risiko
identifizieren	relativ	technisch
das Modell	das Ressentiment	

Wortfamilien

beenden (enden)   die Schwierigkeit (schwierig)
die Möglichkeit (möglich)   die Verkäuferin (verkaufen)

Beim Lesen beachten Sie weitere verwandte Wörter!

Vor einigen Jahren haben relativ viele Frauen und Mädchen eine Ausbildung° als Schreinerin°, Modellbauerin°, Maschinenschlosserin° und Kfz°-Mechanikerin begonnen. Sie haben diese Berufe gewählt, weil in Berufen wie Friseuse, Arzthelferin° und Verkäuferin kaum Stel-
5 len zu finden waren. Es gab viel Begeisterung° und großes Interesse an dieser neuen Entwicklung. In den Zeitungen erschienen Artikel mit Titeln wie „Mädchen lernen, was verboten ist" oder „Immer mehr Frauen in Männerberufen". Inzwischen haben viele von diesen Frauen ihre Ausbildung beendet, d.h. sie haben ihre Gesellenprüfung°
10 gemacht. Und die Frage ist: Was ist aus ihnen geworden?
    Susi Schmitz ist 24 Jahre alt und von Beruf Kfz-Mechanikerin. Sie hat ihre Gesellenprüfung mit „sehr gut" bestanden. Jetzt arbeitet sie bei einer großen Kölner Autowerkstatt. Sie ist die einzige Kfz-Mechanikerin in der Gegend von Köln°. In ihrer Werkstatt hat sie vor
15 allem am Anfang handfeste° Ressentiments der Männer erlebt: „Ich habe immer das Gefühl, die Männer können nicht akzeptieren, daß Frauen in einem solchen Beruf arbeiten. Wenn irgendwo mal etwas falsch lief, dann haben sie mich immer fühlen lassen: Das ist ja eine Frau, ist ja klar, daß die den Fehler macht. Und oft bekommt man eine
20 verantwortungsvolle° Arbeit nur deswegen nicht, weil man eine Frau ist." Ein Kollege von ihr fühlt sich trotzdem durch die Frauen benachteiligt°: „Wenn es mal eine richtig schwere und schmutzige

education / cabinet maker / pattern maker / fitter
= **Kraftfahrzeug:** automobile
doctor's assistant
enthusiasm

journeyman's test

Cologne
solid

responsible

disadvantaged

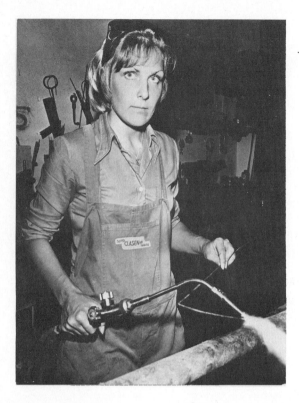

*Karin Clasen aus Köln, die
erste Handwerksmeisterin
für Zentralheizungs- und
Lüftungsbau in der
Bundesrepublik
Deutschland*

Arbeit draußen gibt, müssen wir die natürlich machen. Und die
Mädchen sitzen schön warm in der Werkstatt und dürfen die interes-
25 sante und feine Arbeit machen."

    Sheila Volk gehört zu einer Gruppe von neun jungen Frauen, die
in einer Kölner Maschinenfabrik ihre Lehre als Maschinenschlosserin
beendet haben. Alle neun tragen mit Stolz ihren Overall. Sie betonen°   emphasize
das „-in", wenn sie davon sprechen, daß sie Maschinenschlosserin sind.
30 Die Gesellenprüfung bestanden sie mit besonders guten Noten°.   grades
Überhaupt scheinen die Frauen in „Männerberufen" immer etwas besser zu sein. Warum? Die Antwort ist vielleicht darin zu finden, daß die
Frauen den Konkurrenzdruck° der Männer sehr deutlich° fühlen. Sheila   pressure of competition /
sagt dazu: „Die Kollegen schienen immer Angst davor zu haben, daß   clearly
35 wir genauso gut sein könnten wie sie. Oder vielleicht ein bißchen besser. Es ist klar, daß bei einer solchen Situation die Frauen es den Männern zeigen wollen. In der Berufsschule° waren wir oft die Besten."   vocational school

    Meister, Ausbilder° und Kollegen haben von den weiblichen   educators
Azubis° gelernt. Viele loben das Fingerspitzengefühl° und die techni-   = Auszubildende: apprentices /
40 schen Fähigkeiten° der Frauen. Trotzdem gibt es immer noch   innate sensibility
                                   capabilities

Vorurteile. Ein Modellbaumeister aus Mainz hat nun schon zwei
Modellbauerinnen ausgebildet. Aber er glaubt immer noch, daß
Frauen von Natur aus° kein räumliches° Vorstellungsvermögen° hätten.
Als er gefragt wurde: „Wieviel Zeit brauchen die Frauen denn, um

45 dieses Vorstellungsvermögen in der Lehre zu entwickeln?",
antwortete er: „Drei Monate." Auf die Frage, wie lange es denn bei
den Jungen dauerte, sagte er: „Das weiß ich nicht so genau. Darüber
habe ich noch nicht nachgedacht."

    Ganz allgemein finden sich immer noch nicht genug Firmen, die

50 Frauen einstellen. Maschinenschlosserin Ingrid Borgmann: „Wenn
irgendwo eine Stelle frei ist, bekommt sie ganz bestimmt ein Mann,
auch wenn er schlechtere Zeugnisse hat. Es ist genauso wie zu der Zeit,
als wir mit der Lehre begonnen haben. Wir hören die gleichen
Vorurteile wie damals, als wir in diesem Beruf anfangen wollten. Wir

55 bekommen Bandarbeit° angeboten und manchmal sogar nur Hilfs-
arbeit°. Aber eine qualifizierte Dauerstellung° in meinem Ausbildungs-
beruf? Nichts zu machen! Da gibt es alle möglichen Gründe. Das
häufigste Argument ist: ‚Ja, und was ist, wenn Sie nächsten Monat
oder nächste Woche schwanger° werden?' "

von ... aus: by nature / spatial /
perception

assembly line work

unskilled work / permanent
position

pregnant

*Malermeisterin Franziska
Kuhl mit zwei
Malergesellen in Köln*

60   Die Schwierigkeiten für Frauen sind immer dann besonders groß,
wenn es nur wenige offene Stellen gibt, wenn Frauen mit Männern
um die gleichen Stellen konkurrieren°. Außerdem zeigt eine neue   compete
Statistik, daß in der deutschen Industrie fast zwei Drittel der Arbeiter
Facharbeiter° sind, während fast die Hälfte der Arbeiterinnen Hilfs-   skilled workers
65   arbeiterinnen° sind.   unskilled workers

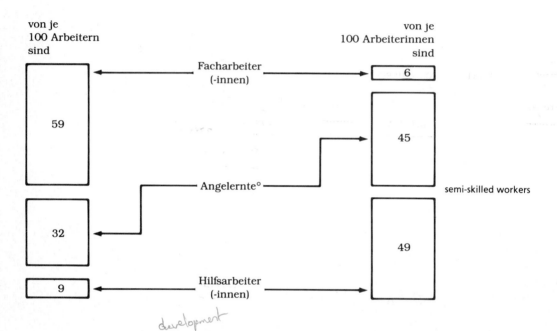

von je   von je
100 Arbeitern   100 Arbeiterinnen
sind   sind

Facharbeiter
(-innen)   6

59   45

Angelernte°   semi-skilled workers

32   49

Hilfsarbeiter
9   (-innen)

      Hat also die Entwicklung „Frauen in Männerberufen" nichts
gebracht? Das kann man nicht sagen. Viele von diesen Frauen haben
während ihrer Ausbildung ein Interesse an technischen Fragen
entwickelt. Nach der Lehre identifizieren sich fast alle mit ihrem Aus-
70   bildungsberuf. Sie wollen in ihrem Beruf bleiben und ihn auch
anderen empfehlen. Auf diese Weise ist das Berufsspektrum für
Frauen größer geworden. Gleichzeitig ist die Unterqualifizierung° bei   underqualification
berufstätigen Frauen ein wenig geringer geworden. Heute gibt es
drei- bis viermal soviel Frauen in traditionellen Männerberufen wie
75   noch vor einigen Jahren.
      Die Frauenbeauftragte° der Bundesregierung sagte bei einem   commissioner for women's
Interview kürzlich: „Die Frauen haben ihren festen Platz im Berufs-   affairs
leben, auch in Berufen, in denen es früher nur Männer gab. Aber die
Statistiken zeigen, daß es noch viel zu tun gibt. Daher gehen wir z.B.
80   in die großen Firmen, um mit ihnen darüber zu reden, wie man Frauen
helfen kann. Die Gesellschaft allgemein muß neue Modelle entwick-
keln, in denen Beruf und Familie für Mann u n d Frau besser zusam-

men passen. Mehr Teilzeitarbeit° wäre da vielleicht eine Möglichkeit.   part-time work
Oder besondere Hilfe für Eltern mit kleinen Kindern. Es darf eben für
85 eine Firma kein besonderes Risiko sein, eine Frau einzustellen. Wenn
wir auch das erreichen, wird sich die Statistik langsam, aber sicher
ändern."

Zum Text

A. Hauptidee.   Wählen Sie den Satz, der die Hauptidee am besten
ausdrückt! Oder formulieren Sie selbst!

1. Vor einigen Jahren haben viele Frauen Männerberufe gewählt.
2. Obwohl Frauen in Männerberufen genauso gut oder sogar besser als Männer sind, gibt es immer noch viele Vorurteile gegen
   sie.
3. Frauen in Männerberufen bekommen öfter eine schlechte
   (unterqualifizierte) Arbeit als Männer.
4. Heute gibt es drei- bis viermal soviel Frauen in traditionellen
   Männerberufen als vor 20 Jahren.
5. Heute gibt es keine rein „männlichen" Berufe mehr; Frauen
   arbeiten auch in „männlichen" Berufen.

B. Suchen Sie die Zeile! Die Autorin des Zeitungsartikels
erwähnt° viele Vorurteile oder Diskriminierungen. Suchen Sie den   mentions
genauen Satz in diesem Artikel!

1. Männer akzeptieren Frauen in Männerberufen nicht. *Z. 15-21*
2. Männer glauben, daß Frauen mehr Fehler machen. *Z. 18-21*
3. Männer bekommen meistens eine verantwortungsvollere Arbeit.
4. Männer glauben, sie müssen immer die schwere und
   schmutzige Arbeit machen. *Z. 22-25*
5. Männer haben Angst, daß ihre weiblichen Kollegen besser sind. *Z. 34-37*
6. Männer glauben, daß Frauen nicht denken können. *Z. 42ff.*
7. Frauen bekommen keine guten Stellen, weil sie schwanger werden können. *Z. 56-60*
8. Frauen bekommen oft unterqualifizierte Arbeit. *Z. 54-56*
9. Weniger Frauen als Männer bekommen mit der Zeit eine ver-
   antwortungsvolle Stelle; sie steigen in der Firma nicht so schnell
   auf. *Z. 62ff.*

C. Arbeit.   Machen Sie eine Liste der Wörter im Text, die etwas mit
Arbeit zu tun haben.

Beispiel: der Konkurrenzdruck, die Teilzeitarbeit

D. Zum Inhalt

1. Warum wählen viele Frauen Männerberufe?
2. Welche Ressentiments der Männer hat die Kfz-Mechanikerin Susi Schmitz erlebt?
3. Wie erklärt die Schlosserin Sheila Volk die Haltung° der männlichen Kollegen ihr gegenüber?   attitude
4. Der Modellbaumeister sagt, daß Frauen kein räumliches Vorstellungsvermögen haben. Warum ist das, was er sagt, nicht plausibel?
5. Warum stellen Firmen lieber Männer als Frauen ein?
6. Wie erklären Sie die statistischen Unterschiede zwischen Männern und Frauen in der deutschen Industrie? Welche anderen Erklärungen gibt es?
7. Was ist das Positive an der Entwicklung „Frauen in Männerberufen" in den letzten Jahren?
8. Welche neuen Modelle muß die Gesellschaft entwickeln, in denen Beruf und Familie für Mann und Frau besser zusammen passen?
9. Erfinden Sie für jeden Absatz einen Titel!

E. Zur Diskussion/Zum Schreiben

1. In der Bundesrepublik können Frauen heute Schreinerin, Elektrikerin, Schlosserin und Mechanikerin werden. Aber gewisse Arbeiten in der Bauindustrie dürfen sie immer noch nicht machen. Sie dürfen nicht Maurer°, Zimmermann°, Kranführer° oder Baggerführer° werden. Welche Argumente gibt es für oder gegen dieses Verbot? Was meinen Sie? Ist so ein Verbot sinnvoll?   mason / carpenter / crane operator / operator of earth moving equipment
2. Ist die amerikanische Frau gleichberechtigt? Vergleichen Sie die Situation der berufstätigen Frau in Nordamerika mit der der berufstätigen Frau in der Bundesrepublik!
3. Eine verheiratete berufstätige Frau muß oft täglich fünfzehn bis siebzehn Stunden arbeiten. Welche Lösung° gibt es für dieses Problem? Was meinen Sie? Welche Vorschläge hätten Sie für eine Familie, in der Mann und Frau berufstätig sind?   solution
4. Welche Probleme hat eine berufstätige Mutter? Welche Lösung gibt es für diese Probleme?

Wortschatzübungen

Substantive

die **Bundesregierung**   federal government
die **Gleichberechtigung, —en**   equal rights

die **Hälfte, –n**   half

die **Lehre, –n**   apprenticeship   *Lerling*

der **Meister, –** (*m.*)/**die Meisterin, –nen** (*f.*)   master, foreman or
  forelady, a skilled worker who has passed a test and has the right
  to train apprentices   *Meisterprüfung*

der **Stolz**   pride; **auf etwas** (*acc.*) **stolz sein**   to be proud of
  something

der **Verkäufer, –** (*m.*)/**die Verkäuferin, –nen** (*f.*)   salesperson

die **Weise**   manner, means; **auf diese Weise**   in this way

die **Werkstatt, –en**   workshop, garage

das **Zeugnis, -se**   grades; testimony; evidence

Verben

bildete aus   aus gebildet bildet aus   *Sentences and the hockey story*

aus·bilden   to educate, train

ein·stellen   to hire; focus, adjust   *stellte ein   hat eingestellt   stellt ein*

empfehlen (empfiehlt; empfahl, empfohlen)   to recommend

loben   to praise   *lobte   gelobt   lob*

Andere Wörter

berufstätig   employed, working

gering   small; insufficient

gleichzeitig   at the same time, simultaneously

häufig   often, frequent

X **immer mehr**   more and more

vor allem   above all

weiblich   feminine, female

Meaning   fits to which   Word from

F. Vokabeln.   Welche Bedeutung paßt zu welchem Wort von der
Liste oben? *above*

1. für eine Frau charakteristisch   *weiblich   berufstätig*
2. besonders   *vor allem*
3. Noten, die man für seine Arbeit in der Schule bekommt   *Zeugnis*
4. im Beruf tätig   *berufstätig*
5. ein Ort, wo man Waren herstellt oder etwas repariert   *Werkstatt*
6. klein, wenig, kurz   *gering*   *Werkstatt*
7. die Art, wie man etwas tut   *die Weise*
8. zur selben Zeit   *gleichzeitig*   *same*
9. jemand, der etwas in einem Geschäft verkauft   *der Verkäufer*
10. ein Gefühl, daß man etwas gut oder richtig gemacht hat   *Stolz*
11. jemand, der etwas sehr gut kann   *loben*
12. oft   *oder   häufig*
13. lehren   *lehrer   professor   ausbilden   auszubildender*
14. die Zeit, in der man einen Beruf lernt   *die Lehre*
15. jemandem eine Stelle oder einen Job geben   *einstellen*

16. das gleiche Recht für alle Menschen
17. etwas für brauchbar erklären oder jemandem zu etwas raten *empfehlen*
18. fünfzig Prozent eines Ganzen *Hälfte*
19. etwas Positives über jemanden oder die Arbeit sagen *loben*
20. Kanzler und Minister der Bundesrepublik *to mean the following) Bundesregierung'n*

G. Verwandte Wörter. Was bedeuten folgende Wörter? Geben Sie ein verwandtes Wort! *related*

1. halb *Hälfte*
2. lehren *Lehrer-n*   *ausbilden*
3. verkaufen *Verkaufer*   *to se*
4. die Ausbildung *ausbilden*
5. die Empfehlung *empfehlen*
6. das Lob *loben*
7. die Häufigkeit *häufig*
   frequency

Was meinen Sie?

H. Ist das ein Problem? Die Lufthansa meint, daß es für weibliche Piloten besondere Probleme gibt. Piloten müssen alle sechs Monate ihren Flugschein erneuern. Sie müssen fliegen und sich testen lassen, um einen neuen Flugschein zu bekommen. Was passiert, wenn eine Frau nach drei Jahren als Flugkapitän aussteigt, weil sie ein Kind bekommt? Wenn sie die Tests nicht machen kann, wird der Flugschein ungültig. Ihre Ausbildung hat mehrere hunderttausend Mark gekostet. Kann die Lufthansa verlangen, daß die Frau das Geld zurückzahlt? Was meinen Sie?

I. Stereotypen? Sie haben sicher einmal folgende Ideen gehört. Was meinen Sie? Stimmen sie immer, manchmal oder nie? Sagen Sie, warum sie stimmen oder nicht stimmen! *Are they always correct?*   *Tell why or why not*

1. Männer lernen Mathematik und Naturwissenschaften leichter als Frauen.
2. Männer sind größer als Frauen.
3. Männer sind stärker als Frauen.
4. Berufstätige Frauen arbeiten mehr als Männer.
5. Frauen sind gefühlvoller als Männer.
6. Im Geschäftsleben sind Männer aggressiver als Frauen.
7. Als Autofahrer sind Frauen aggressiver als Männer.
8. Männer fahren besser Auto als Frauen.
9. Männer verdienen mehr als Frauen.
10. Frauen lernen Sprachen leichter als Männer.
11. Frauen leben länger als Männer.

12. Männer sind besser im Sport als Frauen.
13. Frauen sprechen mehr als Männer.
14. Männer denken logischer als Frauen.
15. Männer sind pünktlicher als Frauen.
16. Frauen sind ehrlicher als Männer.
17. Frauen sind toleranter als Männer.
18. Männer sind praktischer als Frauen.
19. Frauen sind zärtlicher als Männer.

J. Weiblich oder männlich? Von den unten genannten Berufen sagen Sie, ob sie weiblich, männlich oder beides sind! Ist das jetzt so? War das schon immer so? Bleibt das so?

▸ Arzt / Ärztin   *Beides. Das war aber nicht immer so. Es bleibt so.*

Arztgehilfe / Arztgehilfin
Atomphysiker / Atomphysikerin
Bäcker / Bäckerin
Bankkaufmann / Bankkauffrau
Diplomat / Diplomatin
Elektriker / Elektrikerin
Fabrikdirektor / Fabrik-
    direktorin
Feinmechaniker / Feinme-
    chanikerin
Feuerwehrmann / Feuerwehr-
    frau
Filmstar
Förster / Försterin
Friseur / Friseuse
Hausmann / Hausfrau
Hochschullehrer / Hoch-
    schullehrerin
Industriekaufmann /
    Industriekauffrau
Ingenieur / Ingenieurin

Krankenpfleger / Kranken-
    schwester
Landwirt / Landwirtin
Lehrer / Lehrerin
Maler / Malerin
Matrose
Mechaniker / Mechanikerin
Pilot / Pilotin
Politiker / Politikerin
Rechtsanwalt / Rechtsanwältin
Rechtsanwaltsgehilfe / Rechts-
    anwaltsgehilfin
Schneider / Schneiderin
Sekretär / Sekretärin
Soldat / Soldatin
Steward / Stewardeß
Taxifahrer / Taxifahrerin
Verkäufer / Verkäuferin
Werkzeugmacher / Werk-
    zeugmacherin

K. Zur Diskussion/Zum Schreiben

1. Wählen Sie fünf von den Berufen in Aufgabe J, die Sie interessieren würden und fünf, die Sie nicht interessant finden. Erklären Sie kurz, warum!
2. Auch heute noch sind Mechaniker, Elektriker oder Werkzeugmacher Lieblingsberufe von Jungen. Lieblingsberufe von Mädchen sind Friseuse, Krankenschwester oder Sekretärin. Warum ist das so? Was meinen Sie?

Mittagspause

Wolf Wondratschek

Wolf Wondratschek was born in 1943 in Rudolstadt in Thuringia and currently lives in Munich. When only 25, he received the Leonce and Lena Prize for his poetry. "Mittagspause" appears in his first book, **Früher begann der Tag mit einer Schußwunde.** Because it lacks a plot in the conventional sense, Wondratschek would call "Mittagspause" a piece of prose that records a moment in someone's everyday existence rather than a story. In this selection a young woman is experiencing the transition to an independent life, with its duties of work and its problems of human relationships. She is dissatisfied and feels oppressed by the monotony of her secretarial position. She spends her lunch hours trying to escape the boredom of her day by imagining exciting things that might happen to her. During her dull work at the typewriter she has time to dwell on her exciting thoughts.

Like his contemporary Peter Bichsel, Wondratschek uses colloquial language; his sentences are short and clear, grammatically reduced to a minimum. The language of "Mittagspause" is conventional, reflecting the conventional life of the young secretary, and the story expresses nothing of consequence. Thus Wondratschek seems to comment subtly on the meaning of "Mittagspause."

Vorbereitung auf das Lesen

Zum Thema

1. Welche Vor- und Nachteile hat der Beruf der Sekretärin?
2. Welche Berufe und Arbeiten halten Sie für Routineberufe und Routinearbeiten?
3. Woran denken Sie, wenn Sie Routinearbeit machen?

Leitfragen

Beim Lesen fragen Sie sich:

1. Was passiert in der Geschichte?
2. Was tut die junge Frau in der Mittagspause?
3. Wie stellen Sie sich das zukünftige° Leben dieser Frau vor?   future

Sie sitzt im Straßencafé. Sie schlägt sofort die Beine übereinander. Sie hat wenig Zeit. Sie blättert in einem Modejournal. Die Eltern wissen, daß sie schön ist. Sie sehen es nicht gern.

Zum Beispiel. Sie hat Freunde. Trotzdem sagt sie nicht, das ist mein
5 bester Freund, wenn sie zu Hause einen Freund vorstellt.

Zum Beispiel. Die Männer lachen und schauen herüber und stellen sich ihr Gesicht ohne Sonnenbrille vor.

Das Straßencafé ist überfüllt. Sie weiß genau, was sie will. Auch am Nebentisch sitzt ein Mädchen mit Beinen.
10 Sie haßt Lippenstift°. Sie bestellt einen Kaffee. Manchmal denkt   lipstick
sie an Filme und denkt an Liebesfilme. Alles muß schnell gehen.

Freitags reicht die Zeit, um einen Cognac zum Kaffee zu bestellen. Aber freitags regnet es oft.

Mit einer Sonnenbrille ist es einfacher, nicht rot zu werden. Mit
15 Zigaretten wäre es noch einfacher. Sie bedauert°, daß sie keine   regrets
Lungenzüge kann.°   **sie ... kann:** she cannot inhale

Ernst Hassebrauk:
*Sitzende junge Frau in
Sebusein*, 1927.

Die Mittagspause ist ein Spielzeug. Wenn sie nicht angesprochen° wird, stellt sie sich vor, wie es wäre, wenn sie ein Mann ansprechen würde. Sie würde lachen. Sie würde eine ausweichende° Antwort
20 geben. Vielleicht würde sie sagen, daß der Stuhl neben ihr besetzt sei. Gestern wurde sie angesprochen. Gestern war der Stuhl frei. Gestern war sie froh, daß in der Mittagspause alles sehr schnell geht.

Beim Abendessen sprechen die Eltern davon, daß sie auch einmal jung waren. Vater sagt, er meine es nur gut. Mutter sagt
25 sogar, sie habe eigentlich Angst. Sie antwortet, die Mittagspause ist ungefährlich.

Sie hat mittlerweile° gelernt, sich nicht zu entscheiden. Sie ist ein Mädchen wie andere Mädchen. Sie beanwortet eine Frage mit einer Frage.
30 Obwohl sie regelmäßig im Straßencafé sitzt, ist die Mittagspause anstrengender° als Briefeschreiben. Sie wird von allen Seiten beobachtet. Sie spürt sofort, daß sie Hände hat.

Der Rock ist nicht zu übersehen°. Hauptsache, sie ist pünktlich.

Im Straßencafé gibt es keine Betrunkenen°. Sie spielt mit der
35 Handtasche. Sie kauft jetzt keine Zeitung.

Es ist schön, daß in jeder Mittagspause eine Katastrophe passieren könnte. Sie könnte sich sehr verspäten. Sie könnte sich sehr verlieben°. Wenn keine Bedienung° kommt, geht sie hinein und bezahlt den Kaffee an der Theke°.
40 An der Schreibmaschine hat sie viel Zeit, an Katastrophen zu denken. Katastrophe ist ihr Lieblingswort. Ohne das Lieblingswort wäre die Mittagspause langweilig.

Marginal glosses:
spoken to
evasive
in the meantime
nicht ... übersehen: not to be overlooked
drunk patrons
fall in love
waiter
counter

Zum Text

A. Zum Inhalt. Verbinden Sie die Satzteile links mit den passenden Satzteilen rechts!

1. Das Mädchen denkt …
2. Sie trinkt freitags …
3. Sie trägt eine Sonnenbrille, …
4. Die Männer schauen sie an, …
5. Gestern hat sie ein Mann …
6. Es wäre den Eltern lieber, …
7. Wenn sie nervös wird, …
8. Wenn sie gehen will, …
9. Sie denkt oft an Katastrophen, …

a. wenn ihre Tochter das Café nicht mehr besuchen würde.
b. weil es ihr im Café nicht wohl ist.
c. damit das Leben interessanter wird.
d. an Liebesfilme.
e. spielt sie mit der Handtasche.
f. einen Cognac zum Kaffee.
g. weil sie schön ist.
h. zahlt sie beim Ober oder an der Theke.
i. angesprochen.

B. Suchen Sie im Text!   Wie drückt der Autor folgende Ideen aus? Suchen Sie den genauen Satz im Text! Was sagen die Worte über die junge Frau oder die Situation aus?

1. Sie liest in einem Journal.
2. Sie ist ein hübsches Mädchen.
3. Sie hat keinen festen Freund.
4. Am Freitag ist die Mittagspause länger.
5. Gestern hat ein Mann sie angesprochen.
6. Die Eltern finden es nicht gut, daß die Tochter allein im Straßencafé sitzt.
7. Im Straßencafé fühlt sie sich nicht ganz wohl.

C. Zum Inhalt

1. Erzählen Sie, was die junge Frau in der Mittagspause tut! Machen Sie eine Wortliste, die Sie zum Nacherzählen brauchen!
2. Welche Meinungsverschiedenheiten° gibt es zwischen der jungen Frau und ihren Eltern? *differences of opinion*
3. Woran denkt die Sekretärin gern? Warum?
4. Was hält sie von ihrem Beruf? Begründen° Sie Ihr Urteil! *support*
5. Was hat diese Geschichte mit dem Thema „Nach der Gleichberechtigung" zu tun?

D. Negative Wörter. Das Wort „langweilig" hat eine negative Bedeutung. Suchen Sie nach anderen Wörtern mit negativer Bedeutung!

E. Schriftliches.   Schreiben Sie die Sätze um! Verbinden Sie die kurzen Sätze aus dem Text, so daß Sie einen logischen Satz als Endprodukt bekommen! Benutzen Sie die angegebenen Konjunktionen!

▶ Sie sitzt im Straßencafé. Sie blättert in einem Modejournal. (und) Sie hat wenig Zeit. (obwohl)
   Sie sitzt im Straßencafé und blättert in einem Modejournal, obwohl sie wenig Zeit hat.

1. Sie wird von allen Seiten beobachtet. (da) Sie spürt sofort, daß sie Hände hat.
2. Gestern wurde sie angesprochen. Gestern war der Stuhl frei. (als) Gestern war sie froh, daß in der Mittagspause alles sehr schnell geht. (aber)
3. Sie würde lachen. Sie würde eine ausweichende Antwort geben. (und) Vielleicht würde sie sagen, daß der Stuhl neben ihr besetzt sei. (oder)
4. An der Schreibmaschine hat sie viel Zeit, an Katastrophen zu denken. Katastrophe ist ihr Lieblingswort. (denn) Ohne das Lieblingswort wäre die Mittagspause langweilig. (und)

Wortschatzübungen

Substantive

die **Hauptsache, –n**   main thing, main point
der **Liebling, –e**   sweetheart; favorite
die **Mode**   fashion
die **Schreibmaschine, –n**   typewriter
das **Spielzeug, –e**   toy, plaything

Verben

beantworten   to answer
bedauern   to regret; to feel sorry for
beobachten   to observe
blättern (in + *dat.*)   to leaf (through)
reichen   to suffice; to extend
rot werden (wird; wurde, ist geworden)   to blush
spüren   to feel; to sense
sich verlieben (in + *acc.*)   to fall in love (with)
sich verspäten   to be late
sich vor·stellen (*dat.*)   to imagine

Andere Wörter

anstrengend   fatiguing
besetzt   occupied
regelmäßig   regularly

F. Vokabeln.   Bilden Sie Sätze! Sagen Sie *richtig*, wenn der Satz mit der Geschichte übereinstimmt! Wenn er nicht stimmt, sagen Sie *falsch!* Verbessern Sie die falschen Sätze!

1. das Mädchen / blättern / in / ein Modejournal
2. weil / sie / tragen / eine Sonnenbrille // die Männer / müssen / sich vorstellen / ihr Gesicht
3. sie / rot   werden // wenn / die   Männer / beobachten / sie // denn / sie / spüren / ihre Blicke
4. wenn / die Zeit / reichen // sie / bestellen / ein Cognac
5. weil / sie / nervös   sein // sie / spielen / regelmäßig / mit / ein Spielzeug
6. die   Männer / ansprechen / sie / nie // denn / der   Stuhl / neben / sie / besetzt sein / immer
7. die Mittagspause / anstrengender sein / als / die Arbeit // weil / sie / müssen / spielen / eine Rolle
8. wenn / die Eltern / fragen / sie / etwas // sie / beantworten / die Frage / mit / eine Frage

9. die Hauptsache sein // daß / sie / sich verspäten / nie
10. ihr Lieblingswort / sein / langweilig
11. sie / möchten / sich verlieben
12. sie / finden / das Leben / an / die Schreibmaschine / unin-
    teressant

G. Nicht verwechseln! Ergänzen Sie die Sätze!

   die Antwort   antworten   beantworten

1. Was sollte ich auf deine Frage _____?
2. Du hast meine Frage schon _____.
3. Ja? Was war denn _____?
4. _____ mir!

H. Wortbildung. Der Autor gebraucht viele Komposita°. Ver-   compounds
binden Sie ein Wort links mit einem passenden Wort rechts. Übersetzen Sie!

1. der Abend	a. die Brille
2. der Brief (+ e)	b. das Café
3. die Hand	c. das Essen
4. das Haupt	d. der Film
5. die Liebe (+ s)	e. das Journal
6. der Liebling (+ s)	f. die Pause
7. die Lippe (+ n)	g. die Sache
8. der Mittag (+ s)	h. das Schreiben
9. die Mode	i. der Stift
10. neben	j. die Tasche
11. die Sonne (+ n)	k. der Tisch
12. die Straße (+ n)	l. das Wort

Was meinen Sie?

I. Was verstehen Sie darunter?   Mit seinen kurzen Sätzen sagt Wondratschek oft mehr, als es scheint. Suchen Sie die Sätze und lesen Sie sie noch einmal im Zusammenhang. Wie interpretieren Sie die folgenden Sätze?

1. Die Eltern wissen, daß sie schön ist. Sie sehen es nicht gern.
2. Aber freitags regnet es oft.
3. Sie spürt sofort, daß sie Hände hat.
4. Ohne das Lieblingswort wäre die Mittagspause langweilig.

J. Interaktionen.   Sie sind in der Verwaltung° einer Firma in der Bauindustrie. Sie müssen entscheiden, ob Sie Frauen als Baggerführerinnen einstellen wollen. Diskutieren Sie: Welche Argumente gibt es für und welche gegen Frauen als Baggerführerinnen? Nach der Diskussion müssen Sie eine Antwort geben — ja oder nein.

administration

Brauchbare Wörter bei der Diskussion:

mir scheint ...	wenn ich dich recht ver-
es ist doch klar, daß ...	stehe, ...
ich persönlich bin der	das gebe ich zu°, aber ...
Meinung ...	das ist doch Unsinn°!
die Sache ist die: ...	das ist ja gerade das Problem.

gebe ... zu: I admit
nonsense

K. Zur Diskussion/Zum Schreiben

1. Stellen Sie sich vor, daß Cleophas und das Mädchen sich im Straßencafé treffen! Erfinden Sie einen Dialog zwischen den beiden!
2. Beschreiben Sie eine Katastrophe, die dem Mädchen passieren könnte!
3. Erfinden Sie ein neues Ende, in dem ein Erlebnis aus der Phantasie des Mädchens Wirklichkeit wird!
4. Beschreiben Sie die Katastrophe in der Geschichte „Ein Tisch ist ein Tisch"!

Thema 4:

Partnerschaft

Ist diese Familie anders als früher?

Hausmann sein

Attitudes towards equal rights for men and women in the world of work are changing the relationship between the sexes, on a professional as well as a personal basis.

The Federal Republic of Germany has a so-called **Haushaltstag** (*house-keeping day*) that entitles women who work outside the home six days a week to receive one day off with pay each month. Ferdinand Mück, a male nurse, once tried to claim a housekeeping day and was turned down by a lower court. Upon appeal, the federal constitutional court ruled that the housekeeping day was a women's prerogative only as long as the typical division of labor between the sexes prevailed. The court held that no such division of labor exists today. Mr. Mück received his day off.

However, legal recognition of a man's dual role as wage-earner and **Hausmann** has not altered many of the traditional attitudes of expected male and female behavior. In the article entitled "Hausmann sein" a university professor tells of his experiences as a **Hausmann** when he tries to turn the equal rights concept into practice. He reports on the changes he perceives in himself and how he deals with the reactions of outsiders to his new role.

Vorbereitung auf das Lesen

Zum Thema

1. Woran denken Sie, wenn Sie das Wort „Hausmann" hören? Machen Sie eine Liste von Wörtern, die Sie mit dem Begriff „Hausmann" assoziieren!
2. Was halten Sie von Hausmännern ganz allgemein?
3. Kennen Sie einen Hausmann? Was für ein Mensch ist er? Was halten Ihre Freunde und Ihre Familie von ihm?

Leitfragen

Nach der Lektüre sollen Sie folgende Fragen beantworten können:

1. Warum wurde Professor Klausen Hausmann?
2. Welche Schwierigkeiten hatte er?
3. Wie erklärt er, daß es fast nur Männer im öffentlichen Leben gibt?
4. Wie will er das Problem lösen, daß es fast keine Frauen im öffentlichen Leben gibt?

Verwandte Wörter

der Rekord

Wortfamilien

abputzen (putzen)
die Arbeitsteilung (die Arbeit +
   teilen)

das Gleichheitsprinzip
   (gleich + das Prinzip)
mühevoll (die Mühe)

Wörter im Kontext

Die Sachen sind **gleichwertig**: Die Sachen haben den gleichen Wert.
Ein **Hausmann** ist ein Mann, der den Haushalt macht.
In der Tat, er sah schlimm aus: Wirklich. Er sah schlimm aus.
Er **machte Ernst** damit: Er sagte es nicht nur, er tat es auch; er
   machte es wahr.
Ich **machte mich an** die Arbeit: Ich begann mit der Arbeit.
Er war **sprachlos**: Er war so erstaunt, daß er nicht sprechen
   konnte.

Berufsarbeit und Arbeit im Haushalt sind gleichwertig. So entschied das Bundesverfassungsgericht° vor mehreren Jahren. Mit diesem Gleichheitsprinzip machte kürzlich Dr. Willi Klausen, ein Universitätsprofessor, Ernst. Er berichtet hier von seinen Erfahrungen: | federal constitutional court

5   Meine Frau hatte zwanzig Jahre den Haushalt gemacht, für die Kinder gesorgt und als Buchhalterin° gearbeitet. Als unsere zwei Kinder das Gymnasium hinter sich hatten und an die Universität gingen, wollte sie den Beruf wechseln. Sie wollte eine Ausbildung als Krankenschwester beginnen. Da fand ich es nur fair, daß ich jetzt 10 machte, was meine Frau zwanzig Jahre gemacht hatte. | bookkeeper

    Ganz besonders gut erinnere ich mich an einen Tag im Spätsommer, als meine Frau beim Weggehen sagte: „Als ich noch Haus und Garten gemacht habe, hat der Garten nie so ausgesehen. Richtig verwildert°." In der Tat, der Garten sah schlimm aus. Vor Unkraut° | overgrown / weeds
15 waren die Blumen kaum noch zu sehen. Da es früh am Morgen und schön kühl war, machte ich mich sofort an die Arbeit. Ich sagte mir: „In zwei Stunden hast du das geschafft." Aus den zwei Stunden wurde aber ein ganzer Tag. Am Abend war der Garten wieder in Ordnung, aber ich war total erschossen°. | exhausted

20   Am nächsten Morgen konnte ich mich kaum bewegen. Sonst stehe ich um fünf auf und mache meiner Frau das Frühstück. An diesem Morgen blieb ich liegen und schlief wieder ein. Als ich um acht aufwachte,

Die Familie ist auch Männersache.

hörte ich draußen den Müllwagen°. Um Himmels willen°! Ich hatte vergessen, den Mülleimer° auf die Straße zu stellen. Ich zog mir schnell
25 Hemd und Hose an und lief nach draußen. Wenn ich nur den Morgenmantel angezogen hätte, wäre ich schneller draußen gewesen. Aber dann hätten die Nachbarn wahrscheinlich geredet: „Was sind das nur für Leute! Sie fährt schon um halb sechs zur Arbeit, und er faulenzt den ganzen Vormittag im Hause herum. Nicht einmal
30 angezogen ist er!"

Für meine männlichen Bekannten bin ich leicht verrückt. Sie erklären sich meinen Hausmannsjob so: „Der Willi scheint zuviel Zeit zu haben. So etwas wäre bei meiner Arbeit absolut unmöglich. Na ja — Professoren — die haben eben nicht genug zu tun."

35 Unser Maurer° sieht mich wohl auch so. Er war vor kurzer Zeit bei uns, um etwas am Haus zu reparieren. Als wir gerade zusammen nach oben gehen wollten, klingelte meine Küchenuhr. Ich entschuldigte mich: „Ich bin sofort wieder da. Ich muß nur mal eben nach meinen Pfirsichen° sehen. Ich mache nämlich heute Pfirsiche ein°." Der Maurer
40 starrte mich sprachlos an°. Ich erklärte: „Ich habe gestern vierzig Pfund gekauft. Es gab sie im Sonderangebot°." Als er immer noch nichts sagte, fragte ich ihn: „Machen Sie auch ein?" — „Nein, das wäre unter meiner Würde°." Nach einer Pause fügte er hinzu°: „Vielleicht später einmal, wenn ich Rentner° bin."

garbage truck / good heavens
garbage container

bricklayer

peaches / **mache ein:** can
starrte ... an: stared at
special

dignity / **fügte hinzu:** added
retiree

45   Ich experimentiere mit verschiedenen Einkochzeiten°, so daß die Pfirsiche auf meinen Obsttorten besonders schön aussehen. Als ich neulich mit einem Konditor° über Rezepte sprechen wollte, war seine erste Frage: „Sind Sie Kollege?" Ich hatte nicht den Mut zu sagen: „Nein, Hausmann."

50   Ich finde, daß das Backen zu den Sonntagsaspekten meines Hausmannslebens gehört. Mit Obsttorten, Mandelschnitten° und Käsesahnetorten° kann man kreativ sein. Es gibt einem ein wirklich gutes Gefühl, wenn die Familie dann am Kaffeetisch sitzt und sagt: „Hmm, das ist aber lecker. Wie hast du das denn gemacht? Große Klasse°! Das 55 kannst du mal wieder machen." Und ähnliches°.

    Fast alles andere ist mühevoller und oft monotoner Alltag°. Wie Bügeln° zum Beispiel oder Putzen. Ich habe gefunden, daß es weniger monoton wird, wenn man wie bei einem Wettkampf° nach der Uhr arbeitet. Ich verbessere dauernd meine Rekordzeiten. Meine Eß-60 zimmerbestzeit ist jetzt 21 Minuten, 40 Sekunden.

cooking times

pastry chef

almond pastry
cheese cakes

Große Klasse: first rate
similar things
daily routine
ironing
contest

Spezifisch männliche und spezifisch weibliche Pflichten gibt es nach deutschem Gesetz nicht mehr.

Eines Tages war ich schon mittags nach Hause gekommen und hatte Flur° und Haustreppe° geputzt, als meine Frau und unsere Tochter nach Hause kamen. Sie hatten Schnee an den Schuhen, und ich wurde böse: „Könnt ihr euch die Schuhe nicht richtig abputzen,

65 wenn ihr ins Haus kommt? Ihr seht doch, daß ich gerade Flur und Treppe geputzt habe!" Wir sahen einander überrascht an, denn das waren genau die Worte meiner Frau, wenn sie geputzt hatte und wir nach Hause kamen. Aus meinem Mund klangen° diese Worte komisch. Plötzlich mußten wir alle drei lachen.

70 Natürlich koche ich jeden Tag. Hinterher wasche ich ab. Vorher muß ich einkaufen. Das ist besonders schwierig für einen Mann. Denn für die meisten Geschäftsleute ist ein Mann, der einkauft, automatisch Junggeselle° oder Witwer°, und der ißt alles, was man ihm gibt. Dem kann man ruhig weiche Tomaten oder halbfaules° Obst einpacken. Der

75 kauft auch zähes° Fleisch. Und wenn er etwas sagt, gilt er als eigenartiger° Typ°.

Meine Arbeit an der Universität und im Hause verbraucht meine ganze Energie. Ich würde gern am politischen Leben unserer Stadt teilnehmen, aber dazu habe ich weder Zeit noch Kraft. Jetzt ist mir

80 auch klar, warum es in unserem öffentlichen Leben fast nur Männer gibt. Das kann nur anders werden, wenn wir mit der Arbeitsteilung im Haushalt wirklich Ernst machen. Wenn nämlich die Familie nur Frauensache bleibt, kann es geschehen, daß viele junge Frauen auf eine Familie verzichten.°

85 Soweit° der Professor. Wilhelm Busch° hat gesagt:
Vater werden ist nicht schwer,
Vater sein dagegen sehr.
Diese Zeilen bekommen heute eine neue Bedeutung, oder vielleicht sollte man sie ändern und sagen:

90 Vater werden ist nicht schwer,
Hausmann sein dagegen sehr.

	hall / main staircase
	sounded
	bachelor / widower
	half-rotten
	tough
	odd / character
	auf … verzichten: do without a family
	so much for / **Busch:** 1832–1908, writer of humorous verse

---

Zum Text

A. Anekdotentitel. In seinem Bericht erzählt Dr. Klausen einige Anekdoten, um zu zeigen, daß es nicht so leicht ist, Hausmann zu sein. Denken Sie sich für jede Anekdote oder Episode einen Titel aus! Ein Titel für die erste Anekdote könnte sein: *Gartenarbeit kostet viel Zeit* oder *Gartenarbeit macht müde.* Jetzt machen Sie weiter!

B. Welche Kategorie? In seiner Rolle als Hausmann gibt es für Willi Klausen Schwierigkeiten von zwei Seiten:

(a) Die Arbeit ist schwer, macht müde und ist oft langweilig.

(b) Andere Menschen verstehen ihn in seiner Rolle als Hausmann nicht.

Ordnen° Sie die folgenden Sätze einer der beiden Kategorien zu!   ordnen ... zu: arrange

1. Am Abend war der Garten wieder in Ordnung, aber ich war total erschossen.
2. Ich hatte nicht den Mut zu sagen: „Nein, Hausmann."
3. Ich hatte vergessen, den Mülleimer auf die Straße zu stellen.
4. Wenn ich nur den Morgenmantel angezogen hätte, wäre ich schneller draußen gewesen. Aber dann hätten die Nachbarn geredet.
5. Der Willi scheint zuviel Zeit zu haben. So etwas wäre bei meiner Arbeit absolut unmöglich.
6. Ich habe gefunden, es wird weniger monoton, wenn man wie bei einem Wettkampf nach der Uhr arbeitet.
7. Na ja — Professoren — die haben eben zuviel Zeit.
8. Nein, das wäre unter meiner Würde.
9. Könnt ihr nicht eure Schuhe richtig abputzen, wenn ihr ins Haus kommt?
10. Dem kann man ruhig weiche Tomaten oder halbfaules Obst einpacken.

C. Nacherzählen. Machen Sie für eine Episode eine Wortliste, mit deren Hilfe Sie den Inhalt dieser Episode nacherzählen!

D. Deutsch oder amerikanisch? Daß man Tomaten und Obst im Supermarkt einpacken läßt, zeigt, daß es sich hier um deutsche und nicht um amerikanische Verhältnisse handelt. Welche anderen Einzelheiten im Lesestück zeigen das?

Wortschatzübungen

Substantive

die **Kraft**, ⁻e   energy, strength, force
der **Mut**   courage
das **Rezept**, —e   recipe

Verben

ab·waschen (wäscht ab; wusch ab, abgewaschen)   to wash up (dishes)
auf·wachen   to wake up
ein·packen   to pack; to wrap
ein·schlafen (schläft ein; schlief ein, ist eingeschlafen)   to fall asleep
faulenzen   to loaf, be lazy
klingeln   to ring
verbessern   to improve
verbrauchen   to use up, consume
wechseln   to change, replace; **Er wechselt seine Schuhe.** He's changing his shoes.

Andere Wörter

ähnlich   similar; **Er sieht (ist) seinem Bruder ähnlich.**   He looks (is) like his brother.
dauernd   continually
hinterher   afterwards
komisch   strange, funny, odd
lecker   tasty, delicious
neulich   recently
nicht einmal   not even
öffentlich   public

E. Vokabeln.   Ergänzen Sie die Sätze mit Wörtern aus der obigen Liste!

Die Frau eines Universitätsprofessors, die als Buchhalterin gearbeitet hatte, wollte den Beruf _____. Ihr Mann fand es nur fair, den Haushalt zu machen. Am ersten Tag machte er Gartenarbeit. Am Abend aß er mit der Familie. Vorher hatte er nach einem neuen _____ gekocht (die Familie fand alles _____). _____, d.h. nach dem Essen, mußte er allein _____ und die Küche saubermachen. „Heute habe ich viel gemacht, aber morgen mache ich noch mehr", dachte er. „Ich möchte meinen Rekord von heute _____."

Am nächsten Morgen _____ der Wecker um fünf. Da er aber vom vorigen Tag noch müde war, _____ er wieder _____. Er _____ erst um neun _____. Um seinen Rekord zu übertreffen, mußte er sehr schnell arbeiten. Um zwölf wurde er hungrig. Aber _____ zum Essen nahm er sich Zeit. „Ich darf nicht _____", sagte er.

Seine Bekannten finden es _____, daß er so was macht. Sie

sagen: „Professoren haben zuviel Zeit" oder „Bei meiner Arbeit wäre das unmöglich" oder _____ Sätze.

Beim Einkaufen hat er immer wieder Schwierigkeiten. _____ hat ihm eine Verkäuferin sogar halbfaules Obst _____. Er hatte aber nicht den _____, dagegen zu protestieren. Er versteht jetzt, warum es im _____ Leben fast nur Männer gibt. Die Arbeit an der Universität und die Arbeit im Haus _____ seine ganze Energie. Er ist _____ müde und hat keine _____, etwas anderes zu machen.

F. Verwechseln Sie nicht! Ergänzen Sie die Sätze!

ändern   to change (make different); Die Schneiderin **ändert** das Kleid.

sich ändern   to change (become different); Das Wetter **ändert sich.**

wechseln   to change (replace); Nach zehntausend Kilometern muß man das Öl **wechseln.**

1. Kannst du mir 10 Mark _____?
2. Ich muß die Schuhe _____. Diese sind ganz naß.
3. Er _____ alle 10 Minuten seine Meinung.
4. Wir wollten zuerst nach dem Süden fahren, aber wir haben unsere Pläne _____.
5. Ich kann hier nichts sehen. Ich muß den Platz _____.
6. Du mußt _____, sonst kann ich dir nicht helfen.

G. Verwandte Wörter. Was bedeuten folgende Sätze? Geben Sie das Wort, das mit dem fettgedruckten° Wort verwandt ist!   boldface

1. Kurt hat seine Mathearbeit zurückbekommen und muß bis morgen die **Verbesserung** machen.
2. Die **Ähnlichkeit** zwischen Tanja und Ingrid fiel mir sofort auf.
3. Hat dir der neue **Komiker** im Kabarett gefallen?
4. Ein **mutiger** Politiker ist immer bereit, seine Ideen an die **Öffentlichkeit** zu bringen.
5. Jemand, der an Arthritis leidet, braucht auf die **Dauer** einen Klima**wechsel**.
6. Die Opernsängerin hatte eine schöne und **kräftige** Stimme.
7. Bei meinem neuen Auto ist der Benzin**verbrauch** niedrig° — nur   low
   sechs Liter pro hundert Kilometer.

H. Wortbildung. Im Lesestück auf den Seiten 59–61 gibt es viele Komposita, zusammengesetzte Wörter, wie *Einkochzeit* und *Haustreppe*. Suchen Sie noch sieben weitere Komposita und geben Sie die englischen Äquivalente!

Was meinen Sie?

I. Gleichberechtigung?   Welche Arbeitsteilung existiert bei Ihnen zu Hause? Sind Ihre Eltern gleichberechtigt? Sind Sie und Ihr(e) Partner(in) gleichberechtigt? Wer macht was im Haushalt?

1. Frühstück machen	12. putzen
2. kochen	13. Badezimmer putzen
3. einmachen	14. abstauben
4. backen	15. Staub saugen
5. abwaschen	16. Fenster putzen
6. Tisch decken	17. Wäsche waschen
7. abtrocknen	18. Betten machen
8. Geschirr in die Spülmaschine tun	19. bügeln
	20. Gartenarbeit machen
9. Geschirr aus der Spülmaschine nehmen	21. Rasen mähen
	22. Haus streichen
10. einkaufen	23. Auto waschen
11. Mülleimer raustragen	

J. Interaktionen.   Bilden Sie eine Gruppe zu viert: Familienmitglieder oder Freunde, die zusammenwohnen. Machen Sie gemeinsam eine Liste von Aufgaben im Haushalt. Dann verhandeln Sie untereinander, wer was machen bzw.° nicht machen will, und erklären Sie, warum Sie eine gewisse Aufgabe machen oder nicht machen wollen. Zum Schluß° stellen Sie gemeinsam° einen schriftlichen Wochenarbeitsplan auf. Der Plan soll die Aufgaben mehr oder weniger gerecht verteilen: wer, was, wann, wie oft, wie lange? Kennzeichnen° Sie die Aufgaben als schwer, leicht, langweilig oder interessant. Dann informieren Sie die Klasse über die Ergebnisse° Ihres Arbeitsplans!

beziehungsweise: or

finally / together

designate

results

Brauchbare Wörter beim Verhandeln:

Moment mal!	Natürlich!
Das mache ich nicht.	Das geht leider nicht, weil ...
Ist das dein Ernst?	Das ist mir egal.
Quatsch!	Ist es dir recht?
Hör mal!	Ich schlage vor, daß ...
Du hast recht.	

K. Schriftliches.   Erzählen Sie einem Freund von dem Universitätsprofessor, mit Kommentar. Was finden Sie gut? Nicht gut? (50 Wörter)

L. Zur Diskussion.   Seit 1976 darf ein Ehepaar in der Bundesrepublik den Familiennamen der Frau wählen. Finden Sie das gut
oder schlecht? Sehen Sie Vorteile? Nachteile?

Ein netter Kerl

Gabriele Wohmann

Gabriele Wohmann was born in 1932 in Darmstadt. She studied
music and modern languages at the University of Frankfurt and
was trained as a teacher. She began writing in 1956 and has since
received a number of literary awards. Her literary production is
extensive, including poetry, a number of collections of short stories,
and several novels, as well as radio and television plays.

   Gabriele Wohmann writes about average people. She is
especially interested in conflicts among family members and
struggles between the sexes. Wohmann does not analyze
psychological motivations of her characters but prefers to let
actions reveal their attitudes. By listening in on the conversation of
the family in "Ein netter Kerl," the reader learns much about Rita
and her fiancé, and about the other members of her family. Note
the nature of their relationships. Observe also how this simple
scene shows the paradoxical human tendency to dwell on incidental
details when other, much more important issues are at stake.

Vorbereitung auf das Lesen

Leitfragen

1. In der Geschichte „Ein netter Kerl" hat Rita einen Freund zum
   Essen eingeladen. Nachdem er weggegangen ist, kritisiert die
   Familie sein Aussehen und sein Benehmen. Achten Sie darauf,
   was jedes Familienmitglied sagt und macht! Machen Sie sich
   Notizen! Was erfahren Sie über die einzelnen Personen?
2. Achten Sie auf die Wörter, die mit Wasser (Meer, Fluß) und Was-
   sertieren zu tun haben!
3. Fragen Sie sich beim Lesen, was diese Geschichte mit dem
   Thema „Partnerschaft" zu tun hat!

Verwandte Wörter

Diät essen
die Lippe

Wortfamilien

ängstlich (die Angst)   der Schrei (schreien)
die Anstrengung (anstrengend)   die Unterseite (unter + die Seite)
dankbar (danken)

Ich hab ja so wahnsinnig° gelacht, rief Ninni in einer Atempause°. Genau wie du ihn beschrieben hast, entsetzlich°.

Furchtbar fett für sein Alter, sagte die Mutter. Er sollte vielleicht Diät essen. Übrigens, Rita, weißt du, ob er ganz gesund ist?

5 Rita setzte sich gerade und hielt sich mit den Händen an der Unterseite des Sitzes fest. Sie sagte: Ach, ich glaub schon, daß er gesund ist. Genau wie du es erzählt hast, weich wie ein Molch°, wie Schlamm°, rief Ninni. Und auch die Hand, so weich.

Aber er hat dann doch auch wieder was Liebes, sagte Milene,
10 doch, Rita, ich finde, er hat was Liebes, wirklich.

Na ja°, sagte die Mutter, beschämt° fing auch sie wieder an zu lachen; recht lieb, aber doch gräßlich° komisch. Du hast nicht zu viel versprochen, Rita, wahrhaftig° nicht. Jetzt lachte sie laut heraus. Auch hinten im Nacken° hat er schon Wammen°, wie ein alter Mann, rief
15 Ninni. Er ist ja so fett, so weich, so weich! Sie schnaubte° aus der kurzen Nase, ihr kleines Gesicht sah verquollen° aus vom Lachen. Rita hielt sich am Sitz fest. Sie drückte die Fingerkuppen° fest ans Holz.

Er hat so was Insichruhendes°, sagte Milene. Ich find ihn so ganz nett, Rita, wirklich, komischerweise°.
20 Ninni stieß einen winzigen° Schrei aus und warf die Hände auf den Tisch; die Messer und Gabeln auf den Tellern klirrten°.

Ich auch, wirklich, ich find ihn auch nett, rief sie. Könnt° ihn immer ansehn und mich ekeln°.

Der Vater kam zurück, schloß die Eßzimmertür, brachte kühle
25 nasse Luft mit herein.

Er war ja so ängstlich, daß er seine letzte Bahn noch kriegt, sagte er. So was von ängstlich.

Er lebt mit seiner Mutter zusammen, sagte Rita.

Sie platzten alle heraus°, jetzt auch Milene. Das Holz unter Ritas
30 Fingerkuppen wurde klebrig°. Sie sagte: Seine Mutter ist nicht ganz gesund, soviel ich weiß.

Margin glossary:

madly / in ... Atempause: in a pause for breath / awful

salamander

mud

Na ja: well / ashamed
terribly
truly
neck / rolls of fat
snorted
swollen up
finger tips
composure
strangely enough
tiny

clattered

könnt = ich könnte
be disgusted

platzten heraus: burst out laughing / sticky

Das Lachen schwoll an°, türmte sich vor ihr auf°, wartete und stürzte sich dann herab, es spülte über sie weg° und verbarg° sie: lang genug für einen kleinen schwachen Frieden.

35   Als erste brachte die Mutter es fertig°, sich wieder zu fassen°.

Nun aber Schluß°, sagte sie, ihre Stimme zitterte°, sie wischte mit einem Taschentuchklümpchen° über die Augen und die Lippen. Wir können ja endlich mal von was anderem reden.

Ach sagte Ninni, sie seufzte° und rieb sich den kleinen Bauch, ach 40 ich bin erledigt°, du liebe Zeit°. Wann kommt die große fette Qualle° denn wieder, sag Rita, wann denn?

Sie warteten alle ab.

schwoll an: swelled up / **türmte auf:** towered up / **spülte ... weg:** washed over her / hid

brachte ... fertig: managed / control
that's enough / trembled
handkerchief in a wad

sighed

exhausted / **du ... Zeit:** good heavens / jellyfish

Emil Nolde: *Mann und junges Mädchen,* 1925.

Er kommt von jetzt an oft, sagte Rita. Sie hielt den Kopf aufrecht°.   upright
Ich habe mich verlobt mit ihm.

45   Am Tisch bewegte sich keiner. Rita lachte versuchsweise° und dann   tentatively
konnte sie es mit großer Anstrengung lauter als die andern und sie
rief: Stellt euch das doch bloß mal vor: mit ihm verlobt! Ist das nicht
zum Lachen!

Sie saßen gesittet° und ernst und bewegten vorsichtig Messer und   well-mannered
50   Gabeln.

He, Ninni, bist du mir denn nicht dankbar, mit der Qualle hab ich
mich verlobt, stell dir das doch mal vor!

Er ist ja ein netter Kerl, sagte der Vater. Also höflich ist er, das muß
man ihm lassen°.   das ... lassen: one must give him credit for that

55   Ich könnt mir denken, sagte die Mutter ernst, daß er mensch-
lich° angenehm ist, ich meine, als Hausgenosse° oder so, als   as a person / house companion
Familienmitglied.

Er hat keinen üblen° Eindruck auf mich gemacht, sagte der Vater.   bad

Rita sah sie alle behutsam° sitzen, sie sah gezähmte° Lippen. Die   cautiously / restrained
60   roten Flecken in den Gesichtern blieben noch eine Weile. Sie senkten°   lowered
die Köpfe und aßen den Nachtisch.

Zum Text

A. Welche Kategorie?   Die Familie sagt viel über den „netten
Kerl", aber man muß manchmal zwischen den Zeilen lesen. Was
meinen die Familienmitglieder mit den folgenden Sätzen? Ordnen
Sie jeden Satz einer Kategorie zu: (a) freundlich, (b) kritisch oder (c)
neutral!

1. Furchtbar fett für sein Alter.
2. Ach, ich glaub schon, daß er gesund ist.
3. Also höflich ist er, das muß man ihm lassen.
4. Aber doch gräßlich komisch ist er.
5. Er hat keinen üblen Eindruck auf mich gemacht.
6. Könnt ihn immer ansehen und mich ekeln.
7. Seine Mutter ist nicht ganz gesund
8. Er war ja so ängstlich.
9. Ich könnt mir denken, daß er menschlich angenehm ist.
10. Auch hinten im Nacken hat er schon Wammen, wie ein alter
    Mann.
11. Ich habe mich verlobt mit ihm.
12. Er hat so etwas Insichruhendes.
13. Aber er hat dann doch auch wieder was Liebes.

B. Zum Inhalt

1. Was kritisieren die Familienmitglieder an dem netten Kerl?
2. Vergleichen Sie die Kritik von Ninni, Milene und der Mutter! Wer ist am brutalsten? Wer versucht etwas Gutes über ihn zu sagen? Suchen Sie die Sätze im Text auf den Seiten 70–72! Geben Sie ihre Worte wieder!
3. Der Vater sagt: „Er ist ja ein netter Kerl." Ist das eine positive, negative oder neutrale Meinung?
4. Warum hat Rita nicht sofort gesagt, daß sie sich verlobt hat? Was glauben Sie? Was könnten die Gründe sein?
5. Warum erfahren wir nicht, wie der nette Kerl heißt?
6. Wie sehen Sie das Verhältnis der einzelnen Familienmitglieder zueinander?

C. Adjektive. Die Autorin gebraucht viele Adjektive und Adverbien. Suchen Sie die Adjektive, die der Erzählung einen negativen Ton geben!

▶ *entsetzlich*

D. Benehmen. Die Personen zeigen nicht nur durch Worte, was sie denken, sondern auch durch das, was sie tun. Beschreiben Sie die Gesten und das Benehmen der Personen! Was drückt die Person dabei aus? Zum Beispiel: „ … beschämt fing auch (die Mutter) wieder an zu lachen." (Zeile 11).

E. Rollenspiel. Am Tag nach dem Besuch des netten Kerls erzählen die Familienmitglieder anderen von Ritas Verlobtem. Machen Sie ein Gespräch zwischen den folgenden Personen: 1) Ninni und einem Freund, 2) dem Vater und einem Bekannten oder 3) der Mutter und einer Freundin!

Wortschatzübungen

Substantive

das **Alter**   age
der **Bauch, ‑̈e**   belly, abdomen, stomach
der **Eindruck, ‑̈e**   impression
der **Fleck, ‑e** or **der Flecken, ‑**   (soiled) spot; place
der **Frieden**   peace, harmony
der **Kerl, ‑e**   fellow, guy, person (*male or female*)
der **Sitz, ‑e**   seat of chair or car
die **Weile**   while; **nach einer Weile**   after awhile

Verben

drücken   to squeeze, push, press
herab·stürzen   to crash; to fall down
kriegen   to get
reiben (rieb, gerieben)   to rub
spülen   to rinse, wash (dishes)
sich verloben   to become engaged
wischen   to wipe, mop up
zittern   to tremble

Andere Wörter

bloß   just, barely, merely, only
fett   fat, obese

F. Definitionen. Welche Wörter aus der obigen Liste passen zu den Bedeutungen?

1. Lebenszeit, wie lange man schon lebt
2. der Effekt, den man auf andere hat; wie man zu sein scheint
3. die Hände aufeinander hin und her bewegen; etwas auf etwas anderem hin und her bewegen
4. runterfallen; plötzlich fallen
5. sehr dick
6. Platz, auf den man sich setzen kann; Teil des Stuhles
7. mit Wasser reinigen
8. versprechen, eine(n) zu heiraten
9. mit einem Tuch reiben; wegmachen
10. nur
11. Mensch, Person
12. mit Kraft auf etwas pressen
13. das Abdomen
14. bekommen, erhalten
15. innere Ruhe; Zufriedenheit
16. kurze Zeit
17. eine schmutzige Stelle

G. Verwandte Wörter. Geben Sie ein verwandtes Wort! Übersetzen Sie die folgenden Wörter!

1. alt
2. der Druck
3. friedlich
4. der Sturz
5. die Verlobung
6. der / die Verlobte
7. die Ähnlichkeit
8. die Klingel
9. mutig
10. die Verbesserung
11. der Wechsel

Suffix -erweise

The suffix *-erweise* can form adverbs from adjectives. These adverbs indicate an attitude or judgment of the speaker about the statement he or she is making: **Er hat mich erstaunlicherweise verstanden.** (*Much to my surprise he understood me.*)

H. Etwas Ähnliches.   Inge, eine Freundin von Rita, hat bei ihrer Familie etwas Ähnliches erlebt wie Rita. Übersetzen Sie ihre Erzählung!

Inge sagt:

1. Dummerweise habe ich meinen Freund zu uns zum Kaffee eingeladen.
2. Normalerweise trinken wir Kaffee im Café.
3. Unglücklicherweise hat mein Freund meiner Familie nicht gefallen.
4. Komischerweise haben sie ihn trotzdem nett gefunden.
5. Ich habe ihnen klugerweise nichts von meiner Verlobung erzählt.
6. Er wird ihnen möglicherweise mit der Zeit besser gefallen.

Die Beiden

Sie trug den Becher° in der Hand	cup
—Ihr Kinn° und Mund glich seinem Rand,°—	chin / rim
So leicht und sicher war ihr Gang,°	gait
Kein Tropfen° aus dem Becher sprang.	drop
So leicht und fest war seine Hand;	
Er ritt auf einem jungen Pferde,	
Und mit nachlässiger° Gebärde°	careless / gesture
Erzwang° er, daß es zitternd stand.	forced
Jedoch, wenn er aus ihrer Hand	
Den leichten Becher nehmen sollte,	
So war es beiden allzu schwer:	
Denn beide bebten° sie so sehr,	trembled
Daß keine Hand die andre fand	
Und dunkler Wein am Boden rollte.	

—Hugo von Hofmannsthal
(1874-1929)

Was meinen Sie?

I. Der ideale Partner.   Schreiben Sie einen Aufsatz über eine oder mehrere der folgenden Fragen! Was ist für Sie wichtig? Gebrauchen Sie die Wörter unten!

1. Wie sieht Ihr idealer Partner/Ihre ideale Partnerin aus?
2. Was ist das Wichtigste an einem Partner/einer Partnerin für Sie? Welche Eigenschaften° erwarten Sie? Warum?   characteristics
3. Welche Eigenschaften sind wichtig und wünschenswert°, aber   desirable
   nicht absolut nötig? Warum?
4. Was würden Sie noch gerade tolerieren°?   tolerate
5. Was können Sie absolut nicht leiden? Warum nicht?

1	2	3
klein	nicht dumm	spart gern
groß	intelligent	liest viel und gern
dünn	freundlich	hört gern Musik
dick	nett	treibt gern Sport
schlank	höflich	reist gern
jung	aggressiv	geht gern auf Partys
älter	gemütlich	hat ein Hobby
gut aussehend	weich	ist kinderlieb
hübsch	humorvoll	ist tierlieb
bildschön	tolerant	redet viel
stark	treu	ist Nichtraucher
blond	praktisch	
brünett	fleißig	
rothaarig	reich	
gesund		

Thema 5

Volksliteratur — neu und alt

*Hannes Wader, ein bekannter Liedermacher bei
einem Auftritt in der Bundesrepublik*

Volkslieder heute

Fairy tales (**Märchen**) and folk songs (**Volkslieder**) have regained a
certain popularity in German-speaking countries recently after
years of finding little audience interest. **Märchen** are quite often
tales where good was rewarded and evil punished, wishes were
granted, and witches and talking animals interacted with human
beings. The stories were originally passed on from generation to
generation in the oral story-telling tradition. In the early 19th
century the Grimm brothers, Jakob and Wilhelm, wrote many of
them down and preserved them for us today.

Folk songs are also part of the oral literary tradition and have
been sung in every German-speaking area from the Middle Ages
through the present day. With their simple melodies and rhymes,
folk songs appealed to people by dealing with simple, universal
topics—love, nature, work, play. In the last 15-20 years the interest
in folk songs declined (one reason being their association with the
period of the Third Reich). However, recently modern-day singer-
songwriters (**Liedermacher**) have composed songs in the traditional
folk style with lyrics dealing with modern-day topics: war and
peace, environmental pollution, nuclear power. Often the
Liedermacher perform traditional folk songs with topics that may
hold special meaning for contemporary listeners such as "Die
Gedanken sind frei," a political song written in 1806–1810.

The selection "Volkslieder heute" traces the revival of the folk
song, discusses the reasons for its popularity, and looks at its
various characteristics, including the role played by dialect.

Vorbereitung auf das Lesen

Zum Thema

1. Welche traditionellen, welche neuen Volkslieder kennen Sie?
2. Hören Sie gern Volkslieder? Welches sind Ihre Lieblingslieder?
3. Welche Themen findet man in traditionellen Volksliedern? Und
   in neuen?

Leitfragen

Nach der Lektüre sollten Sie folgende Fragen beantworten können:

1. Welche Themen findet man in den älteren deutschen Liedern?
   Und in den neuen?
2. Woher kommt das neue Interesse am Volkslied? Und am
   Dialekt?

Verwandte Wörter

charakteristisch	die Komponente	die Politik
harmonisch	das Konzept	rehabilitieren
historisch	kritisieren	

Wortfamilien

deutschsprachig (Deutsch +
   sprechen)
persönlich (die Person)
der Sänger / die Sängerin
   (singen)

verändern (ändern)
das Wunder (sich wundern)

Vor einiger Zeit war das deutschsprachige Volkslied tot, mausetot°.   dead as a doornail
Aber es schien nur so, denn heute ist es wieder ziemlich lebendig.
Neben Pop- und Rock-Sound hören viele junge Leute jetzt auch wieder
Volkslieder. Es begann damit, daß man ausländische Lieder sang,
5 amerikanische und französische zum Beispiel. Danach entdeckte man
die deutschen Volkslieder. Aber man sang nicht nur von alten Mühlen,
klaren Bächen° und der Loreley°, sondern auch von Unrecht, Politik,   brooks / figure from German legend
Umweltverschmutzung und Kernkraft.
    Viele Gruppen haben alte Lieder ausgegraben° und rehabilitiert.   unearthed
10 Zupfgeigenhansel zum Beispiel ist eine der bedeutendsten° Gruppen.   leading

DER
ZUPFGEIGENHANSL

Sie ist in ganz Deutschland bekannt. Diese Gruppe nennt sich nach einem berühmten Liederbuch vom Anfang dieses Jahrhunderts. Sie versuchten, Lieder zu bringen, die ehrlich vom wirklichen Leben des Volkes singen. Diese Sänger haben Lieder gefunden, die man früher

15 unterdrückt° hatte, weil der Inhalt zu kritisch° war. Oder sie haben die Originalform von Liedern entdeckt, die man bisher nur in gesäuberter° Form kannte. Das Original war irgendwann mal zu frivol° erschienen. So singen sie frivole, lustige und traurige Lieder von Bauern, Handwerkern°, Soldaten und Studenten. Sie singen außerdem politische Lieder

20 aus der Vergangenheit. Manchmal, wenn sie einen Text finden und keine Melodie, machen sie ihre eigene. Oder sie singen einen unbekannten Text auf eine bekannte Melodie.

Für viele Sänger ist im historischen Volkslied neben der Musik die soziale Komponente besonders wichtig. Während man in den

25 sechziger Jahren die Volksmusik noch als eine Flucht aus der Wirklichkeit abgelehnt hatte, sehen viele sie heute als eine neue Kommunikationsmöglichkeit an. Einer von ihnen sagt: „Wir machen Lieder aus der Vergangenheit lebendig und zeigen ihre Bedeutung für die Gegenwart. Wir finden, daß ein altes Lied wie ‚Die Gedanken sind frei'

30 auch heute noch relevant ist."

suppressed / critical

expurgated

frivolous

craftsmen

Die Gedanken sind frei

1. Die Ge- danken sind frei, wer kann sie er- ra- ten,
   sie fliehen vor- bei, wie nächt-li- che Schatten.

   Kein Mensch kann sie wissen, kein Jäger erschießen,

   mit Pulver und Blei: Die Ge- dan- ken sind frei.

2. Ich denke, was ich will, und was mich beglücket.
   Doch alles in der Still und wie es sich schicket.
   Mein Wunsch und Begehren kann niemand verwehren,
   es bleibet dabei: Die Gedanken sind frei.

3. Ich liebe den Wein, mein Mädchen vor allen.
Sie tut mir allein am besten gefallen.
Ich bin nicht alleine bei meinem Glas Weine,
mein Mädchen dabei. Die Gedanken sind frei.

4. Und sperrt man mich ein im finsteren Kerker,
das alles sind rein vergebliche Werke.
Denn meine Gedanken zerreißen die Schranken
und Mauern entzwei. Die Gedanken sind frei.

Für einige Gruppen gehört aber nicht nur das politisch-kritische Lied zum Repertoire, sondern z.B. auch das traditionelle Liebeslied. „Und in dem Schneegebirge" stammt° aus dem 19. Jahrhundert: originates

Und in dem Schneegebirge

wer das Brünnlein trinket, und wer das Brünnlein trinket, wird jung und nimmer alt.

2. Ich hab daraus getrunken
gar manchen frischen Trunk;
ich bin nicht alt geworden,
ich bin nicht alt geworden,
ich bin noch allzeit jung.

3. „Ade, mein Schatz, ich scheide,
ade, mein Schätzelein!"
„Wann kommst du aber wieder,
wann kommst du aber wieder,
Herzallerliebste mein?"

4. „Wenn's schneiet rote Rosen
und regnet kühlen Wein;
ade, mein Schatz, ich scheide,
ade, mein Schatz, ich scheide,
ade, mein Schätzelein."

5. „Es schneit ja keine Rosen
und regnet keinen Wein;
So kommst du auch nicht wieder,
so kommst du auch nicht wieder,
Herzallerliebste mein.“

Unter den Sängern von heute sind vor allem die Liedermacher im
35 eigentlichen Sinne bekannt und beliebt. Sie führen die Volksliedtradi-
tion mit ganz neuen Liedern weiter. Sie machen oder benutzen neue
Texte zu Themen, die sie für wichtig halten, und sie machen auch die

*Straßenmusikanten in
München: Überall gibt es
heute Gruppen, die in dem
regionalen Dialekt singen.*

Musik selbst. Sie sehen in ihren Liedern mehr als nur Unterhaltung.
Einer von ihnen sagt: „Wir machen nicht für uns selbst im stillen Käm-

40 merlein° Musik. Wir machen unsere Musik in der und für die Gesellschaft. Wir spielen zum Beispiel für Bürgerinitiativen° und auf
politischen Veranstaltungen. In den letzten Monaten haben wir für
eine Bürgerinitiative gespielt, die gegen eine Mülldeponie° protestierte und auf einer Veranstaltung der Grünen°. Wir wollen nichts mit

45 Schlagerschnulzen° zu tun haben. Wir sind politisch engagiert.“
    Das politisch-soziale Engagement° kann sich verschieden aus-
drücken. In ihrem „Lied vom Fernsehn" kritisiert die Liedermacherin
Anni Becker z.B. Fernsehreklame und geistlose° Programme:

im ... Kämmerlein: in total
    privacy
citizens' action groups

garbage dump
''Greens'' German environmental party
sentimental hits
commitment

mindless

Das Lied vom Fernsehn

1. Was bringt uns denn das   Fernsehn, das   Fernsehn, das

Fernsehn? Es bringt uns, was wir ger-ne   hörn und sehn: Re-

klame   für die   Knö-del mit Stars und mit Ge-blö-del, da-

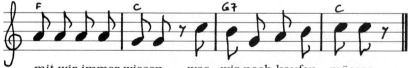

mit wir immer wissen,   was wir noch kaufen müssen.

2. Was bringt uns denn das Fernsehn ...
Seit vielen, vielen Jährchen
die alten lieben Märchen
von Räubern und Gendarmen,
von Reichen und von Armen.

3. Was bringt uns denn das Fernsehn ...
   Von Guten und von Bösen.
   Und alle Fälle lösen
   gescheite Kommissare.
   Das ist für uns das Wahre.

4. Was bringt uns denn das Fernsehn ...
   Man braucht nicht viel zu denken
   und sich das Hirn verrenken ...
   Bei Krimis und Ganoven
   kann man so schön verdoofen.

5. Was bringt uns denn das Fernsehn ...
   Zerstreute könn' nicht denken,
   drum kann man sie schön lenken.
   Wie Hampelmannfigürchen,
   so hampeln wir am Schnürchen.

6. Ein Hampelmann muß bammeln,
   ja bammeln, ja bammeln.
   Gedanken soll man sammeln, ja sammeln,
   damit wir immer wissen,
   wie wir jetzt handeln müssen.
   Mit Grips und nicht mit Geistern
   läßt sich das Leben meistern.

In den sechziger Jahren und während der Studentenrevolte von
50 1968 hatten die Jugendlichen noch gerufen: „Gitarre in die Ecke!"
und „Macht kaputt, was euch kaputt macht!" Sie glaubten noch,
durch ihr aktives Engagement die Gesellschaft schnell verändern zu
können. Als die Gesellschaft sich aber nicht so schnell veränderte,
erschien ein neues Motto: „Laßt euch nicht kaputt machen!"
55 Melancholie, Nostalgie und Innerlichkeit° wurden charakteristisch. So   inwardness
war es denn kein Wunder, daß man das Volkslied wiederentdeckte.
Und zur gleichen Zeit entdeckte man oft auch den Dialekt wieder.
Schließlich ist Volksliteratur ja oft Dialektliteratur. Zuvor° waren Volks-   previously
lied und Dialekt nur noch etwas für Heimatabende° gewesen, um   folklore evenings
60 gelangweilte° Touristen zu unterhalten. Jetzt wurden beide als neue   bored
Kommunikationsmedien angesehen. Überall gibt es heute Gruppen,
die in dem regionalen Dialekt singen, z.B. Wienerisch°, Alemannisch°   Viennese / Alemannic
und Plattdeutsch°. Ein Plattdeutscher sagt dazu: „Im Dialekt kann man   Low German
eben alles viel direkter ausdrücken." In Norddeutschland sieht man
65 seit einiger Zeit Autoaufkleber°: „Wi snackt Platt°."   bumper stickers / We speak Low
German.
Die Sänger finden in ihren Texten und in ihrer Musik eine persönliche Bedeutung. Einige finden sie in den alten Liedern von der

heilen° und harmonischen Welt, von Frühling und Sommer, von   whole
Arbeit und Liebe. Sie finden sie ganz besonders in den früher oft
70 unterdrückten Protest- und Spottliedern°. Und die eigentlichen   songs of mockery
Liedermacher finden sie schließlich vor allem in ganz neuen
politisch-kritischen Liedern zu solchen Themen wie Fernsehpolitik,
Gleichberechtigung und Umweltverschmutzung.

Zum Text

A. Zum Inhalt. Was erfährt man im Lesestück? Wenn Informationen im Lesestück zu finden sind, beantworten Sie die Frage! Wenn nicht, sagen Sie: „Darüber wird nichts gesagt"!

1. Welche Themen findet man in den „neuen" Volksliedern?
2. Was für Lieder singt die Gruppe „Zupfgeigenhansel"?
3. Wieviel Platten verkauft die Gruppe „Zupfgeigenhansel"?
4. Glaubt der Autor, daß Volkslieder besser sind als Rockmusik?
5. Warum singen viele Sänger Lieder aus der Vergangenheit?
6. Was für ein Lied ist „Und in dem Schneegebirge"?
7. Wie unterscheiden sich die Sänger von Volksliedern von den eigentlichen Liedermachern?
8. Warum spielt man Musik für Bürgerinitiativen und auf politischen Veranstaltungen?
9. Woher kommt das neue Interesse am Dialekt?
10. Welche Dialekte sind bei den Gruppen besonders beliebt?
11. Findet der Autor das Interesse am Volkslied und Dialekt gut?
12. Welche Themen finden die Sänger in alten Liedern?

B. Nacherzählen. Machen Sie für einen Absatz eine Wortliste, mit deren Hilfe Sie den Inhalt mündlich nacherzählen.

C. Fremdwörter. Die Deutschen gebrauchen viele Fremdwörter wie z.B. *Pop-Sound*. Stellen Sie eine Liste von den Fremdwörtern im Lesestück zusammen!

D. Verben im Plusquamperfekt. Im Lesestück sind fünf Sätze im Plusquamperfekt. Suchen Sie wenigstens drei! Warum sind die Sätze im Plusquamperfekt?

E. Schriftliches. Schreiben Sie eine englische Version von einem der Lieder im Text! Passen Sie auf, daß Worte und Musik zusammenpassen!

Wortschatzübungen

Substantive

der **Bürger, –** / die **Bürgerin, –innen**   citizen
die **Flucht** (vor + *dat.*)   flight, escape (from); **Flucht vor der
  Polizei**   flight from the police; **Flucht aus dem
  Gefängnis**   escape from jail
die **Gegenwart**   present (time)
die **Kernkraft**   nuclear energy
die **Mühle, –n**   mill
die **Reklame, –n**   advertisement
der **Sinn, –e**   sense, meaning; **Es hat keinen Sinn, hier noch
  länger zu warten.**   There's no sense in waiting here any
  longer.
die **Umwelt**   environment
die **Unterhaltung, –en**   entertainment; conversation
die **Veranstaltung, –en**   event, happening
die **Vergangenheit**   past (time)
die **Verschmutzung**   pollution

Verben

ab·lehnen   to reject
entdecken   to discover
graben (**gräbt; grub, gegraben**)   to dig
verändern   to change; **sich verändern**   to change
  (appearance); **du hast dich gar nicht verändert**   you haven't
  changed at all
unterhalten (**unterhält; unterhielt, unterhalten**)   to entertain

Andere Wörter

beliebt   popular
bisher   up to now

   F. Vokabeln.   Man kann sich nicht immer so ausdrücken, wie
man es gerne möchte. Wie können Sie folgende Sätze anders sagen?
Geben Sie die Sätze wieder, indem Sie ein passendes Wort aus der
Wortschatzliste gebrauchen!

1. In den sechziger Jahren war die Volksmusik **ein Versuch, von
   der Wirklichkeit wegzukommen.**

2. Damals **waren** viele **gegen** die Volksmusik.
3. Heute singen Sänger Lieder aus **früheren Zeiten**.
4. Sie zeigen die Bedeutung der Lieder für die **heutige Zeit**.
5. **Bis jetzt** hat man viele Lieder nur in veränderter Form gekannt.
6. Sänger **finden** in den alten Liedern Themen, die für sie eine persönliche Bedeutung haben.
7. Die eigentlichen Liedermacher wollen mehr für ihre Zuhörer als nur **Spaß**.
8. Die eigentliche **Bedeutung** der Lieder liegt darin, daß sie die Hörer zum kritischen Denken anregen°.   stimulate
9. Die Gesellschaft soll **anders werden**.
10. Es gibt einige **Treffen**, bei denen mehrere Gruppen singen.
11. Ein Lied kritisiert das Fernsehen, besonders **den Versuch, durch Bild und Wort Waren zu verkaufen**.
12. Heutzutage kämpfen wir gegen **den Schmutz in der Welt um uns herum**.
13. Wenn man **unter der Erde** nach Kohle **sucht**, schadet das oft der Landschaft.
14. „Die Grünen" sind eine politische Partei, die gegen den Bau von **Atomkraft**werken protestiert.
15. **Die Leute in diesem Land**, die politisch aktiv sind, wollen die Regierung beeinflussen.

G. Nicht verwechseln!   Ergänzen Sie die Sätze!

entdecken   erfahren   erleben   lernen

1. Wo hast du so gut Tennis spielen _____?
2. So einen schrecklichen Tag wie heute habe ich schon lange nicht mehr _____.
3. Ich habe _____, daß Gerd schon gestern abend angekommen ist.
4. Conrad Röntgen (1845–1923) hat die Röntgenstrahlen° _____.   x-rays
5. Woher weißt du von dem Unfall? Von wem hast du das _____?

H. Tierausdrücke.   Im Text steht das Wort *mausetot*. Die Deutschen gebrauchen viele Tierausdrücke. Geben Sie englische Äquivalente für folgende Tierausdrücke!

1. Stefan ist *saudumm*. Er ist ein richtiger *Schafskopf*.
2. Meine Schwester ist wirklich eine *Wasserratte*. Sie geht jeden Tag schwimmen.
3. Dieter ist ein *Spaßvogel*. Aber er geht oft mit seinen Späßen zu weit.

4. Herr Braun tut nichts für seine Kinder. Er ist wirklich ein *Rabenvater.*
5. Angelika ist eine *Leseratte.* Rudi ist auch ein *Bücherwurm.* Beide lesen den ganzen Tag.
6. Der arme Jens. Er führt wirklich ein *Hundeleben.*
7. Kannst du uns morgen besuchen? Es ist nur ein *Katzensprung* zu unserem Wochenendhaus.
8. Herr Lenz ist *auf den Hund gekommen.* Er mußte sein Geschäft und sogar sein Haus verkaufen.
9. Die Gartenarbeit war schwer. Ich bin *hundemüde.*
10. Diese Musik ist furchtbar. Das ist eine echte *Katzenmusik.*

Was meinen Sie?

I. Alt oder neu? Die Themen der alten Volkslieder sind oft sentimental; die der neuen sind oft ernst und kritisch. Weiter unten stehen Zeilen aus alten und neuen Liedern. Welche sind alt? Welche neu? Was meinen Sie?

1. Kein schöner Land in dieser Zeit
   als hier das unsre weit und breit,
   wo wir uns finden wohl unter Linden
   zur Abendzeit.

2. Die Stadt muß sauber sein.
   Das sieht auch jeder ein.
   Und wenn der letzte Fisch verreckt°,   dies
   weil Flüsse, Seen und Meer verdreckt°:   are polluted
   Der Pfuhl° kommt in den Rhein.   cesspool

3. Ach wie ist's möglich dann,
   daß ich dich lassen kann!
   Hab dich von Herzen lieb,
   das glaube mir.

4. Sag mir, wo die Blumen sind. Wo sind sie geblieben?
   Sag mir, wo die Blumen sind. Was ist geschehn?
   Sag mir, wo die Blumen sind. Mädchen pflückten° sie   picked
      geschwind°.   quickly
   Wann wird man je verstehen, wann wird man je verstehn?

5. Ich bin halt° ein fröhlicher Bauer auf dem Lande,   just
   verschaff° mir Nahrung° aus eigener Hande.   provide / food
   Dann von meinem Fleiß kommt ja her die Speis°,   food
   sie ernährt° die Jungen samt° dem alten Greis°.   feeds / along with / old man

6. Aber ob wir Öfen bauen,
   die die halbe Welt versauen°   pollute
   mit dem Tod, den niemand sieht,
   oder heut im Haufen° rennen,   pack
   daß wir morgen schnaufen° können: breathe
   Das ist doch ein Unterschied.

7. Muß i denn, muß i denn zum Städtele naus°, Städtele naus,   **zum ... naus:** out ot town
   und du, mein Schatz°, bleibst hier.   sweetheart
   Wenn i komm, wenn i komm, wenn i wiedrum komm, wiedrum
      komm,
   kehr i ein°, mein Schatz, bei dir.   **kehr ein:** call on

8. Freut euch des Lebens, weil noch das Lämpchen glüht;
   Pflücket die Rose, eh' sie verblüht°!   fades

9. Wir fahren gerne fesch°.   stylishly
   Ein Auto hat viel Blech°.   metal
   Und wenn es nicht mehr fahren will,
   so werfen wir es auf den Müll°.   junk heap
   Das ist kein großes Pech°.   misfortune

10. Du, laß dich nicht verhärten° in dieser harten Zeit.   become hard
    Die° allzu hart sind, brechen,   those who
    die allzu spitz° sind, stechen°   sharp / stab
    und brechen ab° sogleich.   **brechen ab:** break off

J. Lieblingsmusik. Welche Musik hören Sie am liebsten?
Schreiben Sie fünf Sätze, in denen Sie erklären, welche Musik Ihnen
gefällt und warum!

▶ *Ich höre gerne Jazzmusik. Sie gefällt mir echt gut.*

1	2	3	4
der Jazz	die Bedeutung	bewegen	echt
der Reggae	die Freude	gefallen	froh
der Rock	das Gefühl	singen	gemütlich
die Folklore	das Problem	tanzen	langweilig
die klassische Musik	das Tempo		laut
die Popmusik	der Rhythmus		traurig
die Neue Deutsche Welle			
die Rap-Musik			
die Volksmusik			

K. Interaktionen. Bilden Sie eine Gruppe zu vier Personen! Als
Präsident(in), Vizepräsident(in)°, Sekretär(in) und Schatzmeister-   vice president
(in)° eines Vereins möchten Sie ein Konzert veranstalten, um Geld zu   treasurer

verdienen. Verhandeln Sie: Was für Musik wollen Sie haben? Welche Gruppen wollen Sie einladen? Der Sekretär/Die Sekretärin macht Notizen, stellt dann der Klasse die Gruppe vor und berichtet, was Sie beschlossen haben und warum.

Die sieben Raben

Jakob und Wilhelm Grimm

In 1812 a collection of fairy tales (**Märchen**) called **Kinder- und Hausmärchen** was published. These **Märchen** became very popular, not only in Germany but throughout Europe und America. The brothers Jakob (1785–1863) and Wilhelm (1786–1859) Grimm collected the stories during a period that was characterized by a great interest in German folklore.

Whatever the historical background of the stories, their magic continues to charm children today. Children identify with the hero, suffer through the inevitable trials and tribulations, and experience relief and triumph when virtue is finally rewarded. But **Märchen** are not only for children. Today the **Märchen** Society, founded in 1956 in Germany, has over 600 members from all over Europe. Scholars publish books on **Märchen** motifs and historians use **Märchen** as a source of information about how people used to live. They are even used in therapy, to give consolation to patients in seemingly hopeless situations.

Central to "Die sieben Raben" is the typical **Märchen** motif of the great quest. The hero or heroine is given a task and sets out into the world to accomplish it, often with supernatural assistance. Note other typical **Märchen** motifs that are present in "Die sieben Raben."

Vorbereitung auf das Lesen

Zum Thema

1. Was ist für ein Märchen charakteristisch? Z.B. was für Personen, Tiere, Motive gibt es im Märchen?

Leitfragen

1. In dem Märchen „Die sieben Raben" hat ein Vater sieben Söhne. Etwas passiert, was ihr Leben verändert. Inwiefern sind die Söhne schuldig? Inwiefern ist der Vater schuldig?
2. Die Eltern haben auch eine Tochter. Inwiefern ist die Tochter eine typische Märchengestalt°?   *fairy tale figure*
3. In vielen Märchen spielt das Übernatürliche° eine Rolle. Welche Rolle spielt es hier?   *supernatural*
4. In vielen Märchen muß man eine Prüfung bestehen. Welche Prüfungen muß das Mädchen bestehen? Was muß das Mädchen tun, um ihre Brüder zu retten?

Wortfamilien

blicken (der Blick)   das Ringlein (der Ring)
fürchterlich (fürchten)   die Schwachheit (schwach)
gottlos (Gott)   verschließen (schließen)
die Müdigkeit (müde)

Ein Mann hatte sieben Söhne und immer noch kein Töchterchen. Als seine Frau wieder ein Kind erwartete, wünschte er sehr, daß es eine Tochter wäre. Und als es zur Welt kam, war's wirklich ein Mädchen. Die Freude war groß, aber das Kind war schwach und klein und sollte
5 wegen seiner Schwachheit die Nottaufe° haben. Der Vater schickte schnell einen der Söhne zur Quelle, um Taufwasser° zu holen. Die anderen sechs liefen mit, und weil jeder der erste sein wollte, fiel ihnen der Krug in den Brunnen°. Da standen sie und wußten nicht, was sie tun sollten. Keiner hatte den Mut, nach Hause zu gehen. Als sie
10 aber nicht zurückkamen, wurde der Vater ärgerlich und rief: „Gewiß haben sie beim Spiel das Wasser vergessen, die gottlosen Jungen!" Er hatte Angst, das Mädchen müßte ungetauft° sterben und rief: „Ich wollte, daß die Jungen alle zu Raben° würden." Kaum hatte er das gesagt, so hörte er ein Geschwirr° über sich. Er blickte in die Höhe und
15 sah sieben kohlschwarze Raben vorbeifliegen.

Die Eltern konnten die Verwünschung° nicht zurücknehmen. Sie waren sehr traurig über den Verlust ihrer sieben Söhne, aber ihre Tochter war ein Trost für sie, denn sie wurde bald kräftig und mit jedem Tag schöner. Sie wußte lange Zeit nicht einmal, daß sie Brüder
20 gehabt hatte, denn die Eltern sprachen nicht von ihnen. Da hörte sie eines Tages die Leute von sich sprechen, das Mädchen wäre wohl schön; aber das Unglück seiner Brüder wäre doch seine Schuld. Das Mädchen wurde traurig, ging zu Vater und Mutter und fragte, ob es

baptism by layman (in fear of death) / baptismal water

well

unbaptized
ravens
whirring

spell

Brüder gehabt hätte und was mit ihnen geschehen wäre. Nun konnten
25 die Eltern nicht länger schweigen. Sie sagten aber, daß der Himmel es
so gewollt hätte, daß seine Geburt nur der unschuldige Anlaß°   cause
gewesen wäre. Das Mädchen aber glaubte, es wäre an dem Unglück
der Brüder schuld und müßte seine Geschwister erlösen°. Es ging heim-   set free
lich° von zu Hause weg und in die Welt, um seine Brüder zu suchen   secretly
30 und zu befreien. Es nahm nur einen Ring von den Eltern mit zum
Andenken°, ein Stück Brot für den Hunger, einen Krug Wasser für den   **zum Andenken:** as a keepsake
Durst und ein Stühlchen für die Müdigkeit.

Nun ging das Mädchen weit, weit, bis ans Ende der Welt. Da kam
es zur Sonne, aber die war zu heiß und fürchterlich und fraß die
35 kleinen Kinder. Schnell lief es weg und lief hin zu dem Mond. Aber der
war kalt und auch böse. Als er das Kind bemerkte, sprach er: „Ich
rieche Menschenfleisch.“ Da lief das Kind eilig fort und kam zu den
Sternen. Die waren freundlich und gut, und jeder saß auf seinem
besonderen Stühlchen. Der Morgenstern aber stand auf, gab ihm ein
40 Knöchelchen und sprach: „Wenn du das Knöchelchen nicht hast,
kannst du den Glasberg nicht aufschließen. Und in dem Glasberg sind
deine Brüder.“

Das Mädchen nahm das Knöchelchen, wickelte° es in ein Tüchlein   wrapped
und ging fort, so lange, bis es an den Glasberg kam. Das Tor war
45 verschlossen. Als es aber das Tüchlein aufmachte, war es leer. Es hatte
das Geschenk der guten Sterne verloren. Was sollte es nun anfangen?
Seine Brüder wollte es retten und hatte keinen Schlüssel zum Glasberg. Das gute Schwesterchen nahm ein Messer und schnitt sich ein
kleines Fingerchen ab, steckte° es in das Tor und schloß glücklich auf.   put
50 Als es hineingegangen war, kam ihm ein Zwerg° entgegen, der sprach: dwarf
„Mein Kind, was suchst du?“ — „Ich suche meine Brüder, die sieben

Raben", antwortete es. Der Zwerg sprach: „Die Herren Raben sind
nicht zu Haus. Aber wenn du so lange warten willst, bis sie kommen,
so tritt ein." Darauf trug der Zwerg das Essen der Raben herein auf
55 sieben Tellerchen und in sieben Becherchen°. Und von jedem Tel-   little goblets
lerchen aß das Schwesterchen ein bißchen, und aus jedem Becherchen
trank es ein Schlückchen. In das letzte Becherchen aber ließ es das
Ringlein fallen, das es mitgenommen hatte.

    Auf einmal hörte es in der Luft ein Geschwirr. Da sprach das
60 Zwerglein: „Jetzt kommen die Herren Raben heim." Da kamen sie,
wollten essen und trinken und suchten ihre Tellerchen und
Becherchen. Da sprach einer nach dem andern: „Wer hat von meinem
Tellerchen gegessen? Wer hat aus meinem Becherchen getrunken?
Das ist eines Menschen Mund gewesen." Und als der siebente auf den
65 Grund des Bechers kam, rollte ihm das Ringlein entgegen. Er sah es an
und erkannte, daß es ein Ring von Vater und Mutter war, und sprach:
„Gott gebe°, unser Schwesterlein wäre da, so wären wir erlöst." Als   **Gott gebe:** may God grant
das Mädchen, das hinter der Tür stand, den Wunsch hörte, trat es vor;
und da bekamen alle Raben ihre menschliche Gestalt wieder. Und sie
70 umarmten° und küßten einander und zogen fröhlich heim.   embraced

---

Zum Text

    A. Zusammenfassung. Fassen Sie das Märchen zusammen,
indem Sie die Sätze in die richtige Reihenfolge bringen!

1. Als die Raben sagten: „Ach, wäre unsere Schwester nur da!",
   kam das Mädchen hervor, und die Raben wurden wieder
   Menschen.
2. Der Morgenstern sagte, die Brüder seien im Glasberg und gab
   dem Mädchen einen Schlüssel.
3. Ein Mann und eine Frau hatten sieben Söhne und bekamen
   endlich eine Tochter.
4. Das Mädchen glaubte, es wäre an dem Unglück seiner Brüder
   schuld.
5. Das Mädchen war so schwach, daß der Vater es taufen wollte.
6. Das Mädchen aß von jedem Teller und trank aus jedem Becher
   und ließ den Ring in einen Becher fallen.
7. Die Jungen sollten Wasser holen, aber der Krug fiel in den
   Brunnen.
8. Ein Rabe fand den Ring seiner Eltern in seinem Becher.
9. Die Jungen wurden Raben, weil der Vater den Wunsch im Ärger
   ausgesprochen hatte.

10. Um die Brüder zu retten, machte das Mädchen sich auf den Weg.
11. Auf dem Weg traf das Mädchen die Sonne, den Mond und die Sterne.
12. Das Mädchen verlor den Schlüssel und schnitt sich einen Finger ab, um das Tor aufzuschließen.

B. Das Märchen in Ihren eigenen Worten

1. Das Märchen besteht aus fünf Absätzen. Schreiben Sie für jeden Absatz einen Titel!
2. Machen Sie eine Wortliste, die Sie zum Nacherzählen brauchen!

C. Zum Inhalt

1. Warum freuten sich die Eltern über die Geburt eines Mädchens so sehr?
2. Warum hatten sie Angst, das Kind würde nicht leben?
3. Welchen unglücklichen Wunsch sprach der Vater aus? Warum?
4. Wie erfuhr das Mädchen, daß ihre Brüder Raben waren?
5. Was nahm sie mit auf den Weg, als sie ihre Brüder suchte?
6. Wie half ihr der Morgenstern?
7. Wie konnte sie ohne Schlüssel das Tor des Glasbergs aufschließen?
8. Was tat das Mädchen, um die Raben an ihr Menschentum und an die Eltern zu erinnern?
9. Durch welche Tat hat das Mädchen ihre Brüder befreit?

Wortschatzübungen

Substantive

die **Gestalt, —en**   shape, figure
die **Höhe, —n**   height, hill
der **Knochen, —**   bone; das **Knöchelchen, —**   little bone
der **Krug, ̈e**   pitcher, mug
die **Quelle, —n**   spring, source
der **Schluck, —e**   swallow, sip; das **Schlückchen, —**   small sip
die **Schuld, —en**   debt; fault, guilt; **schuld sein (an + *dat.*)**
    to be guilty (of); **ich bin (nicht) daran schuld!**   It's (not) my fault!
der **Trost**   comfort, consolation
der **Verlust, —e**   loss

Verben

blicken   to look
ein·treten (tritt ein; trat ein, ist eingetreten)   to enter, come in
entgegen·kommen (kam entgegen, ist entgegengekommen)   to
  come towards; to meet

Andere Wörter

ärgerlich   annoying, angry
eilig   speedy, hurried; **es eilig haben**   to be in a hurry
fröhlich   joyful, merry
heim   home
kräftig   strong, powerful

D. Vokabeln.   Wie sagt man das auf deutsch? Ergänzen Sie!

1. Bitte, _____ Sie _____.
   Please come in.
2. Der Plan gewinnt langsam an _____.
   The plan is slowly taking shape.
3. Ich möchte aus dieser _____ trinken.
   I'd like to drink from this spring.
4. Hast du es _____?
   Are you in a hurry?
5. Mit dreißig stand der Autor auf der _____ seines Ruhms.
   At thirty the author was at the peak of his fame.
6. Die finanziellen _____ dieser Firma gehen in die Millionen.
   The financial losses of this company are in the millions.
7. Das ist ein schöner Bier_____.
   That's a nice beer mug.
8. Mir tun alle _____ weh.
   Every bone in my body aches.
9. Ich bin nicht an dem Unglück _____.
   The accident's not my fault.
10. Er _____ mir auf halbem Weg _____.
    He met me halfway.
11. Er _____ böse auf mich.
    He looked at me angrily.
12. Das ist wirklich _____.
    That is really annoying.
13. _____ Weihnachten!
    Merry Christmas.

14. Der Tenor hat eine _____ Stimme.
    The tenor has a powerful voice.
15. Das ist nur ein schwacher _____.
    That is little comfort.
16. Nehmen Sie noch einen _____!
    Take another sip!
17. Morgen fahren wir _____.
    Tomorrow we're driving home.

E. Verwandte Wörter. Übersetzen Sie die Sätze und geben Sie für
jedes fettgedruckte° Wort ein verwandtes Wort!   boldface

1. Ein Mann **ärgerte** sich, weil seine Söhne einen Krug verloren
   hatten.
2. Weil die Söhne Raben geworden waren, fühlte sich der Vater
   schuldig.
3. Eines Tages besuchte die Tochter das **Grab**° ihrer Mutter.   grave
4. Auf einem **hohen** Baum, der am Grab stand, entdeckte sie
   sieben Raben.
5. Mit einem **Blick** auf die Raben sagte das Mädchen: „Ich wollte,
   die sieben Raben wären meine Brüder."
6. Als sie nach Hause **eilen** wollte, standen ihre Brüder vor ihr.
7. Da gab es ein **frohes** Wiedersehen.

Wörter auf -chen und -lein

Many diminutives are used in the fairy tale, "Die sieben Raben." The
diminutive form of nouns is made by adding the suffix -chen or
-lein; the most common form today is -chen. In the diminutive form,
the vowels **a, au, o,** and **u** take umlaut. Nouns ending in the suffix
-chen or -lein are neuter.

F. Diminutivformen. Geben Sie die englischen Äquivalente!

1. Nach vielen Jahren bekamen ein Mann und eine Frau ein
   Töchterchen.
2. Da die Brüder des Mädchens Raben geworden waren, wollte das
   Mädchen sie erlösen.
3. Für die Reise nahm sie ein Ringlein von ihren Eltern mit, ein
   Krüglein Wasser für den Durst und ein Stühlchen für die
   Müdigkeit.
4. Sie bekam ein Knöchelchen von den Sternen und wickelte es in
   ein Tüchlein.

5. Da sie das Knöchelchen verloren hatte, schnitt sie sich ein Fingerchen ab.
6. Im Berg brachte ein Zwerglein die Speise der sieben Raben herein auf sieben Tellerchen und in sieben Becherchen.
7. Das Mädchen trank aus jedem Becherchen ein Schlückchen.

G. Märchenmotive. Im Märchen „Die sieben Raben" sind Motive, die man in vielen Märchen wiederfindet. Es sind:

1. eine magische Zahl (hier sieben, in vielen Märchen drei)
2. das jüngste Kind ist besonders schön und gut
3. Bestrafung, weil man seine Pflicht nicht tut
4. eine Verwünschung
5. Verwandlung in ein Tier
6. ein Geheimnis
7. Aufgaben zu erfüllen
8. eine Reise mit Schwierigkeiten
9. Tiere und Dinge, die sprechen
10. Menschenfresser
11. gute und böse Wünsche werden erfüllt
12. man wird durch gute Taten gerettet
13. der gute Mensch findet das Glück

Welche der obigen Motive finden Sie in einem der folgenden Märchen?

Rotkäppchen (Little Red Riding Hood)
Dornröschen (Sleeping Beauty)
Schneewittchen (Snow White)

Rumpelstilzchen (Rumpelstiltskin)
Der Froschkönig (The Frog Prince)
Hänsel und Gretel

H. Traummotive. Im Märchen findet man auch Traummotive. Folgende Traummotive kommen im Märchen häufig vor:

1. Man hat Angst.
2. Man kann den Weg nicht finden (der Weg ist wie ein Labyrinth).
3. Man erinnert sich an vieles aus der Vergangenheit (man spricht mit Leuten, die fort oder tot sind).
4. Der Ort, wo man ist, ist unbestimmt.
5. Die Zeit ist unbestimmt (gestern, heute, Winter, Sommer).
6. Nichts überrascht einen (unbekannte Leute helfen einem; man ist plötzlich reich; man kann alles machen; man weiß sehr viel).

Welche Traummotive finden Sie in „Die sieben Raben"?

I. Erzählen Sie!   Erzählen Sie ein Märchen oder erfinden Sie Ihr eigenes Märchen!

Was meinen Sie?

J. Zur Diskussion/Zum Schreiben

In einem Märchen aus alter Zeit kann man oft Parallelen zum eigenen oder zum modernen Leben finden. Das Mädchen fühlt sich z.B. für ihre Brüder verantwortlich. Sie meint, sie trägt die Schuld an dem Unglück ihrer Brüder. Man kann auch sagen, daß die Meinung anderer Leute einen großen Einfluß auf sie gehabt hat.

1. Inwiefern war das Mädchen an dem Unglück der Brüder schuld?
2. Glauben Sie, daß ein Mensch für seine Geschwister° verantwort-   siblings
   lich ist? Warum (nicht)?
3. Wie sollte man auf die Meinung anderer Leute reagieren? Wie
   hat Herr Cleophas („Die grüne Krawatte") auf die Meinung
   anderer Leute reagiert?
4. Eltern spielen normalerweise eine große Rolle im Leben der
   Kinder. Welche Rolle spielen die Eltern in diesem Märchen? Wie
   ist es mit Ritas Eltern in „Ein netter Kerl"? Mit den Eltern des
   Mädchens in „Mittagspause"?
5. Wie sind Sie einmal mit einem Schuldgefühl fertig geworden°?   get over
6. Mußten Sie schon einmal die Verantwortung für etwas tragen,
   was Sie nicht getan haben? Erzählen Sie!

Thema 6

Suche nach einem eigenen Leben

Windmühlen wie diese in Schleswig-Holstein sind umweltfreundlich, aber werden immer seltener.

Die Jugend von heute

Misunderstandings between generations are familiar to everyone. Young people endure the dissatisfaction and complaints of the older generations until they themselves are old enough to find fault with a younger generation. And so it continues.

Today's young people, no less than previous generations, are not spared from criticism. How great are the differences between today's youth and their parents? What are some of the differences? These questions are touched upon in the magazine article "Die Jugend von heute." One of the differences discussed is the desire of many young people to experiment with alternative ways of making a living. Recent polls show that certain alternative, non-mainstream (**Alternativ**) ideas are attractive to at least 20% of the adult population: consuming less, living a healthy life, protecting the environment, working in the arts and the crafts.

Alternativ institutions such as health food stores, second-hand boutiques, or workshops for ceramics and textiles thrive in most large German cities today. There are also shops offering alternative technology for auto repair, stereo equipment, and calculators. Some farmers produce organically grown food.

This selection presents a brief account of the problems and rewards two young men encounter in running an **Alternativ** business. It concludes with a discussion of the relationship between members of "normal" society and those individuals who engage in alternative work. To what degree are those individuals accepted? Is the work they perform useful?

Vorbereitung auf das Lesen

Zum Thema

1. Worin besteht der Konflikt zwischen den Generationen? Machen Sie eine Liste von Mißverständnissen zwischen den Generationen heute!
2. Welche alternativen Projekte findet man in Amerika?
3. Aus welchen Gründen macht man ein alternatives Projekt?
4. Was sind die Vorteile und Nachteile eines alternativen Projektes?

Leitfragen

1. Der Aufsatz beginnt mit der typischen Kritik an der Jugend. Was kritisiert die ältere Generation?

2. Der Aufsatz berichtet über eine Untersuchung° über die deutsche Jugend. Was zeigt diese Untersuchung? Sind die Ergebnisse° anders als Sie erwartet hätten?

3. Sie lesen über ein alternatives Projekt von zwei jungen Männern. Welche Probleme haben sie? Warum arbeiten sie so schwer? Worin sehen sie die Vorteile?

4. Welche Rolle spielt die Gesellschaft bei einem alternativen Projekt? Wie profitiert die Gesellschaft?

investigation

results

Verwandte Wörter

chemiefrei
experimentieren
das Herbizid
das Insektizid
der Konsument
der Kontakt
ökologisch

planen
produzieren
das Projekt
resigniert
der Respekt
sozial
die Szene

Wortfamilien

der/die Arbeitslose (Arbeiter/Arbeiterin)
aufbauen (bauen) to build
die Erwartung (erwarten) expectation
die Heirat (heiraten) marriage
jobben (der Job)
das Mißverständnis (mißverstehen) misunderstanding
sinnvoll (der Sinn) meaningful, rational
der Sympathisant (die Sympathie) sympathizer
der Unterschied (unterscheiden) difference

Wörter im Kontext

Sie hat eine **fünfzigstündige** Arbeitswoche: Sie arbeitet 50 Stunden pro Woche.

Die jungen Leute heute haben keinen Respekt vor dem Alter mehr.
— Arbeiten will heute keiner mehr. Als wir jung waren, haben wir
ganz anders arbeiten müssen. — Und so resigniert, sie leben nur für
heute, wollen nur ihr Vergnügen. Wir haben da doch ganz anders
5 geplant und für die Zukunft gespart. Wir hatten doch ein Ziel. — Und
so weiter. Solche Meinungen über die junge Generation sind oft zu
hören.

    Ist der Unterschied zwischen den Generationen wirklich so groß?
Sind die jungen Leute heute wirklich so anders? Wenn die Älteren an
10 ihre eigene Jugend denken würden, dann würden sie sich an ähnliche
Sätze aus dem Mund ihrer Eltern erinnern. Den Generationsunter-
schied hat es auch damals schon gegeben. Die Frage ist daher: Wo
erscheinen die jungen Leute nur anders, sind aber in Wirklichkeit ganz
ähnlich? Und wo gibt es eine neue Entwicklung bei der neuen
15 Generation?

    Vor kurzer Zeit hat eine Untersuchung in der Bundesrepublik
gezeigt, daß die Unterschiede zwischen Älteren und Jugendlichen gar
nicht so groß sind, wie sie manchmal scheinen. Man war zum Beispiel
erstaunt, daß den Jugendlichen heute die Arbeit sogar mehr Spaß
20 macht als den Jugendlichen vor 20 Jahren. Auch die Erwartungen für
die Zukunft, fand man, waren ähnlich: eigene vier Wände, Heirat,
Kinder. Mißverständnisse zwischen den Generationen gab es allerdings viele. Vielleicht ist das so, weil es immer weniger Kontakt zwischen den Generationen gibt.

25   Die Untersuchung hat jedoch auch gezeigt, daß es einige wirkliche
Unterschiede gibt. Neu ist zum Beispiel ein sehr viel stärkeres
Umweltbewußtsein°. Neu ist auch, daß eine beträchtliche° Zahl von   *environmental awareness /*
jungen Leuten mit neuen Arbeitsformen experimentiert. Die Firmen   *considerable*
sind klein. Es gibt keinen Boß. Sie sind oft besonders umweltfreund-
30 lich. Die Arbeiter verdienen gerade soviel, wie man zum Leben
braucht. Es gibt heute ungefähr 10.000 solche alternativen Projekte in
der Bundesrepublik.

    Willi Kircher und sein Freund Volker Pütz betreiben° seit mehreren   *operate*
Jahren eine alte Wassermühle in der Nähe von Hamburg. Sie haben
35 eine alternative Produktionskette° für Bio-Brot aufgebaut. Sie bekom-   *chain of production*
men ihr Getreide von Bauern, die ohne Kunstdünger°, Insektizide und   *chemical fertilizer*
Herbizide arbeiten. Das Getreide ist also chemiefrei. Sie mahlen° es zu   *grind*
Schrot° und lassen daraus Bio-Brot backen. Das Brot verkaufen die   *crushed grain*
Müller auf der Alternativszene in Hamburg. An ihrem Lastwagen steht
40 groß: „Kornkraft° statt Kernkraft."   *grain power*

    Willi und Volker haben beide studiert, konnten aber nach dem
Examen keine Stelle finden. Willi jobbte dann eine Weile in Frankfurt,
bis er Volker und seine Mühle fand. Volker hatte die Mühle seines
Vaters übernommen, die damals kurz vor der Pleite° stand. Sie konnte   *bankruptcy*
45 mit den modernen Großmühlen nicht konkurrieren°. Volker und Willi   *compete*

ERÖFFNUNG: MONTAG den 10.2.1986, 10$\underline{^{30}}$ Uhr.

Vollkornbäckerei
BROTGARTEN

I. **Das Getreide stammt aus biologisch-organischem Anbau.**
(Es wird ohne künstliche Spritzmittel und ohne Kunstdünger angebaut.)

II. **Es wird grundsätzlich das ganze Korn verbacken.**
(Im Keimling und in den Randschichten befinden sich Vitamine, Mineralstoffe, hochwertige Fette und Ballaststoffe.)

III. **Die Vermahlung erfolgt unmittelbar vor der Teigbereitung auf eigener Mühle.** (So bleiben die Vitamine erhalten.)

IV. **Wir verwenden nur biologische und natürliche Lockerungsmethoden** (Sauerteig bzw. Backferment) **und keine chemischen Zusätze** (z.B. konservierende oder frischhaltende Mittel).

Öffnungszeiten: Mo.-Fr. 10^{30} - 18^{00} Uhr
                  Sa.   9^{00} - 13^{00} Uhr

Rutschbahn 18
2000 Hamburg 13
Tel.(040) 45 54 45

begannen mit einem Marktstand für Bio-Schrot. Die Kunden wollten jedoch Bio-Brot. Die beiden ließen also bei einigen Bäckern aus ihrem Bio-Schrot Bio-Brot backen. Es verkaufte sich gut; sie hatten eine Marktlücke° entdeckt. Heute sind ihre Kunden vor allem Bio-Läden.   niche

50 Volker und Willi müssen für ihr Bio-Getreide das Doppelte bezahlen wie für normales Getreide. Die Preise sind deshalb so hoch, weil Bio-Getreide mehr Arbeit macht und weil die Erträge° geringer°   yield / less
sind. Gleichzeitig darf das Brot aber nicht mehr kosten als das Brot aus der Fabrik. Das ist nur möglich, wenn jeder von beiden für eine
55 fünfzigstündige Arbeitswoche weniger als den normalen Lohn nimmt. Außerdem helfen ihnen manchmal vier Freunde, die in der Mühle wohnen und „normale" Berufe haben.

Volker und Willi halten sich also mit harter Arbeit und mit Hilfe von Freunden gerade über Wasser. Sie machen trotzdem gern weiter:
60 „Weil wir fühlen, daß wir das Richtige tun. Wir glauben, daß wir ein besseres Leben führen als früher. Wir schaffen auf natürliche Weise ein wirtschaftliches° Netz°. Wir können mit eigenen Augen den Prozeß   economic / net
vom Produzenten° bis zum Konsumenten° überschauen°. Das Ganze   producer / consumer / survey
hat menschliches Maß°."   proportion

65 Volker sagt zu den Alternativen und ihren Projekten ganz allgemein: „Wir sehen uns natürlich als Gegenwirtschaft°. Aber wir erken-   alternative economy
nen auch, daß wir ohne das normale Wirtschaftssystem nicht leben könnten. Wir bekommen Geld von Freunden, Eltern, Sympathisanten und auch vom Staat. Ein Freund von mir, der die Szene gut kennt,
70 schätzt, daß 60% der Projekte hauptsächlich von Subventionen°   subsidies
leben."

Bio-Laden in Berlin

Viele Bürger sehen die Alternativen und ihre Projekte hauptsäch-
lich negativ. Sie halten diese Leute für Spinner° oder Parasiten, die sich   dreamers
auf Kosten anderer ein gemütliches Leben machen. Dazu ist zu sagen,
75 daß die Alternativen oft härter arbeiten als andere. Es ist vielleicht
sinnvoller zu fragen, was die Gesellschaft für ihre Subventionen
bekommt: Erstens beschäftigen die alternativen Projekte viele jugendliche Arbeitslose auf sinnvolle Weise. Zweitens sind sie vielleicht nützlich als soziales Experiment. Es ist ja auch für die normale Wirtschaft
80 und für die normale Gesellschaft sinnvoll, darüber nachzudenken, wie
man ökologisch saubere Produkte produziert, wie man kritisch kon-
sumiert, wie man eine humanere Arbeitswelt schafft. So profitiert die
Gesellschaft am Ende vielleicht doch von ihren „Parasiten"?!

Zum Text

A. Unterabteilungen.° Welche drei Unterabteilungen finden Sie   sub-sections
in dem Lesestück? Denken Sie sich für jeden Teil einen Titel aus!

B. Hauptidee. Wählen Sie den Satz, der die Hauptidee der folgenden Absätze am besten ausdrückt!

1. Zeile 1-7
   a. Die junge Generation lebt und denkt anders als die ältere Generation.
   b. Von der älteren Generation hört man oft viel Negatives über die junge Generation.
2. Zeile 8-15
   a. Man sollte sich fragen, inwiefern die jungen Leute den Älteren ähnlich sind und inwiefern sie wirklich anders sind.
   b. Als sie jung waren, waren die Älteren nicht viel anders als die Jugend von heute.
3. Zeile 16-24
   a. Die Jugend von heute möchte auch heiraten und eine eigene Wohnung und Kinder haben.
   b. Obwohl die Unterschiede zwischen den Generationen nicht so groß sind, wie viele gemeint haben, gibt es viele Mißverständnisse.
4. Zeile 25-32
   a. Es gibt einige Unterschiede zwischen den Generationen: Junge Leute haben oft ein viel stärkeres Umweltbewußtsein, und sie experimentieren mit neuen Arbeitsformen.
   b. In der Bundesrepublik gibt es viele alternative Projekte.
5. Zeile 33-40
   a. Willi und Volker haben eine Produktionskette für Bio-Brot aufgebaut.
   b. Willi und Volker mahlen nur chemiefreies Getreide.
6. Zeile 41-49
   a. Willi und Volker machen alles selbst — sie mahlen Getreide, lassen Brot backen und verkaufen das Brot.
   b. Volker hat die Mühle seines Vaters übernommen.
7. Zeile 50-57
   a. Willi und Volker müssen viele Stunden für wenig Geld arbeiten.
   b. Bio-Brot ist teuer, weil Bio-Getreide mehr Arbeit macht.
8. Zeile 58-64
   a. Sie machen trotz der schweren Arbeit weiter, weil sie sich mit der Arbeit identifizieren.
   b. Die Arbeit ist schwer, und sie verdienen wenig.
9. Zeile 65-71
   a. Ohne die „normale" Wirtschaft kann die Gegenwirtschaft nicht leben.
   b. Die Alternativen wollen keine Hilfe von der „normalen" Wirtschaft.

10. Zeile 72-83

a. Obwohl viele Menschen die Alternativen negativ sehen, profitiert die Gesellschaft von ihnen und ihren Ideen.

b. Viele Bürger sehen nur Negatives in der alternativen Bewegung.

C. Der Autor. Ist der Autor für oder gegen das alternative Leben? Oder ist er neutral? Erklären Sie anhand° von Textstellen, warum Sie meinen, daß der Autor dafür, dagegen oder neutral ist.   with the help of

D. Wirtschaftsvokabular. In diesem Artikel gibt es viele Wörter, die mit dem Thema Wirtschaft zu tun haben. Stellen Sie eine Liste von solchen Wörtern zusammen!

▶ die Arbeit, verkaufen, verdienen

E. Nacherzählung. Machen Sie Notizen! Dann fassen Sie in sieben bis zehn Sätzen die Hauptideen des Artikels zusammen!

Wortschatzübungen

Substantive

die **Entwicklung, —en**   development
das **Getreide**   grain
die **Heirat, —en**   marriage
der **Kunde, —n, —n**   customer (m.)
die **Kundin, —nen**   customer (f.)
der **Lastwagen, —**   truck
der **Lohn, ¨e**   wage(s)
das **Mißverständnis, —se**   misunderstanding
die **Nähe**   vicinity; **in der Nähe von**   near
der **Unterschied, —e**   difference, distinction
die **Untersuchung, —en**   investigation; examination (e.g. medical)
das **Vergnügen, —**   pleasure; **viel Vergnügen**   have a good time
die **Wirtschaft**   economy
das **Ziel, —e**   goal
die **Zukunft**   future

Verben

beschäftigen   to employ; to occupy
übernehmen (übernimmt; übernahm, übernommen)   to take over

Andere Wörter

doppelt   double
erstaunt (über + *acc.*)   surprised (at)
hauptsächlich   mainly, essentially
nützlich (+ *dat.*)   useful, helpful (to); **Du warst mir bei dieser
  Arbeit sehr nützlich.**   You were very helpful to me with this
  job.

F. Vokabeln.   Ergänzen Sie mit Wörtern aus der obigen Liste!

Bei dem sogenannten Generationskonflikt gibt es oft _____. Zum
Beispiel, manche älteren Leute glauben, daß junge Leute kein
_____ im Leben haben. Statt zu arbeiten wollen sie nur ihr _____.
Sie sparen nicht für die _____. Neulich hat eine _____ aber
gezeigt, daß der _____ zwischen den Generationen vielleicht doch
nicht so groß ist. Man war _____ zu erfahren, daß Arbeit den
Jugendlichen Spaß macht. Es gibt jedoch heute eine _____ unter
den Jugendlichen, die neu ist. Einige experimentieren mit alternativen Arbeits- und Wirtschaftsformen, wie z.B. Volker Pütz.

   Er hat die Mühle seines Vaters in der _____ von Hamburg
_____. Er arbeitet für sich und mahlt nur Bio-Schrot. Das geht
natürlich nicht ohne Schwierigkeiten. Die Bauern verlangen _____
soviel für Bio-_____, weil sie zweimal soviel dafür arbeiten müssen.
Die _____ wollen aber nicht das Doppelte für das Brot bezahlen.
Daher muß Volker sehr schwer arbeiten. Er ist von morgens bis
abends _____. Trotzdem verdient er in einer langen Arbeitswoche
viel weniger als einen normalen _____. Volker muß auch teures
Benzin für seinen _____ kaufen. Es ist klar, daß die Alternativen
nicht ohne die „normale" _____ leben können. Viele sehen die
Alternativen als Parasiten. Andererseits kann die „normale" _____
von ihnen etwas lernen, denn die alternative Arbeit ist _____ als
soziales Experiment.

G. Etwas anders sagen.   Drücken Sie folgende Sätze mit anderen
Worten aus! Gebrauchen Sie die Wörter aus der Wortschatzliste.

1. Du gehst jetzt zur Party? Viel **Spaß**!
2. Ich bin **überrascht**, daß du das nicht begreifst.
3. Das ist keine **brauchbare** Antwort. Die hilft uns nicht weiter.
4. Wir haben **zweimal** soviel für unser Auto bezahlt wie vor zehn
   Jahren.
5. **Leute, die einkaufen**, sehen es gern, wenn Verkäufer freundlich
   sind.

H. Verwandte Wörter.   Ergänzen Sie die Sätze!

das Mißverständnis   mißverstehen   unmißverständlich

1. Da ist irgendwie ein _____. Das habe ich gar nicht gesagt.
2. Doch, ich habe dich bestimmt nicht _____.
3. Du hast dich gestern abend _____ so ausgedrückt.

beschäftigen   beschäftigt   die Beschäftigung

4. Volkers Mühle kann vier Personen _____.
5. Aber ein Kollege sucht eine andere _____.
6. Er ist von morgens bis abends _____, aber er verdient zuwenig.

untersuchen   die Untersuchung

7. Du hast immer noch Kopfschmerzen? Laß dich von Dr. Schmidt _____!
8. Das nützt nichts. Bei der letzten _____ hat er nichts gefunden.

sich entwickeln   die Entwicklung

9. Das Dorf hat _____ zu einer kleinen Stadt _____.
10. Diese _____ kommt immer häufiger vor.

die Hauptsache   hauptsächlich

11. In Berlin möchten wir _____ ins Theater gehen.
12. Die _____ ist, daß auch etwas Gutes gespielt wird.

I. Vorteile und Nachteile.   Welche Vor- und Nachteile sehen Sie im alternativen Lebensstil? Schreiben Sie einen Absatz, in dem Sie drei bis fünf Vorteile und drei bis fünf Nachteile beschreiben!

J. Ja oder nein?   Bei jedem Satz sagen Sie, ob Sie damit übereinstimmen! Erklären Sie warum (nicht)!

1. Es gibt in unserer Gesellschaft keine Zukunft für die jüngere Generation.
2. Der Unterschied zwischen den Generationen ist so groß, daß es unmöglich ist, mit der älteren Generation zu sprechen.
3. Junge Leute wollen nicht so schwer arbeiten wie ihre Eltern.
4. Junge Leute sind unrealistisch.
5. Die ältere Generation denkt nur an Geld.
6. Nur die jüngere Generation will eine ökologisch gesunde Welt aufbauen.
7. Junge Leute sind idealistisch.
8. Man soll nur arbeiten, wenn man die richtige Arbeit finden kann.
9. Bio-Brot ist gesünder als normales Brot.
10. Die Welt wäre besser, wenn jeder für sich arbeiten könnte.
11. Die meisten Alternativen sind Parasiten.
12. Als soziales Experiment sind die Alternativen nützlich.

K. Interaktionen.   Bilden Sie eine Gruppe von vier Personen! Entwickeln Sie zusammen Ideen für ein alternatives Projekt. Verhandeln Sie: Was für ein Projekt wollen Sie machen? Welche Rolle spielt jedes Mitglied? Wie verteilen Sie die Arbeit und den Gewinn? Wieviel wollen Sie daran verdienen? Eine Person macht Notizen und stellt dann der Klasse die Gruppe vor und berichtet, was Sie beschlossen haben.

L. Zur Diskussion/Zum Schreiben

1. Was für Erwartungen haben Sie für Ihre Zukunft (Freunde, Familie, Wohnung, Beruf)?
2. Welche Mißverständnisse gibt es heute zwischen den Generationen? Wie könnte man den Kontakt zwischen den Generationen verbessern? Wer trägt die Schuld an den Mißverständnissen zwischen den Generationen? Was hat das heutige Familienleben mit diesen Fragen zu tun?
3. Wie unterscheidet sich die neue Generation von der älteren in bezug auf° Sport und Ernährung°?

in reference to / nutrition

Brief aus Amerika

Johannes Bobrowski

Johannes Bobrowski (1917–1965) was born in Tilsit, East Prussia. He studied art history but soon turned to creative writing. During World War II he served on the eastern front where he was captured by the Russians. After his release from prison camp, Bobrowski settled in East Berlin, resuming his career as a writer. He wrote three volumes of poetry, two novels, and several collections of short stories. "Brief aus Amerika" was published in 1965, the year of his death. Many of Bobrowski's poems and stories are set in the area of the Memel River in East Prussia, a region characterized by its ethnic mixture of Poles, Lithuanians, Russians, and Germans. The old woman in "Brief aus Amerika" is Lithuanian. A letter from her son who has emigrated to America forces her to realize that they belong not only to different generations but to different worlds. Bobrowski describes in clear, direct language what the woman does after she receives the letter. But he adds another dimension of meaning by using contrasts and a central image of fire and burning, a force that destroys but also cleanses.

Vorbereitung auf das Lesen

Zum Thema

1. In der Geschichte „Brief aus Amerika" ist der Sohn einer alten Frau nach Amerika ausgewandert. Welche Mißverständnisse könnte es zwischen den beiden geben?

Leitfragen

1. Eine alte Frau hat einen Brief von ihrem Sohn bekommen. Warum beunruhigt° der Brief sie so?   upset
2. Die Frau ist auf ihre weißen Arme sehr stolz. Sie haben eine große Rolle in ihrem Leben gespielt. Warum will sie jetzt, daß ihre Arme von der Sonne braun werden?
3. Alles kreist um den Brief. Beachten Sie, was die Frau mit dem Brief macht. Fragen Sie sich, was das für ihr Leben bedeutet!

Wörter im Kontext

Eine **Fliege** ist ein Insekt, das sowohl im Haus wie im Stall zu finden ist.

Er **kocht** die Milch **auf:** Er wärmt die Milch auf, bis sie kocht.
Sie **verkürzt** sich die Zeit mit Lesen: Sie liest, damit die Zeit kürzer
   erscheint.

Brenn mich, brenn mich, brenn mich, singt die alte Frau und dreht
sich dabei, hübsch langsam und bedächtig°, und jetzt schleudert° sie   *deliberately / throws off*
die Holzpantinen° von den Füßen, da fliegen sie im Bogen° bis an den   *wooden clogs / curve*
Zaun, und sie dreht sich nun noch schneller unter dem
5 Apfelbäumchen. Brenn mich, liebe Sonne, singt sie dazu. Sie hat die
Ärmel° ihrer Bluse hinaufgeschoben und schwenkt° die bloßen Arme,   *sleeves / swings*
und von den Ästen° des Bäumchens fallen kleine, dünne Schatten   *branches*
herab, es ist heller Mittag, und die alte Frau dreht sich mit kleinen
Schritten. Brenn mich, brenn mich, brenn mich.
10   Im Haus auf dem Tisch liegt ein Brief. Aus Amerika. Da steht zu
lesen:
   Meine liebe Mutter. Teile Dir mit, daß wir nicht zu Dir reisen werden. Es sind nur ein paar Tage, sag ich zu meiner Frau, dann sind wir
dort, und es sind ein paar Tage, sage ich, Alice, dann sind wir wieder
15 zurück. Und es heißt: ehre° Vater und Mutter, und wenn der Vater   *honor*
auch gestorben ist, das Grab ist da, und die Mutter ist alt, sage ich, und
wenn wir jetzt nicht fahren, fahren wir niemals. Und meine Frau sagt:
hör mir zu, John, sie sagt John zu mir, dort ist es schön, das hast du mir
erzählt, aber das war früher. Der Mensch ist jung oder alt, sagt sie, und
20 der junge Mensch weiß nicht, wie es sein wird, wenn er alt ist, und der
alte Mensch weiß nicht, wie es in der Jugend war. Du bist hier etwas
geworden, und du bist nicht mehr dort. Das sagt meine Frau. Sie hat
recht. Du weißt, ihr Vater hat uns das Geschäft überschrieben°, es geht   *signed over*
gut. Du kannst deine Mutter herkommen lassen, sagt sie. Aber Du hast
25 ja geschrieben, Mutter, daß Du nicht kommen kannst, weil einer schon
dort bleiben muß, weil alle von uns weg sind.
   Der Brief ist noch länger. Er kommt aus Amerika. Und wo er zu
Ende ist, steht: Dein Sohn Jons.
   Es ist heller Mittag, und es ist schön. Das Haus ist weiß. An der
30 Seite steht ein Stall. Auch der Stall ist weiß. Und hier ist der Garten. Ein
Stückchen den Berg hinunter steht schon das nächste Gehöft°; und   *farm*
dann kommt das Dorf, am Fluß entlang, und die Chaussee° biegt°   *highway / bends*
heran und geht vorbei und noch einmal auf den Fluß zu und wieder
zurück und in den Wald. Es ist schön. Und es ist heller Mittag. Unter
35 dem Apfelbäumchen dreht sich die alte Frau. Sie schwenkt die bloßen
Arme. Liebe Sonne, brenn mich, brenn mich.
   In der Stube° ist es kühl. Von der Decke baumelt° ein Beifußbusch°   *living room / swings / bunch of*
und summt° von Fliegen. Die alte Frau nimmt den Brief vom Tisch,   *wormwood / hums*
faltet ihn zusammen und trägt ihn in die Küche auf den Herd. Sie geht

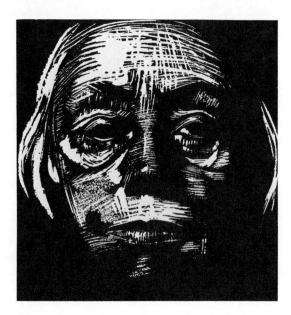

Käthe Kollwitz: Selbstbild,
1923.

40 wieder zurück in die Stube. Zwischen den beiden Fenstern hängt der
Spiegel, da steckt in der unteren Ecke links, zwischen Rahmen° und   frame
Glas, ein Bild. Eine Photographie aus Amerika. Die alte Frau nimmt das
Bild heraus, sie setzt sich an den Tisch und schreibt auf die Rückseite°:   back
Das ist mein Sohn Jons. Und das ist meine Tochter Alice. Und darunter
45 schreibt sie: Erdmuthe Gauptate geborene° Attalle. Sie zupft° sich die   née / pulls
Blusenärmel herunter und streicht sie glatt°. Ein schöner weißer Stoff   **streicht glatt:** smoothes out
mit kleinen blauen Punkten. Aus Amerika. Sie steht auf, und während
sie zum Herd geht, schwenkt sie das Bild ein bißchen durch die Luft.
Als der Annus von Tauroggen gekommen ist, damals, und hierge-
50 blieben ist, damals: es ist wegen der Arme, hat er gesagt, solche
weißen Arme gab es nicht, da oben, wo er herkam, und hier nicht, wo
er dann blieb. Und dreißig Jahre hat er davon geredet. Der Annus.
   Der Mensch ist jung oder alt. Was braucht der alte Mensch denn
schon? Das Tageslicht wird dunkler, die Schatten werden heller, die
55 Nacht ist nicht mehr zum Schlafen, die Wege verkürzen sich. Nur noch
zwei, drei Wege, zuletzt einer.
   Sie legt das Bild auf den Herd, neben den zusammengefalteten
Brief. Dann holt sie die Streichhölzer aus dem Schaff° und legt sie   cupboard
dazu. Werden Milch aufkochen, sagt sie und geht hinaus, Holz holen.

Zum Text

A. In der Vergangenheit. Suchen Sie Verben in der Vergangenheit, die im Text zu finden sind!

▶ ist gestorben / gab

B. In der Zukunft. Suchen Sie im Text die Sätze oder Satzteile, die sich auf die Zukunft beziehen!

▶ *Teile dir mit, daß wir nicht zu dir reisen werden.* (Zeile 12)
  Es sind nur ein paar Tage, dann sind wir zurück. (Zeile 14)

C. Was macht die Frau? Die Szene wechselt vom Garten zur Stube und schließlich zur Küche. Sagen Sie in drei Sätzen, was die Frau an jedem Ort tut! Machen Sie eine Wortliste, die Sie zum Nacherzählen brauchen!

D. Kontraste. In der Geschichte gibt es viele Kontraste. Suchen Sie im Text die Sätze, wo die folgenden Kontraste vorkommen! Die Kontraste sind nicht immer in einem einzigen Satz.

▶ dort / zurück   *Es sind nur ein paar Tage, ... dann sind wir dort, und es sind ein paar Tage, ... dann sind wir wieder zurück.* (Zeilen 13–15)

1. alt / jung
2. heute / früher (damals)
3. hier / dort
4. langsam / schnell
5. heiß / kühl
6. Tag / Nacht
7. hell / dunkel
8. braungebrannt / weiß
9. Leben / Tod

E. Zum Inhalt

1. Was wissen Sie über die Mutter von Jons und Alice?
2. Inwiefern macht der Name *John* das Verhältnis zwischen Mutter und Sohn klar?
3. Feuer und Brennen spielen eine zentrale Rolle in der Geschichte. Stellen Sie eine Liste von Wörtern zusammen, die mit Feuer oder Brennen zu tun haben!
4. Was brennt oder wird wohl verbrannt? Warum?
5. Was hat diese Geschichte mit dem Thema „Suche nach einem eigenen Leben" zu tun?

Wortschatzübungen

Substantive

das **Grab, ⁻er**   grave
der **Herd, –e**   stove, cooking range
der **Punkt, –e**   point; dot; period
der **Schatten, –**   shadow, shade
der **Schritt, –e**   step
das **Streichholz, ⁻er**   match

Verben

sich drehen   to turn (oneself)
falten   to fold
hinauf·schieben (schob hinauf, hinaufgeschoben)   to push up
mit·teilen   to communicate; **ich teile dir mit**   I inform you
zu·hören (+ *dat.*)   to listen to; **sie hörte ihm nicht zu**   she didn't listen to him

Andere Wörter

bloß   bare; just
glatt   smooth
zuletzt   finally, at last; (for) the last time

F. Vokabeln.   Ergänzen Sie mit Wörtern aus der obigen Liste!

Eine alte Mutter liest einen Brief von ihrem Sohn, der jetzt in Amerika lebt. Sie haben sich _____ vor drei Jahren am _____ des verstorbenen Vaters gesehen. Im Brief _____ er seiner Mutter _____, daß er sie nicht besuchen wird. Seine Frau Alice hat gesagt: „ _____ mir _____ ! Die Reise ist lang und teuer. Jung ist jung und alt ist alt." Die alte Frau _____ den Brief zusammen, steckt ihn in die Tasche und geht in den Hof. Ein paar _____ von der Tür steht ein Apfelbaum. Sie geht aber nicht in den kühlen _____ des Baumes, sondern in die Sonne. Sie _____ die Ärmel der Bluse _____, sie _____ _____ wie im Tanz. Ein schöner Stoff mit kleinen blauen _____ . Die Sonne brennt auf die _____ Arme. Nach einer Weile holt sie Holz und geht damit in die Küche. Sie will Milch aufkochen. Sie setzt die Milch auf den _____, nimmt den gefalteten Brief aus der Tasche, streicht ihn _____, liest ihn noch einmal und steckt ihn unter das Holz. „Ich mach' jetzt Feuer", sagt sie und holt die _____ .

G. Nicht verwechseln! Ergänzen Sie die Sätze!

der Fleck   der Punkt

1. Hier kommt die Geschichte an einen wichtigen _____.
2. Die Frau hat ihr weißes Kleid mit den roten _____ getragen.
3. Sie hat es gewaschen. Es hatte zwei große _____.

gehören   hören   zuhören

4. Das Radio _____ mir.
5. Ich _____ gern Radio, wenn ich arbeite.
6. Hast du _____, was Frank gesagt hat?
7. Frank? Er _____ zu meinen Freunden.
8. Er hat nichts gesagt, sondern nur _____.

Präfix *un-*

The prefix *un-* gives a noun or an adjective a negative or an opposite meaning: **der Undank** *(ingratitude);* **ungesund** *(unhealthy).*

H. Wortbildung. Bilden Sie ein Wort mit *un-* und übersetzen Sie es!

1. freundlich
2. gefährlich
3. gewöhnlich
4. das Glück
5. höflich
6. möglich
7. die Ordnung
8. ruhig
9. die Schuld
10. sicher
11. der Sinn
12. wahrscheinlich
13. wichtig
14. zufrieden

Suffix *-los*

The suffix *-los* forms adjectives and adverbs from nouns. The suffix *-los* is often equivalent to the English suffix *-less,* denoting a lack of: **die Sprache›sprachlos** *(speechless).*

I. Wortbildung. Geben Sie das Substantiv und übersetzen Sie den Satz!

▶ Jens ist seit einem Jahr arbeitslos.   *die Arbeit*
    Jens has been unemployed for a year.

1. Was er sagt, ist bedeutungslos.
2. Die Situation ist sicher nicht hoffnungslos.
3. Rudi ist ein gefühlloser Mensch.
4. Wir leben in einer ruhelosen Zeit.

5. Ich habe nichts gemacht. Ich fühle mich schuldlos.
6. Er hat große Sorgen und verbringt viele schlaflose Nächte.
7. Es ist sinnlos, länger hier zu warten.
8. Er drehte sich um und verließ wortlos das Zimmer.
9. Ich weiß nie, was er denkt. Sein Gesicht ist immer ausdruckslos.

Was meinen Sie?

J. Ja oder nein?   Bei jedem Satz sagen Sie, ob Sie damit übereinstimmen! Erklären Sie warum (nicht)!

1. Kinder in autoritären Familien sind glücklicher als Kinder, die alles dürfen.
2. Ein strenger Lehrer oder Professor ist besser als einer, der weniger verlangt.
3. Die Polizei behandelt junge Leute anders als Leute über 50.
4. Amerikanische Eltern sind nicht streng genug.
5. Das Individuum hat heutzutage in der Gesellschaft nichts zu sagen.
6. Es ist wichtig, daß das Kind zu Hause Ordnung und Disziplin lernt.
7. Eltern sollen Teenager nicht sofort bestrafen, sondern mit ihnen über ihre Probleme diskutieren.
8. Eltern wollen zuviel über ihre Kinder wissen.
9. Kinder haben kein Verständnis für die Meinungen ihrer Eltern.
10. Eltern haben kein Verständnis für die Probleme ihrer Kinder.
11. Die Jugend von heute arbeitet weniger als die Jugend vor zehn bis fünfzehn Jahren.
12. Jugendliche unter 21 sollten keinen Alkohol kaufen dürfen.
13. Die Gesellschaft akzeptiert Aussteiger° nicht.   drop-outs
14. Nur Alternativarbeit macht wirklich glücklich.

K. Slang.   Junge Leute denken nicht nur anders als die älteren Leute, sie haben auch ihre eigene Sprache. Können Sie die folgenden Ausdrücke verstehen? Suchen Sie die Worte in der Liste rechts, die die ältere Generation für die Worte in der Liste links gebraucht!

1. a. der Bulle, der Gärtner, der   a. das Geld
      Grüne   b. der Kopf
   b. Eier, Kohlen, Mäuse, Pinke   c. der Polizist
   c. Birne, Rübe, Melone

2. a. Bei dir piept's wohl. Du
        bist nicht ganz sauber. Du
        bist nicht ganz bei Trost.
    b. Ich bin baff. Ich brech'
        zusammen.
    c. Ich verstehe nur Bahnhof.
        Das geht mir nicht in den
        Kopf.

    a. Ich bin erstaunt.
    b. Du bist verrückt.
    c. Ich verstehe nicht.

3. a. Er ist doof (blöd). Er hat
        Stroh im Kopf.
    b. Er ist stinkfaul.
    c. Er ist eine fiese (miese)
        Type.

    a. Er ist dumm.
    b. Er ist ein gemeiner Kerl.
    c. Er tut nichts.

4. a. Mir raucht der Kopf. Ich
        bin fix und fertig. Ich bin
        fix und foxi.
    b. Ich bin verknallt. Ich steh'
        auf ihn (sie).
    c. Ich habe Kohldampf.

    a. Ich bin verliebt.
    b. Ich bin kaputt.
    c. Ich habe Hunger.

5. a. Ich denk', mich streift ein
        Bus.
    b. Ich hab' Schwein.
    c. Das ist nicht mein Bier.
    d. Das ist cool.

    a. Das geht mich nichts an.
    b. Ich habe Glück.
    c. Das ist gut.
    d. Ich kann keinen klaren
        Gedanken fassen.

6. a. Das ist spitze (klasse,
        prima, irre, super).
    b. Das ist beknackt.
    c. Das stinkt mir. Das stinkt
        mich an.

    a. Das ist ausgezeichnet.
    b. Es gefällt mir nicht.
    c. Das ist dumm.

7. a. Sie ist eine dufte Frau. Sie
        ist eine super Frau.
    b. Sie macht mich an. Sie
        törnt mich an.
    c. Sie ist ein Mauerblümchen.

    a. Sie sieht gut aus.
    b. Ich bin an ihr interessiert.
    c. Sie ist schüchtern.

8. a. Er geht mir auf den Wecker.
    b. Ich kann ihn nicht riechen.
        Er ist schmierig.
    c. Er ist ein Aufreißer.

    a. Ich kann ihn nicht leiden
        (ausstehen).
    b. Er geht mir auf die Nerven.
    c. Er hat viele Mädchen.

9. a. Das bringt's voll.
    b. Laß den Quatsch!
    c. Mach 'ne Fliege! Hau ab!

    a. Das ist sehr gut.
    b. Hör auf mit dem Unsinn!
    c. Geh weg!

L. Erfinden Sie einen Dialog, in dem Sie 4—6 jugendsprachliche Ausdrücke aus der obigen Liste gebrauchen.

M. Zur Diskussion/Zum Schreiben

1. Man hört oft, daß ältere Leute isoliert sind. Finden Sie, daß die alte Mutter isoliert ist?
2. Glauben Sie, daß der Sohn seiner Mutter gegenüber richtig gehandelt hat? Warum (nicht)?
3. Stellen Sie sich vor, Sie sind die alte Mutter! Wie würden Sie Ihre Antwort auf den Brief aus Amerika formulieren?
4. Lesen Sie noch einmal die Zeilen 1–23 in der Geschichte „Ein Tisch ist ein Tisch"! Vergleichen Sie den alten Mann mit der Mutter in dieser Geschichte — wie sie aussehen, wo und wie sie wohnen, wie sie denken, die Art von Isolation, die sie erleben.
5. Der alte Mann sagt: „Es muß sich ändern, es muß sich ändern!" (Seite 15, Zeile 44). Die Mutter meint: „Der Mensch ist jung oder alt. Was braucht der alte Mensch denn schon?" (Seite 112, Zeile 53) Wie finden sich die zwei älteren Leute mit ihrer Situation (Isolation) ab°?

finden ... ab: come to grips with

Thema 7

Die leichte Seite

Ordnung ist das halbe Leben. Ich lebe in der anderen Hälfte.

Je einsamer der Mensch, desto besetzter sein Telefon.

WOZU BRAUCHTE MAN EIGENTLICH ERDNÜSSE, ALS ES NOCH KEIN FERNSEHEN GAB?

ICH ANTWORTE MIT EINEM ENTSCHIEDENEN VIELLEICHT.

Keiner ist unnütz, er kann immer noch als schlechtes Beispiel dienen.

Wo eine Villa ist, ist auch ein Weg.

Müde und satt – wie schön ist datt.

Wie kommt es, daß am Ende des Geldes noch so viel Monat übrig ist?

MANCHE LEUTE KAUFEN SICH VON DEM GELD, DAS SIE NICHT HABEN, SACHEN, DIE SIE NICHT BRAUCHEN, UM LEUTEN ZU IMPONIEREN, DIE SIE NICHT MÖGEN.

Stell dir vor, jemand sagt was, und ein anderer hört zu!

Die Welt ist ein paar Kilometer unter der Erde noch völlig in Ordnung.

Was ist Apathie? Weiß ich nicht und interessiert mich auch nicht.

Ihr da Ohm! Macht Watt Ihr Volt!

Überall ist Platz für manchen klugen Satz.

Literarischer Untergrund

Everyone enjoys rhymes. They appeal to both children and adults because they are simple to compose, to learn, and to recite. Rhymes can be light and humorous, expressing the joy of the rhymster playing with language, but they can also carry critical connotations. Often the trick turn of a phrase expresses the rhymster's disillusionment at the discrepancy between reality and the ideal. Although this form of serious rhyme has the same origin as the protest song, the aim of each is different. Unlike the protest song writer, the rhymster seeks to inspire laughter. The magazine article, "Literarischer Untergrund," provides some examples of rhymes and discusses the impetus behind their creation.

Vorbereitung auf das Lesen

Zum Thema

1. Sie haben sicher als Kind Abzählreime° und als Jugendliche(r)   counting rhymes
   Limericks und Parodien gelernt. Nennen Sie einige Abzählreime
   und Limericks!
2. Über welche Dinge oder Menschen macht man sich in Graffiti,
   Limericks und Parodien lustig? Machen Sie eine Liste!

Leitfragen

1. In dem Artikel „Literarischer Untergrund" finden Sie deutsche
   Reime, die sich über Dinge oder Menschen lustig machen.
   Beachten Sie, welche Sachen von Ihrer Liste (Nummer 2 oben)
   im Artikel erwähnt werden! Welche werden nicht erwähnt?

Verwandte Wörter

desillusionieren	literarisch	die Respektlosigkeit
historisch	manipulieren	stinken
inoffiziell	die Nonsenssprache	der Untergrund
kommentieren	offiziell	

Wortfamilien

ehren (ehrlich)	personifizieren (die Person)
die Größe (groß)	der Raucher (rauchen)
lehren (der Lehrer)	der Weihnachtsmann (Weihnachten)
lieblich (lieb)	

Untergrundliteratur — das ist die Literatur, die nicht in den Anthologien zu finden ist; das ist die Literatur, von der in den Schulen nicht
die Lehrer, sondern höchstens die Schüler sprechen. Sie geht von
Mund zu Mund, weil sie Spaß macht und weil sie an den Werten der
5 Mächtigen° zweifelt.   those with power

   Besonders lebendig ist diese Literatur unter denen, die so gut wie
gar keine Macht haben, unter den Kindern. Die offiziellen Kinder-
stubenverse° sollen das Kind etwas lehren, z.B. pünktlich zu sein oder   nursery rhymes
sauber oder den Teller leer zu essen oder zu zählen:

10   1 2 3 4 5 6 7
          Wo ist denn mein Schatz° geblieben   sweetheart
          Ist nicht hier ist nicht da
          Ist wohl in Amerika

Dagegen schaffen die Kinder eine andere Welt, z.B. im Abzählvers°.   counting-out rhyme
15 Einige sind in einer Nonsenssprache:

          Ene mene minke tinke
          Vader ruder rollke tollke
          Wiggel waggel weg

Andere verbinden diese Sprache — zum Teil im Dialekt — mit mehr
20 oder weniger aggressiven Inhalten:

          Ene mene mu   (Ene mene mu
          Jan stinkt nu   Jan stinkt nun
          Dat do ick nich   Das tu' ich nicht
          Dat deist du   Das tust du)

25   Die erste Macht, die das Kind fühlt, ist die der Familie. Es kann sich
nicht wirklich wehren, so wehrt es sich ein wenig mit den Versen des
Untergrundes. Die Regel des Familienestablishments heißt:

          Du sollst Vater und Mutter ehren

Der Untergrund macht dazu die Fortsetzung:

30   Und wenn sie dich schlagen
          Sollst du dich wehren

Neben den Eltern sollen die Kinder die Großeltern respektieren. Für sie hat man verschiedene Verse. Einer davon ist:

35
Omachen und Opachen
Saßen in der Laube°   arbor
Warfen sich mit Leberwurst
Opachen ins Auge

Eine weitere Respektsperson ist der Weihnachtsmann. Wie man weiß, bekommen böse Kinder keine Geschenke, sondern die Rute°.   rod (for whipping)
40 Offiziell spricht man so mit dem Weihnachtsmann:

Lieber guter Weihnachtsmann
Sieh mich nicht so böse an
Stecke deine Rute ein°   **stecke ein:** put away
Ich will auch immer artig° sein   well-behaved

45 Inoffiziell ist man weniger respektvoll:

Weihnachtsmann du guter Gast
Hast du auch was mitgebracht
Hast du was dann setz dich nieder
Hast du nichts dann geh man° wieder   **geh man: geh** (colloquial)

50 Oder man ändert das Tannenbaum°-Lied und macht sich über den Weihnachtsmann lustig:

O Tannenbaum o Tannenbaum
Der Weihnachtsmann will Äpfel klaun
Er zieht sich grüne Hosen an
55 Damit man ihn nicht sehen kann

Mit diesen Versen bringen die Kinder ihre eigene Stimmung in die Weihnachtsfeier hinein.
Außerhalb der Familie personifiziert der Polizist die Staatsmacht und wird so das natürliche Ziel vieler Kinderverse, wie zum Beispiel:

60
Meine Oma fährt Motorrad
Ohne Bremse ohne Licht
Und der Schutzmann° an der Ecke   policeman
Dieser Dummkopf sieht es nicht

Schule und Lehrer werden von jungen Schülern als mächtige Insti-
65 tution erlebt, gegen die mehr oder weniger laut gesungen wurde und
wird. Heute dürfen Schüler nicht mehr geschlagen werden. Daher sind
die Verse vom schlagenden Lehrer nur noch historisch interessant:

> O Tannenbaum o Tannenbaum
> Der Lehrer hat mich blaugehaun°   beaten black and blue
> 70 O Tannenbaum o Tannenbaum
> Dafür spuck° ich ihm an den Zaun   spit

Aber die Vier° im Zeugnis ist heute noch so schlecht wie früher: approximately "D" (lowest passing grade)

> Leise rieselt° die Vier   trickles
> Auf das Zeugnispapier
> 75 Horcht° nur wie lieblich es schallt°   listen / sounds
> Wenn mein Vater mir'n paar knallt°   **mir ... knallt:** whacks me a few

*Lesen ist eine beliebte
Freizeitbeschäftigung.*

Diese Verse werden wieder auf die Melodie eines bekannten
Weihnachtsliedes gesungen: „Leise rieselt der Schnee …" Einige
Verse sind direkt gegen den Lehrer gerichtet:

80
     Von den blauen Bergen kommen wir
     Unser Lehrer ist genauso doof wie wir
     Mit der Brille auf der Nase
     Sieht er aus wie'n Osterhase°.   Easter bunny
     Von den blauen Bergen kommen wir

85 In anderen Versen machen die Schüler sich über die Schule ganz allgemein oder auch über sich selbst lustig:

     Wir sind vom Idiotenclub
     Und laden herzlich ein
     Bei uns ist jeder gern geseh'n
90   Nur blöde muß er sein
     Bei uns gilt die Parole°   slogan
     Sei doof bis in den Tod
     Und wer bei uns der Doofste ist
     Wird Oberidiot

*Graffiti: So drückt man
Hoffnung und Angst aus.*

95   Eine ähnliche Respektlosigkeit läßt sich auch bei politischen Per-
sönlichkeiten und Ereignissen finden. Nationale Größe und Katastrophen werden trocken kommentiert. Fast immer benutzt man sehr
bekannte Melodien und Verse, die leicht geändert werden. Für den
dauernden Wechsel im menschlichen Leben gibt es das Lied:

100   Es geht alles vorüber
Es geht alles vorbei
Auf jeden Dezember
Folgt wieder ein Mai

Gegen Ende des Zweiten Weltkrieges hörte man dann:

105   Es geht alles vorüber
Es geht alles vorbei
Erst Adolf Hitler
Und dann die Partei°   *Nazi party*

Nach dem Krieg sang man statt „Deutschland, Deutschland über
110 alles ...":

Deutschland Deutschland ohne alles
Ohne Butter ohne Speck°   *bacon*
Und das bißchen Marmelade
Frißt uns die Besatzung weg°   **Frißt ... weg:** occupation forces eat up

115   Wenn die Reklame versucht, die Menschen mit Illusionen zu
manipulieren, so versucht die Straßen-Literatur zu desillusionieren. Die
Reklame zeigt die glücklichen gesunden Raucher in einer schönen
Welt. Dagegen sprechen die Straßen-Verse eine andere Sprache:

Siehst du die Gräber dort auf der Höh'°   *hill*
120 Das sind die Raucher von HB°   *brand name of cigarettes*
Siehst du die Kreuze dort im Tal
Das sind die Raucher von Reval°   *brand name of cigarettes*

So gibt es eine von vielen nicht gesehene Kette vom Abzählreim
über Verse über Respektspersonen und Respektsinstitutionen bis zu
125 Versen über Politik und Reklame. Diese nicht-offizielle Literatur wird
oft übersehen°, oft unterdrückt°. Aber sie ist trotzdem lebendig, denn   *overlooked / suppressed*
sie macht Spaß und ist ein wichtiges Komplement zur Welt der
Helden° und hohen Ansprüche°.   heroes / **hohen Ansprüche:** lofty claims

Zum Text

A. Hauptidee.   Welche Absicht verfolgt das Lesestück?

1. Es kritisiert Respektspersonen wie Lehrer und Polizisten.
2. Es gibt eine Sammlung von Versen für Kinder wieder.
3. Es handelt von einer inoffiziellen mündlichen Literatur, die gegen Respektspersonen und Institutionen gerichtet ist.
4. Es zeigt die Phantasie des Kindes.
5. Es macht sich über Respektspersonen wie Eltern, Lehrer und Polizisten lustig.
6. Es gibt Beispiele von lustigen Kinderreimen.

B. Suchen Sie im Text!   In der folgenden Liste suchen Sie die Ideen, die im Zeitschriftenartikel zu finden sind! Suchen Sie den genauen Satz im Text!

▶ Wenn man in der Schule Literatur liest, benutzt man oft Anthologien.

Den genauen Satz finden Sie auf Seite 121 Zeile 1-2: Untergrundliteratur — das ist die Literatur, die nicht in den Anthologien zu finden ist.

1. Die Themen der Untergrundliteratur sind oft antiautoritär.
2. Durch die offiziellen Kinderverse soll das Kind lernen, was es glauben und was es tun soll.
3. Für ein Kind sind die Eltern Mächtige, gegen die es hilflos ist.
4. Einige Verse machen sich über den Weihnachtsmann lustig.
5. Einige Verse sind gegen den Lehrer gerichtet, weil er die Staatsmacht personifiziert.
6. Schüler machen Verse auch gegen die Schule ganz allgemein.
7. Es gibt auch eine Literatur, die der Reklame gegenüber skeptisch ist.

C. Zum Inhalt.

1. Die Untergrundliteratur richtet sich oft gegen Respektspersonen und Institutionen. Nennen Sie die Personen und die Institutionen, die im Lesestück erwähnt werden!
2. Das Vokabular der Untergrundliteratur ist oft respektlos. Zum Beispiel kommen Synonyme für „dumm" oft vor. Suchen Sie andere Wörter, die etwas mit „dumm" oder „Dummheit" zu tun haben!

Wortschatzübungen

Substantive

die **Bremse, –n**   brake
das **Ereignis, –se**   event
das **Kreuz, –e**   cross
die **Macht, ⸚e**   power, strength
die **Partei, –en**   political party, faction
die **Stimmung**   mood, atmosphere, frame of mind
das **Tal, ⸚er**   valley
der **Wert, –e**   value, worth

Verben

klauen *(slang)*   to steal, swipe
sich wehren   to defend oneself, resist

Andere Wörter

blöd(e) *(slang)*   stupid, idiotic
doof *(slang)*   stupid, foolish, boring
höchstens   at the most
lustig   amusing, funny; **sich über etwas** *(acc.)* **lustig**
  machen   to make fun of something
nieder   down
vorüber   done with, past

D. Wie sagt man das auf deutsch?   Ergänzen Sie!

1. Ich lege großen _____ auf Ihre Meinung.
   I set great store by your opinion.
2. Die _____ funktioniert nicht.
   The brakes aren't working.
3. Ich _____ _____ mit Händen and Füßen gegen seinen Plan.
   I'll resist his plan with all my strength.
4. Wir wollen mehr Geld, oder wir legen die Arbeit _____.
   We want more money or we'll strike (lay down our work).
5. _____ du dich über mich _____?
   Are you making fun of me?
6. Alle hier sind so müde und traurig. Was für eine furchtbare
   _____!
   Everybody here is so tired and sad, what a negative mood!
7. Hat es seit gestern irgendwelche interessanten _____ gegeben?
   Has anything interesting happened since yesterday?

8. Der Regen ist _____.
   The rain is over.
9. Jemand _____ meinen Füller _____.
   Someone swiped my pen.
10. Das ist ein _____ Buch.
    That's a stupid book.
11. Er ist einfach _____.
    He's simply stupid and boring.
12. Welche _____ wählst du?
    What party are you voting for?
13. Jeder hat sein _____ zu tragen.
    Everyone has a cross to bear.
14. Das Dorf liegt in einem schönen _____.
    The village lies in a beautiful valley.
15. Ich kann _____ zwanzig Minuten bleiben.
    I can stay at the most twenty minutes.
16. Das steht nicht in meiner _____.
    That is not in my power.

E. Suchen Sie! Suchen Sie Wörter im Text, die nicht in der Vorbereitung stehen, aber wegen der Ähnlichkeit mit dem Englischen auch leicht verständlich sind!

F. Verwandte Wörter.   Ergänzen Sie die Sätze!

   die Bremse   bremsen

1. Der Fahrer _____ scharf, aber _____ hat nicht funktioniert.

   der Wert   wert   wertvoll

2. Die Briefmarke ist 500 Mark _____.
3. Ich hätte sie nicht für so _____ gehalten.
4. Doch, und mit den Jahren gewinnt sie sogar noch an _____.

   das Ereignis   sich ereignen

5. Günter hat mir von einem schrecklichen _____ erzählt.
6. Das ist nichts Neues. Bei ihm _____ _____ fast jeden Tag etwas Furchtbares.

   die Macht   mächtig   machtlos

7. Gegen deine Argumente bin ich _____.
8. Das sind nicht meine _____ Argumente, sondern das ist die _____ des Geldes.

die Lust   lustig

9. Hast du _____, einen guten Film zu sehen?
10. Gern. Aber einen _____.
11. Bei dir muß alles immer _____ sein.
12. Machst du dich über mich _____?

Was meinen Sie?

G. Komisch? Dumm? Zynisch?   Wie reagieren Sie auf die Verse im Lesestück?

1. Welche finden Sie sehr komisch?
2. Welche finden Sie nicht komisch?
3. Welche finden Sie blöd?
4. Welche finden Sie sehr zynisch?
5. Welche zeigen zu wenig Respekt?
6. Haben Sie noch andere Reaktionen?

H. Stellen Sie sich mal vor!   Wie würden Sie auf die folgenden Situationen reagieren? Würden Sie sich darüber ärgern? Etwas? Sehr? Würden Sie darüber lachen? Etwas? Sehr?

1. Ihr Auto bleibt plötzlich stehen, weil der Tank leer ist.
2. Sie wollen das Essen im Restaurant bezahlen und stellen fest, daß Sie Ihr Geld zu Hause gelassen haben.
3. Sie werden von einem Polizisten gestoppt, weil Sie zu schnell gefahren sind.
4. Sie sollen eine Klausur schreiben, haben aber weder Füller noch Bleistift.
5. Ihre Uhr geht nach, und Sie haben den Anfang des Films verpaßt.
6. Sie erzählen eine lustige Anekdote und niemand lacht.
7. Sie erzählen eine Geschichte und Ihr Freund unterbricht Sie dauernd.
8. Sie haben das Tennismatch verloren.
9. Sie wollen Ihre Lieblingssendung° sehen, aber der Fernseher ist kaputt.   favorite program
10. Sie haben den Regenschirm vergessen, und Sie werden auf dem Heimweg naß.

I. Was machen wir denn nun?   Schreiben Sie in einem oder zwei Sätzen, was Sie in jedem Fall in Übung H tun würden!

J. Interaktionen.   Zu vier Personen bilden Sie einen Ausschuß°, *committee*
der das Problem von Graffiti besprechen soll. In der letzten Zeit ist
ein Sprüher Amok gelaufen°. Sobald die Graffiti entfernt sind, *gone wild*
erscheinen neue. Diskutieren Sie, ob man etwas dagegen tun soll.
Was könnte man tun? Ein Sprecher/Eine Sprecherin berichtet der
Klasse, was Sie beschlossen haben.

Brauchbare Wörter bei der Diskussion:

etwas dagegen tun	es hilft doch nicht	du hast recht
gar nicht so schlimm	hilflos sein	meiner Meinung nach

Eine größere Anschaffung°

acquisition

Wolfgang Hildesheimer

Wolfgang Hildesheimer was born in 1916 in Hamburg. After
attending school in Germany and England he emigrated to
Palestine in 1933 where he worked as a cabinetmaker and interior
decorator. From 1936 to 1939 he studied commercial art and
painting in London, but with the outbreak of war in 1939 he
returned to Palestine where he served as a British intelligence
officer. During the Nuremberg War Crimes Trials (1946–49) he was
employed as a simultaneous interpreter.

In 1950 Hildesheimer chose writing as a career rather than
painting, and two years later he published his first collection of
short stories, **Lieblose Legenden**, from which this selection is
taken. In addition to short stories Hildesheimer has written novels,
radio plays, and dramas. Just as his dramatic works are related to
the theater of the absurd, so too his stories often contain grotesque
or surrealistic elements. He uses a satirical style to lay bare some of
the pretensions and banalities he finds in modern life. In "Eine
größere Anschaffung" the narrator tells about an unusual purchase
that he made. This fairly big acquisition is more than his down-to-
earth cousin can bear. The conversation between the cousins
reflects two different ways of dealing with a life that is often illogical
and absurd. Note how the feeling of absurdity and grotesqueness is
heightened by the manner in which the narrator relates the events
concerning his purchase.

Vorbereitung auf das Lesen

Zum Thema

1. Sie haben sicher von dem Mann gehört, der die Brooklyner Brücke gekauft hat. Kennen Sie andere Anekdoten, in denen jemand etwas Wertloses kauft? Erzählen Sie einige!

Leitfragen

1. In der Geschichte „Eine größere Anschaffung" kauft der Erzähler keine Brücke, aber er kauft etwas, was fast genauso unpraktisch ist. Er erzählt selbst von seiner Anschaffung. Beachten Sie, wie er von dieser Anschaffung spricht! Findet er die Situation normal oder absurd? Beachten Sie seinen Ton!
2. Was für eine Anschaffung erwarten Sie, wenn Sie den Titel lesen? Was hat der Unterschied zwischen der Erwartung des Lesers und der eigentlichen Anschaffung mit dem Sinn der Geschichte zu tun?

Verwandte Wörter

der Experte   der Kognak   die Transaktion   der Typ

Wortfamilien

die Begrüßung (grüßen)   ersehen (sehen)   nächtlich (die Nacht)
benachbart (der Nachbar)   die Kühle (kühl)

Wörter im Kontext

Die **Bauart** der Lokomotive ist die Art, wie sie gebaut ist.
Er ist nicht **gewillt**, das zu machen: Er ist nicht bereit, das zu machen.
Die **Katze im Sack kaufen:** Etwas kaufen, ohne es vorher gesehen zu haben.
Diese Bemerkung ist jetzt **nicht am Platz:** Diese Bemerkung ist im Moment unpassend.

Eines Abends saß ich im Dorfwirtshaus vor (genauer gesagt, hinter) einem Glas Bier, als ein Mann gewöhnlichen Aussehens sich neben mich setzte und mich mit vertraulicher° Stimme fragte, ob ich eine Lokomotive kaufen wolle. Nun ist es zwar ziemlich leicht, mir etwas zu
5 verkaufen, denn ich kann schlecht nein sagen, aber bei einer größeren Anschaffung dieser Art schien mir doch Vorsicht am Platze. Obgleich ich wenig von Lokomotiven verstehe, erkundigte ich mich nach Typ

°confidential

Lyonel Feininger: *Kleine Lokomotive*, 1936.

und Bauart, um bei dem Mann den Anschein zu erwecken°, als habe er
es hier mit einem Experten zu tun, der nicht gewillt sei, die Katze im

10 Sack zu kaufen, wie man so schön sagt. Er gab bereitwillig° Auskunft
und zeigte mir Ansichten, die die Lokomotive von vorn und von den
Seiten darstellten. Sie sah gut aus, und ich bestellte sie, nachdem wir
uns vorher über den Preis geeinigt° hatten, unter Rücksichtnahme auf
die Tatsache°, daß es sich um einen second-hand-Artikel handelte.

15   Schon in derselben Nacht wurde sie gebracht. Vielleicht hätte ich
daraus entnehmen° sollen, daß der Lieferung eine anrüchige Tat
zugrunde lag°, aber ich kam nun einmal nicht auf die Idee. Ins Haus
konnte ich die Lokomotive nicht nehmen, es wäre zusam-
mengebrochen, und so mußte sie in die Garage gebracht werden,

20 ohnehin° der angemessene° Platz für Fahrzeuge. Natürlich ging sie nur
halb hinein. Hoch genug war die Garage, denn ich hatte früher einmal
meinen Fesselballon° darin untergebracht°, aber er war geplatzt°. Für
die Gartengeräte war immer noch Platz.

        Bald darauf besuchte mich mein Vetter. Er ist ein Mensch, der, jeg-
25 licher Spekulation und Gefühlsäußerung abhold°, nur die nackten°
Tatsachen gelten läßt. Nichts erstaunt ihn, er weiß alles, bevor man es
ihm erzählt, weiß es besser und kann alles erklären. Kurz, ein unaus-
stehlicher° Mensch. Nach der Begrüßung fing ich an: „Diese herrlichen
Herbstdüfte° . . ." — „Welkendes Kartoffelkraut°", sagte er. Fürs erste

30 steckte ich es auf° und schenkte mir von dem Kognak ein°, den er
mitgebracht hatte. Er schmeckte nach Seife, und ich gab dieser
Empfindung° Ausdruck. Er sagte, der Kognak habe, wie ich auf dem
Etikett° ersehen könne, auf den Weltausstellungen° in Lüttich° und
Barcelona große Preise erhalten, sei daher gut. Nachdem wir

35 schweigend mehrere Kognaks getrunken hatten, beschloß er, bei mir
zu übernachten und ging den Wagen einstellen°. Einige Minuten

den . . . erwecken: give the
appearance

willingly

agreed

unter . . . Tatsache: taking the
fact into account

inferred

daß . . . lag: that some shady
deal was at the bottom of the
delivery

in any case / proper

tethered balloon / stored /
burst

jeglicher . . . abhold: averse to
any speculation or expression
of feeling / naked

insufferable

fall fragrances / rotting potato
stalks
steckte auf: gave up /
schenkte ein: poured

feeling

label / World's Fairs / Liège,
Belgium

to put away

darauf kam er zurück und sagte mit leiser, leicht zitternder° Stimme, [*trembling*]
daß in meiner Garage eine große Schnellzuglokomotive stünde. „Ich
weiß", sagte ich ruhig und nippte° von meinem Kognak, „ich habe sie [*sipped*]
40 mir vor kurzem angeschafft°." Auf seine zaghafte° Frage, ob ich öfters [*purchased / timid*]
damit fahre, sagte ich, nein, nicht oft, nur neulich nachts hätte ich eine
benachbarte Bäuerin, die ein freudiges Ereignis erwartete°, in die [**freudiges . . . erwartete:** was expecting a baby]
Stadt, ins Krankenhaus gefahren. Sie hätte noch in derselben Nacht
Zwillingen° das Leben geschenkt, aber das habe wohl mit der nächt- [*twins*]
45 lichen Lokomotivfahrt nichts zu tun. Übrigens war das alles erlogen°, [*made up*]
aber bei solchen Gelegenheiten kann ich oft diesen Versuchungen° [*temptations*]
nicht widerstehen°. Ob er es geglaubt hat, weiß ich nicht, er nahm es [*resist*]
schweigend zur Kenntnis°, und es war offensichtlich°, daß er sich bei [**nahm . . . Kenntnis:** silently took note of it / *obvious*]
mir nicht mehr wohl fühlte. Er wurde ganz einsilbig°, trank noch ein [*taciturn*]
50 Glas Kognak und verabschiedete sich. Ich habe ihn nicht mehr
gesehen.
   Als kurz darauf die Meldung° durch die Tageszeitungen ging, daß [*announcement*]
den französischen Staatsbahnen° eine Lokomotive abhanden gekom- [*national railway /* **abhanden . . . sei:** had been lost]
men sei° (sie sei eines Nachts vom Erdboden° — genauer gesagt vom [*face of the earth*]
55 Rangierbahnhof° — verschwunden gewesen), wurde mir natürlich [*switching station*]
klar, daß ich das Opfer° einer unlauteren° Transaktion geworden war. [*victim / dishonest*]
Deshalb begegnete ich auch dem Verkäufer, als ich ihn kurz darauf im
Dorfgasthaus sah, mit zurückhaltender° Kühle. Bei dieser Gelegenheit [*reserved*]
wollte er mir einen Kran° verkaufen, aber ich wollte mich in ein [*crane*]
60 Geschäft mit ihm nicht mehr einlassen°, und außerdem, was soll ich [*engage in*]
mit einem Kran?

Zum Text

A. Eine absurde Geschichte. Hildesheimer sagte über „Eine
größere Anschaffung": „Meine Geschichte ist wie das Leben: absurd,
grotesk, unlogisch." Die Geschichte ist „grotesk", weil der Käufer der
Lokomotive absurde und unlogische Ereignisse trocken und
prosaisch erzählt, als ob sie alltäglich und normal wären. Suchen
Sie solche prosaischen und trockenen Äußerungen über absurde
Ereignisse in der Geschichte!

B. Zum Inhalt

1. Bei dem Lokomotivenkauf schien Vorsicht am Platze. Warum?
2. Warum fragte der Erzähler nach Typ und Bauart?
3. Warum kaufte der Erzähler die Lokomotive?
4. Zu welcher Tageszeit brachte der Fremde die Lokomotive? Warum?
5. Beschreiben Sie den Vetter!

6. Was beschloß der Vetter, nachdem er einige Kognaks getrunken hatte?
7. Warum wollte der Vetter in die Garage?
8. Welche Antwort erhielt der Vetter, als er fragte, ob der Erzähler öfters mit der Lokomotive fahre? Warum erzählte er seinem Vetter so eine Geschichte?
9. Warum wollte der Erzähler den Kran nicht kaufen?
10. Finden Sie den Erzähler sympathisch? Warum (nicht)?

C. In der Vergangenheit. Der Erzähler gebraucht Plusquamperfekt, wenn er von etwas erzählt, was früher passiert ist. Suchen Sie die Sätze oder Satzteile mit Verben im Plusquamperfekt!

D. Indirekte Rede. Weil der Erzähler vieles in der indirekten Rede (im Konjunktiv) erzählt, wirkt die Geschichte prosaisch und trocken. Suchen Sie die Sätze in indirekter Rede!

E. Eine kleine Szene. Man könnte die Geschichte sehr leicht dramatisieren. Schreiben Sie sie als dramatische Szene!

▶ Der Fremde: *Wollen Sie eine Lokomotive kaufen? Billig?*
  Der Erzähler: *Vielleicht. Was für ein Typ ist es denn?*

F. Beim Einkauf. Die Geschichte hat viele Ausdrücke, die mit Kaufen und Verkaufen zu tun haben. Suchen Sie sieben bis neun solche Wörter! Gebrauchen Sie die Wörter in einem kleinen Dialog!

Wortschatzübungen

Substantive

die **Ansicht, –en**   view; opinion
die **Auskunft, ⁻e**   information; information desk (bureau)
die **Ausstellung, –en**   exhibition; fair
das **Fahrzeug, –e**   vehicle
das **Gerät, –e**   tool, apparatus
die **Tatsache, –n**   fact
die **Vorsicht**   care, caution
das **Wirtshaus, ⁻er**   inn

Verben

dar·stellen   to portray, represent
sich erkundigen   to inquire; **sich nach dem Weg erkundigen**   to inquire about the way
erstaunen   to surprise; to be astonished

sich handeln (um)   to concern, be a matter of; **In dieser Geschichte handelt es sich um eine gestohlene Lokomotive.**   The story is about a stolen locomotive.

handeln (von)   to concern, be a matter of; **Die Geschichte handelt von einer gestohlenen Lokomotive.**   The story is about a stolen locomotive.

✓übernachten   to spend the night, stay in a hotel

✓sich verabschieden   to take one's leave

✓verschwinden (verschwand, ist verschwunden)   to disappear

G. Etwas anders sagen.   Drücken Sie folgende Sätze mit anderen Worten aus! Gebrauchen Sie die Wörter aus der obigen Liste!

1. In diesem Dorf gibt es ein **Lokal**, wo man gut essen kann.
2. **Paß auf!** Da kommt ein Auto.
3. Ich **fragte**, wann der nächste Zug nach Bremen geht.
4. Genaue **Information** über den Zug bekommen Sie am Bahnhof.
5. Was das moderne Bild **zeigen** soll, ist mir nicht klar.
6. Hier sind zwei **Bilder** des Doms, eins von vorn und eins von der Seite.
7. **Darum geht es** ja gar nicht.
8. In meiner Garage stehen so viele **Werkzeuge und Apparate**, daß ich keinen Platz für **Autos, Motorräder und Lokomotiven** habe.
9. Du kannst mir glauben, was ich erzählt habe, sind **Fakten**
10. Günter war sehr **überrascht**, als er das neue Motorrad sah.
11. Im Urlaub **nehmen** wir immer **ein Zimmer** im Gasthaus.
12. Wir müssen leider **gehen**. Vielen Dank für den schönen Abend.
13. Ich kann mein Geld nicht finden. Es ist **weg**.
14. Im Museum ist diesen Monat **eine Sammlung** von Möbeln aus dem 18. Jahrhundert zu sehen.

H. Nicht verwechseln!   Ergänzen Sie die Sätze!

die Ansicht   die Vorsicht

1. Tanja schickte mir eine Postkarte mit _____ des Matterhorns.
2. _____! Die Treppe ist noch naß.
3. Meiner _____ nach ist das sehr gefährlich.

die Auskunft   sich erkundigen

4. Dürfte ich Sie um eine _____ bitten?
5. Ich möchte _____ _____, wann der nächste Zug nach Salzburg fährt.
6. Es tut mir leid. Ich weiß es nicht. Da müssen Sie zur _____.

darstellen   vorstellen   sich vorstellen

7. Warum hat sie uns ihren Freund nicht _____?
8. Sie _____ die Sache so _____, als wäre sie unschuldig.
9. Das kann ich _____ nicht _____.

übernachten   bleiben

10. In welchem Hotel habt ihr gestern abend _____?
11. In keinem. Wir haben bei Freunden _____.
12. Wie lange _____ Sie denn in Salzburg?

expressions

I. Redewendungen° mit *Katze*. Viele deutsche Sprichwörter und Redewendungen haben Katze als Thema. Suchen Sie die Bedeutung rechts! Geben Sie den englischen Ausdruck, wenn möglich!

1. Die Katze im Sack kaufen.
2. Wenn die Katze aus dem Hause ist, tanzen die Mäuse.
3. Die Katze aus dem Sack lassen.
4. Wie Hund und Katze leben.
5. Katz und Maus mit jemandem spielen.
6. Bei Nacht sind alle Katzen grau.
7. Das ist für die Katz.
8. Die Katze läßt das Mausen nicht.
9. Mach es nicht zur Katz!

a. to fight constantly
b. to make promises and not keep them
c. you can't break someone of natural instincts
d. don't ruin it
e. everything looks the same in the dark
f. that's in vain
g. to buy something without checking it out
h. to let out a secret
i. to misbehave when no one is watching

Karl Schmidt-Rottluff:
Katzen II, 1914.

Suffixe -*stück* und -*zeug*

The suffix -**stück**, from **das Stück**, indicates *a piece of something* when used in compounds. The suffix -**zeug**, from **das Zeug**, is used in compounds to refer to a tool, utensil, or apparatus.

J. Wählen Sie das richtige Wort! Ergänzen Sie die Sätze mit einem Wort von der Liste rechts und geben Sie das englische Äquivalent!

1. Ein Bleistift ist ein _____.
2. Ein Pfennig oder eine Mark ist ein _____.
3. Ein Hammer ist ein _____.
4. Ein Koffer ist ein _____.
5. Kinder spielen gern mit _____.
6. Ein Auto ist ein _____.
7. Eine Jacke ist ein _____.
8. Ein Lied ist ein _____, das man singt.

a. Geldstück
b. Gepäckstück
c. Kleidungsstück
d. Musikstück
e. Fahrzeug
f. Schreibzeug
g. Spielzeug
h. Werkzeug

Mißlungener Überfall°

Am Mittwoch.
Jeder wußte wieviele Treppen hinauf,
den Druck auf den Knopf,
die zweite Tür links.
Sie stürmten° die Kasse°.
Es war aber Sonntag
und das Geld in der Kirche.

— Günter Grass
(geb. 1927)

unsuccessful raid

rushed / cashier's office

Was meinen Sie?

K. Was sagt man? Schreiben Sie einen Dialog von zehn Sätzen, in dem jemand versucht, Ihnen etwas zu verkaufen, was für Sie wertlos oder unbrauchbar wäre! Gebrauchen Sie einige der folgenden Ausdrücke in Ihrer Antwort!

Being noncommital:
Das ist ja interessant!
Wirklich?

Expressing indifference:
Das ist mir egal.
Es macht mir nichts aus.
Das ist mir wurscht.

Expressing skepticism:
Rede keinen Unsinn!
Ist das dein Ernst?
Irgendetwas stimmt hier nicht.
Das kann nicht sein.
Du redest dummes Zeug.

Expressing regret:
Es tut mir leid.
Leider.
Unglücklicherweise.

L. Zur Diskussion/Zum Schreiben

1. Der Erzähler findet den Vetter unausstehlich°! In der Geschichte „Ein netter Kerl" glaubt Ritas Familie, daß ihr Verlobter unausstehlich ist. Welche Eigenschaften haben diese sogenannten unausstehlichen Menschen? — insufferable

2. Beschreiben Sie eine Person, die Sie für unausstehlich halten!

3. Stellen Sie sich vor, Sie sind Geschäftsmann bzw. -frau und verkaufen Lokomotiven! Formulieren Sie eine lustige Zeitungs- oder Radioreklame dafür!

4. Der Erzähler war das Opfer eines unehrlichen Verkäufers. Beschreiben Sie, wie und wann Sie einmal betrogen° worden sind. — cheated

5. Nennen Sie die überraschenden Ereignisse, die in dieser Geschichte vorkommen°. Welche Ereignisse in „Die sieben Raben" halten Sie für nicht plausibel? Meinen Sie, daß „Eine größere Anschaffung" auch ein Märchen sein könnte? Warum (nicht)? Warum lachen wir über die wenig plausiblen Ereignisse in dieser Geschichte, aber nicht in dem Märchen? — occur

Ein männlicher Briefmark

Ein männlicher Briefmark° erlebte
Was Schönes, bevor er klebte°:
Er war von einer Prinzessin beleckt°!
Da war die Liebe in ihm erweckt°.

die Briefmarke: stamp (*poetic license*) / became glued
licked
awakened

5
    Er wollte sie wiederküssen;
Da hat er verreisen° müssen.
So liebte er sie vergebens°. —
Das ist die Tragik des Lebens.

go on a trip
in vain

—Joachim Ringelnatz
(1883–1934)

Thema 8

Die Welt der Arbeit

Azubis arbeiten vier Tage in der Woche in einem Betrieb.

Was willst du werden?

Recent studies in Germany have shown that more education means a more secure job, greater earning power, and better chances for advancement. But in spite of this relationship between schooling and career, many young Germans choose not to go to college. The number of students who wanted to enter a university after passing the final comprehensive exams (**Abitur**) at the **Gymnasium** declined from 90% in 1972 to less than 70% in the mid-1980s. Many of these young people enter apprenticeships. They choose occupations such as dental assistant, cabinetmaker, and optician rather than occupations that require university training such as doctor, professor, or lawyer.

Reasons for changing career goals are varied. Some are practical: a surplus of college-trained professionals and a lack of professional jobs, the additional number of years of schooling necessary, and the desire to be financially independent immediately. Other reasons are more personal. For many young people, opting for an apprenticeship instead of university study stems from a preference for more personally satisfying work over a career that offers more prestige and a higher salary. The magazine article "Was willst du werden?" describes how three young people plan to deal with the problem of choosing a suitable occupation. It describes the difficulty of making this choice knowing that rapid technological innovation may render certain jobs obsolete within a very short time.

Vorbereitung auf das Lesen

Zum Thema

1. In der Bundesrepublik verdienen die Berufstätigen mit der besten Ausbildung mehr, sie sind seltener arbeitslos, und eine größere Zahl von ihnen ist mit ihrem Beruf zufrieden. Wie ist das in diesem Land? Was meinen Sie?

2. In einigen Berufen ist es schwer, eine Stelle zu finden. Es gibt heute in Deutschland zuviel Ärzte, Rechtsanwälte, Architekten und Lehrer. Warum bereiten sich Leute auf diese Berufe vor, obwohl es zuwenig Stellen gibt? Was meinen Sie? Wie ist das in diesem Land?

Leitfragen

1. Der Zeitschriftensartikel „Was willst du werden?" beschreibt die Berufswahl von drei jungen Leuten. Beachten Sie, welche Schule sie besucht haben, welche Berufe ihnen offen stehen und warum sie einen bestimmten Beruf gewählt haben!
2. Der Autor erklärt, warum die Berufswahl heute sehr kompliziert ist. Machen Sie eine Liste von den verschiedenen Punkten!

Verwandte Wörter

elektronisch	die Flexibilität	die Rezession
finanziell	der Mikrocomputer	der Sektor

Wortfamilien

der Arbeitsplatz (die Arbeit + der Platz)
die Planung (der Plan)
die Veränderung (verändern)

Früher hatten es die Jugendlichen einfacher: Es gab eine bestimmte Zahl von Berufen. Man lernte einen Beruf, und für den Rest des Lebens war man dann Tischler° oder Drucker° oder Lehrer oder Arzt. Heute aber gibt es immer wieder neue Berufe, die noch wenig bekannt sind und vielleicht eine gute Zukunft haben. Und von den traditionellen Berufen werden einige in zwanzig oder dreißig Jahren kaum noch existieren.

    Fritz Bauer hat es also schwer. Er ist Hauptschüler° und steht mit fünfzehn Jahren und nach neun Schuljahren vor der schwierigen Frage: Was willst du werden? Ihm stehen die anerkannten Ausbildungsberufe° in Handwerk und Industrie offen wie zum Beispiel Bäcker, Metzger, Verkäufer, Tischler, Automechaniker, Elektriker und Bürokaufmann°. Oder er kann in einen Anlernberuf° gehen und so schneller zu Geld kommen. Die Versuchung für einen Fünfzehnjährigen ist natürlich groß, das zu tun, weil er so schneller mehr Geld in die Hände bekommt. Ein neues Motorrad und finanzielle Unabhängigkeit — das findet er natürlich toll. Aber leider sind solche Arbeitsplätze nicht sehr sicher. Wenig qualifizierte Leute werden in einer Rezession als erste arbeitslos. Fritz ist also vernünftig und sucht eine Lehrstelle als Automechaniker.

Margin glosses:

cabinet maker / printer

student in the **Hauptschule** (see p. 146-147)

jobs requiring formal training

office clerk / employment with on-the-job training

Karin Kurz ist Realschulabsolventin°. Sie steht mit siebzehn Jahren und nach zehn Schuljahren vor derselben Frage: Was willst du werden? Sie kann zusätzlich° weitere Berufe wählen, die ihr nach dem Besuch einer berufsbildenden Schule° offenstehen. Sie kann z.B. in
25 Büroberufe gehen, sie kann Krankenschwester werden oder chemisch-technische Assistentin werden. Das Arbeitsamt hat ihr geraten, nicht in einen „typischen" Frauenberuf zu gehen. So ein Beruf sei nicht sehr krisenfest°. Da sie sich schon immer für Umweltprobleme interessiert hat, will sie biologisch-technische Assistentin werden.
30   Hannes Hammer hat gerade Abitur gemacht. Er ist neunzehn Jahre alt und muß nach dreizehn Schuljahren nun entscheiden, was er werden will. Da er Abitur hat, kann er an einer Universität studieren. Er könnte also Arzt, Lehrer, Jurist oder Wissenschaftler werden. Aber nach soviel Schule und Theorie „möchte ich endlich einmal etwas mit
35 den Händen schaffen, etwas handwerklich Kreatives, etwas, was man hinterher auch sehen kann." Er sucht also eine Lehrstelle als Tischler.

graduate of **Realschule** (see p.146-147)

additionally

berufsbildende Schule: higher vocational school

recession-proof

Für Auszubildende hat die Bahn den besten Stundenplan.

Vielleicht haben Fritz, Karin und Hannes Glück. Vielleicht sind ihre Berufe zukunftssicher. Vielleicht aber auch nicht. Es ist sehr schwer, heute zu sagen, was in zwanzig oder dreißig Jahren sein wird. Die
40 Arbeitswelt ist durch die moderne Technik sehr kompliziert geworden, z.B. durch Mikroprozessoren und Mikrocomputer. Sie können zwar nicht lernen und kreativ sein wie ein Mensch. Aber sie können genauso gut und schneller rechnen und aus eingegebenen° Informationen Schlüsse ziehen. Manche fürchten, daß die neuen Maschinen
45 die Arbeitsplätze menschenfeindlich° machen werden. Vor allem haben sie Angst, daß viele Menschen durch diese neuen Maschinen ihre Arbeit verlieren werden. Eine Zeitungsreklame verspricht zum Beispiel: „Diese Textverarbeitungsmaschine° setzt mindestens drei Arbeitskräfte° frei." Keine guten Zukunftsperspektiven° für Menschen,
50 die gelernt haben, Texte zu verarbeiten!

Fritz, Karin und Hannes haben also eine ungewisse Zukunft vor sich. Als Spezialistin wird Karin sich ständig° weiterbilden° müssen, wenn sie „up to date" bleiben will. Als Fachleute müssen Fritz und Hannes sich vielleicht eines Tages umschulen lassen°. In der Indu-
55 strieproduktion wird die Zahl der Menschen immer kleiner werden, denn einfache und oft inhumane Arbeiten werden immer mehr durch Automaten° gemacht werden. Dagegen wird man mehr Leute in der Planung, Konstruktion, Arbeitsvorbereitung° und Steuerung° brauchen.
60 Natürlich hat es auch in der Vergangenheit Veränderungen auf dem Arbeitsmarkt gegeben. Schon vor ein paar Jahren zeigte eine Umfrage°, daß von sieben Millionen Arbeitnehmern nur 51% noch in ihrem erlernten Beruf arbeiteten. In den kommenden Jahren haben wir es jedoch mit einer anderen Art von Veränderung zu tun, mit einer
65 elektronischen Revolution in vielen Sektoren der Wirtschaft. Diese Revolution hat zur Folge, daß der ungelernte Arbeiter immer weniger Chancen hat, daß die Spezialausbildung immer wichtiger wird. Diese Spezialausbildung muß aber eine breite allgemeine Basis haben, denn nur sie sichert die nötige Flexibilität und Mobilität für die ungewisse
70 Zukunft.

eingegebenen	fed into them
menschenfeindlich	incompatible for humans
Textverarbeitungsmaschine	word processor
Arbeitskräfte / Zukunftsperspektiven	workers / prospects for the future
ständig / weiterbilden	constantly / continue to learn
sich umschulen lassen	sich umschulen lassen: be retrained
Automaten	machines and robots
Arbeitsvorbereitung / Steuerung	operations scheduling / control
Umfrage	poll

Zum Text

A. Hauptidee.   Welche Absicht verfolgt das Lesestück?

1. Es betont, daß die Berufswahl heute viel schwieriger ist als gestern.
2. Es betont, daß handwerkliche Berufe sicherer sind als akademische und technische Berufe wie Lehrer und Ingenieur.

3. Es zeigt, daß viele Berufe von heute morgen kaum existieren werden.
4. Es zeigt, daß es in der Zukunft viele Arbeitslose geben wird.
5. Es erklärt, warum die Berufe von morgen anders sein werden als die von heute.

B. Zum Inhalt

1. Warum war es für die Jugendlichen früher leichter, einen Beruf zu wählen?
2. Welchen Beruf wählt Fritz Bauer?
3. Warum ist seine Wahl vernünftig?
4. Warum wählt Karin Kurz keinen typisch „weiblichen" Beruf?
5. Warum will Hannes Hammer lieber Tischler werden als an der Universität studieren?
6. Welchen Effekt werden technische Neuheiten wie Mikroprozessoren und Mikrocomputer wohl auf die Arbeitsplätze haben?
7. Was für eine Ausbildung wird in dem Zeitschriftenartikel empfohlen?

C. Titel.   Erfinden Sie für drei Absätze einen Titel!

Wo bekomme ich einen Studienplatz?

D. Fakten oder Meinungen? Im Zeitschriftenartikel finden Sie sowohl Meinungen des Autors wie Fakten. Sagen Sie, welche Sätze die Meinungen des Autors ausdrücken! Welche Sätze geben Fakten an?

1. Früher hatten es die Jugendlichen einfacher. (Zeile 1)
2. Heute aber gibt es immer wieder neue Berufe, die noch wenig bekannt sind. (Zeile 3)
3. Und von den traditionellen Berufen werden einige in zwanzig oder dreißig Jahren kaum noch existieren. (Zeile 5)
4. Die Versuchung für einen Fünfzehnjährigen ist natürlich groß, in einen Anlernberuf zu gehen, weil er so schneller mehr Geld in die Hände bekommt. (Zeile 14)
5. Wenig qualifizierte Leute werden in einer Rezession als erste arbeitslos. (Zeile 18)
6. Karin Kurz kann z.B. in Büroberufe gehen, sie kann Krankenschwester werden oder chemisch-technische Assistentin. (Zeile 24)
7. Da er Abitur hat, kann Hannes Hammer an einer Universität studieren. (Zeile 32)
8. Es ist sehr schwer, heute zu sagen, was in zwanzig oder dreißig Jahren sein wird. (Zeile 38)
9. Die Arbeitswelt ist durch die moderne Technik sehr kompliziert geworden. (Zeile 39)
10. Fritz, Karin und Hannes haben also eine ungewisse Zukunft vor sich. (Zeile 51)
11. In der Industrieproduktion wird die Zahl der Menschen immer kleiner werden, denn einfache und oft inhumane Arbeiten werden immer mehr durch Automaten gemacht werden. (Zeile 54)
12. Schon vor ein paar Jahren zeigte eine Umfrage, daß von sieben Millionen Arbeitnehmern nur 51% noch in ihrem erlernten Beruf arbeiteten. (Zeile 61)

E. Schule und Beruf. Mit Hilfe des folgenden Lesestücks und der beiden Tabellen weiter unten geben Sie an, wieviel Schuljahre nötig sind, um diese Berufe auszuüben:

1. Ärztin
2. Automechaniker
3. Bäcker
4. Betriebswirt
5. Bürofachkraft
6. Bürokaufmann
7. Elektrikerin
8. Friseuse
9. Funk- und Fernsehmechaniker
10. Ingenieur
11. Juristin
12. Krankenschwester
13. Lehrerin
14. Metzgerin
15. Maschinenschlosser
16. Sozialarbeiterin
17. Sozialpädagogin
18. Sprechstundenhilfe
19. Verkäuferin
20. Volkswirt
21. Wissenschaftler

Das Bildungssystem in der Bundesrepublik Deutschland

Bildungswege[1]

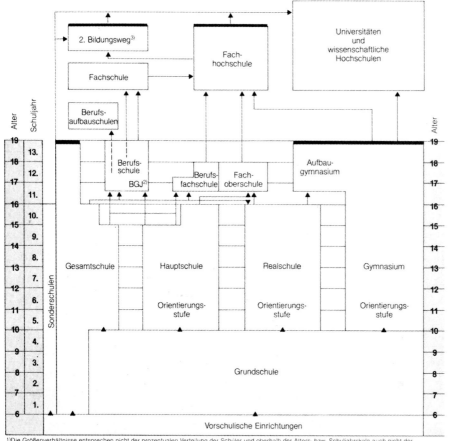

[1]Die Größenverhältnisse entsprechen nicht der prozentualen Verteilung der Schüler und oberhalb der Alters- bzw. Schuljahrskala auch nicht der Dauer der Ausbildungsgänge.   [2]Berufsgrundbildungsjahr, Abschluß mit Hochschulreife.   [3]2. Bildungsweg = Abendrealschulen, Abendgymnasium, Kollegs (Institute zur Erlangung der Hochschulreife).

Jugendliche in der Bundesrepublik Deutschland wählen ihren Schultyp zum Teil nach ihren Berufswünschen. Alle Kinder besuchen zwar die vierjährige Grundschule° (erste bis vierte Klasse),   elementary school
aber danach können sie zwischen Hauptschule, Realschule und
5 Gymnasium wählen. Die ersten zwei Jahre nach der Grundschule
werden als Orientierungsstufe° gesehen. In dieser Zeit soll festge-   exploratory level
stellt werden, ob die Schüler die richtige Schule gewählt haben und
ob sie ihren Fähigkeiten° entspricht°.   abilities / fits, suits

Das Gymnasium (fünfte bis dreizehnte Klasse) bereitet Jugend-
10 liche auf das Studium an der Universität vor. Ein Universitäts-

studium ist die Voraussetzung° für Berufe wie Arzt, Jurist oder
Lehrer. Für die Zulassung° zur Universität benötigt° man das
Abitur, die Abschlußprüfung° an einem Gymnasium.

15 Die Realschule (fünfte bis zehnte Klasse) bereitet Jugendliche
auf viele verschiedene Berufe, z.B. in Handel, Industrie, Verwaltung°
oder Gesundheitswesen° vor. Nach der Mittleren Reife° können sie
ihre Berufsausbildung an einer der verschiedenen berufsbildenden°
Schulen bekommen.

20 Die Hauptschule (fünfte bis neunte oder zehnte Klasse) bereitet
Jugendliche auf Berufe in Handwerk und Industrie vor. Nach der
neunten oder zehnten Klasse beginnen die meisten Hauptschüler
eine Lehre (Berufsausbildung), d.h. pro Woche arbeiten sie drei bis
vier Tage in einem Betrieb° und besuchen acht bis zwölf Stunden die
Berufsschule. In der Regel machen sie nach drei Jahren eine
25 Prüfung (Ausbildungsabschlußprüfung) und sind dann Geselle°
oder Gehilfe° (Facharbeiter°). Außerdem gibt es für Haupt- und Real-
schüler sehr viele verschiedene Möglichkeiten, an beruflichen
Schulen Prüfungen zu machen und dadurch weitere Qualifikationen
zu bekommen.

requirement

admission / needs

final exam

administration

health fields / diploma from Realschule / providing training for various occupations

firm

journeyman, journeywoman

assistant journeyman / skilled worker

Berufswünsche der Jugend

Die drei am häufigsten genannten Berufe der Schulabgänger

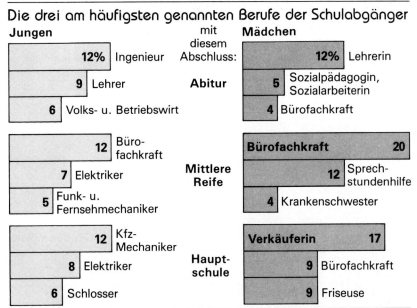

Jungen   mit diesem Abschluss: **Mädchen**

	mit diesem Abschluss:	
12% Ingenieur		**12%** Lehrerin
9 Lehrer	**Abitur**	5 Sozialpädagogin, Sozialarbeiterin
6 Volks- u. Betriebswirt		4 Bürofachkraft
12 Bürofachkraft		**Bürofachkraft 20**
7 Elektriker	**Mittlere Reife**	12 Sprechstundenhilfe
5 Funk- u. Fernsehmechaniker		4 Krankenschwester
12 Kfz-Mechaniker		**Verkäuferin 17**
8 Elektriker	**Hauptschule**	9 Bürofachkraft
6 Schlosser		9 Friseuse

F. Woran liegt es, daß die Berufswünsche der Mädchen und die
Berufswünsche der Jungen verschieden sind?

Wortschatzübungen

Substantive

das **Abitur**   final comprehensive examination at Gymnasium
das **Amt, ‑er**   office, bureau; **Arbeitsamt**   employment bureau
der **Arbeitgeber, –**   employer
der **Arbeitnehmer, –**   employee
der **Fachmann**, die **Fachfrau**, *pl.* die **Fachleute**   specialist
die **Folge, –n**   result, consequence; **zur Folge haben**   to have
   as a consequence, result in
der **Handel**   business, commerce, trade
das **Handwerk, –e**   craft, trade
der **Schluß**, *pl.* **Schlüsse**   end, result; **Schlüsse ziehen**   to
   draw conclusions
die **Versuchung, –en**   temptation
die **Unabhängigkeit**   independence
der **Wissenschaftler, –** *(m.)*/die **Wissenschaftlerin, –nen** *(f.)*
   scientist, scholar

Verben

an·erkennen (erkannte an, anerkannt)   to recognize; to
   acknowledge
bilden   to educate; to form
fest·stellen   to determine, to find out; to confirm
rechnen   to figure, calculate
sichern   to make safe, secure

Andere Wörter

-jährig   years old (suffix used in compounds); **fünfjährig**   five
   years old
mindestens   at least
vernünftig   sensible, wise, reasonable

   G. Vokabeln. Ergänzen Sie mit den Wörtern aus der
Wortschatzliste!

1. Ich muß ihre Meinung als richtig _____. Sie haben sicher
   recht.
2. Wenn man selbst Geld verdient, hat man finanzielle _____.
3. Ein _____ ist jemand, der auf einem Gebiet wie Chemie oder
   Medizin arbeitet.
4. Die Aufgabe ist zwölf mal dreizehn. Wer kann das im Kopf
   _____?
5. Ein anderes Wort für Spezialist ist _____.

6. Jemand, der für einen Arbeitgeber arbeitet, ist ein _____.
7. Berufe wie Bäcker, Metzger und Mechaniker gehören in die Kategorie _____.
8. Ein sechs_____ Kind ist sechs Jahre alt.
9. Nur eine gute Ausbildung _____ eine Stelle für die Zukunft.
10. Das _____ berichtet, daß die Elektro-Industrie in einem Jahr 50.000 Arbeitskräfte eingestellt hat.
11. Ohne _____ kann man in der Bundesrepublik nicht studieren.

H. Deutsche Äquivalente

1. Welche _____ _____ Sie daraus?
   Which conclusions do you draw from that?
2. Es wird _____ 50 Mark kosten.
   It will cost at least 50 marks.
3. Dein Benehmen wird _____ _____ _____, daß du deine Stellung verlierst.
   Your conduct will result in losing your job.
4. Sei doch _____!
   Be reasonable.
5. Führe mich nicht in _____!
   Don't lead me into temptation.
6. Er bereitet sich auf einen Beruf im Außen_____ vor.
   He's preparing for a career in international trade.
7. _____ Sie einen Kreis!
   Form a circle.
8. Ich habe _____, daß du doch recht hattest.
   I found out that you were right after all.

I. Verwandte Wörter.

Was bedeuten folgende Sätze? Nennen Sie das Wort aus der obigen Liste, das mit dem fettgedruckten Wort verwandt ist!

1. Ich habe Andrea nicht gesehen, **folglich** konnte ich ihr nicht helfen.
2. Machen Sie sich um Gerda keine Sorgen. Sie ist finanziell **unabhängig.**
3. Dr. Braun ist durch seine **wissenschaftlichen** Arbeiten sehr bekannt geworden.
4. Frau Professor Lange hat mit **Anerkennung** von deiner Arbeit gesprochen.
5. Die Antwort kann ich Ihnen nicht geben. Mein **Rechner** braucht eine neue Batterie.
6. Es ist gegen alle **Vernunft,** so etwas zu sagen.

7. Ich arbeite bei einer Firma, die mit Getreide **handelt.**
8. Geographische Kenntnisse gehören zur allgemeinen **Bildung,** nicht?

J. Wirtschaftsvokabular. Um einen Artikel über die Wirtschaft zu lesen oder bei einer Firma zu arbeiten, muß man das Vokabular der Wirtschaft lernen. In diesem Lesestück gibt es über zwanzig Wörter, die mit Arbeit, Industrie und Wirtschaft zu tun haben. Suchen Sie die Wörter heraus und geben Sie die englischen Äquivalente!

Was meinen Sie?

K. Bewerbung und Lebenslauf°.   Schreiben Sie eine Bewerbung und einen kurzen Lebenslauf!   curriculum vitae

Ein Modell folgt:

                              Suhrfeldstr. 63/2
                              2800 Bremen 1
                              1. August

Commerzbank
Personalabteilung
Domshof 43
2800 Bremen 1

Betrifft°: Ihre Anzeige° im Weser-Kurier vom 30.7.   concerning / advertisement

Sehr geehrte Damen und Herren,
in Ihrer Anzeige im Weser-Kurier vom 30.7. suchen Sie zum 1. September für Ihre Auslandsabteilung° einen Fremdsprachenkorrespondenten für Englisch und Französisch.   international department

   Ich bin Amerikaner und habe am 15. Juli mein Examen am Sprachen- und Dolmetscher-°Institut München als Wirtschaftskorrespondent für Englisch und Französisch abgelegt°. Einen handgeschriebenen Lebenslauf und drei Abschriften° von meinen Zeugnissen lege ich bei. Ich würde mich freuen, wenn Sie mir einen Termin° zur persönlichen Vorstellung° nennen könnten.   interpreter
Examen abgelegt: have taken an exam / copies

appointment / (here) interview

Mit freundlichen Grüßen

Mark Heller
Mark Heller

Lebenslauf

Am 10. Januar 1966 wurde ich, Mark Heller, in Philadelphia, Pennsylvania, USA, geboren.

   In der Schule habe ich Deutsch und Französisch gelernt und diese Sprachen dann auf der Universität weiter studiert. Mein Hauptfach° auf der Universität war Geschichte, mein Nebenfach° Volkswirtschaft°.   major / minor   economics

   Im Herbst 1986 kam ich nach München und besuchte hier das Sprachen- und Dolmetscher-Institut. Im Sommer 1987 habe ich als Werkstudent° bei der Firma Beck & Co. in der Exportabteilung gearbeitet.   student employee

L. Prestigeberufe. In einer Umfrage haben deutsche Studenten Berufe nach ihrem Prestige geordnet. Wie würden Sie die Berufe ordnen?

1. Arzt / Ärztin
2. Professor / -in
3. Rechtsanwalt / Rechtsanwältin
4. Pfarrer / -in
5. Zahnarzt / Zahnärztin
6. Ingenieur / -in
7. Tierarzt / Tierärztin
8. Fabrikdirektor / -in
9. Datenverarbeiter / -in
10. Lehrer / -in
11. Krankenpfleger / Krankenschwester
12. Apotheker / -in
13. Journalist / -in

M. Interaktionen. Die Klasse einigt sich auf einen oder mehr Berufe. Ein Drittel der Studenten suchen Stellen. Sie bereiten sich gemeinsam auf ein Interview vor. Zwei Drittel der Klasse bilden Gruppen zu dritt. Sie entwickeln Kriterien für ihre offene Stelle. Zwei interviewen dann einen oder mehrere Kandidaten. Der/Die Dritte führt Protokoll. Wer bekommt welche Stelle und warum? Berichten Sie vor der Klasse.

N. Zur Diskussion/Zum Schreiben

1. Lesen Sie noch einmal die Zeilen 67-70 auf Seite 143! Glauben Sie, daß Ihre Ausbildung eine breite allgemeine Basis haben sollte? Was verstehen Sie unter einer breiten allgemeinen Basis?
2. Warum vermeiden Studenten gewisse Kurse, die zu einer guten allgemeinen Ausbildung gehören?
3. Beschreiben Sie einen Beruf, der für Sie ideal wäre!
4. Inwiefern bereiten Sie sich auf Ihre berufliche Zukunft vor?
5. Was studieren Sie, um berufliche Flexibilität und Mobilität auch für die Zukunft zu sichern?

Anekdote zur Senkung der Arbeitsmoral

Heinrich Böll

Heinrich Böll (1917–1985) was born in Cologne where he became a bookseller's apprentice after finishing school. In 1939 he was drafted into the army, was eventually taken prisoner, and was released in 1945. He began to write while attending the university. His first short novel, **Der Zug war pünktlich,** was published in 1949. From 1951 on he devoted himself to writing full time, producing mainly novels and short stories as well as a few radio plays. Böll was one of Germany's most important modern writers and his works are also known in the United States. In 1951 he won the prize of Gruppe '47 and in 1972 he was awarded the Nobel Prize for Literature.

His early stories deal mainly with the senselessness of war and with the suffering it causes. In later works, prompted by the economic revival in postwar Germany, he began to criticize the materialistic orientation of modern society. He proposed that people ought to strive for better understanding and love in their relationships instead of being preoccupied with financial gains. In "Anekdote zur Senkung der Arbeitsmoral" an enterprising tourist finds a local fisherman's attitude toward the work ethic disturbing and suggests ways to improve the fishing business. By contrasting the seemingly naive and simple responses of the fisherman with the sophisticated plans of the tourist, Böll makes his point about the driving force in business. Böll had an eye for realistic detail, and his works are often marked by subtle humor and gentle irony. In "Senkung der Arbeitsmoral" (the decline of the work ethic), the title sets the tone.

Vorbereitung auf das Lesen

Zum Thema

1. Welchen Ruf° haben die Firmen, Arbeiter und Produkte der Bundesrepublik? Ist dieser Ruf berechtigt°? Was meinen Sie?

    reputation
    justified

Leitfragen

In der Geschichte von Böll stehen sich zwei Kulturen gegenüber, die eines Touristen und die eines Fischers, den der Tourist kennenlernt. Fragen Sie sich beim Lesen:

1. Was für ein Mensch ist der Fischer?
2. In welchem Land lebt er wohl?
3. Was für ein Mensch ist der Tourist?
4. Aus welchem Land kommt er wohl?

Verwandte Wörter

athletisch	der Fischer	phantastisch
demonstrieren	idyllisch	die See
exportieren	die Landessprache	

Wortfamilien

erwachen (aufwachen)

der Fang (fangen)

der Fremde (fremd)

gekleidet (das Kleid)

das Gesuchte (suchen)

nachdenklich (nachdenken)

die Nervosität (nervös)

schläfrig (schlafen)

überbrücken (über + die Brücke)

westlich (der Westen)

Wörter im Kontext

Er **eröffnete** ein Restaurant: Er machte ein Restaurant auf.
Ich fühle mich **großartig**: Ich fühle mich sehr gut.

In einem Hafen an einer westlichen Küste Europas liegt ein ärmlich gekleideter Mann in seinem Fischerboot und döst°. Ein schick angezogener Tourist legt eben einen neuen Farbfilm in seinen Fotoapparat, um das idyllische Bild zu fotografieren: blauer Himmel, grüne
5 See mit friedlichen schneeweißen Wellenkämmen°, schwarzes Boot, rote Fischermütze°. Klick. Noch einmal: klick, und da aller guten Dinge drei sind und sicher sicher ist, ein drittes Mal: klick. Das spröde°, fast feindselige° Geräusch° weckt den dösenden Fischer, der sich schläfrig aufrichtet°, schläfrig nach seiner Zigarettenschachtel angelt°; aber
10 bevor er das Gesuchte gefunden, hat ihm der eifrige° Tourist schon eine Schachtel vor die Nase gehalten, ihm die Zigarette nicht gerade in den Mund gesteckt, aber in die Hand gelegt, und ein viertes Klick, das

is dozing

crests of waves
fisherman's cap
brittle
hostile / noise
sits up / fishes
eager

Max Pechstein:
Fischerboote, *1919.*

des Feuerzeuges, schließt die eilfertige° Höflichkeit ab°. Durch jenes   hasty / **schließt ab:** concludes
kaum meßbare°, nie nachweisbare° Zuviel an flinker° Höflichkeit ist   measurable / demonstrable /
15 eine gereizte° Verlegenheit° entstanden, die der Tourist — der   quick / irritated /
Landessprache mächtig° — durch ein Gespräch zu überbrücken   embarrassment
versucht.   **der . . . mächtig:** having
command of the language

   „Sie werden heute einen guten Fang machen."
   Kopfschütteln des Fischers.
20   „Aber man hat mir gesagt, daß das Wetter günstig ist."
   Kopfnicken° des Fischers.   nodding of the head
   „Sie werden also nicht ausfahren?"
   Kopfschütteln des Fischers, steigende° Nervosität des Touristen.   increasing
   Gewiß liegt ihm das Wohl° des ärmlich gekleideten Menschen am   well-being
25 Herzen, nagt° an ihm die Trauer° über die verpaßte Gelegenheit.   gnaws / sadness
   „Oh, Sie fühlen sich nicht wohl?"
   Endlich geht der Fischer von der Zeichensprache zum wahrhaft°   truly
gesprochenen Wort über. „Ich fühle mich großartig", sagt er. „Ich habe
mich nie besser gefühlt." Er steht auf, reckt° sich, als wolle er demon-   stretches
30 strieren, wie athletisch er gebaut ist. „Ich fühle mich phantastisch."

Der Gesichtsausdruck des Touristen wird immer unglücklicher, er kann die Frage nicht mehr unterdrücken°, die ihm sozusagen das Herz zu sprengen° droht°: „Aber warum fahren Sie dann nicht aus?"

Die Antwort kommt prompt und knapp. „Weil ich heute morgen
35 schon ausgefahren bin."

„War der Fang gut?"

„Er war so gut, daß ich nicht noch einmal auszufahren brauche, ich habe vier Hummer° in meinen Körben° gehabt, fast zwei Dutzend Makrelen gefangen ..."
40 Der Fischer, endlich erwacht, taut jetzt auf° und klopft dem Touristen beruhigend auf die Schultern. Dessen besorgter° Gesichtsausdruck erscheint ihm als ein Ausdruck zwar unangebrachter°, doch rührender° Kümmernis°.

„Ich habe sogar für morgen und übermorgen genug", sagt er, um
45 des Fremden Seele° zu erleichtern°. „Rauchen Sie eine von meinen?"

„Ja, danke."

Zigaretten werden in Münder gesteckt, ein fünftes Klick, der Fremde setzt sich kopfschüttelnd auf den Bootsrand°, legt die Kamera aus der Hand, denn er braucht jetzt beide Hände, um seiner Rede
50 Nachdruck° zu verleihen°.

„Ich will mich ja nicht in Ihre persönlichen Angelegenheiten° mischen°", sagt er, „aber stellen Sie sich mal vor, Sie führen heute ein zweites, ein drittes, vielleicht sogar ein viertes Mal aus und Sie würden drei, vier, fünf, vielleicht gar zehn Dutzend Makrelen fangen ... stel-
55 len Sie sich das mal vor."

Der Fischer nickt.

„Sie würden", fährt der Tourist fort, „nicht nur heute, sondern morgen, übermorgen, ja, an jedem günstigen Tag zwei-, dreimal, vielleicht viermal ausfahren — wissen Sie, was geschehen würde?"
60 Der Fischer schüttelt den Kopf.

„Sie würden sich in spätestens einem Jahr einen Motor kaufen können, in zwei Jahren ein zweites Boot, in drei oder vier Jahren könnten Sie vielleicht einen kleinen Kutter haben, mit zwei Booten oder dem Kutter würden Sie natürlich viel mehr fangen — eines Tages
65 würden Sie zwei Kutter haben, Sie würden ... ", die Begeisterung° verschlägt ihm für ein paar Augenblicke die Stimme°, „Sie würden ein kleines Kühlhaus° bauen, vielleicht eine Räucherei°, später eine Marinadenfabrik°, mit einem eigenen Hubschrauber° rundfliegen, die Fischschwärme° ausmachen° und Ihren Kuttern per Funk° Anweisung°
70 geben. Sie könnten die Lachsrechte° erwerben°, ein Fischrestaurant eröffnen, den Hummer ohne Zwischenhändler° direkt nach Paris exportieren — und dann ...", wieder verschlägt die Begeisterung dem Fremden die Sprache. Kopfschüttelnd, im tiefsten Herzen betrübt°, seiner Urlaubsfreude schon fast verlustig°, blickt er auf die friedlich

---

suppress

burst / threatens

lobsters / lobster traps

taut auf: thaws out
anxious
unsuitable / touching
concern

soul / relieve

boat's edge

emphasis / lend

affairs
interfere

enthusiasm
verschlägt ihm die Stimme:
   takes away his voice / cold
    storage plant / smoke house
pickling plant / helicopter
schools of fish / discover / radio
   instructions
rights for salmon fishing /
   acquire
middleman

grieved

deprived

75 hereinrollende° Flut°, in der die ungefangenen Fische munter° sprin-   rolling in / tide / lively
gen. „Und dann", sagt er, aber wieder verschlägt ihm die Erregung°   excitement
die Sprache.

Der Fischer klopft ihm auf den Rücken, wie einem Kind, das sich
verschluckt° hat, „Was dann?" fragt er leise.   swallowed the wrong way

80 „Dann", sagt der Fremde mit stiller Begeisterung, „dann können
Sie beruhigt hier im Hafen sitzen, in der Sonne dösen — und auf das
herrliche Meer blicken."

„Aber das tu ich ja schon jetzt", sagt der Fischer, „ich sitze
beruhigt am Hafen und döse, nur Ihr Klicken hat mich dabei gestört."

85 Tatsächlich zog der solcherlei° belehrte° Tourist nachdenklich von   in such a way / instructed
dannen°, denn früher hatte er auch einmal geglaubt, er arbeite, um   zog ... dannen: went away
eines Tages einmal nicht mehr arbeiten zu müssen, und es blieb keine
Spur° von Mitleid mit dem ärmlich gekleideten Fischer in ihm zurück,   trace
nur ein wenig Neid.

Zum Text

A. Eine Personenbeschreibung. Der Tourist und der Fischer
sind sehr verschiedene Menschen. Ordnen Sie die folgenden Ausdrücke dem Touristen oder dem Fischer zu.

1. ärmlich gekleidet
2. schick angezogen
3. dösend
4. eilfertige Höflichkeit
5. steigende Nervosität
6. schläfrig
7. besorgter Gesichtsausdruck

8. ich fühle mich phantastisch
9. klopft beruhigend auf die
   Schultern
10. die Begeisterung verschlägt
    ihm die Stimme
11. er klopft ihm auf den
    Rücken

B. Zum Inhalt

1. Was fotografiert der Tourist? Warum?
2. Warum gibt der Tourist dem Fischer eine Zigarette?
3. Aus welchem Grund meint der Tourist, daß der Fischer sich
   nicht wohl fühlt?
4. Warum will der Fischer nicht wieder ausfahren?
5. Wie stellt sich der Tourist die Zukunft vor, wenn der Fischer
   drei- oder viermal am Tag ausfährt?
6. Wie könnte der Fischer eines Tages leben, wenn er jetzt schwer
   arbeitete?
7. Was hält der Fischer von den Zukunftsplänen des Touristen?
   Warum?

8. Der Tourist verläßt nachdenklich den Fischer. Glauben Sie, daß er seinen Lebensstil ändern wird?
9. Welche Person vertritt wohl die Ansicht Bölls?
10. Erklären Sie die Rolle der Ironie in der Geschichte!

Wortschatzübungen

Substantive

das **Feuerzeug, –e**   cigarette lighter
der **Hafen, ∺**   harbor
die **Küste, –n**   coast
das **Mitleid**   pity; **er hat Mitleid mit ihr**   he's sorry for her
die **Mütze, –n**   cap
der **Neid**   envy; **grün vor Neid**   green with envy;
     neidisch (auf + *acc.*)   envious (of)
der **Rücken, –**   back
die **Schachtel, –n**   pack, box, package
die **Schulter, –n**   shoulder
das **Zeichen, –**   sign, gesture

Verben

beruhigen   to soothe, calm; **ich bin beruhigt**   I'm relieved
entstehen (entstand, ist entstanden)   to arise
fort·fahren (fährt fort; fuhr fort, ist fortgefahren)   to continue
fotografieren   to photograph
stören   to disturb
verpassen   to miss (e.g. train); to let something (e.g. opportunity) slip

Andere Wörter

günstig   favorable
knapp   brief; scarce; scanty; tight
tatsächlich   really, actually

C. Vokabeln.   Ergänzen Sie mit den Wörtern aus der obigen Liste!

1. Die Rückseite des Körpers ist _____.
2. „Das ist wirklich passiert", bedeutet, daß es _____ passiert ist.
3. Wenn man etwas anzünden° will, braucht man _____.   light
4. Pralinen° kauft man in einer _____.   chocolates

5. Wenn man mit dem Fotoapparat ein Bild aufnimmt, _____ man.

6. Schwere Sachen kann man auf dem Rücken, auf dem Kopf oder auf _____ tragen.

7. Wenn man zu spät zum Bahnhof kommt, _____ man den Zug.

8. Hamburg hat einen großen _____. Man sieht dort viele Schiffe.

9. Ein Symbol oder Signal, das man statt Worte gebraucht, ist _____.

10. Die _____ ist der Teil des Landes, der direkt am Meer liegt.

11. Wenn man mich beim Lesen unterbricht, _____ man mich.

12. Um gut segeln zu können, braucht man einen _____ Wind.

13. Am Anfang der Prüfung war sie sehr nervös, aber dann hat sie sich _____.

14. Wenn man etwas immer weiter macht, _____ man _____, das zu tun.

15. Wenn der Nachbar alles hat und ich nichts, fühle ich ein bißchen _____.

16. Du tust mir wirklich leid. Ich habe großes _____ mit dir.

17. Im Winter trägt er immer eine warme _____.

18. Es gibt so viele neue Häuser hier. Es _____ eine richtige Stadt aus dem Dorf.

19. Er ist seit sechs Monaten arbeitslos; das Geld ist bei ihm _____.

D. Verwandte Wörter.   Ergänzen Sie die Sätze!

der Fotograf   das Foto   fotografieren

1. Lars _____ sehr gern.

2. Er ist ein guter _____.

3. Er hat neulich ein sehr schönes _____ von seinen Kindern gemacht.

stören   die Störung

4. Entschuldigen Sie die _____!

5. Bitte, Sie _____ mich überhaupt nicht.

die Tatsachen   tatsächlich

6. Hat Irene das _____ gesagt?

7. Ich glaube, sie kennt einfach die _____ nicht.

der Neid   neidisch

8. Ist Herr Fischer _____ auf seine Kollegen?

9. Oh ja. Er ist grün vor _____.

Präfix *er-*

The prefix *er-* indicates the goal or achievement of the action expressed by the stem verb: **Er hat jetzt einen Bart; daher habe ich ihn nicht gleich erkannt.** *He's got a beard now; that's why I didn't recognize him right away.*

E. Wortbildung. Ergänzen Sie die Sätze mit einem Verb mit dem Präfix *er-*! Dann übersetzen Sie die Sätze!

▶ Hast du *erraten*, wer das Tennismatch gewonnen hat? (raten) Ich. *Did you guess who won the tennis match? I did.*

1. Die Bergleute wurden durch Steine und Erde _____. (drücken)
2. Hoffentlich hast du all deine Wünsche _____ können. (füllen)
3. Das Restaurant wurde vor einem Monat _____. (öffnen)
4. Da Dieter am Mittwoch weggefahren ist, hat ihn mein Brief nicht mehr _____. (reichen)
5. Mit achtzehn Jahren ist man _____. (wachsen)
6. Soviel ich aus Ihrem Brief _____, sind Sie mit Ihrem Beruf nicht zufrieden. (sehen)
7. Ich möchte es noch _____, daß ich weniger als 50 Stunden in der Woche arbeiten muß. (leben)
8. Petra hat sich so verändert, ich habe sie nicht gleich _____. (kennen)
9. In einem Jahr hat sich Tanja 1000 Mark _____. (sparen)

Was meinen Sie?

F. Wunschliste für den Beruf. Bei einer Umfrage haben deutsche Jugendliche gesagt, was sie an einem Beruf für wichtig halten. Jetzt sagen Sie, was Sie an einem Beruf für wichtig halten. Gebrauchen Sie in Ihrer Antwort einen Satz aus der folgenden Liste!

Antworten:

Das ist wirklich wichtig.

Das ist schon von Interesse.

Das ist mir egal.

Das interessiert mich nicht.

Das spielt überhaupt keine Rolle.

Fragen:

	Deutsche Jugendliche Ja, Prozent
1. Muß der Arbeitsplatz sicher sein?	76
2. Müssen Sie viel Geld verdienen?	58
3. Müssen Krankenkasse, Pension usw. gut sein?	50

4. Muß die Arbeit interessant sein?	40
5. Müssen die Kollegen fleißig und freundlich sein?	38
6. Muß die Arbeit leicht sein?	32
7. Muß man schnell nach oben kommen können?	28
8. Wollen Sie unabhängig arbeiten?	22
9. Muß der Beruf großes Prestige haben?	21
10. Muß die Arbeit wertvoll sein und den Menschen helfen?	20
11. Muß man viel Freizeit haben?	19

G. Rollenspiel. Stellen Sie sich vor, daß Sie der Fischer sind! Erzählen Sie einem Kollegen von der Begegnung mit dem Touristen! Beschreiben Sie Ihre Reaktionen!

Mögliche Reaktionen: erstaunt, belästigt, gelangweilt, ungeduldig, geduldig, Mitleid haben, bedauern

H. Interaktionen. Bilden Sie eine Gruppe zu dritt: Sie sind zusammen im Fischerboot. Plötzlich funktioniert Ihr Motor nicht mehr; das Benzin ist alle, die Küste und andere Boote sind nicht zu sehen. Was machen Sie nun? Wie kommen Sie zurück? Denken Sie sich einen Plan aus und berichten Sie der Klasse!

I. Zur Diskussion/Zum Schreiben

1. Welche Mißverständnisse gibt es zwischen dem Fischer und dem Touristen?
2. Stellen Sie sich vor, der Tourist trifft den Lokomotivenverkäufer in „Eine größere Anschaffung"! Welche Vorschläge macht er dem Verkäufer, um ein Lokomotivengeschäft aufzubauen?
3. Vergleichen Sie den Arbeitstag des Fischers mit dem eines Geschäftsmannes bzw.° einer Geschäftsfrau. Welcher würde Ihnen besser gefallen? Warum?   **beziehungsweise:** or
4. Die Kleidung beeinflußt den Eindruck, den man von einem Menschen bekommt. Was für einen Eindruck macht die Kleidung des Fischers auf den Touristen? Welchen Eindruck hatten Sie von den Figuren in den anderen Geschichten, als Sie etwas über ihre Kleidung gelesen haben?

Thema 9

Freizeit

Blick auf die Alsterarkaden in Hamburg

Eine Studentin in ihrer Freizeit

Judging by the recurring demands of trade unions the most valued commodity for people in industrialized societies is free time. It is not uncommon for workers in the Federal Republic to have a five-week vacation and the trade unions are trying to make the 37½-hour week standard. On the surface it is a leisure society. According to a number of studies, however, many Germans experience free time as an extension of work rather than leisure. Weekends tend to be so structured that activities meant for relaxation become obligations. Generally one weekend day is devoted to making repairs at home, working in the garden, or washing the car. The other day is spent visiting friends and relatives, taking walks, making excursions, or going out to dinner.

Many young people want to spend their free time in what they consider more positive ways. Petra, a student at the University of Hamburg, describes in a letter to her friend Paul what she does in her free time. Do you think that the activities in which she participates are a positive way of spending leisure time? Are they different from those of her American counterparts?

Vorbereitung auf das Lesen

Zum Thema

1. Machen Sie eine Liste von beliebten Freizeitbeschäftigungen°!   leisure time activities
   Welche davon machen Studenten gern?

Leitfragen

1. In einem Brief erzählt die Studentin Petra von ihrer Freizeit. Machen Sie beim Lesen eine Liste von ihren Freizeit-beschäftigungen!

Verwandte Wörter

gegrillte Würstchen	die Markthalle	zum Training
klassisch	planen	das Zentrum (pl. Zentren)
die Kommunikation	der Streß	

Wortfamilien

erstmal (erst einmal)
der Sportler (der Sport)
das Treffen (treffen)

Wörter im Kontext

Er geht auf Jobsuche: Er sucht einen Job.
Was **hältst** du davon? Was denkst du darüber?

Hamburg, den 25. Oktober

Lieber Paul!

Nach so langer Zeit will ich Dir endlich mal wieder schreiben. Seitdem
Du im letzten Frühling hier warst, hat sich so manches ereignet und
5 verändert.

    Weißt Du noch, wie allein ich mich manchmal an der Uni gefühlt
habe, weil ich damals noch kaum jemanden kannte? Das ist jetzt zum
Glück anders, denn seit ein paar Wochen mache ich in verschiedenen
Gruppen mit.

10   Angefangen hat es mit der Volleyballgruppe. Wir treffen uns
einen Abend in der Woche zum Training. Natürlich sind wir nicht alle
Supersportler. Daher sind wir hinterher meistens total erschöpft°   exhausted
müssen uns erstmal in der nächsten Kneipe° bei einem Bierchen   pub
erholen. Dabei hat neulich mal einer von seiner Photo-AG° erzählt, die   **Arbeitsgemeinschaft**: study
15 er mit anderen Studenten angefangen hat. Die gehen auf Photojagd°   group / photo excursion
durch die ganze Stadt, besonders dorthin, wo was los ist und wo viele
Menschen sind. Zum Beispiel auf den Hamburger Dom°, in unser   Hamburg Fair
großes Fußballstadion°, auf die Trabrennbahn° oder zum Derby, auf   soccer stadium / horse
                                                                         race track

*Man sitzt draußen und hat
den Blick aufs Hamburger
Rathaus.*

Flohmärkte° oder sonntags auf den Fischmarkt unten am Hafen. Sie   flea markets
20 verbringen fast ihre gesamte freie Zeit draußen und machen die
schönsten Schnappschüsse°, die Du Dir vorstellen kannst. Sie entwik-   snapshots
keln die Bilder auch selbst und planen jetzt sogar eine kleine
Ausstellung.

Dann sind da zwei Mädchen in der Volleyballmannschaft, die in
25 einer Frauengruppe sehr engagiert° sind. Ich unterhalte mich immer   committed
gern mit ihnen, obwohl ich ihre Ansichten manchmal etwas über-
trieben° finde. Wir wollen schon seit längerer Zeit mal zusammen in   exaggerated
die neue Frauenkneipe hier im Stadtteil gehen. Aber bisher ist daraus
leider noch nichts geworden.

30 Aber dafür° war ich nun endlich mal in der *Markthalle*, wo wir   to make up for that
beide damals vor verschlossenen Türen standen. Weißt Du noch? Ich
war ganz begeistert. Es ist ein altes Markthallengebäude, das jetzt als
Kommunikations- und Kulturzentrum benutzt wird. Es gibt dort
einfach alles: von Rock-, Jazz- und klassischen Konzerten zu Theater
35 und Kindertheater, aber auch mehrere kleine Kneipen, einen Tischten-
nisraum und vieles mehr.

Wir haben noch andere solche Zentren in Hamburg. Besonders
gern gehe ich am Sonntagmorgen zum Jazzfrühschoppen° in die   mid-morning drink
Fabrik°. Dort haben sie sogar eine Töpferstube°, eine tägliche Schul-   name of activity center / pottery studio
40 arbeitenhilfe° für die Gastarbeiterkinder° und auch eine kleine gemüt-   tutoring service / children of foreign workers
liche Teestube° unterm Dach.   tearoom

Da oben habe ich manchmal meine besten Ideen. Ich habe mir
neulich vorgestellt, wie toll es wäre, mit der Sportgruppe im Winter
nach Österreich zum Skilaufen zu fahren. Ich bin ja gespannt°, was die   curious
45 anderen davon halten. Unmöglich ist es nicht, denn man kann sich die
Skier dort leihen, und billige Berghütten° gibt es auch. Na, wie findest   mountain cabins
Du die Idee?

Meine Arbeitsgruppe vom Haupstseminar° an der Uni entwickelt   advanced seminar
sich inzwischen auch sehr gut. Wir verbinden die Arbeit mit dem
50 Schönen und beginnen unsere Treffen am Sonnabendmorgen immer
erstmal mit einem gemeinsamen Frühstück. Einer bringt frische
Brötchen mit, der andere Eier, der dritte Käse oder Wurst. Hinterher
geht dann die Arbeit gleich viel besser.

Übrigens, letzte Woche hat sich die Gruppe zum ersten Mal bei
55 uns hier in der Wohnung getroffen. Daraus kannst Du schließen — ob
Du's glaubst oder nicht — daß wir endlich mit der Renovierung° fertig   renovation
geworden sind. Im Augenblick bereiten wir die Einweihungsfete° vor.   housewarming
Wir haben schon angefangen, einige Wohngemeinschaften° aus der   groups sharing an apartment
Nachbarschaft° einzuladen. Insgesamt werden sicher etwa vierzig   neighborhood
60 Leute kommen, denn wir haben ja auch sonst noch viele Freunde, und
die meisten werden auch noch ihren Freund oder ihre Freundin mitbringen. Fast alle gehen ja fest mit jemandem. Übrigens meine

*Jazzkonzert in der **Fabrik***

Schwester auch, stell Dir vor. Sie geht jetzt „richtig" mit dem einen, den sie auf der Klassenreise damals kennengelernt hatte und von dem
65 sie immer so geschwärmt° hat.   raved

Hoffentlich wird die Party gut! Wir wollen mit ein paar Gesell-
schaftsspielen° anfangen. Auf diese Weise kommt etwas Schwung° in   party games / life
die Bude°, und man lernt sich ein bißchen kennen. Außerdem bekom-   room
men wir auch einen Verstärker° geliehen, so daß wir tanzen können,   amplifier
70 wenn die Stimmung danach ist. Jetzt müssen wir nur noch die
Nachbarn warnen, damit die schon auf „ein bißchen" Lärm vorbereitet
sind, die Armen.

So, Paul, nun will ich aber langsam zum Schluß kommen, denn ich
bin heute abend zu einer Examensfete° eingeladen. Der Klaus hat jetzt   final exam party
75 endlich den Examensstreß hinter sich und kann sich nun stolz Diplom-
soziologe° nennen. Das muß natürlich richtig gefeiert werden, bevor   registered sociologist
er auf Jobsuche geht. Da wir zur Zeit die letzten warmen Tage haben,

werden wir unten an der Elbe° feiern. Weißt Du, so mit einem   *name of river*
Feuerchen, gegrillten Würstchen, Gitarren und — nicht zu vergessen
80   — einem Faß° Bier. Also, ich muß mich schon fast beeilen.   *keg*

   Lieber Paul, laß es Dir gut gehen, und schreib mir doch auch mal
wieder, wie es Dir inzwischen ergangen ist° und was Du so machst!   **wie ... ist:** how you're getting
   Ganz herzliche Grüße aus Deutschland   along

                                                    von Deiner

                                                    Petra

Zum Text

   A. Erfinden Sie Titel!   Erfinden Sie für jeden Absatz einen Titel!

   B. Suchen Sie im Text!   Petra hat von vielen Freizeitbeschäftigungen erzählt. Suchen Sie aus dem Brief die Wörter heraus, die
mit folgenden Aktivitäten zu tun haben!

1. Sport   3. essen und   4. Partys (Feten)
2. fotografieren   trinken   5. Hobbys

   C. Gemeinsame Unternehmungen.   Petra und ihre Freunde unternehmen vieles gemeinsam. Welche Beschäftigungen sind das?

   D. Was macht Petra nicht?   Es gibt viele Freizeitbeschäftigungen,
die Petra hätte machen können. Welche von den folgenden Aktivitäten erwähnt Petra nicht?

1. fernsehen   9. ins Kino gehen   14. ein Picknick
2. fotografieren   10. Musik anhören   machen
3. lesen   11. auf Partys gehen 15. schwimmen
4. radfahren   12. spazierengehen   gehen
5. skilaufen   13. ein Musik-   16. sich mit
6. tanzen   instrument   Freunden
7. einkaufen gehen   spielen   unterhalten
8. gemeinsam essen

Gibt es andere Aktivitäten, die sie hätte machen können?

   E. Schriftlich.   Stellen Sie sich vor, Sie haben Petra kennengelernt! Beschreiben Sie sie — wie sie aussieht, was für ein Mensch
sie ist, welche Interessen sie hat, was sie gern tut!

F. Wer ist Paul?   In Petras Brief erfahren wir manches über Paul, aber manches erfahren wir nicht. Für jeden Satz sagen Sie: *Das stimmt; Das stimmt nicht;* oder *Darüber wird nichts gesagt.*

1. Paul ist wohl kein Deutscher.
2. Er war vor sechs Monaten in Hamburg.
3. Im Frühjahr war er fast der einzige Freund von Petra.
4. Er ist mit den Studenten aus der Photo-AG bekannt.
5. Paul kennt wohl vieles in Hamburg, wie z.B. den Dom, das Fußballstadion und den Flohmarkt.
6. Paul weiß, was die *Markthalle* ist, obwohl er nie drin gewesen ist.
7. Er kennt die Wohnung, in der Petra wohnt.
8. Er hat bei der Renovierung der Wohnung geholfen.
9. Paul war ein paarmal mit Freunden in der *Fabrik*.
10. Paul kennt Petras Schwester.
11. Er kennt Klaus, der jetzt Diplomsoziologe ist.

G. Sehenswürdigkeiten.   Welche Gebäude und Orte in Hamburg hat Petra in ihrem Brief erwähnt? Suchen Sie sie auf dem Stadtplan!

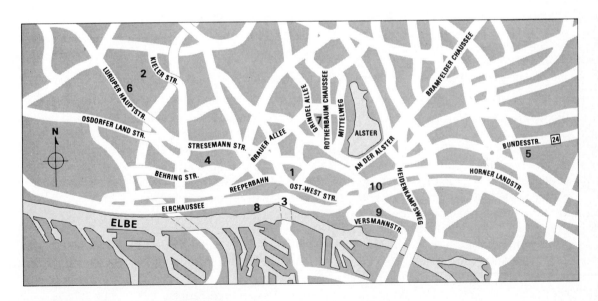

1. **Hamburger Dom**
2. **Fußballstadion**
3. **Hafen**
4. **Fabrik**
5. **Derby**
6. **Trabrennbahn**
7. **Universität**
8. **Fischmarkt**
9. **Markthalle**
10. **Flohmarkt**

Wortschatzübungen

Substantive

die **Fete, –n**   party, celebration
das **Haupt, ¨er**   head; **Haupt–** (*used in compounds*)   main
die **Mannschaft, –en**   team

Verben

sich beeilen   to hurry
sich erholen   to recover
leihen (lieh, geliehen)   to lend; to borrow; to rent
warnen (vor + *dat.*)   to warn (of); **vor einer Gefahr warnen**
   to warn of a danger

Andere Wörter

begeistert   enthusiastic; **ich bin von dem Konzert begeistert**
   I'm thrilled with the concert
fest   solid; **fest gehen**   to go steady
gemeinsam   common, joint(ly), as a group; **gemeinsame**
   Interessen   common interests
gesamt   whole, entire; **die gesamte Familie**   the whole family
insgesamt   altogether, in total; **wir waren insgesamt 20**
   there were 20 of us altogether

H. Vokabeln. Ergänzen Sie den Brief mit passenden Vokabeln aus der obigen Liste!

Lieber Mark!
Seitdem Du hier warst, hat sich manches in meinem Leben verändert. Du weißt, früher habe ich nur gearbeitet. Jetzt verstehe ich, daß man auch Freizeit braucht. Ich spiele viel Volleyball und bin Mitglied einer _____. Bisher haben wir alle Spiele gewonnen. Ob wir weiter soviel Glück haben? Aber wir treiben nicht nur Sport, wir tanzen auch zusammen und spielen Gesellschaftsspiele. Meine Freunde geben nämlich viele _____. Einige gehen _____ mit jemandem und sie bringen ihren Freund oder ihre Freundin mit. Vorher müssen wir die Nachbarn _____, denn es wird oft sehr laut. Ich habe ein paar gute Freunde in der Arbeitsgruppe vom _____-seminar. Wir gehen manchmal _____ essen. Das macht auch Spaß, obwohl das meinem Budget ziemlich schadet. Wie Du siehst, verbringe ich meine _____ freie Zeit mit Freunden. Nach manch einem anstrengenden Wochenende muß ich mich dann am Montag _____.

In Hamburg lebten zwei Ameisen°

ants

Im Hamburg lebten zwei Ameisen,
Die wollten nach Australien reisen.
Bei Altona°, auf der Chaussee°,
Da taten ihnen die Beine weh.
Und da verzichteten° sie weise
Dann auf den letzten Teil der Reise.

section of Hamburg / highway

gave up on

— Joachim Ringelnatz
(1883-1934)

Was meinen Sie?

K. Was halten Sie davon? Welche von Petras Freizeitbeschäftigungen finden Sie am interessantesten? Warum?

L. Typisch deutsch? Gibt es einige von Petras Aktivitäten, die man eher in Deutschland finden würde als bei Ihnen? Welche?

M. Lieblingsfreizeitbeschäftigungen. Suchen Sie aus der Liste fünf Aktivitäten heraus, die Sie in Ihrer Freizeit am liebsten machen! Bei jeder Aktivität schreiben Sie in einem oder zwei Sätzen, was für Sie daran am wichtigsten ist!

▶ zelten   *Ich bin gerne draußen im Wald. Ich schlafe lieber im Zelt als im Hotel.*

1. kochen
2. lesen
3. backen
4. reisen
5. tanzen
6. zelten
7. Camping
8. malen
9. fischen
10. einkaufen
11. fernsehen
12. fotografieren
13. Musik machen
14. Musik anhören
15. Sport treiben
16. schlafen
17. bergsteigen
18. radfahren
19. ins Kino gehen
20. ins Konzert gehen
21. Auto reparieren
22. auf Partys gehen
23. im Garten arbeiten
24. reiten
25. spazierengehen
26. sich mit Freunden unterhalten

N. Zur Diskussion/Zum Schreiben

1. Stellen Sie sich vor, Sie haben Petra kennengelernt. Beschreiben Sie sie: Wie sieht sie aus? Was für ein Mensch ist sie? Welche Interessen hat sie? Was tut sie gern?

2. Stellen Sie sich vor, ein neuer Kommilitone° in Petras Arbeits-   fellow student
   gruppe vom Hauptseminar erzählt ihr, daß er sich sehr allein
   fühlt. Welche Vorschläge macht Petra dem Studenten, um
   Kontakt mit anderen herzustellen?
3. Welche Vorschläge hätten Sie für einen neuen einsamen
   Studenten oder eine einsame Studentin?
4. Viele Leute verbringen ihre Freizeit vor dem Fernseher oder
   Videorecorder. Glauben Sie, daß diese Leute ihre Freizeit
   sinnvoll verbringen? Warum (nicht)?
5. Wie kann man sich schon als junger Mensch auf die spätere
   Freizeit vorbereiten?
6. Wie stellt man mit einer Person Kontakt her, deren Freund man
   werden möchte?

O. Interaktionen.   Sie und drei Freunde geben eine Party. Machen
Sie zusammen Pläne: Wo? Wann? Wer wird eingeladen? Wer trägt
die Kosten? Was für Unterhaltung gibt es? Was gibt's zu essen und
zu trinken? Berichten Sie der Klasse, was Sie geplant haben!

Geschichte ohne Moral

Alfred Polgar

Alfred Polgar (1873–1955) was born in Vienna where he worked as
a drama critic until 1925. He then moved to Berlin but returned to
Vienna upon Hitler's rise to power in 1933. In 1938, with the
annexation of Austria, Polgar fled to France, then to Spain, and
finally to the United States in 1940. After the war he returned to
Europe and died in Zürich at the age of 82. Polgar published
several volumes of short stories, a few comedies, and many essays.
In his work he criticizes with gentle satire the cultural and social
trends of his times. In "Geschichte ohne Moral," taken from the
volume **Begegnung im Zwielicht** (1951), Polgar mocks the smug
and self-righteous attitudes of people in all classes. The family in
"Geschichte ohne Moral" professes a set of principles different from
those of the son, Leopold, but the family's values collapse in the
face of a crisis. Note the irony in the final statement of the
grandmother.

Vorbereitung auf das Lesen

Zum Thema

1. Wie verbringt Ihre Familie den Sonntagnachmittag? Die Familie Ihrer Freunde? Und Sie?

Leitfragen

1. Die Geschichte heißt „Geschichte ohne Moral". Das Wort „Moral" hat mehr als eine Bedeutung. Welche zwei Bedeutungen könnte das Wort „Moral" im Titel haben?
2. Jede Person in der Geschichte hat einen bestimmten moralischen Standpunkt. Welche Person hat welchen Standpunkt?

Wortfamilien

elterlich (die Eltern)
erwachen (aufwachen)
der Gymnasiast (das Gymnasium)
mütterlicherseits (die Mutter + die Seite)

der Sterbetag (sterben + der Tag)
die Schwäche (schwach)
der Tritt (treten)

Sonntag, drei Uhr nachmittags, sagte der Gymnasiast Leopold, jetzt müsse er fort, denn der Autobus zum Fußballmatch fahre Punkt drei Uhr fünfzehn von seinem Standplatz° ab.   bus stop

„Und deine Schularbeiten für morgen?" fragte die Mutter.

5 „Die mache ich am Abend."

Tante Alwine meinte, es sei schade ums Geld für die Autofahrt, so ein junger Mensch könne auch zu Fuß gehen.

Es wurde Abend, und Leopold war noch nicht zu Hause. Und dann kam die Nachricht, daß der fahrplanmäßig° um drei Uhr fünfzehn von   as scheduled
10 seinem Standplatz abgegangene° Autobus in einen Graben° gestürzt   departed / ditch
und sämtliche° Insassen° schwer verletzt seien.   all / occupants

Die Mutter, aus der Ohnmacht° erwacht, klagte sich immerzu° an,   faint / incessantly
sie hätte Leopold nie und nimmer erlauben dürfen, seine Schul-
arbeiten erst am Abend zu machen. Jetzt büße° sie für ihre elterliche   was atoning
15 Schwäche.

Der Vater verfluchte° das Fußballspiel und den Götzen° Sport   cursed / idol
überhaupt.

Tante Alwine schrie: „Hätte er nicht zu Fuß gehen können wie tausend andere Jungen?"

Werner Berg: *Werbung,* 1959.

20 Ihr Mann schüttelte bedeutsam° den Kopf: „Heute ist der dritte August, der Sterbetag unseres seligen° Großvaters. Daran hätte man denken müssen."

Die Großmutter mütterlicherseits sprach zu sich selbst: „Kürzlich bin ich ihm auf eine Lüge gekommen°. Ich ermahnte° ihn: ‚Wer lügt, 25 sündigt°, und wer sündigt, wird bestraft.' Da hat er mir ins Gesicht gelacht!"

Das Mädchen für alles° sagte dem Kohlenmann°: „Na, sehen Sie? Wie ich Ihnen erzählt habe, daß mir heute früh zwei Nonnen° begegnet sind, da haben Sie sich über mich lustig gemacht!"

30 Hernach° ging das Mädchen für alles hinunter zu den Portiersleuten°, um mit ihnen den traurigen Fall zu bereden°. „Ja", sagte sie, „am Ersten wollten sie aufs Land fahren. Aber weil die Schneiderin° mit den Kleidern der Gnädigen° nicht fertig war, sind sie noch dageblieben. Wegen der dummen Fetzen°."

35 Die Portiersfrau meinte: „Am Sonntag sollten Kinder und Eltern zusammenbleiben . . . Aber bei den besseren Leuten gibt's ja kein Familienleben mehr."

Emma, das eine der beiden Fräulein vom Konditor° im Nebenhaus, machte sich bittere Vorwürfe wegen ihrer Prüderie°. Hätte sie dem 40 armen jungen Mann nicht nein gesagt, dann wäre er heute nachmittag mit ihr gewesen und nicht beim Fußball.

meaningfully
blessed deceased

auf ... gekommen: caught telling a lie / admonished
sins

Mädchen ... alles: maid / coalman / *nuns dressed in black taken as bad omen*

afterwards
caretakers / discuss
seamstress
lady of the house
rags

pastry shop
prudishness

Bobby, der Dobermann, dachte: „Gestern hat er mir einen Tritt gegeben. In der ersten Wut wollte ich ihn ins Bein beißen. Leider, leider hab ich es nicht getan. Sonst wäre es ihm heute kaum möglich
45 gewesen, zum Fußballmatch zu gehen."

Spätabends kam, vergnügt, Leopold nach Hause. Das mit dem Fußballmatch hatte er nur vorgeschwindelt°. In Wirklichkeit war er mit Rosa, dem anderen Fräulein vom Konditor nebenan, auf einer Landpartie° gewesen, die, schien es, einen zufriedenstellenden°
50 Verlauf° genommen hatte.

Die Mutter umarmte ihren Sohn in hemmungsloser° Rührung°.

Der Vater gab ihm ein paar Ohrfeigen°.

Die Großmutter mütterlicherseits faltete die Hände und betete stumm: „Lieber Gott, ich danke Dir, daß er wieder gelogen hat."

made up

outing / satisfactory
course
unrestrained / emotion
slaps

Zum Text

A. Suchen Sie im Text! Vieles, was die Personen in der Geschichte sagen oder denken, ist naiv, selbstgerecht oder moralisierend. Wer sagt oder denkt folgendes? Suchen Sie die genauen Worte im Text! *Emma, die Großmutter, das Mädchen für alles, die Mutter, die Portiersfrau, Tante Alwine, der Vater, der Onkel.*

1. Ein junger Mann soll zu Fuß gehen. Eine Busfahrt ist hinausgeworfenes Geld.
2. Man soll die Schularbeiten nicht erst am Abend machen.
3. Das Unglück überrascht mich nicht, denn mir sind heute früh zwei Nonnen begegnet.
4. Das Unglück hängt damit zusammen, daß heute der Sterbetag unseres Großvaters ist.
5. Das Unglück wäre nicht passiert, wenn die Familie nicht zu Hause geblieben wäre — und das nur wegen der neuen Kleider.
6. Wer sündigt, wird bestraft.
7. Die besseren Leute haben keinen Familiensinn mehr.
8. Hätte ich dem jungen Mann nicht nein gesagt, wäre er nicht mit dem Bus zum Fußballspiel gefahren.
9. Ich bin dankbar, daß er wieder gelogen hat.

B. Interpretieren Sie! Beantworten Sie die Fragen und sagen Sie, warum Sie das glauben!

1. Ist die Familie arm, reich oder aus dem Mittelstand?
2. Wohnt sie auf dem Land oder in der Stadt?
3. Wohnt sie in einem Einfamilienhaus oder in einer Wohnung?

4. Spielt die Geschichte heute oder vor 30 Jahren? Erklären Sie!
5. Was hat diese Geschichte mit dem Thema „Freizeit" zu tun?

C. Nacherzählen. Erzählen Sie, was in der Geschichte passiert. Machen Sie eine Wortliste, die Sie zum Nacherzählen gebrauchen können!

Wortschatzübungen

Substantive

der **Fahrplan, ∸e**   schedule, timetable
die **Lüge, –n**   lie, falsehood
die **Nachricht, –en**   news, report
Punkt (*used without article*)   exactly, on the dot
der **Vorwurf, ∸e**   reproach
die **Wut**   rage, fury, madness

Verben

ab·fahren (fährt ab; fuhr ab, ist abgefahren)   to depart
an·klagen   to accuse; **jemanden wegen etwas anklagen**   to accuse someone of something
beißen (biß, gebissen)   to bite
bestrafen   to punish
beten   to pray
lügen (log, gelogen)   to tell a lie
umarmen   to embrace

Andere Wörter

nebenan   close by; next door
stumm   silent, mute
vergnügt   pleased, cheerful

D. Schriftliches. Bilden Sie Sätze! Wenn sie nicht mit der Geschichte übereinstimmen, ändern Sie sie!

1. nach / der Fahrplan / der Bus / sollen / abfahren / Punkt vier Uhr
2. die Familie / bekommen / Nachricht / von / ein Autobusunglück
3. der Vater / sich anklagen / wegen / das Unglück
4. Emma / arbeiten / bei / ein Konditor / in der Stadt
5. der Hund / haben / Wut / auf / der Junge

6. er / beißen / der Junge / ins Bein
7. Leopold / kommen / traurig / nach Hause
8. er / sich machen / Vorwürfe // weil / er / lügen / kürzlich
9. die Großmutter / beten / laut
10. die Eltern / bestrafen / ihr Sohn

E. Definitionen.   Welche Wörter aus der obigen Liste passen zu den Bedeutungen?

1. lustig, fröhlich
2. Plan der Fahrzeiten von Verkehrsmitteln
3. sehr nahe; im nächsten Haus oder Zimmer
4. eine Neuigkeit
5. die Arme um jemanden legen
6. vier Uhr genau
7. zu Gott sprechen
8. jemandem sagen, daß er etwas schlecht oder falsch gemacht hat = ihm einen _____ machen
9. jemandem sagen, daß er schuldig ist
10. eine Fahrt beginnen
11. auf jemanden sehr böse sein = eine große _____ auf jemanden haben
12. schweigend, wortlos

F. Nicht verwechseln!   Ergänzen Sie die Sätze!

beten   bieten   bitten

1. Wofür hat sie _____?
   What did she pray for?
2. Er hat um Hilfe _____?
   He asked for help?
3. Er hat mir 800 Mark für das Bild _____.
   He offered me 800 marks for the picture.

Suffix -sam

The suffix -sam may be added to adjectives, verbs, or abstract nouns to form adjectives: **lang**>**langsam** (slow), **arbeiten**>**arbeitsam** (hard-working); **die Furcht**>**furchtsam** (anxious).

G. Wortbildung.   Bilden Sie Adjektive mit den Suffix -sam!

1. Tante Alwine spart gern. Sie ist wirklich _____.
2. Die Rede des Vaters war wieder von keiner großen Bedeutung. Seine Reden sind meistens nicht _____.

3. Tante Alwine *rät* Leopold, nicht mit dem Bus zu fahren. Sie hält es nicht für _____.

4. Zu Fuß dauert es zu *lange* zum Fußballspiel. Leopold findet das zu _____.

5. Das Mädchen für alles hat vor allem große *Furcht.* Sie ist sehr _____.

6. Die Reden der Großmutter über die Sünde *wirken* auf Leopold wenig. Ihre Reden sind nicht sehr _____.

7. Bei Diskussionen *schweigt* Leopold. Die anderen Familienmitglieder sind aber nicht so _____.

Was meinen Sie?

H. Was machen Sie in Ihrer Freizeit? Beantworten Sie die Fragen!

1. Finden Sie Besuche bei Verwandten langweilig?

2. Meinen Sie, daß Krimis° interessanter sind als Nachrichten?   detective stories

3. Welche Arbeiten im Haus müssen Sie machen, die Sie überhaupt nicht mögen?

4. Was machen Sie gern am Sonntagnachmittag?

5. Wie oft sehen Sie sich ein Fußball- oder Baseballspiel an?

6. Wenn Sie nur eins wählen könnten, würden Sie lieber Zeitungen oder Bücher lesen?

7. Meinen Sie, daß Jogging mehr Spaß macht als Radfahren?

8. An was denken Sie, wenn Sie eine langweilige Arbeit machen müssen?

9. Worüber unterhalten Sie sich am liebsten?

10. Wenn Sie viel Geld hätten, wohin würden Sie reisen?

11. Was kann einen Ausflug mit der Familie lustig machen?

12. Welches Hobby finden Sie am interessantesten?

Gehen wir ins Theater, zum Basketballspiel oder in die Fabrik?

I. Rollenspiel. Mit drei anderen Studenten spielen Sie eine Szene, in der Mitglieder von Leopolds Familie Pläne für den Sonntag machen! Gebrauchen Sie folgende Wörter!

Vorschläge:

Hättet ihr Lust . . . ?

Hättet ihr Zeit . . . ?

Hättet ihr etwas dagegen, . . . ?

Ich schlage vor, daß . . .

Ich möchte . . .

Ich finde, ein . . . wäre schön.

Dafür:

Das ist ja eine prima Idee.

Warum denn nicht?

Mit Vergnügen.

Das macht sicher Spaß.

Vielleicht:

Darüber muß ich erst mal nachdenken.

Das ist ja interessant.

Ich hätte nichts dagegen.

Dagegen:

Ist das dein Ernst?

Das ist ja eine komische Idee.

So was von langweilig.

Das geht nicht.

J. Zur Diskussion/Zum Schreiben

1. Lesen Sie noch einmal die Zeilen 35–37! Was halten Sie von der Meinung der Portiersfrau über Familienleben?

2. Lesen Sie noch einmal die Zeilen 12–15! Was bedeutet Ihrer Meinung nach „elterliche Schwäche"?

3. Nennen Sie Beispiele elterlicher Schwäche! Finden Sie elterliche Schwäche in den Geschichten, die Sie schon gelesen haben?

4. Es kommt oft vor, daß Leute den Lebensstil oder die Handlungen anderer Personen beurteilen°. Es ist interessant zu beobachten, wie der Betroffene° auf gewisse Beurteilungen reagiert. Lesen Sie noch einmal die Zeilen 23–26! Wie reagiert Leopold auf die Ermahnung° der Großmutter? Der Fischer auf die Vorschläge des Touristen („Anekdote zur Senkung der Arbeitsmoral")? Das Mädchen auf die Vorwürfe der Leute im Dorf („Die sieben Raben")? Rita auf die Meinungen ihrer Familie („Ein netter Kerl")? Cleophas auf die Ausrufe° der Leute im Park („Die grüne Krawatte")?

judge
the one affected
admonishment
exclamations

Thema 10

Krieg oder Frieden?

KEINE ATOMRAKETEN IN OST UND WEST

In der Bundesrepublik gibt es
Friedensdemonstrationen relativ oft.

friedensdemonstrationen

A strong peace sentiment developed in many European countries after World War I and again after World War II. In 1951 NATO's plans for a new German army led to peace demonstrations in the Federal Republic, and in 1960, as concern about nuclear war increased, the first of several Easter marches protesting further development of nuclear weapons took place. But with the easing of tensions between East and West in the 1970s, the peace movement became quiescent. It rekindled in the 1980s once more when the NATO alliance, perceiving Soviet nuclear missiles stationed in Eastern Europe as a serious threat, permitted American medium-range missiles to be deployed in Europe. Many Germans feel that the Federal Republic of Germany is especially vulnerable because of its geographical position in the middle of Europe and because the largest number of missiles are stationed there.

   In the Federal Republic of Germany the largest peace demonstrations are traditionally over the Easter weekend. More than 300,000 marchers representing a cross-section of the German public gather in over 100 localities to demonstrate their conviction that the increasing build-up of arms on both sides should stop.

   The magazine article "Friedensdemonstrationen" attempts to capture the nature and spirit of the demonstrations in the Federal Republic. Through a series of brief interviews the reader gets the feel for the mood of the demonstrations.

Vorbereitung auf das Lesen

Zum Thema

Demonstrationen sind ein Mittel, einer Regierung zu zeigen, wofür und wogegen man ist.

1. Glauben Sie, daß Demonstrationen eine Wirkung haben?
2. Sehen Sie irgendwelche Probleme bei einer Demonstration?
3. Wofür oder wogegen demonstriert man in Amerika?
4. Haben Sie selbst schon einmal demonstriert?

Leitfragen

Im Artikel lernen Sie drei ältere Frauen, eine Lehrerin, eine junge Frau mit drei Kindern und einen Großvater kennen. Beachten Sie:

1. Aus welchen persönlichen Gründen demonstrieren sie?
2. Welche Leute sind gegen die Demonstration? Warum?

Verwandte Wörter

der Demonstrant   das Komitee
der Dinosaurier   die Rakete
das Klima

Wortfamilien

die Enge (eng)   die Schlägerei (schlagen)
kreisen (der Kreis)   die Suche (suchen)
menschenfreundlich (der   der Überschuh (über + der
  Mensch + freundlich)   Schuh)
der Schlafsack (schlafen + der
  Sack)

Wörter im Kontext

Hat der **Redner** in seiner **Rede** etwas Interessantes gesagt, oder hat
er nur Unsinn geredet?
Die UdSSR, die DDR und Polen gehören u.a. zum **Warschauer
Pakt**.

In beiden deutschen Staaten, in der Bundesrepublik und in der DDR, gibt es besonders große Waffenarsenale°. Hier, an der Nahtstelle° zwischen den beiden Blöcken, zwischen NATO und Warschauer Pakt, fühlt man die politischen Spannungen° zwischen Ost und West besonders
5   stark. Man beobachtet das politische Klima zwischen den USA und der Sowjetunion besonders genau. Man weiß, daß ein Krieg das Ende des Landes bedeuten würde. Daher ist die Friedensbewegung keine vorübergehende° Mode. Demonstrationen gibt es relativ oft, manchmal öfter, manchmal weniger oft, je nach° dem weltpolitischen
10 Klima.
    Solche Demonstrationen haben in der Bundesrepublik ihr besonderes Gesicht. Wir haben hier einige Eindrücke gesammelt.
    Drei Frauen mit ganz weißen Haaren. Sie machen die erste Demonstration ihres Lebens mit. Mit Knirps°, Regenmantel und Über-
15 schuhen sind sie gut vorbereitet. Eine von ihnen sagt: „Wir gehören zu keiner Organisation. Und in die Kirche gehen wir auch nicht jeden Sonntag. Daß es schon 1956 wieder deutsche Soldaten gab, fand ich schlimm. Und jetzt dies!" Zwei von den Frauen haben im Krieg ihren Mann verloren, die dritte beide Söhne. Eine von ihnen schüttelt den
20 Kopf: „Die in Bonn meinen, sie könnten einfach entscheiden. Wir demonstrieren jetzt auch mal, damit die sehen, daß auch alte Menschen den Frieden wollen."

arms deposits / junction
tensions
passing
depending on
collapsible umbrella

Bei Friedensdemonstra-tionen gibt es natürlich Plakate und Spruchbänder mit Friedenssprüchen.

Andrea ist Lehrerin für Geschichte; sie ist Ende zwanzig. Sie will gar nicht so genau wissen, wie viele Raketen die NATO hat und wie
25 viele der Warschauer Pakt hat: „Jedenfalls werden es immer mehr. Und wenn es dann losgeht, fliegen **wir** in die Luft und nicht die Amis° oder die Russen. Bei denen kann ich nicht demonstrieren, aber hier. In der Zeitung lese ich immer, daß die jungen Leute antiamerikanisch sind. Das hier hat mit Antiamerikanismus überhaupt nichts zu tun. Wir
30 sind gegen die unglaubliche Aufrüstung° auf beiden Seiten."

    Eine Frau von ungefähr dreißig Jahren. An einer laut singenden Gruppe mit roten Fahnen geht sie schnell vorbei: „Wissen Sie, ich bin das erste Mal auf einer Demonstration. Zu Hause habe ich drei Kinder. Das Baby ist erst drei Monate alt. Mein Mann und ich haben beschlos-
35 sen, daß er bei den Kindern bleibt und daß ich für uns alle hierherkomme." Bei dem Lied „Frieden auf Erden, Frieden auf der ganzen Welt" singt die Frau mit. Später sagt sie: „Das Lied habe ich von meiner Zehnjährigen gelernt. ‚Mutti', hat sie zu mir gesagt, ‚das mußt du auf der Demo singen'. Ich habe es ihr versprochen.
40 Ihretwegen° bin ich ja schließlich hier."

                                                     Amerikaner (*slang*)

   arms buildup

   for her sake

Auf dem Markt spricht ein älterer Redner: „Meine Frau war heute morgen nicht sehr fröhlich, als ich wegfuhr. Da habe ich zu ihr gesagt, es ist genau der richtige Tag, daß ich fahre. Denn heute morgen ist meine jüngste Tochter mit ihrem vierten Kind gesund aus der Klinik

45 gekommen. Und ich will, daß dieses Enkelkind leben kann." Ein junger Mann sagt dazu: „Genau! Wogegen wir sind, das ist für uns alle klar. Aber wofür wir sind, das muß immer wieder gesagt werden. Wir haben schließlich ein sehr menschenfreundliches Motiv, auf die Straße zu gehen."

50 Ein Motorradpolizist steht bei einem Kölner Auto, dessen Fahrer im Kofferraum etwas sucht. Ein Schlafsack, Taschen mit Lebensmitteln, linke Zeitungen werden sichtbar°. Er hat immer noch nicht gefunden, was er sucht. Ein paar Demonstranten bleiben stehen. Sie fragen sich, was hier wohl versteckt sein soll. Endlich ist die Suche zu Ende: Der

55 Fahrer gibt dem Polizisten einen Schraubenzieher°. An seinem Motorrad war eine Schraube los.

Während der Reden vorn auf der Tribüne° wird es plötzlich am Rande des Platzes unruhig. Ungefähr einhundertfünfzig Demonstranten wollen den Rednern nicht mehr zuhören. Sie nennen sich *Das*

60 *Komitee für den wahren Frieden.* Auf ihren Spruchbändern° steht: *Rote reden vom Frieden, meinen aber den Krieg.* In die Menge hinein rufen sie: „Moskaus Idioten! Moskaus Idioten!" Und: „Nur die allerdümmsten° Kälber° wählen ihre Schlächter° selber." Einige Leute werden böse. Doch bevor es zu einer richtigen Schlägerei kommt,

65 bildet sich trotz der Enge eine Gasse°, durch die die Gruppe abgedrängt° wird.

Über den Demonstranten kreist ein Flugzeug mit dem Spruchband: „Wer demonstriert in Moskau?"

Am nächsten Tag liest man über die Demonstration in einer der

70 Zeitungen, die Aufrüstung bedrohe° Frieden und Entspannung°. Die Friedensbewegung richte sich gegen diese Bedrohung°, und die Demonstrationen seien ein Teil davon ... Darum hätten sich gestern mehrere zehntausend Leute auf dem Marktplatz versammelt. In der Zeitung heißt° es dann weiter: „Unserer Meinung nach ist das keine

75 Versammlung, die eine Null-Komma-Partei° wie die DKP° auf die Beine bekommt°."

Bei fast allen diesen Demonstrationen gibt es natürlich Plakate und Schilder mit Friedenssprüchen°. Einige versuchen trotz allen Ernstes witzig zu sein: *Denkt an die Dinosaurier! Viel Panzer°, aber*

80 *wenig Hirn°.* Oder: *Unsere Kinder sollen lachen und nicht strahlen°.* Andere Sprüche aber sagen in ganz einfachen Worten, wie ernst die Situation ist: *Den nächsten Krieg gewinnt der Tod.* Oder: *1914   1939   19.. Eine dritte Chance zu lernen wird es nicht geben.*

Marginal glosses:

- visible
- screwdriver
- stage
- banners
- most stupid / calves / butchers
- narrow opening
- pushed away
- threatens / détente
- threat
- states
- Zero-Point Party: gets too few votes to be represented in the Bundestag / Deutsche Kommunistische Partei / **auf ... bekommt:** raise up
- peace slogans
- armor
- brains / radiate

Zum Text

A. Hauptideen.   Sagen Sie, welche Idee in dem Lesestück betont wird! Oder formulieren Sie selbst!

1. Es erklärt, warum einige Deutsche antiamerikanisch sind.
2. Es betont, daß Leute in jedem Alter und aus allen Schichten an Friedensdemonstrationen teilnehmen.
3. Es zeigt, daß es immer Leute gibt, die gegen eine Demonstration demonstrieren.
4. Es betont, daß es viele Frauen bei Friedensdemonstrationen gibt.
5. Es betont, daß viele Plakate witzig sind.
6. Es betont, daß die Demonstranten friedlich sind.

B. Suchen Sie im Text!   Wenn Sie folgende Informationen in dem Zeitschriftenartikel finden, geben Sie den genauen Satz an! Wenn die Information im Text nicht steht, sagen Sie: „Darüber wird nichts gesagt!"

1. Die Deutschen glauben, daß sie in einem Krieg zwischen den USA und der Sowjetunion keine Chance haben.
2. Einige Polizisten demonstrierten für den Frieden.
3. Es waren Mütter mit kleinen Babys da.
4. Einige Frauen erwarteten Regen.
5. Eine junge Lehrerin findet, besonders die Deutschen sind in Gefahr.
6. Eine junge Frau sah es nicht gern, daß auch Kommunisten an der Demonstration teilnahmen.
7. Ein Großvater demonstrierte wegen seines Enkelkindes.
8. Die Demonstranten waren freundlich zu den Polizisten.
9. Die Redner auf der Tribüne sprachen auch über die Aufrüstung im Warschauer Pakt.
10. Einige Leute demonstrierten gegen die Demonstranten.
11. Zwei Weltkriege hat es schon gegeben. Ein Dritter wäre das Ende der Zivilisation.

C. Identifizieren Sie!   Welche Beschreibung paßt zu den Leuten?

1. Drei ältere Frauen
2. Eine Lehrerin für Geschichte
3. Eine dreißigjährige Frau, deren Mann zu Hause geblieben ist
4. Ein älterer Mann
5. Ein Fahrer aus Köln
6. Das Komitee für den wahren Frieden

a. will ein gesundes und friedliches Leben für sein Enkelkind
b. gibt dem Motorradpolizisten einen Schraubenzieher
c. haben den Zweiten Weltkrieg erlebt
d. nennt die Demonstranten „Moskaus Idioten"
e. ist gegen die Raketen von NATO und Warschauer Pakt
f. singt ein Lied, das sie von ihrer Tochter gelernt hat

D. Beschreiben Sie mit Hilfe einer Wortliste zwei von den Demonstranten!

E. Indirekte Rede.   Die Zeilen 69–73 sind in indirekter Rede. Schreiben Sie die Zeilen in direkter Rede!

F. Rollenspiel.   Stellen Sie sich vor, Sie sind auf einer Demonstration gewesen! Beschreiben Sie in einem Brief an eine Freundin oder einen Freund die Demonstration und Ihre Eindrücke davon!

G. Zur Diskussion/Zum Schreiben

1. Ist der Bericht über die Demonstration objektiv? Hat die Autorin besondere Aspekte der Demonstration gezeigt? Auf welcher Seite steht die Autorin? Was meinen Sie?

Bruder

Ich gehöre dir
Fremder
der mein Bruder ist
und mir gehört

— Rose Ausländer
(geb. 1907)

Wortschatzübungen

Substantive

das **Enkelkind,** **–er**   grandchild
die **Fahne,** **–n**   flag
die **Menge,** **–n**   crowd; great quantity; **eine Menge Geld**   a lot
   of money
das **Plakat,** **–e**   poster
der **Rand,** **¨er**   edge
das **Schild,** **–er**   sign
die **Versammlung,** **–en**   gathering; meeting
die **Waffe,** **–n**   weapon

Verben

los·gehen (ging los, ist losgegangen)   to start out, begin
(sich) verstecken   to hide; **sich hinter einem Baum**
   verstecken   to hide behind a tree

Andere Wörter

jedenfalls   in any case; as far as I'm concerned
genau   exact; *(as a response);* **genau!**   that's right!
witzig   witty

H. Vokabeln.   Ergänzen Sie mit Wörtern aus der Wortliste!

Frau Schneider ist Großmutter. Sie nimmt heute an einer Friedens-
demonstration teil. Sie will, daß ihr _____ leben kann. Auf dem
Marktplatz steht eine große Menschen_____. Es ist eine _____ von
jung und alt. Einige tragen _____ mit Sprüchen wie „Keine
Raketen. Keine Atom_____ mehr". Nicht alle Sprüche sind ernst, es
sind auch _____ Sprüche darunter. Einige Leute tragen rote
_____. Die Großmutter geht schnell an ihnen vorbei. Auf der Tri-
büne hält man Reden über den Frieden. Am _____ der Versammlung steht ein Polizist bei einem Auto, dessen Fahrer im Kofferraum
etwas sucht. Man fragt sich: „Was liegt da wohl _____?" Endlich
hat er es gefunden: einen Schraubenzieher. Die Großmutter redet
mit einem jungen Mann, der sich ein _____ um den Hals gehängt
hat. „Wenn es mal _____", meint sie, „fliegen wir Deutschen in die
Luft, nicht die Russen oder die Amis." — „ _____", antwortet er.
„Sie haben recht." — „Ich weiß nicht, ob so eine Demonstration hilft,
aber ich habe _____ etwas getan".

I. Definitionen.   Welche Bedeutung paßt zu den Vokabeln aus der Wortliste?

1. ein großes Stück festes Papier mit Text und/oder Bild
2. ein Gerät zum Kämpfen
3. sehr viel
4. das Zeichen eines Landes
5. das Kind des Sohnes oder der Tochter
6. Leute, die zum selben Zweck zusammenkommen

J. Wie sagt man das auf deutsch?   Ergänzen Sie!

1. Wann _____ es _____?
   When does it start?
2. Wo hast du den Schlüssel _____?
   Where did you hide the key?
3. Er glaubt mir; _____ hat er es gesagt.
   He believes me; at least he said he did.
4. Er hätte es allein machen sollen. — _____!
   He should have done it alone. — You're right.
5. Das ist eine sehr _____ Bemerkung.
   That is a very witty remark.
6. Sie wohnen am _____ der Stadt.
   They live at the edge of town.

Samstag, 11. Juni

14.30 Auftaktveranstaltung am Maschsee-Nordufer
15.30 Friedensmarsch zum Messegelände
18.00 Kundgebung Messeparkplatz Nordwest

Redner: Kath. US-Bischof; Alan Boesak, Südafrika; Werner Vitt, Gewerkschaft IG Chemie, Papier, Keramik; Gerd Dieffenthaler, Gewerkschaft der Polizei; Major Prieß, Kölner Heeresamt; Vertreter/innen des Reformierten Bundes, der Mennoniten u. a.

Musik: Wolf Biermann, Franz Josef Degenhardt, Gabi Scherle, Gruppe Baltruweit und Menschenkinder

Sonntag, 12. Juni

10.00 Schlußveranstaltung des Kirchentages im Niedersachsenstadion (Friedenstücher mitbringen!)

Was meinen Sie?

K. Eine Umfrage. Junge Leute in der Bundesrepublik wurden über Krieg und Frieden interviewt. Sagen Sie, ob Sie mit ihren Ideen übereinstimmen oder nicht!

1. „Man soll den Wehrdienst° verweigern°."   military service / refuse
2. „Jeder soll im täglichen Leben gegen den Krieg arbeiten."
3. „Die Sowjets rüsten auf°, und daher müssen die Amerikaner   rüsten auf: arm
   stärker werden."
4. „Man kann Frieden nicht mit Waffen schaffen."
5. „Um Frieden zu haben, müssen wir hier in Deutschland ohne
   Waffen leben."
6. „Arbeit in Diskussionsgruppen hilft den Frieden schaffen."
7. „Demonstrieren hilft den Frieden schaffen."
8. „Die Abrüstung° kann den nächsten Krieg verhindern°."   disarmament / prevent
9. „Leute, die gegen die NATO sind, sind vom Osten dirigiert°."   directed
10. „Wenn der Westen ein bißchen mehr Verständnis für den Osten
    zeigen würde, dann würde der Osten auch eher bereit sein, über
    Abrüstung zu diskutieren."
11. „Es gibt linke Gruppen, die die Friedensbewegung für ihre
    eigenen Interessen mißbrauchen."
12. „Die ganze Friedensbewegung bringt Deutschland politisch
    gesehen in eine schlechte Position."
13. „Der Osten baut seine militärische Macht immer weiter aus und   catch up in arms
    zwingt damit den Westen zum Nachrüsten°."
14. „Wenn man wirklich Frieden haben will, dann muß man stark
    sein, um erfolgreich verhandeln zu können."

L. Interaktionen. Sie und drei Freunde planen eine Demonstration. Einigen Sie sich zuerst über das Thema der Demonstration, dann entscheiden Sie folgende Fragen: Wann? Wo? Wie groß? Wie wird die Demonstration bekannt gemacht? Wer sorgt für Ordnung? Wer malt die Plakate? Wie finanziert man alles? Ein Sprecher/Eine Sprecherin erzählt der Klasse von Ihren Plänen.

Die Kegelbahn

Wolfgang Borchert

Because he was born in 1921 and died in 1947 at age 26, Wolfgang Borchert spent much of his life under the rule of the Nazis. He was jailed twice for anti-war and anti-Nazi statements. While serving on the Russian front during World War II, Borchert was seriously wounded. He never truly recovered and died two years after the end of the war. During his short life Borchert published short stories, poems, and a play, *Draußen vor der Tür*, which opened in Hamburg the day after his death. The dominant theme in Borchert's works is war, with all its destructive, dehumanizing aspects; there are no heroes or glorious adventures in his war stories. In the short story "Die Kegelbahn" nameless soldiers face personal guilt for actions ordered by other nameless men.

Vorbereitung auf das Lesen

Leitfragen

1. Borchert nennt seine Geschichte „Die Kegelbahn" (The Bowling Alley), weil er den Krieg mit einer Kegelbahn vergleicht. Beachten Sie, welche Vergleiche er anstellt°. Fragen Sie sich, inwiefern es im Krieg „Spielregeln" gibt.

   Vergleiche . . . anstellt: makes comparisons

2. Sie finden in der Geschichte immer wieder die Wörter „man" und „einer": „Aber man mußte mit dem Gewehr auf sie schießen. Das hatte einer befohlen." Warum benutzt Borchert diese Wörter so oft?

Wir sind die Kegler°.   bowlers
Und wir selbst sind die Kugel°.   ball
Aber wir sind auch die Kegel°,   bowling pins
die stürzen.
Die Kegelbahn°, auf der es donnert,   bowling alley
ist unser Herz.

5

Zwei Männer hatten ein Loch in die Erde gemacht. Es war ganz geräumig und beinahe gemütlich. Wie ein Grab. Man hielt es aus.

Vor sich hatten sie ein Gewehr. Das hatte einer erfunden, damit
10 man damit auf Menschen schießen konnte. Meistens kannte man die
Menschen gar nicht. Man verstand nicht mal ihre Sprache. Und sie hatten einem nichts getan. Aber man mußte mit dem Gewehr auf sie
schießen. Das hatte einer befohlen. Und damit man recht viele von
ihnen erschießen konnte, hatte einer erfunden, daß das Gewehr mehr
15 als sechzigmal in der Minute schoß.
Dafür war er belohnt worden.
Etwas weiter ab von den beiden Männern war ein anderes Loch.
Da kuckte ein Kopf raus°, der einem Menschen gehörte. Er hatte eine   kuckte . . . raus: looked out
Nase, die Parfum riechen konnte. Augen, die eine Stadt oder eine   (north German)
20 Blume sehen konnten. Er hatte einen Mund, mit dem konnte er Brot
essen und Inge sagen oder Mutter. Diesen Kopf sahen die beiden Männer, denen man das Gewehr gegeben hatte.

Edvard Munch: *Der Schrei*,
1895.

Schieß, sagte der eine.

Der schoß.

25 Da war der Kopf kaputt. Er konnte nicht mehr Parfum riechen, keine Stadt mehr sehen und nicht mehr Inge sagen. Nie mehr. Die beiden Männer waren viele Monate in dem Loch. Sie machten viele Köpfe kaputt. Und die gehörten immer Menschen, die sie gar nicht kannten. Die ihnen nichts getan hatten und die sie nicht mal ver-
30 standen. Aber einer hatte das Gewehr erfunden, das mehr als sechzigmal schoß in der Minute. Und einer hatte es befohlen.

Allmählich hatten die beiden Männer so viele Köpfe kaputt gemacht, daß man einen großen Berg daraus machen konnte. Und wenn die beiden Männer schliefen, fingen die Köpfe an zu rollen. Wie
35 auf einer Kegelbahn. Mit leisem Donner. Davon wachten die beiden Männer auf.

Aber man hat es doch befohlen, flüsterte der eine.

Aber wir haben es getan, schrie der andere.

Aber es war furchtbar, stöhnte° der eine.   groaned
40 Aber manchmal hat es auch Spaß gemacht, lachte der andere.

Nein, schrie der Flüsternde.

Doch, flüsterte der andere, manchmal hat es Spaß gemacht. Das ist es ja. Richtig Spaß.

Stunden saßen sie in der Nacht. Sie schliefen nicht. Dann sagte der
45 eine:

Aber Gott hat uns so gemacht.

Aber Gott hat eine Entschuldigung, sagte der andere, es gibt ihn nicht.

Es gibt ihn nicht? fragte der erste.
50 Das ist seine einzige Entschuldigung, antwortete der zweite.

Aber uns — uns gibt es, flüsterte der erste.

Ja, uns gibt es, flüsterte der andere.

Die beiden Männer, denen man befohlen hatte, recht viele Köpfe kaputt zu machen, schliefen nicht in der Nacht. Denn die Köpfe
55 machten leisen Donner.

Dann sagte der eine: Und wir sitzen nun damit an°.   wir . . . an: now we're stuck with
Ja, sagte der andere, wir sitzen nun damit an.   it

Da rief einer: Fertigmachen. Es geht wieder los.

Die beiden Männer standen auf und nahmen das Gewehr.
60 Und immer, wenn sie einen Menschen sahen, schossen sie auf ihn.

Und immer war das ein Mensch, den sie gar nicht kannten. Und der ihnen nichts getan hatte. Aber sie schossen auf ihn. Dazu hatte einer das Gewehr erfunden. Er war dafür belohnt worden.

Und einer — einer hatte es befohlen.

Zum Text

A. Suchen Sie im Text!

1. In der Geschichte sind das *Persönliche* und das *Unpersönliche* gegenübergestellt. Welche Pronomen drücken das *Persönliche* aus? Welche das *Unpersönliche?*
2. Welche Sätze erzählen von den Taten des *Persönlichen?* Welche von den Taten des *Unpersönlichen?*
3. Welche Wörter und Satzteile werden wiederholt? Welche Gefühle oder Ideen drücken die Wörter aus?
4. Die Soldaten versuchen, die Frage der Schuld zu beantworten. Welche Argumente finden Sie für ihre Schuld? Für ihre Unschuld?

B. Zum Inhalt

1. Was ist die Aufgabe der zwei Soldaten?
2. Warum tun sie ihre *Pflicht?*
3. Was verbindet den kaputten Kopf mit den beiden Soldaten?
4. Warum können die Soldaten nicht mehr schlafen?
5. Warum schießen sie weiter auf unbekannte Menschen?
6. Wer trägt Ihrer Meinung nach die Schuld?

Maßnahmen gegen die Gewalt

Bertolt Brecht

Bertolt Brecht (1898–1956) is one of the most important literary figures of the twentieth century. Such plays as **Die Dreigroschenoper** (The Threepenny Opera), **Mutter Courage und ihre Kinder** (Mother Courage), **Der gute Mensch von Sezuan** (The Good Woman of Sezuan), and **Der kaukasische Kreidekreis** (The Caucasian Chalk Circle) are well-known and his dramas and dramatic theories have influenced many modern playwrights. Brecht has also written short stories, essays, and poems.

An opponent of Nazism, Brecht left Germany in 1933 and continued to move from one European country to the next. He finally settled in California. After World War II he moved to East Berlin where he founded the **Berliner Ensemble**, one of the best-known theatrical companies in Europe. In his works Brecht examines the moral dilemma of living in a world of poverty, corruption, tyranny, and war. "Maßnahmen° gegen die Gewalt," one of a series of short sketches published under the title **Geschichten von Herrn Keuner**, contains a recurring theme of Brecht's work — survival. For Brecht it is survival at any cost, a point of view at variance with commonly held beliefs that emphasize courage and sacrifice.

measures

Vorbereitung auf das Lesen

Zum Thema

1. Leute, die unter einer Diktatur leben, stehen oft vor einem Dilemma: Sollte man gegen den Diktator kämpfen, auch wenn es das Leben kosten könnte? Oder sollte man versuchen, die Regierung auf friedliche Weise zu ändern? Welche Möglichkeiten gibt es überhaupt?

Leitfragen

1. „Maßnahmen gegen die Gewalt" ist eine Parabel. Wie Sie wissen, ist eine Parabel eine Erzählung, von der man lernen soll, was man tun oder nicht tun sollte. Brecht stellt die Frage: Sollte man gegen die Gewalt (Diktatur) kämpfen? Welche Antwort gibt er? Was halten Sie davon?

Als Herr Keuner, der Denkende, sich in einem Saale° vor vielen gegen die Gewalt aussprach, merkte er, wie die Leute vor ihm zurückwichen° und weggingen. Er blickte sich um und sah hinter sich stehen — die Gewalt.

hall
shrank back

5   „Was sagtest du?" fragte ihn die Gewalt.

„Ich sprach mich für die Gewalt aus", antwortete Herr Keuner.

Als Herr Keuner weggegangen war, fragten ihn seine Schüler nach seinem Rückgrat°. Herr Keuner antwortete: „Ich habe kein Rückgrat zum Zerschlagen°. Gerade ich muß länger leben als die Gewalt."

backbone

Ich ... Zerschlagen: I can't afford to have my backbone shattered

10   Und Herr Keuner erzählte folgende Geschichte:

In die Wohnung des Herrn Egge, der gelernt hatte, nein zu sagen, kam eines Tages in der Zeit der Illegalität° ein Agent, der zeigte einen Schein vor, welcher ausgestellt° war im Namen derer°, die die Stadt beherrschten° und auf dem stand, daß ihm gehören solle jede

Zeit ... Illegalität: period of tyranny / issued / of those

ruled

₁₅ Wohnung, in die er seinen Fuß setze; ebenso sollte ihm auch jedes Essen gehören, das er verlange; ebenso sollte ihm auch jeder Mann dienen, den er sähe.

Der Agent setzte sich in einen Stuhl, verlangte Essen, wusch sich, legte sich nieder und fragte mit dem Gesicht zur Wand vor dem ₂₀ Einschlafen: „Wirst du mir dienen?"

Herr Egge deckte ihn mit einer Decke zu, vertrieb° die Fliegen°,   chased away / flies
bewachte° seinen Schlaf, und wie an diesem Tage gehorchte er ihm   guarded
sieben Jahre lang. Aber was immer er für ihn tat, eines zu tun hütete
er sich° wohl: das war, ein Wort zu sagen. Als nun die sieben Jahre   **hütete sich**: shunned
₂₅ herum waren und der Agent dick geworden war vom vielen Essen,
Schlafen und Befehlen, starb der Agent. Da wickelte° ihn Herr Egge in   wrapped
die verdorbene° Decke, schleifte° ihn aus dem Haus, wusch das Lager°,   worn out / dragged / bed
tünchte° die Wände, atmete auf° und antwortete: „Nein."   whitewashed / **atmete auf**: took a deep breath

---

C. Zum Inhalt

1. Wovor hatten die Leute im Saal Angst?
2. Warum sagte Herr Keuner nicht die Wahrheit?
3. Warum erzählte Herr Keuner die Geschichte von Herrn Egge?
4. Warum durfte der Agent in Herrn Egges Wohnung leben?
5. Wie diente ihm Herr Egge? Warum?
6. Woran starb der Agent?
7. Warum machte Herr Egge alles wieder frisch, nachdem der Agent gestorben war?
8. Warum wartete Herr Egge sieben Jahre mit seiner Antwort?
9. Was hat diese Erzählung mit dem Thema „Krieg oder Frieden" zu tun?

D. Nacherzählen. Machen Sie eine Wortliste, die Sie zum Nacherzählen brauchen!

Wortschatzübungen

Substantive

der Donner   thunder
die Gewalt   force, power
das Gewehr, –e   gun, rifle
das Loch, ¨–er   hole
der Schein, –e   certificate

Verben

aus·halten (hält aus; hielt aus, ausgehalten)   to endure, hold
out
befehlen (+ *dat.*) **(befiehlt; befahl, befohlen)**   to order,
command; **er hat mir befohlen**   he ordered me
belohnen   to reward
dienen (+ *dat.*)   to serve; **das dient ihm als . . .**   that serves
him as . . .
erfinden (erfand, erfunden)   to invent
flüstern   to whisper
zu·decken   to cover

Andere Wörter

allmählich   gradually
beinah(e)   almost, nearly
ebenso   just so, equally, just as

E. Vokabeln.   Welche Bedeutung paßt zu den Vokabeln der obigen
Liste?

 1. ein Ding, mit dem man schießt
 2. für jemanden etwas tun, für ihn/sie da sein
 3. fast, nicht ganz
 4. weitermachen, trotz Schwierigkeiten und Leiden
 5. langsam, aber sicher
 6. jemandem sagen, was er tun muß
 7. jemandem etwas zum Dank geben
 8. genauso, auch so
 9. sich etwas ganz Neues ausdenken
10. eine Öffnung
11. ein offizielles Papier
12. eine Autorität, die z.B auf Gewehren basiert
13. sehr leise sprechen
14. eine Decke über jemanden legen
15. was man bei einem Gewitter oder Regen hört

F. Verwandte Wörter.   Was bedeuten folgende Sätze? Geben Sie
das Wort, das mit dem **fettgedruckten** Wort verwandt ist!

 1. Der Computer ist eine **Erfindung**, die das heutige Leben sehr
    verändert hat.
 2. Weil Gerd nicht Soldat werden wollte, mußte er Zivil**dienst**
    leisten.

3. Wer den Ring findet und zurückbringt, bekommt 200 Mark **Belohnung.**
4. Dein Wunsch ist mir **Befehl.**
5. Ihre Worte haben einen **gewaltigen** Eindruck auf mich gemacht.
6. Es hat **gedonnert.** Es kommt sicher ein Gewitter.

Suffixe -heit und -keit

The suffix **-heit** can be added mainly to adjectives to form abstract nouns that designate a condition or characteristic: **frei>die Freiheit.** The suffix -**keit** is used instead of -**heit** after adjectives ending in -**bar**, -**ig**, -**lich**, and -**sam**: **freundlich>die Freundlichkeit.** Nouns ending in -**heit** and -**keit** are feminine.

Suffix -ung

The suffix -**ung** is added to verbs to form nouns: **erfinden>die Erfindung.** Nouns ending in -**ung** are feminine.

G. Wortbildung. Bilden Sie Substantive mit den passenden Endungen -heit, -keit, oder -ung! Geben Sie die englischen Äquivalente!

▶ bedeuten   *die Bedeutung; meaning, significance*

1. bemerken
2. dankbar
3. einfach
4. einladen
5. entschuldigen
6. erzählen
7. krank
8. möglich
9. wirklich

Was meinen Sie?

H. Schriftliches! Beantworten Sie schriftlich eine der folgenden Fragen!

1. Glauben Sie, daß Herr Egge richtig gehandelt hat? Warum (nicht)?
2. Inwiefern ist das Dilemma von Herrn Egge dem Dilemma der beiden Soldaten in „Die Kegelbahn" ähnlich? Inwiefern ist es anders?
3. Kann Herrn Egges Antwort den beiden Soldaten aus ihrem Dilemma helfen? Warum (nicht)?

I. Debatte.   Mit drei anderen Studenten debattieren Sie über eines der folgenden Themen! Zwei sprechen dafür, zwei dagegen.

1. Die Bürger eines Landes sind an den ungerechten Taten und Maßnahmen einer Regierung mitschuldig.
2. Herrn Egges Methode, gegen die Gewalt zu kämpfen — dienen, aber innerlich frei bleiben — ist die beste Methode.

Spielzeug°

Mit der Eisenbahn	toys
lernen wir	
zur Oma fahrn.	
Das macht Spaß	
Mit der Puppe°	doll
essen wir	
gerne unsere Suppe	
Das macht Spaß	
Mit dem Ball	
schmeißen wir	
Peters Bären° um°	bear / **umschmeißen:** knock over
der ist dumm	
Mit den Muschikatzen°	kitty cats
lernt der Paul	
die Anne kratzen°	scratch
Das macht Spaß	
Mit dem Panzer° lernen wir:	tank
Wie man	
Eisenbahn,	
Puppe, Suppe,	
Ball und Bär,	
Muschikatzen	
und noch mehr	
Anne, Pappa,	
Haus und Maus	
einfach kaputt macht.	

—Wolf Biermann
(geb. 1936)

Thema 11

Umwelt

Wanderer im Schwarzwald

Oh Tannenbaum, oh Fichtenbaum!

Like many other industrial countries the Federal Republic of Germany discovered years ago that the environment is fragile and comes under stress from many sources. At one point the Rhine was being turned into a brown, smelly sewer by industrial waste and untreated sewage. Lake Constance, a favorite recreation spot, was becoming unfit for swimming and boating. Coal dust from the Ruhr region polluted the air as far north as Sweden. But in the 1970s constant public pressure and strong support by environmental protection groups and parties like **Die Grünen** helped bring about the enactment of more effective laws to regulate waste and to protect the environment. Today the water of the Rhine contains again enough oxygen for fish to live, Lake Constance has water pure enough to drink, and the air in the Ruhr region has improved in quality.

While those improvements were being made another environmental catastrophe had been developing, the full extent of which did not become evident until the early 1980s. The German forests were dying. The article "Oh Tannenbaum°, oh Fichtenbaum°!" addresses this problem. The author reviews the importance of forests in the environment and the unique role they play in the everyday life of the people, reveals the extent of the destruction, examines probable causes for it and presents the problems of finding and instituting remedies.

Christmas tree (fir tree)

spruce tree

Vorbereitung auf das Lesen

Zum Thema

1. Das Thema des Lesestücks ist der sterbende Wald. Woran denken Sie bei dem Wort „Wald"? (Ordnen Sie Ihre Gedanken nach den folgenden drei Kategorien: Wirtschaft, Freizeit und Umwelt.)

Leitfragen

In diesem Artikel über den sterbenden deutschen Wald diskutiert der Autor u.a. folgende Punkte:

1. Wie groß ist der Schaden?
2. Warum sterben die Bäume?
3. Wie sieht ein kranker Baum aus?

4. Wie wichtig ist die Rolle, die der Wald in der Umwelt spielt?
5. Welche besondere Bedeutung hat der Wald für die Deutschen?
6. Wie schwierig ist es, eine Lösung zu finden?

Beachten Sie diese Punkte beim Lesen!

Verwandte Wörter

die Debatte	die Ökologie
industrialisiert	schizophren

Wortfamilien

bisherig (bisher)	pflanzen (die Pflanze)
das Einfamilienhaus (eine Familie + das Haus)	säubern (sauber)
	schädigen (schaden)
die Erholung (sich erholen)	der Schadstoff (schaden + der Stoff)
gewaltig (die Gewalt)	
das Kraftwerk (die Kraft + das Werk)	trinkbar (trinken)
	das Verständnis (verstehen)

Im Land des Weihnachtsbaumes sterben Tannen° und Fichten°. Im ganzen Land sterben die Bäume. Siebzig Prozent des Schwarzwaldes° sind krank. In Nordbayern° sind alle Buchen° krank. Im Deutschen gibt es ein neues Wort dafür: Waldsterben. Eine Untersuchung hat vor
5 kurzem gezeigt, daß etwa fünfzig Prozent des Waldlandes in der Bundesrepublik krank sind.

fir (trees) / spruce (trees)
Black Forest
Northern Bavaria / beech trees

    Wie kommt es zu diesem gewaltigen Schaden? Nun, es beginnt mit Fabriken, Kraftwerken, Autos und privaten Haushalten, wenn sie Kohle, Erdöl oder Erdgas verbrennen. Aus den Schornsteinen° und
10 Auspuffrohren° werden Schwefeldioxyd° (SO_2) und andere Schadstoffe wie Stickoxyde° (N_2O) und Blei° in die Luft geblasen.° Mit dem Regen fallen sie zum Teil als Säure° wieder zur Erde. Da schädigen sie Pflanzen, Boden und das Wasser im Boden so, daß das bisherige Leben nicht mehr möglich ist. Wie das genau passiert, darüber streitet man
15 sich noch. *Unumstritten° ist nur, daß der Wald stirbt* hieß kürzlich eine Schlagzeile° in der *Frankfurter Rundschau*.

smoke stacks
exhaust pipes / sulphur dioxide
nitrous oxide / lead / blown
acid

undisputed
headline

    Viele Deutsche betrachten es als eine nationale Katastrophe, daß ihre zwanzig Milliarden Bäume in Gefahr sind, krank zu werden und zu sterben. Immer wieder sieht man, wie Bäume, die vor ein paar
20 Monaten noch gesund waren, plötzlich anfangen, gelb zu werden. Kurz danach werden sie braun. Dann fallen die Nadeln ab, und der Stamm° beginnt zu faulen.° Meistens ist es nicht möglich, den kranken Bäumen zu helfen.

trunk / rot

*Bis die Luft sauber ist,
bleibt noch viel zu tun.*

Die möglichen Folgen von solchen massiven Waldschäden sind
25 gewaltig. Ein Wald mit seiner Vegetation saugt Regenwasser auf° wie   **saugt ... auf:** sucks up
ein Schwamm°. Wenn er aber tot ist, fließt das Regenwasser in den   sponge
Bergen schnell zu Tal. Die Folgen sind Erosion oder sogar Erdrutsch°   landslide
und Hochwasser. Im Winter hält der Wald den Schnee und schützt die
Täler vor Lawinen°. Aber nicht nur in den Bergen ist der Wald wesent-   avalanches
30 lich° für das Leben. Der Wald sorgt für reines und trinkbares   essential
Grundwasser° und für saubere Luft. Zwölf Fichten produzieren genug   ground water
Sauerstoff° für einen Menschen. Eine hundertjährige Buche reinigt pro   oxygen
Jahr den Luftinhalt° von 800 Einfamilienhäusern.   air capacity
In Baden-Württemberg° leben 250.000 Menschen direkt vom   state in south-west of the
35 Wald, Menschen wie die Familie Büchler in einem kleinen Dorf im   Federal Republic
Schwarzwald. Die Familie hat seit neun Generationen ihren eigenen
Wald und lebt von der Forstwirtschaft°. „Vor zehn bis fünfzehn   forest industry
Jahren", sagt Paul Büchler, „hab' ich bemerkt, daß etwas mit dem
Wald nicht gestimmt hat, vor allem mit den Tannen und Fichten. Und
40 so vor drei bis vier Jahren hab' ich gewußt, daß der Wald stirbt. Einige
von den Bäumen, die wir jetzt fällen° müssen, hat mein Urgroßvater°   cut down / great-grandfather
gepflanzt. In fünf Jahren haben wir keinen Baum mehr, der über 60

Jahre alt ist." Nach einer Weile sagt er noch: „Ich hänge° an dem Wald *am (emotionally) attached to*
hier. Aber so, wie's jetzt aussieht, muß ich meinem Sohn sagen:
45 Deinen Lebensunterhalt° kannst du dir hier nicht mehr verdienen. Und *livelihood*
ich mit meinen 48 Jahren kann's vielleicht auch bald nicht mehr."
Nicht nur die Menschen, die direkt vom Wald leben, empfinden° *feel*
das Waldsterben als besonders schlimm. Auch für viele Menschen in
den Städten ist der Wald kein fernes Ideal, sondern lebendige Wirk-
50 lichkeit. Viele Städte haben ihren eigenen Wald, den *Stadtwald*,
entweder in oder am Rande der Stadt. Dort finden sie Erholung, Ruhe
und Frieden. Bei dieser Liebe der Menschen für den Wald ist es sicher
kein Zufall, daß in der kleinen Bundesrepublik mit ihren 60 Millionen
Einwohnern fast ein Drittel des Landes Wald ist. Und daß der
55 beliebteste° Traumberuf° unter Kindern und Jugendlichen Förster° ist. *most popular / dream job / forester*
Die Schwierigkeiten bei der Lösung des Problems sind enorm°. *enormous*
Kohle, Erdöl und Erdgas sind d i e Energiequellen für Fabriken,
Kraftwerke und Autos. Das Land ist hoch industrialisiert. Weniger
Industrie würde Arbeitsplätze kosten. Eine andere Möglichkeit für die
60 Industrie wäre, die Abgase° zu säubern, d.h. zu entschwefeln° und zu *exhaust gases / get rid of sulphur / get rid of nitrogen*
entsticken°. Das kostet jedoch viel Geld. Eine weitere Komplikation ist,
daß die Hälfte der Abgasgifte° in der Bundesrepublik im Ausland *poisonous exhaust gases*
produziert wird und mit dem Wind und als saurer Regen° über die *acid rain*
Grenze kommt. Die Hälfte der deutschen Abgasgifte geht ebenso in
65 andere Länder. Man müßte also alle Europäer an einen Tisch bekommen. Kein eben einfaches Problem! Außerdem lieben die Deutschen
ihre schnellen Autos. Langsamer zu fahren, wäre sicher besser für den
Wald. Es gibt zwar eine nationale Debatte über eine Geschwindigkeitsbegrenzung auf den Autobahnen. Aber bisher haben die *Schnell-*
70 *fahrer* gewonnen. *Freie Fahrt für freie Bürger* ist ihr Schlagwort°. *slogan*
Die Schwierigkeiten sind zwar enorm, aber es gibt doch auch
etwas Hoffnung. Der Ökologie-Professor Ellenberg erzählt: „Als ich
vor 20 Jahren in einem Seminar von Naturschutz° und Ethik sprach, *preservation of nature*
haben die Studenten mich ausgelacht°. Letztes Jahr habe ich im *made fun of*
75 gleichen Hörsaal° die gleichen Gedanken diskutiert. Da habe ich *lecture hall*
besonderen Applaus bekommen. Ich glaube, es gibt heute gerade bei
der Jugend ein tieferes Verständnis für diese Probleme als früher."
Viele junge Leute sehen Ökologie als d a s Problem unserer Zeit. Auch
viele ältere Leute beginnen umzudenken°. Etwa 75% der Bürger *rethink*
80 glauben, daß Umweltschutz eine wichtige Aufgabe ist. Einiges ist auch
schon besser geworden. Es gibt heute weniger Schwefeldioxyd in der
Luft als vor 15 Jahren. Neue Kraftwerke m ü s s e n entschwefeln. An
Autos sieht man immer öfter Aufkleber° wie *Freiwillig° 100 km — dem* *bumper stickers / voluntarily*
Wald zuliebe°. Christine Muscheler, eine junge Politikerin aus Baden- *for the sake of*
85 Württemberg, hat so einen Aufkleber und fährt auch wirklich nur

Waldsterben — wie löst man das Problem?

hundert. Sie sagt: „Auf der Autobahn sehe ich immer wieder Leute, die mit hundertsechzig an uns vorbeibrausen°. Und einige von ihnen   race past
haben Aufkleber am Wagen wie *Ich bin Waldwanderer.* Das ist echt schizophren. Der Umweltschutz muß bei jedem einzelnen anfangen."

Zum Text

A. Hauptidee.   Welche Absicht verfolgt das Lesestück?

1. Es möchte erklären, woher die Schadstoffe in der Luft kommen.
2. Es betont, daß die Bundesrepublik das Problem des sterbenden Waldes nicht allein lösen kann.
3. Es beschreibt, warum ein gesunder Wald wichtig ist und was ein toter Wald für Deutschland bedeuten würde.
4. Es erklärt, warum so viele Bäume sterben.
5. Es bietet Lösungen, wie der deutsche Wald zu retten ist.

B. Suchen Sie im Text!   Der Autor beschreibt viele Probleme und Schwierigkeiten, die mit dem Thema Waldsterben zu tun haben. Suchen Sie fünf Sätze und fünf Wörter, die kritisch oder negativ sind oder den Ernst der Situation betonen.

C. Fragen / Antworten.   Man könnte die Hauptpunkte des Lesestücks in sechs Fragen formulieren. Mögliche Fragen stehen weiter unten. Nach den Fragen folgen Stichworte°, die Sie benutzen können, um die Fragen zu beantworten. Lesen Sie die Stichworte zu allen Fragen und dann beantworten Sie eine Frage!   cues

1. Wie groß ist der Schaden?
2. Was sind mögliche Ursachen des Waldsterbens?
3. Woran erkennt man einen kranken Baum?
4. Welche Rolle spielt der Wald für die Umwelt?
5. Welche Rolle spielt der Wald im Alltag des Menschen?
6. Welche Schwierigkeiten sind mit den Lösungen verbunden?

Stichworte:
a. viele Fahrer; gegen jede Geschwindigkeitsbegrenzung sein
b. viele Jugendliche; Förster werden
c. 70% des Schwarzwaldes
d. Erosion und Hochwasser verhindern
e. Haushalte
f. alle Buchen in Bayern
g. vor Lawinen schützen
h. alle europäischen Industrieländer; gegen Umweltverschmutzung kämpfen
i. Ruhe und Erholung im Wald finden
j. Autos
k. das Grundwasser reinigen
l. viele Menschen; ihren Lebensunterhalt verdienen
m. Säubern der Abgase; sehr teuer
n. die Luft reinigen
o. Kraftwerke
p. 50% des Waldlandes in der Bundesrepublik
q. weniger Industrie; Arbeitsplätze verlieren
r. Fabriken
s. Sauerstoff produzieren

Wortschatzübungen

Substantive

der **Einwohner,** –   inhabitant
das **Gas, –e**   gas; natural gas
die **Geschwindigkeitsbegrenzung, –en**   speed limit
die **Grenze, –n**   border, limit
der **Haushalt, –e**   household
die **Kohle, –n**   coal
die **Lösung, –en**   solution
die **Milliarde, –n**   billion
die **Nadel, –n**   needle
das **Öl**   oil
der **Schutz**   protection, preservation
die **Schwierigkeit, –en**   difficulty
der **Zufall, –̈e**   coincidence, chance

Verben

betrachten   to regard, observe; **ich betrachte das als
  überflüssig**   I regard that as superfluous
reinigen   to clean
schützen   to protect; **ich schütze ihn vor der Gefahr**   I protect him from the danger
sorgen   to take care of; **ich sorge für ihn**   I take care of him;
  sich sorgen   to worry; **ich sorge mich um ihn**   I worry
  about him
(sich) streiten (stritt, gestritten)   to quarrel; **er streitet sich mit
  ihm**   he quarrels with him; **sie streiten sich**   they quarrel

D. Vokabeln.   Ergänzen Sie den Text! Gebrauchen Sie die Wörter
der obigen Liste!

Vor einigen Jahren hat man bemerkt, daß mit dem deutschen Wald
etwas nicht stimmte. Die Bäume wurden gelb; die _____ fielen ab.
Der Wald war am Sterben. Die Deutschen _____ das Waldsterben
als eine Katastrophe. Die Bundesrepublik hat zwanzig _____
Bäume, und die Liebe für den Wald ist groß. Es ist natürlich schwer,
eine _____ des Problems zu finden. Einerseits wollen die Deutschen ihren Wald _____; andererseits sind viele Fahrer gegen eine
_____, denn sie wollen so schnell fahren, wie sie es gewohnt sind.
Es ist sicher kein _____, daß die Bundesrepublik große Probleme
hat, denn in diesem Industrieland braucht man viel Energie und
verbrennt daher viel _____, _____ und _____. Aber nicht nur die
Fabriken verschmutzen die Luft, sondern auch die vielen Millionen

Leute im eigenen _____. Eine weitere _____ ist, daß die Verschmutzung auch aus dem Ausland kommt. Es ist nicht genug,
wenn die _____ eines Landes die Luft in ihrem Land _____. Man
wird oft auf Nachbarländer böse, und man _____ _____ über den
sauren Regen, der vom Ausland über die _____ kommt. Für den
_____ der Umwelt müssen alle Länder _____.

E. Definitionen.   Welche Bedeutungen passen zu den Wörtern auf
der obigen Liste?

1. eine explosive Energiequelle, die aus der Erde kommt
2. jemanden genau ansehen
3. saubermachen
4. jemanden vor Gefahr retten
5. etwas, was nicht erwartet war
6. kämpfen
7. die Bürger eines Landes oder einer Stadt
8. Linie, die zwei Länder von einander trennt
9. etwas, was mit Problemen verbunden ist
10. Leben und Arbeiten einer Familie
11. eine Energiequelle, die über Jahrtausende aus pflanzlichen
    Stoffen gebildet wurde
12. das Blatt einer Tanne oder Fichte
13. tausend Millionen
14. sich um jemanden kümmern
15. Hilfe bei Gefahr
16. eine Grenze für das Tempo, das man fahren darf

Was meinen Sie?

F. Umweltprobleme.   Wie kann man Ihrer Meinung nach Umweltprobleme lösen? Antworten Sie mit ja oder nein! Versuchen Sie zu
sagen, warum Sie das meinen!

1. Mehr Atomkraftwerke bauen.
2. Nichts mehr aus Plastik machen.
3. Nur kleine Autos bauen.
4. Mehr Kohle verbrauchen.
5. Weniger Autostraßen bauen und mehr Geld für die Bahn
   ausgeben.
6. Autos in der Innenstadt verbieten.
7. Alle oder die meisten Insektizide verbieten.
8. Keine Flaschen und Dosen zum Wegwerfen mehr verkaufen.
9. Mehr Parks in der Stadt anlegen°.

establish

10. Fahrradwege bauen.
11. Keine Kohle verbrennen.
12. In alle Schornsteine Filter einbauen.
13. Für jeden Baum, den man fällt, einen neuen pflanzen.
14. Andere Lösungen, die Sie für gut halten.

G. Eine Rangliste der Probleme.   Welche der folgenden Probleme sind am wichtigsten? Machen Sie eine Rangliste! Beginnen Sie mit dem wichtigsten Problem!

1. Arbeitslosigkeit
2. Umweltverschmutzung
3. Krieg und Kriegsgefahr
4. Freizeitmangel
5. Visuelle Umweltverschmutzung
6. Insektizide in Lebensmitteln
7. Zu viele Menschen
8. Menschenfeindlichkeit° der Städte
9. Energiemangel°
10. Industrialisierung
11. Müll
12. Anderes?

inhospitality

energy shortage

KERNENERGIE *NACHRICHTEN*

Erdgas kann Kernenergie nicht ersetzen

KERNENERGIE *NACHRICHTEN*

Ausstieg aus der Kernenergie schadet Entwicklungsländern

WER SAGT, WIR KÖNNTEN AUF ATOMSTROM NICHT VERZICHTEN, LÜGT.

H. Interaktionen.   In Ihrer Stadt will man ein neues Einkaufszentrum bauen. Um Platz dafür zu gewinnen, muß man z.B. viele Bäume fällen. Bilden Sie drei Gruppen:

(a) eine Bürgerinitiative gegen das Einkaufszentrum
(b) eine Gruppe von Geschäftsleuten für das Einkaufszentrum
(c) der Stadtrat°, der entscheiden muß

city council

Die Gruppen A und B bereiten Argumente vor, um den Stadtrat zu überzeugen°. Der Stadtrat bereitet Fragen vor und macht eine Anhörung° mit beiden Gruppen. Der Rat entscheidet und begründet seine Entscheidung.

convince

hearing

Neapel sehen

Kurt Marti

Kurt Marti was born in 1921 in Bern, Switzerland. After studying
law and theology, he became the minister of a church in Bern. As a
writer of poems, short stories, and essays he has received a number
of Swiss literary awards. A predominant theme in Marti's work is
the human struggle for freedom in society. As advice to his
parishioners, Pastor Marti said that people command too much,
obey too much, and live too little:

> liebe gemeinde
> wir befehlen zu viel
> wir gehorchen zu viel
> wir leben zu wenig

In the short story "Neapel sehen" a factory worker has loathed his
job for forty years. Finally an illness frees him from the factory
routine, but he soon discovers that the hated routine was his life.

Vorbereitung auf das Lesen

Zum Thema

1. Viele Leute sind von ihrem Beruf und ihrem Arbeitsplatz begeistert. Es gibt aber auch Leute, die Ihren Beruf oder den Arbeitsplatz hassen. Warum sind einige begeistert und andere nicht?
   Was glauben Sie? Nennen Sie einige Gründe!

Leitfragen

1. Die Geschichte „Neapel sehen" handelt von einem Mann, der
   vierzig Jahre in einer Fabrik gearbeitet hat. Vierzig Jahre lang
   hat er seine Arbeit gehaßt. Auf einmal wird er krank und muß
   seine Arbeit aufgeben. Wie reagiert er darauf? Wie entwickelt er
   sich?

Verwandte Wörter

die Kantine
das Stakkato

Wortfamilien

der Haß (hassen)
der Rauch (rauchen)
der Zahltag (zahlen + der Tag)

Wörter im Kontext

Ein **Greis** ist ein sehr alter Mann.

Er hatte eine Bretterwand° gebaut. Die Bretterwand entfernte die Fabrik aus seinem häuslichen Blickkreis°. Er haßte die Fabrik. Er haßte seine Arbeit in der Fabrik. Er haßte die Maschine, an der er arbeitete. Er haßte das Tempo der Maschine, das er selber beschleunigte°. Er
5 haßte die Hetze° nach Akkordprämien°, durch welche er es zu einigem Wohlstand°, zu Haus und Gärtchen gebracht hatte. Er haßte seine Frau, so oft sie ihm sagte, heut nacht hast du wieder gezuckt°. Er haßte sie, bis sie es nicht mehr erwähnte. Aber die Hände zuckten weiter im Schlaf, zuckten im schnellen Stakkato der Arbeit. Er haßte
10 den Arzt, der ihm sagte, Sie müssen sich schonen°, Akkord ist nichts mehr für Sie. Er haßte den Meister, der ihm sagte, ich gebe dir eine andere Arbeit, Akkord ist nichts mehr für dich. Er haßte so viele verlogene° Rücksicht, er wollte kein Greis sein, er wollte keinen kleineren Zahltag, denn immer war das die Hinterseite° von so viel
15 Rücksicht, ein kleinerer Zahltag. Dann wurde er krank, nach vierzig Jahren Arbeit und Haß zum ersten Mal krank. Er lag im Bett und blickte zum Fenster hinaus. Er sah sein Gärtchen. Er sah den Abschluß° des Gärtchens, die Bretterwand. Weiter sah er nicht. Die Fabrik sah er nicht, nur den Frühling im Gärtchen und eine Wand aus gebeizten°
20 Brettern. Bald kannst du wieder hinaus, sagte die Frau, es steht alles in Blust°. Er glaubte ihr nicht. Geduld, nur Geduld, sagte der Arzt, das kommt schon wieder. Er glaubte ihm nicht. Es ist ein Elend°, sagte er nach drei Wochen zu seiner Frau, ich sehe immer das Gärtchen, sonst nichts, nur das Gärtchen, das ist mir zu langweilig, immer dasselbe
25 Gärtchen, nehmt doch einmal zwei Bretter aus der verdammten° Wand, damit ich was anderes sehe. Die Frau erschrak. Sie lief zum Nachbarn. Der Nachbar kam und löste zwei Bretter aus der Wand. Der Kranke sah durch die Lücke° hindurch, sah einen Teil der Fabrik. Nach einer Woche beklagte er sich, ich sehe immer das gleiche Stück der
30 Fabrik, das lenkt mich zu wenig ab°. Der Nachbar kam und legte die Bretterwand zur Hälfte nieder. Zärtlich ruhte der Blick des Kranken auf seiner Fabrik, verfolgte das Spiel des Rauches über dem Schlot°, das Ein und Aus der Autos im Hof, das Ein des Menschenstromes am

wooden fence
häuslichen Blickkreis: view from the house

sped up
mad rush / piecework bonuses
affluence
twitched

mind your health

insincere
drawback

outer edge

stained

bloom
nuisance

damned

gap

lenkt ... ab: diverts

smokestack

Max Beckmann: *Der eiserne Steg*, 1922.

Morgen, das Aus am Abend. Nach vierzehn Tagen befahl er, die
35 stehengebliebene Hälfte der Wand zu entfernen. Ich sehe unsere
Büros nie und auch die Kantine nicht, beklagte er sich. Der Nachbar
kam und tat, wie er wünschte. Als er die Büros sah, die Kantine und so
das gesamte Fabrikareal°, entspannte° ein Lächeln die Züge° des   *factory area / relaxed / features*
Kranken. Er starb nach einigen Tagen.

Zum Text

A. Zum Inhalt

1. Das Leben des kranken Mannes besteht nur aus dem, was er
   von seinem Bett aus sehen kann. Was sieht er in den ersten drei
   Wochen? in der vierten Woche? in der fünften und sechsten
   Woche? in den letzten Tagen seines Lebens?

2. Vierzig Jahre lang spürte der Mann Haß. Machen Sie eine Liste von allem, was er gehaßt hat!
3. Marti gebraucht einige Wörter, die die negative Stimmung des Mannes betonen. Suchen Sie die Wörter, die etwas Negatives ausdrücken, wie z.B. *verlogene Rücksicht!*

B. Schriftliches. Was der Mann tut, ist nicht so wichtig wie das, was er denkt und fühlt. In fünf Sätzen fassen Sie kurz zusammen, was geschieht! Dann kommentieren Sie, was der Mann in jeder Situation denkt oder fühlt!

C. Der Schluß. Der Titel der Geschichte kommt von dem Sprichwort: „Neapel sehen und sterben." Was bedeutet „Neapel" für den Mann? Warum lächelt er am Ende?

D. Zum Thema. Was hat diese Kurzgeschichte mit dem Thema „Umwelt" zu tun?

Nachricht

Frankfurt. Zehntausend Fische erstickten°	suffocated
im öligen° Main.	oily
Kein	
Grund für die Bürger der Stadt	
zu erschrecken.	
Die	
Strömung° ist günstig,	current
sie treibt	
das	
Heer° der silbernen Leichen°,	army / corpses
der Fliegengeschmückten°,	decorated with flies
rasch°	quickly
an den Quais° vorbei.	wharfs
Der Wind	
verweht° den Geruch°,	blows away / smell
ehe er unsere verletzlichen° Sinne	frail
erreicht.	
Alles	
ist auf das Beste geordnet.	

— Hans Kasper
(geb. 1916)

Wortschatzübungen

Substantive

das **Brett, –er**   board, plank
die **Geduld**   patience
die **Rücksicht**   consideration, regard

Verben

sich beklagen (über + *acc.*)   to complain (about)
entfernen   to remove
erschrecken (*weak verb*)   to startle; **du hast mich erschreckt**
  you startled me
erschrecken (erschrickt; erschrak, ist erschrocken)   to become
  alarmed; **ich war erschrocken**   I was shocked
erwähnen   to mention
lösen   to loosen, detach
ruhen   to rest
verfolgen   to follow, pursue

Andere Wörter

zärtlich   tenderly

E. Vokabeln.   Ergänzen Sie die Sätze! Gebrauchen Sie die Wörter
der obigen Liste!

Ein Mann haßte die Fabrik, wo er arbeitete, und baute eine _____-
wand. Er haßte den Meister, der ihm eine leichtere Arbeit geben
wollte. Bei so viel _____ würde er weniger verdienen. Seine Frau
_____ oft, daß er im Schlaf zuckte. Als der Mann krank wurde, fand
er das Leben im Zimmer langweilig und er _____ sich. Der Arzt
sagte, er würde wieder gesund werden, er sollte nur _____ haben.
Der Mann wollte die Wand wieder _____. Seine Frau _____, als sie
das hörte. Ein Nachbar kam und _____ zwei Bretter aus der Wand.
Aber weil der Mann immer noch zu wenig sehen konnte, mußte der
Nachbar die Hälfte der Wand niederlegen. Jetzt konnte er das ganze
Fabrikleben _____ — wie der Menschenstrom ein- und ausging.
Sein Blick _____ nicht mehr mit Haß auf der Fabrik. Sein Blick
ruhte _____ darauf.

F. Verwandte Wörter.   Ergänzen Sie die Sätze!

anklagen   sich beklagen

1. —Wie geht's? —Ach, ich kann _____ nicht _____.
2. Herr Lohner wurde wegen Ladendiebstahls° _____.   shoplifting

entfernen   entfernt   fern

3. Er wohnt nicht weit von seinem Arbeitsplatz _____.
4. Die Fabrik lag nicht _____ von seinem Haus.
5. Ohne Seife ist der Fleck aus dem Kleid nicht zu _____.

erschrecken (*weak verb*)   erschrecken (*strong verb*)

6. Entschuldigung. Habe ich dich _____?
7. Ich _____ über seine Worte. (simple past)
8. Er war _____, als er das hörte.

ruhen   beruhigen   ruhig

9. Willst du nicht eine halbe Stunde _____?
10. Ich bin _____, weil Gerd wieder Arbeit hat.
11. Seine Eltern führen ein sehr _____ Leben.

Suffix -isch

The suffix -*isch* forms adjectives from nouns and verbs. Such adjectives designate a characteristic: **der Himmel>himmlisch** (*heavenly*).

G. Wörter mit -isch. Welche Wörter sind mit den folgenden Adjektiven verwandt? Geben Sie das englische Äquivalent der Adjektive!

▶ ausländisch   *das Ausland, foreign*

1. diebisch   4. neidisch   7. telefonisch
2. fotografisch   5. regnerisch   8. träumerisch
3. musikalisch   6. städtisch

H. Das richtige Wort. Wählen Sie ein passendes Wort aus der Liste in *Übung G*.

1. Gabi spielt gut Klavier. Sie ist sehr _____.
2. Die _____ Müllabfuhr° kommt immer am Dienstag.   garbage collection
3. Morgen muß ich zum Zahnarzt. Ich habe mich _____ angemeldet°.   made an appointment
4. Das Wetter für morgen, Donnerstag, den 27. April: _____, unbeständig° und kühl. Höchsttemperaturen um 15 Grad.   variable

Suffix -ig

The suffix -*ig* forms adjectives from nouns. Such adjectives show a condition: **der Durst>durstig** (*thirsty*).

I. Wörter mit -*ig*. Welche Wörter sind mit den folgenden Adjektiven verwandt? Geben Sie das englische Äquivalent der Adjektive!

▶ tätig   *die Tat, active*

1. farbig
2. freudig
3. gesprächig
4. fleißig
5. hungrig
6. kräftig
7. lustig
8. salzig
9. schuldig
10. sonnig
11. vorsichtig
12. seifig

Was meinen Sie?

J. Wie reagieren Sie? Sagen Sie, wie Sie auf folgendes reagieren! Gebrauchen Sie einen der folgenden Sätze:

Es ärgert mich.
Es stört mich etwas.
Es stört mich nicht .

1. Schmutz auf der Straße
2. Graffiti an Mauern und Wänden
3. Autofahrer, die sehr schnell fahren
4. Autofahrer, die bei Grün sofort hupen°   honk
5. Lärm auf der Straße
6. Jugendliche, die lautspielende Kofferradios° auf der Straße   portable radios
tragen
7. Leute, die im Restaurant oder im Hörsaal rauchen
8. Leute, die Papier oder Flaschen auf die Straße werfen
9. Jugendliche, die auf der Straße Fußball spielen
10. Leute, die zuviel Alkohol trinken
11. Drogen
12. Atomkraftwerke
13. hohe Benzinpreise
14. große Autos
15. eine Routinearbeit
16. Familien mit vielen Kindern
17. Geld für Schnellstraßen und Landstraßen ausgeben, statt für
die Eisenbahn
18. im Winter sehr warme Räume in Gebäuden wie Kaufhäusern
und Schulen
19. im Sommer sehr kalte klimatisierte° Räume in Gebäuden wie   air-conditioned
Kaufhäusern und Schulen.

K. Wo möchten Sie (nicht) wohnen? Nennen Sie je einen Vorteil und einen Nachteil! Dann sagen Sie, wo Sie am liebsten wohnen würden! Sagen Sie auch, wo sie nicht so gern wohnen würden!

1. in einem Einfamilienhaus
2. in einem Mehrfamilienhaus

3. in einem Haus auf einem großen Grundstück
4. in einem Haus auf einem kleinen Grundstück
5. in einer Wohnung
6. allein auf dem Land
7. in einem Dorf
8. in einer Großstadt
9. neben einer Fabrik
10. an einer Hauptstraße
11. auf einer Insel
12. in den Bergen

L. Interaktionen.   In einem Ausschuß von vier Leuten sitzen zwei
Vertreter° der Arbeitnehmer und zwei der Arbeitgeber. Sie sollen für   representatives
Ihre Firma Vorschläge für bessere Arbeitsbedingungen erarbeiten.
Auf welche Vorschläge können Sie sich einigen? Auf welche nicht?
Eine fünfte Person führt Protokoll und berichtet.

M. Zur Diskussion/Zum Schreiben

1. Wie hätte der Mann das Gefühl, unglücklich zu sein, vermeiden
   können? (sich umschulen lassen? Freizeitbeschäftigungen
   verfolgen?)
2. Was sollte man in Betracht ziehen°, wenn man einen Beruf   in ... ziehen: consider
   wählt?
3. Lesen Sie noch einmal die Zeilen 2–6 (S. 212). Was wird über die
   Arbeit gesagt? Was wissen Sie über diese Art von Arbeit?
   Inwiefern ist solche Arbeit inhuman? Halten Sie es für gut,
   wenn Automaten solche Arbeit übernehmen?
4. Lesen sie noch einmal die Zeilen 18–46 auf Seite 154–155.
   Warum ist der Fischer mit seiner Arbeit zufrieden, der Mann in
   „Neapel sehen" aber nicht?

Weitere Lektüre

Weitere Lektüre

This section consists of five short stories by authors writing in German. The section has two main purposes. The first is to give you further opportunity to improve your ability to read modern German prose. In reading these stories, remember to follow suggestions made for the reading selections in the **Themen**. Read an entire paragraph without looking up unfamiliar words. Rather than translating word for word, try to get the meaning of sentences by guessing from context. Be aware of cognates and word families (special lists of **Verwandte Wörter** and **Wortfamilien** are not provided in this section as they were in the **Themen**). To increase the ease with which you read and contribute to your enjoyment many words are glossed in the margin. With the aid of glosses and the use of the guessing technique you should not have to spend time looking up words in a dictionary.

A second aim of this section is to increase your knowledge of modern German literature. Literature is both a part of the culture of a people and a means to understand the people and their civilization better. Each story is preceded by an introduction that provides brief biographical information on the author, some reference to style and themes typical of the author, and a few questions that focus your attention on particular points to observe while reading the story. This orientation to author and story is intended to help your understanding and make your reading more pleasurable.

Each of the five stories has been selected for its intrinsic interest and merit. At the same time they contain some common threads. For the short stories in the **Themen**, questions were provided to point out specific relationships between the stories. Here you may enjoy discovering the relationships yourself and exploring those that interest you. Below are a few themes that can be found in two or more works. You will undoubtedly find others.

1. the assertion of one's independence and value as an individual
2. the role of women in family and society
3. the relationship of role-playing (theater) and reality
4. the sense of guilt and atonement
5. crime and punishment
6. isolation and alienation

Das Fenster-Theater

Ilse Aichinger

Ilse Aichinger was born in Vienna in 1921. After World War II she studied medicine for five semesters but gave it up to teach and eventually devote herself to writing. Aichinger has received a number of important literary awards and is regarded as one of the leading post-war writers not only in her native Austria but in Germany as well. Along with her writer-husband Günter Eich (1907–1972), Ingeborg Bachmann, Wolfgang Hildesheimer and Wolfgang Weyrauch, she is one of the leading writers of the post-war radio play. She is also a master of the short story form, upon which much of her reputation rests. She lives today in Gmain in Bavaria.

Repeated themes in Aichinger's work are those of isolation and lack of communication. In her stories she often focuses on a single event, an occurrence that encompasses a whole range of attitudes and emotions. Characteristically the moment she captures in life is real and unreal at the same time. In clear, uncomplicated prose she moves the story straight to its conclusion. In "Das Fenster-Theater," taken from her collection of short stories **Der Gefesselte** (1953), a woman at a window watches the antics of a man at another window in a building across the street. Using the metaphor of theater the author delineates the confusion between reality and make-believe and at the same time the possibility of theater as communication.

What emotions cause the woman to be fascinated by the strange actions of the old man? What character traits cause her to misinterpret them? How is the window related to the woman's view of reality? What is ironic in the woman's belief that the man's play-acting was real?

Die Frau lehnte° am Fenster und sah hinüber. Der Wind trieb° in leichten Stößen° vom Fluß herauf und brachte nichts Neues. Die Frau hatte den starrigen° Blick neugieriger Leute, die unersättlich° sind. Es hatte ihr noch niemand den Gefallen getan, vor ihrem Haus niedergefahren zu werden. Außerdem wohnte sie im vorletzten° Stock, die Straße lag zu tief unten. Der Lärm rauschte° nur mehr leicht herauf. Alles lag zu tief unten. Als sie sich eben vom Fenster abwenden

leaned / blew
gusts
blank / insatiable

next-to-last
rustled

wollte, bemerkte sie, daß der Alte gegenüber Licht angedreht hatte.
Da es noch ganz hell war, blieb dieses Licht für sich und machte den
10 merkwürdigen Eindruck, den aufflammende° Straßenlaternen° unter
der Sonne machen. Als hätte einer an seinen Fenstern die Kerzen°
angesteckt°, noch ehe die Prozession die Kirche verlassen hat. Die Frau
blieb am Fenster.

Der Alte öffnete und nickte° herüber. Meint er mich? dachte die
15 Frau. Die Wohnung über ihr stand leer und unterhalb lag eine Werkstatt, die um diese Zeit schon geschlossen war. Sie bewegte leicht den
Kopf. Der Alte nickte wieder. Er griff° sich an die Stirne°, entdeckte,
daß er keinen Hut aufhatte und verschwand im Innern° des Zimmers.

Gleich darauf kam er in Hut und Mantel wieder. Er zog° den Hut
20 und lächelte. Dann nahm er ein weißes Tuch aus der Tasche und
begann zu winken. Erst leicht und dann immer eifriger°. Er hing über
die Brüstung°, daß man Angst bekam, er würde vornüberfallen°. Die
Frau trat einen Schritt zurück, aber das schien ihn nur zu bestärken°. Er
ließ das Tuch fallen, löste° seinen Schal° vom Hals — einen großen bun-
25 ten Schal — und ließ ihn aus dem Fenster wehen°. Dazu lächelte er.
Und als sie noch einen weiteren Schritt zurücktrat, warf er den Hut mit
einer heftigen° Bewegung ab und wand° den Schal wie einen Turban
um seinen Kopf. Dann kreuzte er die Armen über der Brust und
verneigte° sich. Sooft er aufsah, kniff° er das linke Auge zu, als herr-
30 sche° zwischen ihnen ein geheimes° Einverständnis°. Das bereitete° ihr
so lange Vergnügen, bis sie plötzlich nur mehr seine Beine in dünnen,
geflickten° Samthosen° in die Luft ragen° sah. Er stand auf dem Kopf.
Als sein Gesicht gerötet, erhitzt° und freundlich wieder auftauchte°,
hatte sie schon die Polizei verständigt°.
35 Und während er, in ein Leintuch° gehüllt°, abwechselnd° an
beiden Fenstern erschien, unterschied sie schon drei Gassen° weiter
über dem Geklingel° der Straßenbahnen und dem gedämpften° Lärm
der Stadt das Hupen° des Überfallautos°. Denn ihre Erklärung hatte
nicht sehr klar und ihre Stimme erregt° geklungen. Der alte Mann
40 lachte jetzt, so daß sich sein Gesicht in tiefe Falten legte, streifte° dann
mit einer vagen° Gebärde° darüber, wurde ernst, schien das Lachen
eine Sekunde lang in der hohlen° Hand zu halten und warf es dann
hinüber. Erst als der Wagen schon um die Ecke bog°, gelang es der
Frau, sich von seinem Anblick loszureißen°.
45 Sie kam atemlos unten an. Eine Menschenmenge hatte sich um
den Polizeiwagen gesammelt. Die Polizisten waren abgesprungen,
und die Menge kam hinter ihnen und der Frau her. Sobald man die
Leute zu verscheuchen° suchte, erklärten sie einstimmig°, in diesem
Hause zu wohnen. Einige davon kamen bis zum letzten Stock mit. Von
50 den Stufen° beobachteten sie, wie die Männer, nachdem ihr Klopfen
vergeblich° blieb und die Glocke° allem Anschein nach° nicht funktio-

---

flaring up / street lights
candles
lit

nodded

workshop

grabbed / forehead
interior
tipped

more enthusiastically
railing / fall over
encourage
loosened / scarf
flutter

brisk / wound

bowed / **kniff ... zu:** winked
with his left eye / existed /
secret / understanding / gave

patched / velvet pants /
looming
heated / popped up
notified
bed sheet / wrapped /
alternately / streets (*Austrian*)
clanging / muffled
honking (siren) / squad car
upset
brushed
vague / gesture
hollow
turned
tear loose

chase away / in one voice

steps
in vain / bell / **allem ... nach:** by
all appearances

nierte, die Tür aufbrachen. Sie arbeiteten schnell und mit einer Sicherheit, von der jeder Einbrecher° lernen konnte. Auch in dem Vor-raum°, dessen Fenster auf den Hof sahen, zögerten° sie nicht eine
55 Sekunde. Zwei von ihnen zogen die Stiefel° aus und schlichen° um die Ecke. Es war inzwischen finster° geworden. Sie stießen° an einen Kleiderständer°, gewahrten° den Lichtschein am Ende des schmalen Ganges° und gingen ihm nach. Die Frau schlich hinter ihnen her.

Als die Tür aufflog, stand der alte Mann mit dem Rücken zu ihnen
60 gewandt° noch immer am Fenster. Er hielt ein großes weißes Kissen° auf dem Kopf, das er immer wieder abnahm, als bedeutete° er jemandem, daß er schlafen wolle. Den Teppich, den er vom Boden genommen hatte, trug er um die Schultern. Da er schwerhörig° war, wandte er sich auch nicht um, als die Männer schon knapp hinter ihm
65 standen und die Frau über ihn hinweg ihr eigenes finsteres Fenster sah.

Die Werkstatt unterhalb war, wie sie angenommen hatte, geschlossen. Aber in die Wohnung oberhalb mußte eine neue Partei eingezogen° sein. An eines der erleuchteten° Fenster war ein Git-
70 terbett° geschoben°, in dem aufrecht° ein kleiner Knabe° stand. Auch er trug sein Kissen auf dem Kopf und die Bettdecke um die Schultern. Er sprang und winkte herüber und krähte° vor Jubel°. Er lachte, strich° mit der Hand über das Gesicht, wurde ernst und schien das Lachen eine Sekunde lang in der hohlen Hand zu halten. Dann warf er es mit
75 aller Kraft den Wachleuten° ins Gesicht.

burglar

vestibule / hesitated

boots / crept

dark / knocked into

coat stand / perceived

hallway

turned / pillow

hard of hearing

moved in / lit up

crib / pushed / upright / boy

crowed / joy / brushed

policemen (Austrian)

Die unwürdige° Greisin°

unworthy, shameful / old lady

Bertolt Brecht

Whether it is drama, prose, or poetry Brecht usually has a message for the listener or reader. He wishes to teach. To Brecht, an argument clearly presented has the power to convince an audience. He chooses persuasion over pathos. Viewpoints are more important than feelings. His language is simple and unemotional, his style straightforward.

Like Herr Egge in "Maßnahmen gegen die Gewalt" (p. 194) many of Brecht's characters are survivors. In some sense so is the old woman in "Die unwürdige Greisin" (The Improper Old Woman) which comes from **Kalendergeschichten** (1949), a collection of seventeen prose pieces. With subtle humor Brecht tells the story of an old woman, who after a life of serving as wife and mother asserts herself when her husband dies. She decides she will live as she pleases, even though her life style horrifies her conventional and stuffy children. By refusing to let the expectations of others dictate her conscience, the old woman claims some satisfaction for herself in her last years. Living alone, going to the movies, eating out, and associating with people from the working class was not acceptable behavior for a widowed middle-class old woman in early twentieth-century Germany. In "Die unwürdige Greisin" Brecht satirizes the rigid bourgeoisie and appeals again for the right of **Menschen** to be **menschlich.**

The German word **unwürdig** means unworthy as well as improper. Is the old woman either of these, or both? At least one of her children considers the old woman selfish because she doesn't help his family. Do you agree that she is selfish? Like Herr Egge the old woman did what was expected of her, without complaint. Does this conduct result from weakness or strength?

Meine Großmutter war zweiundsiebzig Jahre alt, als mein Großvater starb. Er hatte eine kleine Lithographenanstalt° in einem badischen° Städtchen und arbeitete darin mit zwei, drei Gehilfen° bis zu seinem Tod. Meine Großmutter besorgte° ohne Magd° den Haushalt,
5 betreute° das alte, wacklige° Haus und kochte für die Mannsleute und Kinder. Sie war eine kleine magere° Frau mit lebhaften° Eidechsenaugen°, aber langsamer Sprechweise°. Mit recht kärglichen° Mitteln hatte sie fünf Kinder großgezogen° — von den sieben, die sie geboren hatte. Davon war sie mit den Jahren kleiner geworden.

10 Von den Kindern gingen die zwei Mädchen nach Amerika, und zwei der Söhne zogen ebenfalls° weg. Nur der Jüngste, der eine schwache Gesundheit hatte, blieb im Städtchen. Er wurde Buchdrucker° und legte° sich eine viel zu große Familie zu.

So war sie allein im Haus, als mein Großvater gestorben war.

15 Die Kinder schrieben sich Briefe über das Problem, was mit ihr zu geschehen hätte. Einer konnte ihr bei sich ein Heim anbieten, und der Buchdrucker wollte mit den Seinen° zu ihr ins Haus ziehen°. Aber die Greisin verhielt° sich abweisend° zu den Vorschlägen und wollte nur von jedem ihrer Kinder, das dazu imstande° war, eine kleine geldliche
20 Unterstützung° annehmen. Die Lithographenanstalt, längst° veraltet°, brachte fast nichts beim Verkauf, und es waren auch Schulden da.

Die Kinder schrieben ihr, sie könne doch nicht ganz allein leben, aber als sie darauf überhaupt nicht einging°, gaben sie nach° und schickten ihr monatlich ein bißchen Geld. Schließlich, dachten sie, war
25 ja der Buchdrucker im Städtchen geblieben.

lithographic shop / of Baden (*state in Germany*) / helpers

took care of / maid

took care of / rickety

thin / lively

lizard's eyes / manner of speaking / scant / brought up

likewise

printer / **legte sich zu:** acquired

his (family) / move

reacted / unfriendly

capable of

support / long ago / out-of-date

picked up on it / **gaben nach:** gave in

Der Buchdrucker übernahm es auch, seinen Geschwistern° **brothers and sisters**
mitunter° über die Mutter zu berichten. Seine Briefe an meinen Vater, **occasionally**
und was dieser bei einem Besuch und nach dem Begräbnis° meiner **funeral**
Großmutter zwei Jahre später erfuhr, geben mir ein Bild von dem, was
30 in diesen zwei Jahren geschah.

Es scheint, daß der Buchdrucker von Anfang an enttäuscht war,
daß meine Großmutter sich weigerte°, ihn in das ziemlich große und **refused**
nun leerstehende Haus aufzunehmen°. Er wohnte mit vier Kindern in **take in**
drei Zimmern. Aber die Greisin hielt überhaupt nur eine sehr lose
35 Verbindung mit ihm aufrecht°. Sie lud die Kinder jeden Sonntag- **hielt ... aufrecht: maintained**
nachmittag zum Kaffee, das war eigentlich alles.

Sie besuchte ihren Sohn ein- oder zweimal in einem Vierteljahr
und half der Schwiegertochter° beim Beereneinkochen°. Die junge **daughter-in-law / putting up**
Frau entnahm einigen ihrer Äußerungen°, daß es ihr in der kleinen **preserves**
40 Wohnung des Buchdruckers zu eng war. Dieser konnte sich nicht **entnahm ... Äußerungen: gathered from some of her remarks**
enthalten°, in seinem Bericht darüber ein Ausrufezeichen° anzu- **refrain / exclamation point**
bringen°. **add on**

Auf eine schriftliche° Anfrage° meines Vaters, was die alte Frau **written / inquiry**
denn jetzt so mache, antwortete er ziemlich kurz, sie besuche das
45 Kino.

Man muß verstehen, daß das nichts Gewöhnliches war, jedenfalls
nicht in den Augen ihrer Kinder. Das Kino war vor dreißig Jahren noch
nicht, was es heute ist. Es handelte sich um elende°, schlecht gelüftete° **miserable / ventilated**
Lokale, oft in alten Kegelbahnen° eingerichtet°, mit schreienden **places / bowling alleys / set up**
50 Plakaten vor dem Eingang°, auf denen Morde° und Tragödien der **entrance / murders**
Leidenschaft° angezeigt waren. Eigentlich gingen nur Halbwüchsige° **passion / teenagers**
hin oder, des Dunkels wegen, Liebespaare. Eine einzelne alte Frau
mußte dort sicher auffallen.

Und so war noch eine andere Seite dieses Kinobesuchs zu
55 bedenken°. Der Eintritt° war gewiß billig, da aber das Vergnügen **consider / price of admission**
ungefähr unter den Schleckereien° rangierte°, bedeutete es „hinaus- **sweets / ranked with**
geworfenes Geld". Und Geld hinauszuwerfen, war nicht respektabel.

Dazu kam, daß meine Großmutter nicht nur mit ihrem Sohn am
Ort keinen regelmäßigen Verkehr° pflegte°, sondern auch sonst nie- **contact / kept up**
60 manden von ihren Bekannten besuchte oder einlud. Sie ging niemals° **never**
zu den Kaffeegesellschaften des Städtchens. Dafür besuchte sie häufig
die Werkstatt° eines Flickschusters° in einem armen und sogar etwas **workshop / shoe repairman**
verrufenen° Gäßchen°, in der, besonders nachmittags, allerlei° nicht **disreputable / alley / all kinds of**
besonders respektable Existenzen° herumsaßen, stellungslose° Kellne- **beings (characters) / jobless**
65 rinnen° und Handwerksburschen°. Der Flickschuster war ein Mann in **waitresses / workmen**
mittleren Jahren, der in der ganzen Welt herumgekommen° war, ohne **got around**
es zu etwas gebracht zu haben. Es hieß auch, daß er trank. Er war
jedenfalls kein Verkehr für meine Großmutter.

Der Buchdrucker deutete° in einem Brief an, daß er seine Mutter **deutete ... an: hinted at**

70 darauf hingewiesen°, aber einen recht kühlen Bescheid° bekommen   *pointed that out / reply*
habe. „Er hat etwas gesehen", war ihre Antwort, und das Gespräch
war damit zu Ende. Es war nicht leicht, mit meiner Großmutter über
Dinge zu reden, die sie nicht bereden° wollte.   *discuss*

Etwa ein halbes Jahr nach dem Tod des Großvaters schrieb der
75 Buchdrucker meinem Vater, daß die Mutter jetzt jeden zweiten Tag im
Gasthof° esse.   *inn*

Was für eine Nachricht!

Großmutter, die zeit ihres Lebens° für ein Dutzend Menschen   *zeit ... Lebens: during her whole life*
gekocht und immer nur die Reste aufgegessen hatte, aß jetzt im Gast-
80 hof! Was war in sie gefahren°?   *Was ... gefahren: What had gotten into her?*

Bald darauf führte meinen Vater eine Geschäftsreise in die Nähe,
und er besuchte seine Mutter. Er traf sie im Begriffe°, auszugehen. Sie   *im Begriff: just ready to*
nahm den Hut wieder ab und setzte ihm ein Glas Rotwein mit
Zwieback° vor. Sie schien ganz ausgeglichener° Stimmung zu sein,   *rusks, toasted rolls / well-balanced (calm) / excited*
85 weder besonders aufgekratzt° noch besonders schweigsam. Sie
erkundigte sich nach uns, allerdings nicht sehr eingehend°, und wollte   *in detail*
hauptsächlich wissen, ob es für die Kinder auch Kirschen° gäbe. Da war   *cherries*
sie ganz wie immer. Die Stube° war natürlich peinlich° sauber, und sie   *room / extremely*
sah gesund aus.

90 Das einzige, was auf ihr neues Leben hindeutete°, war, daß sie   *hinted at*
nicht mit meinem Vater auf den Gottesacker° gehen wollte, das Grab   *cemetery*
ihres Mannes zu besuchen. „Du kannst allein hingehen", sagte sie bei-
läufig°, „es ist das dritte von links in der elften Reihe. Ich muß noch   *casually*
wohin."

95 Der Buchdrucker erklärte nachher, daß sie wahrscheinlich zu ihrem
Flickschuster mußte. Er klagte° sehr.   *complained*

„Ich sitze hier in diesen Löchern° mit den Meinen und habe nur   *holes (rooms)*
noch fünf Stunden Arbeit und schlecht bezahlte, dazu macht mir mein
Asthma wieder zu schaffen°, und das Haus in der Hauptstraße steht   *macht zu schaffen: bothers*
100 leer."

Mein Vater hatte im Gasthof ein Zimmer genommen, aber
erwartet, daß er zum Wohnen doch von seiner Mutter eingeladen
werden würde, wenigstens pro forma, aber sie sprach nicht davon.
Und sogar als das Haus voll gewesen war, hatte sie immer etwas
105 dagegen gehabt, daß er nicht bei ihnen wohnte und dazu das Geld für
das Hotel ausgab!

Aber sie schien mit ihrem Familienleben abgeschlossen° zu haben   *finished with*
und neue Wege zu gehen, jetzt, wo ihr Leben sich neigte°. Mein Vater,   *was drawing to a close*
der eine gute Portion Humor besaß, fand sie „ganz munter"° und   *cheerful*
110 sagte meinem Onkel, er solle die alte Frau machen lassen, was sie
wolle.

Aber was wollte sie?

Das nächste, was berichtet wurde, war, daß sie eine Bregg° bestellt   *large horse-drawn carriage*

hatte und nach einem Ausflugsort gefahren war, an einem gewöhn-
115 lichen Donnerstag. Eine Bregg war ein großes, hochrädriges° high-wheeled
Pferdegefährt° mit Plätzen für ganze Familien. Einige wenige Male, horse-drawn vehicle
wenn wir Enkelkinder zu Besuch gekommen waren, hatte Großvater
die Bregg gemietet. Großmutter war immer zu Hause geblieben. Sie
hatte es mit einer wegwerfenden° Handbewegung abgelehnt disparaging
120 mitzukommen. Und nach der Bregg kam die Reise nach K., einer
größeren Stadt, etwa zwei Eisenbahnstunden entfernt. Dort war ein
Pferderennen°, und zu dem Pferderennen fuhr meine Großmutter. horse race

Der Buchdrucker war jetzt durch und durch alarmiert. Er wollte
einen Arzt hinzugezogen° haben. Mein Vater schüttelte den Kopf, als call in
125 er den Brief las, lehnte aber die Hinzuziehung eines Arztes ab.

Nach K. war meine Großmutter nicht allein gefahren. Sie hatte ein
junges Mädchen mitgenommen, eine halb Schwachsinnige°, wie der simple-minded
Buchdrucker schrieb, das Küchenmädchen des Gasthofs, in dem die
Greisin jeden zweiten Tag speiste°. Dieser „Krüppel°" spielte von jetzt dined / cripple
130 ab eine Rolle. Meine Großmutter schien einen Narren an ihr gefressen
zu haben°. Sie nahm sie mit ins Kino und zum Flickschuster, der sich einen Narren ... haben: to have
übrigens als Sozialdemokrat herausgestellt° hatte, und es ging das taken a great fancy to /
Gerücht°, daß die beiden Frauen bei einem Glas Rotwein in der Küche turned out to be
Karten spielten. rumor

135 „Sie hat dem Krüppel jetzt einen Hut gekauft mit Rosen drauf",
schrieb der Buchdrucker verzweifelt°. „Und unsere Anna hat kein in despair
Kommunionskleid!"

Die Briefe meines Onkels wurden ganz hysterisch, handelten nur
von der „unwürdigen Aufführung° unserer lieben Mutter" und gaben conduct
140 sonst nichts mehr her. Das Weitere habe ich von meinem Vater.

Der Gastwirt° hatte ihm mit Augenzwinkern° zugeraunt°: „Frau B. innkeeper / with a wink /
amüsiert° sich ja jetzt, wie man hört." whispered / is enjoying
herself

In Wirklichkeit lebte meine Großmutter auch diese letzten Jahre
keinesfalls° üppig°. Wenn sie nicht im Gasthof aß, nahm sie meist nur by no means / luxuriously
145 ein wenig Eierspeise° zu sich, etwas Kaffee und vor allem ihren egg dish
geliebten Zwieback. Dafür leistete sie sich einen billigen Rotwein, von
dem sie zu allen Mahlzeiten° ein kleines Glas trank. Das Haus hielt sie meals
sehr rein, und nicht nur die Schlafstube und die Küche, die sie
benutzte. Jedoch nahm sie darauf ohne Wissen ihrer Kinder eine
150 Hypothek° auf. Es kam niemals heraus, was sie mit dem Geld machte. mortgage
Sie scheint es dem Flickschuster gegeben zu haben. Er zog nach ihrem
Tod in eine andere Stadt und soll dort ein größeres Geschäft für
Maßschuhe° eröffnet haben. custom-made shoes

Genau betrachtet lebte sie hintereinander zwei Leben. Das eine,
155 erste, als Tochter, als Frau und als Mutter, und das zweite einfach als
Frau B., eine alleinstehende Person ohne Verpflichtungen° und mit obligations
bescheidenen°, aber ausreichenden° Mitteln. Das erste Leben dauerte modest / sufficient
etwa sechs Jahrzehnte, das zweite nicht mehr als zwei Jahre.

Mein Vater brachte in Erfahrung°, daß sie im letzten halben Jahr
160 sich gewisse Freiheiten gestattete°, die normale Leute gar nicht kennen. So konnte sie im Sommer früh um drei Uhr aufstehen und durch
die leeren Straßen des Städtchens spazieren, das sie so für sich ganz
allein hatte. Und den Pfarrer°, der sie besuchen kam, um der alten Frau
in ihrer Vereinsamung° Gesellschaft zu leisten°, lud sie, wie allgemein
165 behauptet wurde, ins Kino ein!

Sie war keineswegs vereinsamt°. Bei dem Flickschuster verkehrten°
anscheinend° lauter° lustige Leute, und es wurde viel erzählt. Sie hatte
dort immer eine Flasche ihres eigenen Rotweins stehen, und daraus
trank sie ihr Gläschen, während die anderen erzählten und über die
170 würdigen° Autoritäten° der Stadt loszogen°. Dieser Rotwein blieb für
sie reserviert, jedoch brachte sie mitunter° der Gesellschaft stärkere
Getränke° mit.

Sie starb ganz unvermittelt°, an einem Herbstnachmittag in ihrem
Schlafzimmer, aber nicht im Bett, sondern auf dem Holzstuhl am Fen-
175 ster. Sie hatte den „Krüppel" für den Abend ins Kino eingeladen, und
so war das Mädchen bei ihr, als sie starb. Sie war vierundsiebzig Jahre
alt.

Ich habe eine Photographie von ihr gesehen, die sie auf dem
Totenbett zeigt und die für die Kinder angefertigt° worden war.
180 Man sieht ein winziges° Gesichtchen mit vielen Falten und einen
schmallippigen°, aber breiten Mund. Viel Kleines, aber nichts Klein-
liches°. Sie hatte die langen Jahre der Knechtschaft° und die kurzen
Jahre der Freiheit ausgekostet° und das Brot des Lebens aufgezehrt°
bis auf den letzten Brosamen°.

brachte ... Erfahrung: found out	
permitted	
minister	
loneliness / **Gesellschaft ... leisten:** to keep her company	
lonely / came and went	
apparently / nothing but	
worthy / authorities / let loose at	
from time to time	
drinks	
suddenly	
made	
tiny	
thin lipped	
pettiness / bondage	
tasted to the full / consumed	
crumb	

Element

Reiner Kunze

Reiner Kunze, born in 1933 in Oelnitz, a city in the German
Democratic Republic, is known chiefly as a poet and as a translator
of Czechoslovakian literature. The son of a coalminer, Kunze
studied philosophy and journalism in Leipzig and did odd jobs until
becoming a freelance writer at the age of 26. Kunze also writes
essays and prose fiction. Drawing upon his own background and
the sentiments of a number of other contemporary writers in the
GDR, Kunze portrays characters who refuse to conform and

struggle to find their own place in a deterministic society. Kunze's own protest against the restrictions of the East German government eventually lost him the right to have his work published in his homeland and led him to emigrate to West Germany in 1977.

The story "Element" undoubtedly reflects some of Kunze's own frustrations in dealing with a system that is not swayed by logic. The apprentice Michael wishes to read the Bible, not because he is religious but because he wishes to know what is in it. While the reading of the Bible is not forbidden, it does mark him in the eyes of his teachers as non-conformist. Despite the dangers of exercising logic and free will in dealing with the authorities, Michael refuses to think differently. In a play on words the civics teacher labels Michael an "Element" not provided for in Mendeleev's Periodic Table (or in Socialism), and further defines him as **unsicher**, that is, dubious or even suspicious. Michael's continuing determination to preserve his individuality then earns him an official label of **unsicheres Element**, an unreliable character, a security risk.

Mendeleev's Periodic Table (1869) allows one to predict the nature of elements not yet discovered. To what degree is Michael not yet discovered? Why is that of concern to the authorities? Is Michael innocently unaware of what he is doing or does he provoke the authorities intentionally? What is the irony in Michael's final question, **Wohin?**

Auf sein Bücherbrett° im Lehrlingswohnheim° stellte Michael die Bibel. Nicht, weil er gläubig° ist, sondern weil er sie endlich einmal lesen wollte. Der Erzieher° machte ihn jedoch darauf aufmerksam, daß auf dem Bücherbrett eines sozialistischen Wohnheims die Bibel nichts zu suchen habe°. Michael weigerte° sich, die Bibel vom Regal° zu nehmen. Welches Lehrlingswohnheim nicht sozialistisch sei, fragte er, und da in einem sozialistischen Staat jedes Lehrlingswohnheim sozialistisch ist und es nicht zu den Obliegenheiten° der Kirche gehört, Chemiefacharbeiter° mit Abitur auszubilden, folgerte° er, daß, wenn der Erzieher recht behalte°, in einem sozialistischen Staat niemand Chemiefacharbeiter mit Abitur werden könne, der darauf besteht°, im Wohnheim auf sein Bücherbrett die Bibel stellen zu dürfen. Diese Logik, vorgetragen° hinter dem Schild° der Lessing°-Medaille, die Michael am Ende der zehnten Klasse verliehen° bekommen hatte (Durchschnittsnote Einskommanull)°, führte ihn steil° unter die Augen des Direktors. Die Bibel verschwand, und Michael dachte weiterhin° logisch. Die Lehrerin für Staatsbürgerkunde° aber begann, ihn als

bookshelf / apprentices' dormitory
religious
teacher

nichts ... habe: has no place / refused / shelf

responsibility
chemical worker / concluded
recht behalte: is right
insists upon
delivered / shield / German writer (1729-1781)
awarded
grade point average
1,0 = 1.0, the highest grade given / abruptly
dachte weiterhin: continued to think
civics

eines jener Elemente zu klassifizieren, die in Mendelejews Periodi-
schem System° nicht vorgesehen° sind und durch das Adjektiv
20 „unsicher"° näher bestimmt° werden.

Eines Abends wurde Michael zur Betriebswache° gerufen. Ein Herr
in Zivil° legte° ihm einen Text vor°, in dem sich ein Ich verpflichtete°,
während der Weltfestspiele° der Jugend und Studenten die Hauptstadt nicht zu betreten°, und forderte° ihn auf zu unterschreiben°. —
25 Warum? fragte Michael. Der Herr blickte ihn an, als habe er die Frage
nicht gehört. — Er werde während der Weltfestspiele im Urlaub sein,
sagte Michael, und unter seinem Bett stünden nagelneue° Bergsteiger-
schuhe, die er sich bestimmt nicht zu dem Zweck angeschafft° habe,
den Fernsehturm° am Alex° zu besteigen. Er werde während der
30 Weltfestspiele nicht einmal im Lande sein. — Dann könne er also
unterschreiben, sagte der Herr, langte° über den Tisch und legte den
Kugelschreiber, der neben dem Blatt° lag, mitten aufs Papier. — Aber
warum? fragte Michael. Der Text klinge° wie das Eingeständnis° einer
Schuld. Er sei sich keiner Schuld bewußt.° Höchstens, daß er einmal
35 beinahe in einem VW-Käfer° mit Westberliner Kennzeichen° getrampt°
wäre. Damals hätten sich die Sicherheitsorgane° an der Schule über ihn
erkundigt. Das sei für ihn aber kein Grund zu unterschreiben, daß er
während der Weltfestspiele nicht nach Berlin fahren werde. — Was für
ihn ein Grund sei oder nicht, das stehe hier nicht zur Debatte°, sagte
40 der Herr. Zur Debatte stehe seine Unterschrift°. — Aber das müsse man
ihm doch begründen°, sagte Michael. — Wer hier was müsse, sagte der
Herr, ergäbe° sich einzig aus der Tatsache, daß in diesem Staat die
Arbeiter und Bauern die Macht ausübten. Es empfehle sich also, keine
Sperenzien zu machen°. — Michael begann zu befürchten, man
45 könnte ihn nicht in die Hohe Tatra° trampen lassen, verbiß° sich die
Bemerkung, daß er die letzten Worte als Drohung° empfinde°, und
unterschrieb.

Zwei Tage vor Beginn seines Urlaubs wurde ihm der Personalaus-
weis° entzogen° und eine provisorische Legitimation° ausgehändigt°,
50 die nicht zum Verlassen der DDR berechtigte° und auf der unsichtbar°
geschrieben stand: Unsicheres Element°. Mit der topografischen Vorstellung von der Hohen Tatra im Kopf und Bergsteigerschuhen an den
Füßen, brach° Michael auf zur Ostsee°. Da es für ihn nicht günstig
gewesen wäre, von Z. aus zu trampen, nahm er bis K. den Zug. Auf
55 dem Bahnsteig von K., den er mit geschulterter° Gitarre betrat,
forderte eine Streife° ihn auf, sich auszuweisen°. „Aha", sagte der
Transportpolizist°, als er des Ausweispapiers ansichtig° wurde, und
hieß° ihn mitkommen. Er wurde zwei Schutzpolizisten° übergeben, die
ihn zum Volkspolizeikreisamt° brachten. „Alles auspacken!" Er packte
60 aus. „Einpacken!" Er packte ein. „Unterschreiben!" Zum zweitenmal
unterschrieb er den Text, in dem sich ein Ich verpflichtete, während
der Weltfestspiele die Haupstadt nicht zu betreten. Gegen

Glossary

Dmitri Mendeleev's Periodic Table of elements (1869) / provided for / unreliable, suspicious / defined

plant security

civilian clothes / **legte vor**: presented with / promised
world festival
enter / **forderte auf**: asked / sign

brand-new

acquired

TV tower / Alexanderplatz in East Berlin

reached

sheet of paper

sounds / admission

aware of

Volkswagen beetle / auto tag / hitched a ride / security office

zur Debatte: at issue

signature

give reasons for

derives

Sperenzien machen: make a fuss

Tatra Mountains (in Poland and Czechoslovakia) / suppressed
threat / felt

identification papers / withdrawn / ID card / handed out / gave the right to / invisibly / **unsicheres Element**: security risk

brach ... auf: set out / Baltic Sea

on his shoulder

patrol / identify himself
railway policeman / **ansichtig wurde**: caught sight of / (here) ordered / policemen

district office of **Volkspolizei** (East German police)

vierundzwanzig Uhr entließ° man ihn. Am nächsten Morgen —
Michael hatte sich eben am Straßenrand aufgestellt°, um ein Auto zu
65 stoppen° — hielt unaufgefordert° ein Streifenwagen° bei ihm an.
„Ihren Ausweis, bitte!" Kurze Zeit später befand° sich Michael wieder
auf dem Volkspolizeikreisamt. „Alles auspacken!" Er packte aus.
„Einpacken!" Diesmal wurde er in eine Gemeinschaftszelle°
überführt°. Kleiner Treff° von Gitarren, die Festival-Verbot° hatten: Sie
70 waren mit einem Biermann-Song° oder mit der Aufschrift° ertappt°
worden: *Warte nicht auf bessre Zeiten.* Sein Name wurde aufgerufen.
„Wohin?" — „Eine Schweizer Kapelle° braucht einen Gitarristen",
sagte der Wachtmeister° ironisch. Er brachte ihn nach Z. zurück. Das
Konzert fand° auf dem Volkspolizeikreisamt statt. „Sie wollten also
75 nach Berlin." — „Ich wollte zur Ostsee." — Der Polizist entblößte° ihm
die Ohren. „Wenn Sie noch einmal lügen, vermittle° ich Ihnen einen
handfesten° Eindruck davon, was die Arbeiter-und-Bauern-Macht ist!"
Michael wurde fotografiert (mit Stirnband°, ohne Stirnband) und
entlassen. Um nicht weiterhin verdächtigt° zu werden, er wolle nach
80 Berlin, entschloß° er sich, zuerst nach Osten und dann oderabwärts°
zur Küste zu trampen. In F. erbot° sich ein Kraftfahrer°, ihn am
folgenden Tag unmißverständlich° weit über den Breitengrad° von
Berlin hinaus mitzunehmen. „Halb acht vor dem Bahnhof." Halb acht
war der Bahnhofsvorplatz° blau von Hemden und Fahnen: Man sam-
85 melte sich, um zu den Weltfestspielen nach Berlin zu fahren. Ein
Ordner° mit Armbinde° fragte Michael, ob er zu einer Fünfzigergrup-
pe° gehöre. — „Sehe ich so aus?" — Der Ordner kam mit zwei
Bahnpolizisten zurück. „Ihren Ausweis!" Michael weigerte sich
mitzugehen. Er erklärte. Er bat. Sie packten° ihn an den Armen.
90 Bahnhofszelle. Verhör°. Die Polizisten rieten ihm, eine
Schnellzugfahrkarte zu lösen°, und zurückzufahren. Er protestierte. Er
habe das Recht, seinen Urlaub überall dort zu verbringen, wo er sich
mit seinem Ausweis aufhalten° dürfe. — Er müsse nicht bis Z.
zurückfahren, sagten die Polizisten, sondern nur bis D. Falls° er jedoch
95 Schwierigkeiten machen sollte, zwinge er sie, das Volkspolizeikreisamt
zu verständigen°, und dann käme er nicht zu glimpflich° davon. Ein
Doppelposten° mit Hund begleitete° ihn an den Fahrkartenschalter°
und zum Zug. „Wenn Sie eher° aussteigen als in D., gehen Sie in U-
Haft°!" Auf allen Zwischenstationen standen Posten mit Hund. In D.
100 erwarteten ihn zwei Polizisten und forderten ihn auf, unverzüglich°
eine Fahrkarte nach Z. zu lösen und sich zum Anschlußzug° zu
begeben°. Er gab auf. Auf dem Bahnsteig in Z. wartete er, bis die
Polizisten auf ihn zukamen°. Nachdem sie Paßbild° und Gesicht miteinander verglichen hatten, gaben sie ihm den Ausweis zurück. „Sie kön-
105 nen gehen." — „Wohin?" fragte Michael.

Glossary:

- entließ° — released
- aufgestellt° — stationed himself
- stoppen° — hitch a ride / unaufgefordert° — without being asked / Streifenwagen° — patrol car / befand° — found himself
- Gemeinschaftszelle° — common cell
- überführt° — transferred / Treff° — group / Festival-Verbot° — forbidden to attend festival / Biermann-Song° — by folksinger Wolf Biermann / Aufschrift° — inscription / ertappt° — caught
- Kapelle° — band
- Wachtmeister° — sergeant
- fand° … statt: took place
- entblößte° — uncovered
- vermittle° — give
- handfesten° — solid
- Stirnband° — head band
- verdächtigt° — suspected
- entschloß° — decided / oderabwärts° — down the Oder river
- erbot° — offered / Kraftfahrer° — driver (official word)
- unmißverständlich° — unmistakably / Breitengrad° — latitude
- Bahnhofsvorplatz° — square in front of station
- Ordner° — supervisor / Armbinde° — armband
- Fünfzigergruppe° — 50's group
- packten° — grabbed
- Verhör° — interrogation
- lösen° — buy
- aufhalten° — stay
- Falls° — in case
- verständigen° — inform / glimpflich° — easy, gently
- Doppelposten° — double guard / begleitete° — escorted / Fahrkartenschalter° — ticket window
- eher° — sooner
- U-Haft° — **Untersuchungshaft**: pre-trial detention / unverzüglich° — without delay
- Anschlußzug° — connecting train
- begeben° — go
- zukamen° — came up to / Paßbild° — passport photo

Die Nacht im Hotel

Siegfried Lenz

Siegfried Lenz was born in 1926 in Masuria, a province of East Prussia that is now part of Poland. He studied philosophy, English, and literature at the University of Hamburg but left the university to go into journalism and publishing. He was editor of *Die Welt*, an important German newspaper, in 1950–51. Lenz is today a well-known writer of novels, radio-plays, features and short stories. His novel **Deutschstunde** (1968) is regarded as one of the best works in modern German fiction.

Lenz's works, marked by irony, humor, and suspense, contain psychological insights and often deal with the problem of guilt, both individual and collective. His stories take place in the everyday world and are written in clear, direct language, with a minimum of imagery. The title of his short story "Die Nacht im Hotel" is in reference to a night that Schwamm, a father who has come to town to help his son, spends in a hotel room with a rather mysterious stranger.

Schwamm never sees the stranger (the room remains dark) and he never learns the stranger's name. What is Lenz's purpose? To what degree is the stranger at the center of the story? What role does guilt and atonement play in the event the following day?

Der Nachtportier° strich mit seinen abgebissenen Fingerkuppen° über eine Kladde°, hob bedauernd° die Schultern und drehte° seinen Körper zur linken Seite, wobei sich der Stoff seiner Uniform gefährlich unter dem Arm spannte°.

5 „Das ist die einzige Möglichkeit", sagte er. „Zu so später Stunde werden Sie nirgendwo ein Einzelzimmer bekommen. Es steht Ihnen natürlich frei, in anderen Hotels nachzufragen°. Aber ich kann Ihnen schon jetzt sagen, daß wir, wenn Sie ergebnislos° zurückkommen, nicht mehr in der Lage° sein werden, Ihnen zu dienen. Denn das freie

10 Bett in dem Doppelzimmer, das Sie—ich weiß nicht aus welchen Gründen—nicht nehmen wollen, wird dann auch einen Müden gefunden haben."

„Gut", sagte Schwamm, „ich werde das Bett nehmen. Nur, wie Sie vielleicht verstehen werden, möchte ich wissen, mit wem ich das Zim-

desk clerk on night duty / finger tips (here finger nails) / register / regretfully / turned

tightened

inquire
without results
position

15 mer zu teilen habe; nicht aus Vorsicht, gewiß nicht, denn ich habe nichts zu fürchten. Ist mein Partner — Leute, mit denen man eine Nacht verbringt, könnte man doch fast Partner nennen — schon da?"

„Ja, er ist da und schläft."

„Er schläft", wiederholte Schwamm, ließ sich die Anmeldeformu-
20 lare° geben, füllte sie aus und reichte sie dem Nachtportier zurück; registration forms
dann ging er hinauf.

Unwillkürlich° verlangsamte Schwamm, als er die Zimmertür mit automatically
der ihm genannten Zahl erblickte, seine Schritte, hielt den Atem an in
der Hoffnung, Geräusche°, die der Fremde verursachen° könnte, zu noises / cause
25 hören, und beugte° sich dann zum Schlüsselloch hinab. Das Zimmer bent down
war dunkel. In diesem Augenblick hörte er jemanden die Treppe her-
aufkommen, und jetzt mußte er handeln. Er konnte fortgehen
selbstverständlich°, und so tun, als ob er sich im Korridor geirrt° habe. obviously / was lost
Eine andere Möglichkeit bestand° darin, in das Zimmer zu treten, in was
30 welches er rechtmäßig° eingewiesen° worden war und in dessen einem properly / sent to
Bett bereits° ein Mann schlief. already

Schwamm drückte die Klinke° herab. Er schloß die Tür wieder und door handle
tastete° mit flacher Hand nach dem Lichtschalter°. Da hielt er plötzlich groped / light switch
inne°: neben ihm — und er schloß° sofort, daß da die Betten stehen **hielt … inne**: stopped /
35 müßten — sagte jemand mit einer dunklen, aber auch energischen concluded
Stimme:

„Halt! Bitte machen Sie kein Licht. Sie würden mir einen Gefallen° favor
tun, wenn Sie das Zimmer dunkel ließen."

„Haben Sie auf mich gewartet?" fragte Schwamm erschrocken;
40 doch er erhielt keine Antwort. Statt dessen sagte der Fremde:

„Stolpern° Sie nicht über meine Krücken°, und seien Sie vorsichtig, stumble / crutches
daß Sie nicht über meinen Koffer fallen, der ungefähr in der Mitte des
Zimmers steht. Ich werde Sie sicher zu Ihrem Bett dirigieren: Gehen Sie
drei Schritte an der Wand entlang, und dann wenden Sie sich nach
45 links, und wenn Sie wiederum drei Schritte getan haben, werden Sie
den Bettpfosten° berühren° können." bedpost / touch

Schwamm gehorchte°: er erreichte sein Bett, entkleidete sich und obeyed
schlüpfte° unter die Decke. Er hörte die Atemzüge° des anderen und slipped / breathing
spürte, daß er vorerst° nicht würde einschlafen können. for the time being
50 „Übrigens", sagte er zögernd° nach einer Weile, „mein Name ist hesitatingly
Schwamm."

„So", sagte der andere.

„Ja."

„Sind Sie zu einem Kongreß° hierhergekommen?"
55 „Nein. Und Sie?"

„Nein."

„Geschäftlich?"

„Nein, das kann man nicht sagen."

„Wahrscheinlich habe ich den merkwürdigsten° Grund, den je ein strangest

60 Mensch hatte, um in die Stadt zu fahren", sagte Schwamm. Auf dem
nahen Bahnhof rangierte° ein Zug. Die Erde zitterte, und die Betten, in
denen die Männer lagen, vibrierten.

    „Wollen Sie in der Stadt Selbstmord° begehen?" fragte der
andere.

65   „Nein", sagte Schwamm, „sehe ich so aus?"

    „Ich weiß nicht, wie Sie aussehen", sagte der andere, „es ist
dunkel."

    Schwamm erklärte mit banger° Fröhlichkeit in der Stimme:

    „Gott bewahre°, nein. Ich habe einen Sohn, Herr . . . (der andere
70 nannte nicht seinen Namen), einen kleinen Lausejungen°, und
seinetwegen bin ich hierhergefahren."

    „Ist er im Krankenhaus?"

    „Wieso denn? Er ist gesund, ein wenig bleich° zwar, das mag sein,
aber sonst sehr gesund. Ich wollte Ihnen sagen, warum ich hier bin,
75 hier bei Ihnen, in diesem Zimmer. Wie ich schon sagte, hängt das mit
meinem Jungen zusammen. Er ist äußerst° sensibel°, mimosenhaft°, er
reagiert° bereits, wenn ein Schatten auf ihn fällt."

    „Also ist er doch im Krankenhaus."

    „Nein", rief Schwamm, „ich sagte schon, daß er gesund ist, in
80 jeder Hinsicht°. Aber er ist gefährdet°, dieser kleine Bengel° hat eine
Glasseele°, und darum ist er bedroht.°

    „Warum begeht er nicht Selbstmord?" fragte der andere.

    „Aber hören Sie, ein Kind wie er, ungereift°, in solch einem Alter!
Warum sagen Sie das? Nein, mein Junge ist aus folgendem Grunde
85 gefährdet: Jeden Morgen, wenn er zur Schule geht — er geht
übrigens immer allein dorthin — jeden Morgen muß er vor einer
Schranke° stehen bleiben und warten, bis der Frühzug vorbei ist. Er
steht dann da, der kleine Kerl, und winkt, winkt heftig° und freundlich
und verzweifelt°."

90   „Ja und?"

    „Dann", sagte Schwamm, „dann geht er in die Schule, und wenn
er nach Hause kommt, ist er verstört° und benommen°, und manchmal
heult° er auch. Er ist nicht imstande°, seine Schularbeiten zu machen,
er mag nicht spielen und nicht sprechen: das geht nun schon seit
95 Monaten so, jeden lieben Tag°. Der Junge geht mir kaputt dabei!"

    „Was veranlaßt° ihn denn zu solchem Verhalten°"?

    „Sehen Sie", sagte Schwamm, „das ist merkwürdig: Der Junge
winkt, und — wie er traurig sieht — es winkt ihm keiner der
Reisenden° zurück. Und das nimmt er sich so zu Herzen, daß wir —
100 meine Frau und ich — die größten Befürchtungen° haben. Er winkt,
und keiner winkt zurück; man kann die Reisenden natürlich nicht dazu
zwingen, und es wäre absurd und lächerlich, eine diesbezügliche Vorschrift zu erlassen°, aber ..."

    „Und Sie, Herr Schwamm, wollen nun das Elend° Ihres Jungen auf-

---

shunted

Selbstmord begehen: commit suicide

timid

Gott bewahre: God forbid

rascal

pale

extremely / sensitive / touchy

reacts

respect / in danger / rascal

soul as fragile as glass / threatened

not yet mature

crossing gate

violently

desparately

troubled / confused

cries / capable of

jeden ... Tag each and every day

leads / behavior

travelers, passengers

fears

eine ... erlassen: to issue such a regulation misery

105 saugen°, indem Sie morgen den Frühzug nehmen, um dem Kleinen zu winken?"   absorb

"Ja", sagte Schwamm, "ja."

"Mich", sagte der Fremde, "gehen Kinder nichts an°. Ich hasse sie   gehen an: concern
und weiche ihnen aus°, denn ihretwegen habe ich — wenn man's   weiche ... aus: avoid
110 genau nimmt° — meine Frau verloren. Sie starb bei der ersten   wenn ... nimmt: strictly speaking
Geburt."

"Das tut mir leid", sagte Schwamm und stützte sich im Bett auf°.   stützte ... auf: propped himself
Eine angenehme Wärme floß durch seinen Körper; er spürte, daß er   up in bed
jetzt würde einschlafen können.

115 Der andere fragte: "Sie fahren nach Kurzbach, nicht wahr?"

"Ja."

"Und Ihnen kommen keine Bedenken° bei Ihrem Vorhaben?   scruples
Offener gesagt: Sie schämen sich° nicht, Ihren Jungen zu betrügen°?   ashamed / deceive
Denn, was Sie vorhaben, Sie müssen es zugeben°, ist doch ein glatter   admit
120 Betrug°, eine Hintergehung°."   glatter Betrug: plain fraud /
          deception

Schwamm sagte aufgebracht°: "Was erlauben Sie sich°, ich bitte   provoked / Was ... sich: How
Sie, wie kommen Sie dazu!" Er ließ sich fallen, zog die Decke über den   dare you
Kopf, lag eine Weile überlegend da und schlief dann ein.

Als er am nächsten Morgen erwachte, stellte er fest, daß er allein
125 im Zimmer war. Er blickte auf die Uhr und erschrak: bis zum
Morgenzug blieben ihm noch fünf Minuten, es war ausgeschlossen°,   impossible
daß er ihn noch erreichte.

Am Nachmittag — er konnte es sich nicht leisten, noch eine Nacht
in der Stadt zu bleiben — kam er niedergeschlagen° und enttäuscht zu   depressed
130 Hause an.

Sein Junge öffnete ihm die Tür, glücklich, außer sich° vor Freude.   außer sich: beside himself
Er warf sich ihm entgegen und hämmerte mit den Fäusten° gegen   fists
seinen Schenkel° und rief: thigh

"Einer hat gewinkt, einer hat ganz lange gewinkt."

135 "Mit einer Krücke?" fragte Schwamm.

"Ja, mit einem Stock°. Und zuletzt hat er sein Taschentuch° an den   cane / handkerchief
Stock gebunden und es so lange aus dem Fenster gehalten, bis ich es
nicht mehr sehen konnte."

Die Probe°   test

Herbert Malecha

Herbert Malecha was born in 1927 in Ratibor in Upper Silesia. He
served in the army during World War II. Upon his release as
prisoner of war, he moved to southern Germany where he studied

German, English, and history. Malecha's short story "Die Probe" was selected as one of the sixteen best short stories in a competition held by the newspaper *Die Zeit* in 1956. In "Die Probe" an escaped convict has left his hide-out to be among people in a city. Momentarily losing his nerve, the convict, Redluff, flees the main street for the safety of a cheap pub. Regaining confidence by passing *the test*, he returns to the excitement of the main street.

Malecha has written a carefully crafted story. The unexpected turn of events at the end of the story is in the tradition of the American short story as practiced by O. Henry. Malecha uses the parallel street scenes to reflect a contrast in the psychological state of the escaped convict. Notice the dominating image of ships and water, reflecting Redluff's hopes.

Redluff sah, das schrille Quietschen° der Bremsen noch in den Ohren, wie sich das Gesicht des Fahrers ärgerlich verzog°. Mit zwei taumeligen° Schritten war er wieder auf dem Gehweg°. „Hat es Ihnen was gemacht?" Er fühlte sich am Ellbogen° angefaßt°. Mit einer fast brüsken Bewegung machte er sich frei. „Nein, nein, schon gut. Danke",
5 sagte er noch, beinah schon über die Schulter, als er merkte, daß ihm der Alte nachstarrte°.

Eine Welle° von Schwäche stieg von seinen Knien auf, wurde fast zur Übelkeit°. Das hätte ihm gerade gefehlt°, angefahren° auf der
10 Straße liegen, eine gaffende° Menge und dann die Polizei. Er durfte jetzt nicht schwach werden, nur weiterlaufen, unauffällig° weiterlaufen zwischen den vielen auf der hellen Straße. Langsam ließ das Klopfen im Halse nach°. Seit drei Monaten war er zum ersten Mal wieder in der Stadt, zum ersten Mal wieder unter so viel Menschen.
15 Ewig° konnte er in dem Loch sich ja nicht verkriechen°, er mußte einmal wieder raus, wieder Kontakt aufnehmen mit dem Leben, überhaupt raus aus allem. Ein Schiff mußte sich finden lassen, möglichst noch, bevor es Winter wurde. Seine Hand fuhr leicht über die linke Brustseite seines Jacketts, er spürte den Paß°, der in der
20 Innentasche steckte; gute Arbeit war dieser Paß, er hatte auch nicht schlecht dafür bezahlt.

Die Autos auf der Straße waren zu einer langen Kette° aufgefahren°. Nur stockend° schoben sie sich vorwärts. Menschen gingen an ihm vorbei, kamen ihm entgegen; er achtete° darauf, daß
25 sie ihn nicht streiften°. Einem Platzregen° von Gesichtern war er ausgesetzt°, fahle° Ovale, die sich mit dem wechselnden Reklamelicht verfärbten°. Redluff strengte sich an°, den Schritt der vielen anzunehmen°, mitzuschwimmen in dem Strom. Stimmen, abgerissene° Gesprächsfetzen° schlugen an sein Ohr, jemand lachte. Für eine

Margin glosses:
- screeching
- grimaced
- staggering / sidewalk
- elbow / grabbed
- stared at
- wave
- nausea / **Das ... gefehlt:** that's all he had needed / run over / gaping
- unobtrusively
- **ließ nach:** subsided
- forever / crawl away and hide
- passport
- chain
- closed up / haltingly
- watched out
- brushed against / downpour
- exposed to / sallow
- changed color / **strengte ... an:** tried
- **Schritt ... anzunehmen:** to fall in step / disconnected / bits of conversation

30 Sekunde haftete° sein Blick an dem Gesicht einer Frau, ihr offener, bemalter Mund sah schwarzgerändert° aus. Die Autos fuhren jetzt an°, ihre Motoren summten auf°. Eine Straßenbahn schrammte° vorbei. Und wieder Menschen, Menschen, ein Strom flutender° Gesichter, Sprechen und hundertfache° Schritte. Redluff fuhr unwillkürlich° mit
35 der Hand an seinen Kragen°. An seinem Hals merkte er, daß seine Finger kalt und schweißig° waren.

Wovor hab' ich denn eigentlich Angst, verdammte Einbildung°, wer soll mich denn schon erkennen in dieser Menge, sagte er sich. Aber er spürte nur zu genau, daß er in ihr nicht eintauchen° konnte,
40 daß er wie ein Kork auf dem Wasser tanzte, abgestoßen° und weitergetrieben. Ihn fror plötzlich. Nichts wie° verdammte Einbildung, sagte er sich wieder. Vor drei Monaten war das ja noch anders, da stand sein Name schwarz auf rotem Papier auf jeder Anschlagsäule° zu lesen, Jens Redluff; nur gut, daß das Photo so schlecht war. Der Name
45 stand damals fett in den Schlagzeilen° der Blätter°, wurde dann kleiner und kleiner, auch das Fragezeichen° dahinter, rutschte° in die letzten Spalten° und verschwand bald ganz.

Redluff war jetzt in eine Seitenstraße abgebogen°, der Menschenstrom wurde dünner, noch ein paar Abbiegungen°, und die Rinnsale°
50 lösten sich auf°, zerfielen in einzelne Gestalten, einzelne Schritte. Hier war es dunkler. Er konnte den Kragen öffnen und die Krawatte nachlassen°. Der Wind brachte einen brackigen° Lufthauch° vom Hafen her. Ihn fröstelte°.

Ein breites Lichtband° fiel quer° vor ihm über die Straße, jemand
55 kam aus dem kleinen Lokal°, mit ihm ein Dunst° nach Bier, Qualm° und Essen. Redluff ging hinein. Die kleine, als Café aufgetakelte° Kneipe° war fast leer, ein paar Soldaten saßen herum, grelle° Damen in ihrer Gesellschaft. Auf den kleinen Tischen standen Lämpchen mit pathetisch roten Schirmen°. Ein Musikautomat begann aus der Ecke zu
60 hämmern. Hinter der Theke° lehnte° ein dicker Bursche° mit bloßen Armen. Er schaute nur flüchtig° auf.

„Konjak, doppelt", sagte Redluff zu dem Kellner. Er merkte, daß er seinen Hut noch in der Hand hielt und legte ihn auf den leeren Stuhl neben sich. Er steckte sich eine Zigarette an°, die ersten tiefen
65 Züge° machten ihn leicht benommen°. Schön warm war es hier, er streckte° seine Füße lang aus. Die Musik hatte gewechselt. Über gezogen° jaulenden° Gitarrentönen hörte er halblautes Sprechen, ein spitzes° Lachen vom Nachbartisch. Gut saß es sich hier.

Der Dicke hinter der Theke drehte jetzt seinen Kopf nach der Tür.
70 Draußen fiel eine Wagentür schlagend zu. Gleich darauf kamen zwei Männer herein, klein und stockig° der eine davon. Er blieb in der Mitte stehen, der andere, im langen Ledermantel°, steuerte auf den Nachbartisch zu°. Keiner von beiden nahm seinen Hut ab. Redluff ver-

---

Margin glossary (in order of appearance):

- fastened
- black rimmed / **fuhren an:** started up / **summten auf:** hummed / screeched
- flood of
- hundreds of / instinctively
- collar
- sweaty
- imagination
- submerge
- repelled
- **Nichts wie:** nothing but
- advertising pillar
- headlines / newspapers
- question mark / slid
- columns
- turned
- turns / rivulets
- **lösten ... auf:** dissolved
- loosen / salty / whiff of air
- shivered
- ribbon of light / across
- pub / smell / smoke
- rigged up / saloon
- garish
- shades
- bar counter / leaned / fellow
- fleetingly
- **steckte an:** lit
- drags / dizzy
- stretched
- drawn-out / whining
- piercing
- stocky
- leather coat
- **steuerte zu:** headed for

suchte hinüberzuschielen°, es durchfuhr ihn°. Er sah, wie der Große *(to glance over / es ... ihn: a shiver went through him)*
75 sich über den Tisch beugte°, kurz etwas Blinkendes° in der Hand hielt. *(bent / shining)*
Die Musik hatte ausgesetzt°. „What's he want?" hörte er den Soldaten *(stopped)*
vom Nebentisch sagen. „What's he want?" Er sah seine dünnen Lippen
sich bewegen. Das Mädchen kramte° eine bunte Karte aus ihrer *(dug)*
Handtasche. „What's he want?" sagte der Soldat eigensinnig°. Der *(stubbornly)*
80 Mann war schon zum nächsten Tisch gegangen. Redluff klammerte° *(clung)*
sich mit der einen Hand an die Tischkante°. Er sah, wie die Fingernägel *(edge of the table)*
sich entfärbten°. Der rauchige Raum schien ganz leicht zu schwanken°, *(lost their color / sway)*
ganz leicht. Ihm war, als müßte er auf dem sich neigenden° Boden *(tilting)*
jetzt langsam samt° Tisch und Stuhl auf die andere Seite rutschen°. Der *(including / slide)*
85 Große hatte seine Runde beendet und ging auf den anderen zu, der
immer noch mitten im Raum stand, die Hände in den Manteltaschen.
Redluff sah, wie er zu dem Großen etwas sagte. Er konnte es nicht
verstehen. Dann kam er geradewegs° auf ihn zu. *(straight)*

„Sie entschuldigen", sagte er, „Ihren Ausweis°, bitte!" Redluff *(I.D. card)*
90 schaute erst gar nicht auf das runde Metall in seiner Hand. Er drückte
seine Zigarette aus° und war plötzlich völlig° ruhig. Er wußte es selbst *(drückte aus: put out / completely)*
nicht, was ihn mit einmal so ruhig machte, aber seine Hand, die in die
Innentasche seines Jacketts fuhr, fühlte den Stoff nicht, den sie
berührte°, sie war wie von Holz. Der Mann blätterte langsam in dem *(touched)*
95 Paß, hob ihn besser in das Licht. Redluff sah die Falten auf der
gerunzelten° Stirn°, eins, zwei, drei. Der Mann gab ihm den Paß *(wrinkled / forehead)*
zurück. „Danke, Herr Wolters", sagte er. Aus seiner unnatürlichen
Ruhe heraus hörte Redluff sich selber sprechen. „Das hat man gern, so
kontrolliert zu werden wie — " er zögerte° etwas, „ein Verbrecher°!" *(hesitated / criminal)*
100 Seine Stimme stand spröde° im Raum. Er hatte doch gar nicht so laut *(brittle)*
gesprochen. „Man sieht manchmal jemand ähnlich", sagte der Mann,
grinste, als hätte er einen feinen Witz gemacht. „Feuer?" Er fingerte° *(fished)*
eine halbe Zigarre aus der Manteltasche. Redluff schob seine Hand mit
dem brennenden Streichholz längs° der Tischkante ihm entgegen. Die *(along)*
105 beiden gingen.

Redluff lehnte sich in seinen Stuhl zurück. Die Spannung° in ihm *(tension)*
zerbröckelte°, die eisige Ruhe schmolz°. Er hätte jubeln° können. Das *(crumbled / melted / shout with joy)*
war es, das war die Probe, und er hatte sie bestanden. Triumphierend
setzte der Musikautomat wieder ein°. „He, Sie vergessen Ihren Hut", *(setzte ein: started up)*
110 sagte der Dicke hinter der Theke. Draußen atmete er tief, seine
Schritte schwangen° weit aus, am liebsten hätte er gesungen. *(swung)*

Langsam kam er wieder in belebtere° Straßen, die Lichter nahmen *(more lively)*
zu°, die Läden, die Leuchtzeichen° an den Wänden. Aus einem Kino *(nahmen zu: increased / illuminated signs)*
kam ein Knäuel° Menschen, sie lachten und schwatzten°, er mitten *(crowd / chattered)*
115 unter ihnen. Es tat ihm wohl, wenn sie ihn streiften. „Hans", hörte er
eine Frauenstimme hinter sich, jemand faßte seinen Arm. „Tut mir
leid", sagte er und lächelte in das enttäuschte Gesicht. Verdammt

hübsch, sagte er zu sich. Im Weitergehen nestelte° er an seiner
Krawatte. Dunkelglänzende° Wagen sangen° über den blanken°
120 Asphalt, Kaskaden wechselnden Lichts ergossen° sich von den Fas-
saden, Zeitungsverkäufer riefen die Abendausgaben° aus. Hinter einer
großen, leicht beschlagenen° Spiegelglasscheibe° sah er undeutlich°
tanzende Paare; pulsierend drang° die Musik abgedämpft° bis auf die
Straße. Ihm war wie nach Sekt°. Ewig hätte er so gehen können, so wie
125 jetzt. Er gehörte wieder dazu, er hatte den Schritt der vielen, es
machte ihm keine Mühe mehr. Im Sog° der Menge ging er über den
großen Platz auf die große Halle zu mit ihren Ketten von Glühlampen°
und riesigen° Transparenten°. Um die Kassen vor dem Einlaß°
drängten° sich Menschen. Von irgendwoher flutete° Laut-
130 sprechermusik. Stand dort nicht das Mädchen von vorhin? Redluff
stellte sich hinter sie in die Reihe. Sie wandte den Kopf, er spürte einen
Hauch° von Parfum. Dicht hinter ihr zwängte° er sich durch den Einlaß.
Immer noch flutete die Musik, er hörte ein Gewirr° von Hunderten von
Stimmen. Ein paar Polizisten suchten etwas Ordnung in das Gedränge°
135 zu bringen. Ein Mann in einer Art von Portiersuniform° nahm ihm
seine Einlaßkarte ab. „Der, der!" rief er auf einmal und deutete
aufgeregt° hinter ihm her. Gesichter wandten sich, jemand im
schwarzen Anzug kam auf ihn zu, ein blitzendes° Ding in der Hand.
Gleißendes° Scheinwerferlicht° übergoß° ihn. Jemand drückte ihm
140 einen Riesenblumenstrauß in die Hände. Zwei strahlend° lächelnde
Mädchen hakten ihn rechts und links unter°, Fotoblitze° zuckten°. Und
zu allem° dröhnte eine geölte° Stimme, die vor innerer Freudigkeit fast
zu bersten° schien: „Ich darf Ihnen im Namen der Direktion° von
ganzem Herzen gratulieren, Sie sind der hunderttausendste Besucher
145 der Ausstellung!" Redluff stand wie betäubt°. „Und jetzt sagen Sie uns
Ihren werten Namen", schnalzte° die Stimme unwiderstehlich° weiter.
„Redluff, Jens Redluff", sagte er, noch ehe er wußte, was er sagte, und
schon hatten es die Lautsprecher dröhnend° bis in den letzten Winkel°
der riesigen Halle getragen.
150   Der Kordon der Polizisten, der eben noch die applaudierende
Menge zurückgehalten hatte, löste sich langsam auf. Sie kamen auf
ihn zu.

---

tugged

dark-glittering / hummed / shining / poured

evening editions

steamed-up / plate-glass window / faintly / penetrated / muffled / champagne

wake (ship)

electric lights

gigantic / banners / entrance

crowded / swelled

breath / squeezed

confusion

crowd

doorman's uniform

excitedly

shining

glaring / spotlights / bathed

beaming

hakten unter: took his arm / flash bulbs / flashed / boomed / smooth
burst / management

anesthetized

smacked / irresistibly

booming / corner

Zweiter Teil

Grammatik

Kapitel 1

- Infinitives
- Present tense of verbs
- Imperatives
- Verbs with separable prefixes
- Modal auxiliaries

1. Infinitive stems and endings

Infinitive	Stem + ending	English equivalent
arbeiten	**arbeit** + **en**	*to work*
sammeln	**sammel** + **n**	*to collect*

The infinitive is the basic form of a verb, the form listed in dictionaries and vocabularies. A German infinitive consists of a stem plus the ending -en or -n.

2. Basic present-tense endings

	fragen	arbeiten	heißen	sammeln
ich	frage	arbeite	heiße	samm(e)le
du	fragst	arbeitest	heißt	sammelst
er				
es	fragt	arbeitet	heißt	sammelt
sie				
wir	fragen	arbeiten	heißen	sammeln
ihr	fragt	arbeitet	heißt	sammelt
sie	fragen	arbeiten	heißen	sammeln
Sie	fragen	arbeiten	heißen	sammeln

Most German verbs form the present tense from the stem of the infinitive. Most verbs add the following endings to the stem: **-e, -st, -t, -en.**

1. If the verb stem ends in **-d** or **-t**, or if it ends in **-m** or **-n** preceded by another consonant (except **-l** or **-r**), the endings **-st** and **-t** expand to **-est** and **-et: arbeiten>arbeitest, arbeitet; atmen> atmest, atmet.**

2. If the verb stem ends in **-s, -ss, -ß, -tz,** or **-z,** the **-st** ending contracts to **-t: heißen>du heißt; sitzen>du sitzt.**

3. In many verbs with the stem ending in **-el,** the **-e** of the 1st person singular (**ich**-form) drops out: **sammeln>ich sammle.**

3. Present tense of stem-changing verbs

	tragen (a>ä)	laufen (au>äu)	nehmen (e>i)	lesen (e>ie)
ich	trage	laufe	nehme	lese
du	**trägst**	**läufst**	**nimmst**	**liest**
er/es/sie	**trägt**	**läuft**	**nimmt**	**liest**

Many verbs with the stem vowels **a** or **au** take umlaut in the 2nd person (**du**-form) and 3rd person (**er/es/sie**-form): **a>ä; au>äu.** Many verbs with the stem vowel **e** also exhibit a vowel change in the 2nd and 3rd person singular: **e>i** or **e>ie.** The verbs with stem-vowel change are all strong verbs. For a list of the vowel-change verbs used in this text see pages A13–A16. Some basic stem-changing verbs are:

a>ä		au>äu	e>i		e>ie
backen	raten	laufen	brechen	sterben	befehlen
fahren	schlafen		essen	treffen	geschehen
fallen	schlagen		geben	treten	lesen
fangen	tragen		helfen	vergessen	sehen
halten	wachsen		nehmen	werden	stehlen
lassen	waschen		sprechen	werfen	

4. Present tense of *haben, sein,* and *werden*

	haben	sein	werden
ich	habe	bin	werde
du	hast	bist	wirst
er/es/sie	hat	ist	wird
wir	haben	sind	werden
ihr	habt	seid	werdet
sie	haben	sind	werden
Sie	haben	sind	werden

The verbs **haben, sein,** and **werden** are irregular in the present tense.

5. Use of the present tense

Ute **arbeitet** schwer. = $\begin{cases} \textit{Ute works hard.} \\ \textit{Ute is working hard.} \\ \textit{Ute does work a lot.} \end{cases}$

Arbeitet Gerhard auch schwer? = $\begin{cases} \textit{Is Gerhard also working hard?} \\ \textit{Does Gerhard also work hard?} \end{cases}$

1. German verbs have one present-tense form to express what English expresses with two or three different forms of the verb.

Jürgen **wohnt** schon lange in München.	*Jürgen has been living in Munich for a long time.*
Uschi **arbeitet** seit September bei dieser Firma.	*Uschi has been working for this company since September.*

2. The present tense in German can be used to express an action begun in the past that continues into the present.

| Ilse **macht** in einer Woche Examen. | *Ilse* is taking *her (final) exam in one week.* |
| **Kommen** Sie heute abend? | Are *you* coming *tonight?* |

3. German, like English, can use the present tense to express an action intended or planned for the future.

6. Imperative forms

	fragen	warten	tragen	laufen	nehmen	lesen
Familiar singular:	frag(e)!	wart(e)!	trag(e)!	lauf(e)!	nimm!	lies!
Familiar plural:	fragt!	wartet!	tragt!	lauft!	nehmt!	lest!
Formal:	fragen Sie!	warten Sie!	tragen Sie!	laufen Sie!	nehmen Sie!	lesen Sie!

Imperatives are verb forms used to express commands such as orders, instructions, suggestions, and wishes. Each German verb has three imperative forms, corresponding to the three forms of address: the familiar singular imperative (**du**-form), the familiar plural imperative (**ihr**-form), and the formal imperative (**Sie**-form), which is the same for both singular and plural.

1. The familiar singular imperative is used when addressing someone to whom you would say **du**. The imperative is formed from the infinitive verb stem. An -**e** may be added to the imperative form, but it is usually omitted in conversation: **frag(e)!** If the verb stem ends in -**d**, -**t**, or -**ig**, or in -**m** or -**n** (except when preceded by -**l** or -**r**), an -**e** is added in written German: **rede! warte! entschuldige! atme! öffne!**

   Verbs with stems that change from e>i or e>ie retain the stem-vowel change but do not add -**e**: **nehmen>nimm! lesen>lies!** Verbs with stems that change from a>ä do not take umlaut in the familiar singular imperative: **tragen>trag(e)! laufen>lauf(e)!**

   The pronoun **du** is occasionally used for emphasis or clarification: **Warum muß ich immer Kaffee holen? Geh du mal!**

2. The familiar plural imperative is used when addressing people to whom you would say **ihr**. It is identical to the present-tense **ihr**-form of the verb. The pronoun **ihr** is occasionally used for emphasis or clarification: **Es ist noch Kuchen da. — Eßt ihr doch!**

3. The formal imperative is used when addressing one or more persons to whom you would say **Sie**. It is identical to the present-

tense **Sie**-form of the verb. The pronoun **Sie** is always used in the imperative and follows the verb: **Warten Sie bitte einen Augenblick!**

Wir-imperative

Dieter: Was machen wir heute abend?

What'll we do tonight?

Jürgen: **Gehen wir** mal ins Kino!

Let's go to the movies!

English imperatives beginning with *let's* can be expressed in German with the 1st person plural present-tense form of the verb followed by the pronoun **wir**.

7. Separable-prefix verbs

mitkommen	**Kommst** du heute **mit?**	*Are you coming along today?*
aufpassen	**Paß auf!**	*Watch out!*
anrufen	Ich **rufe** um sieben **an.**	*I'll call at seven.*

A separable-prefix verb consists of a basic verb plus a prefix that is separated from the verb under certain conditions. In the infinitive, a separable prefix is attached to the base form of the verb. In the present tense, the imperative, and the simple past tense (see *Kapitel 2*), a separable prefix is separated from the base form of the verb and stands at the end of the main clause.

Separable prefixes are usually prepositions or adverbs. Some of the most common separable prefixes are listed below:

ab	bei	her	nach	weg
an	ein	hin	nieder	zu
auf	entlang	los	vor	zurück
aus	fort	mit	vorbei	zusammen

Zwei Mädchen setzen sich durch

Warum Désirée und Tanja in New York so erfolgreich sind

8. Present tense of modal auxiliaries

	dürfen	können	mögen	müssen	sollen	wollen
ich	darf	kann	mag	muß	soll	will
du	darfst	kannst	magst	mußt	sollst	willst
er *es* *sie*	darf	kann	mag	muß	soll	will
wir	dürfen	können	mögen	müssen	sollen	wollen
ihr	dürft	könnt	mögt	müßt	sollt	wollt
sie	dürfen	können	mögen	müssen	sollen	wollen
Sie	dürfen	können	mögen	müssen	sollen	wollen

German modal auxiliaries have no verb endings in the 1st and 3rd person singular. All modals except **sollen** and **wollen** exhibit stem-vowel changes in the singular forms of the present tense.

9. Use of modal auxiliaries

Ich **kann** bis acht Uhr **bleiben.**　　*I* can stay *until eight o'clock.*
Wir **wollen** die Musik **hören.**　　*We* want to hear *the music.*
Peter **muß** jetzt **gehen.**　　*Peter* has to leave *now.*

Modal auxiliaries in both German and English convey an attitude about an action, rather than expressing that action itself. For this reason, modals are generally used with dependent infinitives that express that action.

"Ich Mag Mein Haar. Mein Haar Mag Guhl."

Guhl ist konsequente Pflege.

Entwickelt in den Laboratoires Guhl, Schweiz

Ich **muß** um fünf nach Hause
  (gehen).

I have to go home at five.

Barbara **kann** gut Deutsch
  (sprechen).

Barbara knows German well.

The dependent infinitive is often omitted in a sentence containing a modal when the meaning of the infinitive is clear from the context.

10. Meaning of the modal auxiliaries

dürfen	*permission*	Sie **darf** heute mitkommen.	*She's allowed to come along today.*
können	*ability*	Sie **kann** heute mitkommen.	*She can (is able to) come along today.*
mögen	*liking, personal preference*	**Magst** du Jazz?	*Do you like jazz?*
müssen	*compulsion*	Sie **muß** heute mitkommen.	*She has to (must) come along today.*
sollen	*obligation*	Sie **soll** heute mitkommen.	*She is supposed to (is to) come along today.*
wollen	*wanting, intention, wishing*	Sie **will** heute mitkommen.	*She wants (intends) to come along today.*

Mögen usually expresses a fondness or a dislike for someone or something. With this meaning it appears most frequently in the interrogative and in the negative without a dependent infinitive:

Magst du Dieter? –Nein, ich **mag** ihn nicht.

11. The *möchte*-forms

ich **möchte**	*wir* **möchten**
du **möchtest**	*ihr* **möchtet**
er/es/sie **möchte**	*sie* **möchten**
Sie **möchten**	

The modal **mögen** is most frequently used as **möchte**. The **möchte**-forms are subjunctive forms of **mögen** and are equivalent to English *would like* (see *Kapitel 8*).

Ober: **Möchten** Sie jetzt
  bestellen?

Would you like to order now?

Jens: Ja, ich **möchte** eine
  Tasse Kaffee, bitte.

Yes, I'd like a cup of coffee, please.

12. Negative of *müssen* and *dürfen*

Compulsion		
Positive:	Ich **muß** heute arbeiten.	I must *work today.*
		I have to *work today.*
Negative:	Ich **muß** heute **nicht** arbeiten.	I don't have to *work today.*

Permission		
Positive:	Ich **darf** wieder arbeiten.	I may *work again.*
		I'm allowed to *work again.*
Negative:	Ich **darf** noch **nicht** arbeiten.	I mustn't *work yet.*
		I'm not allowed to *work yet.*

English *must* and *have to* have the same meanings in positive sentences. They have different meanings in negative sentences and hence different German equivalents.

Ich **muß** heute **nicht** arbeiten.	*I don't have to work today (but I will).*
Ich **brauche** heute **nicht zu** arbeiten.	*I don't have to work today (and I won't).*

Übungen

A. Verben.   Restate with the cued subject.

▶ ich lese (du)   *du liest*

1. ich sehe (er)
2. wir essen (du)
3. er hilft (ich)
4. sie sprechen (sie sg.)
5. er nimmt (ihr)
6. ich backe (sie sg.)
7. wir fahren (du)
8. er läßt (ich)
9. sie schlafen (er)
10. ich trage (sie sg.)
11. sie fängt an (ihr)
12. ich rate (er)

B. Stefanies Tag.   Alex and Stefanie are talking about Stefanie's typical day. Complete their conversation with the appropriate forms of the verbs in parentheses.

Stefanie: Ich _____ schon um 7 _____. (aufstehen)
Alex: Und dann _____ du Kaffee? (trinken)

Stefanie: Ja, und ich _____ drei Brötchen zum Frühstück. Das
_____ mir Energie für den ganzen Morgen. (essen/geben)

Alex: _____ du mit dem Fahrrad in die Uni? (fahren)

Stefanie: Ja, meistens. Oft mit meinem Freund Gerd. Er _____
immer vor Hertie. Wir _____ sofort in die Bibliothek.
(warten/gehen)

Alex: In der Bibliothek _____ ich euch manchmal. Ihr _____ viel
dort. Ihr _____ immer am Fenster. (sehen/lesen/sitzen).

Stefanie: Stimmt. Gerd _____ viel. Am Nachmittag _____ er mit
dem Professor für Englisch. (arbeiten/sprechen)

Alex: Und was _____ dann? (geschehen)

Stefanie: Dann _____ wir zusammen Kaffee und ich _____ nach
Hause und _____ kaputt. (trinken/kommen/sein).

C. Peter in Hamburg. You have received a letter from your friend
Peter. Tell about his experience in Hamburg by translating the following information.

1. Peter has been living in Hamburg for four weeks.
2. He's going to stay there for six months.
3. He already knows a lot of people.
4. He has a new girlfriend.
5. He has known her for a couple of weeks.
6. They're spending a lot of time together.
7. Next weekend they're going to visit her parents.

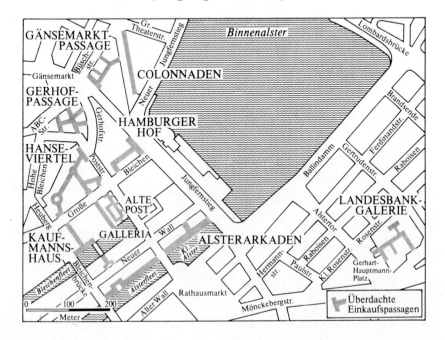

D. Kleine Konversationen.   Complete   the   following   sentences
with the expressions given in parentheses.

1. Aua! _____! Du _____! (aufpassen / mir wehtun)
   — Oh, Entschuldigung!
2. _____? (du / mit mir / spazierengehen)
   — Hm, ich glaube, ich _____. (lieber / radfahren)
3. Was _____? (du / vorhaben / heute abend)
   — Nichts, ich _____ (vielleicht / fernsehen)
4. _____? (du / gern / skilaufen)
   — Oh ja, sehr gern.
5. _____? (du / anziehen / dein neues Kleid)
   Es _____. (aussehen / so hübsch)
   — Das ist ein schönes Blau, nicht?
6. Ich _____. (dich / anrufen / später)
   — Gut, ich bin zu Hause.

E. Reiseführer.   You are helping a German tourist in Bonn by giving directions from the Beethovenhalle to the Hauptbahnhof.

▶ am Fluß entlanggehen   *Gehen Sie am Fluß entlang!*

1. an der Brücke nach rechts abbiegen
2. geradeaus bis zur Haltestelle laufen
3. dort auf die Straßenbahn warten
4. die 21 nehmen
5. vorher die Fahrkarte am Automaten kaufen
6. am Bahnhof aussteigen

*Entschuldigen Sie, wie
kommt man am besten von
hier aus zum
Hauptbahnhof?*

F. Noch einmal.   Just as you finish telling the tourist how to get to the **Hauptbahnhof**, a young person asks for the same directions. Give them to her/him.

▶ am Fluß entlanggehen   *Geh am Fluß entlang!*

G. Machen wir es! Construct sentences using the **wir**-imperative with the cues provided.

▶ gehen / jetzt   *Gehen wir jetzt!*

1. fahren / mit dem Bus
2. besuchen / Peter und Eva / heute abend
3. anrufen / sie doch
4. spazierengehen / später
5. bleiben / lieber zu Hause
6. machen / unsere Arbeit / erstmal

H. Modalverben.   Restate with the cued modal.

▶ Ich gehe jetzt. (müssen)   *Ich muß jetzt gehen.*

1. Ich verstehe es nicht. (können)
2. Hilfst du mir? (können)
3. Arbeitest du bei uns? (wollen)
4. Ich höre heute abend Musik. (wollen)
5. Es regnet morgen. (sollen)
6. Wir arbeiten mehr. (sollen)
7. Gehst du schon? (müssen)
8. Er liest viel. (müssen)
9. Ich esse keinen Zucker. (dürfen)
10. Lars trinkt keinen Kaffee. (dürfen)
11. Bleibt ihr hier? (möchten)
12. Wir gehen wandern. (möchten)

I. Vorbereitungen. Yvonne and Andreas are preparing for a party. Give their conversation by using the cues.

Andreas: sollen / einkaufen / im Supermarkt?
Yvonne: Ja, bitte, gute Idee. du / können / kaufen / die Getränke° / auch?   drinks
Andreas: ich / müssen / gehen / aber / vorher / zur Bank
Yvonne: was / Uwe / sollen / machen?
Andreas: er / können / decken / den Tisch / und / vorbereiten / die Salatsauce
Yvonne: wir / dürfen / ausgeben / nicht zuviel Geld
Andreas: aber / du / wollen / haben / doch alles schön

J. Wim braucht ein Auto. Wim needs to go to the airport and asks Veronika for her car. Complete their conversation with the modal that fits best. (dürfen, können, mögen, möchten, müssen, sollen, wollen).

Wim: Brauchst du dein Auto heute nachmittag?

Veronika: Warum? _____ du es haben?

Wim: Weißt du, ich _____ um vier am Flughafen sein. Ich _____ meinen Freund Gerd abholen. Ich _____ ihn damit überraschen. Und da _____ ich nicht zu spät kommen. Ich _____ nämlich erst um halb vier wegfahren. _____ ich dich um dein Auto bitten?

Veronika: Aber sicher. Oder _____ ich dich zum Flughafen bringen?

Wim: Ach, ich _____ gut allein fahren. Du _____ sicher arbeiten. In einer halben Stunde _____ ich es gut schaffen. Aber wenn du gern _____?

Veronika: Ja, fahren wir zusammen! Ich _____ die Atmosphäre am Flughafen. Da _____ man immer von der weiten Welt träumen. _____ wir uns dann um halb vier hier treffen?

Wim: Ja, das _____ wir machen.

K. Kurze Gespräche. Complete the mini-dialogues with the appropriate forms of *mögen* or *möchte*.

1. Wie findest du Harald? _____ du ihn?
   — Nein, ich _____ ihn nicht besonders. Er ist so unfreundlich.
2. Fräulein, wir _____ zwei Tassen Tee und ein Stück Apfelkuchen, bitte.
   — _____ Sie auch Sahne?
   — Nein, danke, ich _____ keine Sahne.
   — Aber ich _____ bitte gern eine Portion.
3. _____ du eine Tasse Kaffee?
   — Nein, danke, ich _____ keinen Kaffee. Ich trinke lieber Tee.
4. Karin ist immer so nett. Ich _____ sie wirklich gern.

L. Nach der Vorlesung. Nadine and Daniel are having a little talk after the lecture. Express the following conversation in German.

Nadine: Would you like to (go to) drink a cup of coffee?

Daniel: I'd like to° but I can't. I have to go to a seminar°. History, you know.   schon / ins Seminar

Nadine: Oh, is Professor Lange good?

Daniel: Yes. He's excellent. I like him. We have to work hard, but we can also learn a lot.

Nadine: Do you have to write many papers°?   die Seminararbeit, pl. Seminararbeiten / man / man / ein Referat halten

Daniel: We are supposed to write two. But if you° want, you° may also give an oral report°.

Kapitel 2

- Simple past tense
- Present perfect tense
- Past participles
- Past perfect tense

---

1. Simple past tense

Letzte Woche **arbeitete** Inge nur vormittags. Nachmittags **spielte** sie Tennis oder **besuchte** Freunde. Abends **blieb** sie zu Hause und **sah fern.**

Last week Inge worked *mornings only. In the afternoon she* played *tennis or* visited *friends. Evenings she* stayed *home and* watched *TV.*

The simple past tense, often called the narrative past, is used to narrate a series of connected events that took place in the past. It is used more frequently in formal writing such as literature and expository prose than in conversation.

Ein strahlendes Prinzenpaar des MKC besuchte gestern die „Presse-Basis"

Närrische Untertanen stürmten Gemächer in der „Prinz-Reiner-Straße"

2. Weak verbs in the simple past

Infinitive	Stem	Tense marker	Simple past
warnen	warn-	-te	warnte
arbeiten	arbeit-	-ete	arbeitete
öffnen	öffn-	-ete	öffnete

A regular weak verb is a verb whose infinitive stem remains unchanged in the past tense forms. In the simple past a weak verb adds the past tense marker **-te** to the infinitive stem. The past tense marker **-te** becomes **-ete** when the verb stem ends in **-d** or **-t,** or in **-m** or **-n** preceded by another consonant (except **-l** or **-r**).

ich spielte	*wir* spielten
du spieltest	*ihr* spieltet
er/es/sie spielte	*sie* spielten
Sie spielten	

All forms except the first- and third-person singular form add endings to the **-te** tense marker.

Karin **machte** die Tür **auf.**	*Karin opened the door.*
Der Tourist **packte** den Koffer **aus.**	*The tourist unpacked his suitcase.*

In the simple past, as in the present, the separable prefix is separated from the base form of the verb and is in final position.

3. Irregular weak verbs in the simple past

Infinitive	Simple past	Examples
brennen	brannte	Das Holz **brannte** nicht.
kennen	kannte	Sie **kannte** die Stadt gut.
nennen	nannte	Sie **nannte** das Kind nach dem Vater.
rennen	rannte	Er **rannte** jede Woche zum Arzt.
denken	dachte	Du **dachtest** an uns.
bringen	brachte	Ich **brachte** ihr Blumen.
wissen	wußte	Wir **wußten** die Antwort nicht.
haben	hatte	Ihr **hattet** nicht viel Zeit.

A few weak verbs are irregular in that they have a stem-vowel change and occasionally a consonant change in the simple past. Common irregular weak verbs are **brennen, kennen, nennen, rennen, denken, bringen, wissen,** and **haben.**

4. Modals in the simple past

Infinitive	Simple past	Examples
dürfen	durfte	Ich **durfte** ihr helfen.
können	konnte	Du **konntest** nicht mitkommen.
mögen	mochte	Er **mochte** unsere Suppe nicht.
müssen	mußte	Wir **mußten** Inge helfen.
sollen	sollte	Ihr **solltet** es gestern machen.
wollen	wollte	Sie **wollten** früher fahren.

Friday ✱ — principle verb parts quiz

The modals **dürfen, können, mögen,** and **müssen** lose the umlaut in the simple past tense. In addition, **mögen** exhibits a consonant change.

5. Strong verbs in the simple past

Infinitive	Simple past stem
sprechen	sprach
schreiben	schrieb
fahren	fuhr
ziehen	zog
gehen	ging

A strong verb is a verb that has a stem-vowel change in the simple past: **sprechen>sprach.** A few verbs also have a consonant change: **ziehen>zog.** (See pp. A13–A16 for a list of strong verbs in the simple past.) The tense marker **-te** is not added to the strong verbs in the simple past.

ich sprach	*wir* sprachen
du sprachst	*ihr* spracht
er/es/sie sprach	*sie* sprachen
Sie sprachen	

In the simple past the first and third person singular have no endings.

6. The present perfect tense

Ist Inge schon **gegangen?**   *Has Inge gone already?*

Ja, sie **hat** mir auf Wiedersehen **gesagt.**   *Yes, she said good-by to me.*

Weißt du, wann sie **gegangen ist?**   *Do you know when she left?*

The present perfect tense consists of the present tense of the auxiliary **haben** or **sein** plus the past participle of the verb. In compound tenses such as the present perfect tense, it is the auxiliary **haben** or **sein** that takes person and number endings, while the past participle remains unchanged. The past participle is in last position, except in a dependent clause (see *Kapitel 3*).

7. The present perfect versus simple past

Was **habt** ihr gestern **gemacht**?	*What did you do yesterday?*
Wir **sind** zu Hause **geblieben**.	*We stayed home.*

The present perfect tense is often called the conversational past because it is used most frequently in conversation to refer to events in past time.

Benno **war** gestern sehr müde. Er **schlief** bis zehn, **frühstückte** und **ging** dann wieder ins Bett.	*Benno was very tired yesterday. He slept until ten, ate breakfast, and then went back to bed.*

The simple past (narrative past) tense is used to narrate connected events in past time.

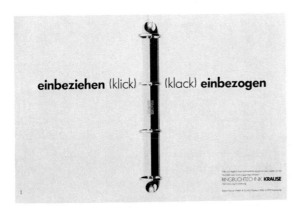

einbeziehen (klick) --- (klack) **einbezogen**

8. Past participles of regular weak verbs

Infinitive	Past participle	Present perfect tense
spielen	**ge** + spiel + **t**	Jörg **hat** Tennis **gespielt.**
arbeiten	**ge** + arbeit + **et**	Ilse **hat** lange **gearbeitet.**
öffnen	**ge** + öffn + **et**	Ich **habe** das Fenster **geöffnet.**

The past participle of a weak verb is formed by adding -**t** to the unchanged stem. If the verb stem ends in -**d** or -**t,** or if it ends in -**m** or -**n** preceded by another consonant (except -**l** or -**r**), the ending -**t** expands to -**et.** The past participle of most weak verbs has the prefix **ge-.**

9. Past participles of irregular weak verbs

Infinitive	Past participle	Present perfect tense
brennen	ge + brann + t	Das Holz **hat** nicht **gebrannt.**
kennen	ge + kann + t	Sie **hat** die Familie gut **gekannt.**
nennen	ge + nann + t	Sie **haben** das Kind nach dem Vater **genannt.**
rennen	ge + rann + t	Er **ist** jede Woche zum Arzt **gerannt.**
bringen	ge + brach + t	Ich **habe** dir Blumen **gebracht.**
denken	ge + dach + t	**Hast** du an uns **gedacht?**
wissen	ge + wuß + t	Wir **haben** es nicht **gewußt.**
haben	ge + hab + t	Ihr **habt** nicht viel Zeit **gehabt.**

The past participle of an irregular weak verb has the **ge-** prefix and the ending **-t.** Note the changes in the stem vowel and in some of the consonants.

10. Past participles of strong verbs

Infinitive	Past participle	Present perfect tense
sprechen	ge + sproch + en	**Hast** du mit Inge **gesprochen?**
schreiben	ge + schrieb + en	Ich **habe** das **geschrieben.**
fahren	ge + fahr + en	Jan **ist** allein **gefahren.**
ziehen	ge + zog + en	Sie **haben** das Boot an Land **gezogen.**
gehen	ge + gang + en	Wann **bist** du nach Hause **gegangen?**

The past participle of a strong verb is formed by adding **-en** to the participle stem. Most strong verbs also add the **ge-** prefix in the past participle. Many strong verbs have a change in the stem vowel of the past participle, and some verbs also have a change in the consonants.

11. Past participles of separable-prefix verbs

Infinitive	Past participle	Present perfect tense
abholen	ab + ge + holt	**Hast** du Ute **abgeholt?**
mitnehmen	mit + ge + nommen	Erik **hat** den Schlüssel **mitgenommen.**

The **ge-** prefix of the past participle comes between the separable prefix and the stem of the participle. Both weak and strong verbs can have separable prefixes.

12. Past participle without ge- prefix

(handwritten) mit kommen
mit g

Present tense	Present perfect tense
Inge bezahlt das Essen.	Inge **hat** das Essen **bezahlt**.
Ich verstehe die Frage nicht.	Ich **habe** die Frage nicht **verstanden**.

Some prefixes are never separated from the verb stem. Common inseparable prefixes are **be-, emp-, ent-, er-, ge-, ver-,** and **zer-.** Inseparable prefix verbs do not add the **ge-** prefix. Both weak and strong verbs can have inseparable prefixes.

Present tense	Present perfect tense
Wann passiert das?	Wann **ist** das **passiert**?
Benno studiert in Bonn.	Benno **hat** in Bonn **studiert**.

Verbs ending in **-ieren** do not add the **ge-prefix** to form the past participle.

Musik und Bildkunst sinnvoll kombiniert

13. Use of the auxiliary *haben*

Ich **habe** den Brief selber
  geschrieben.

I wrote the letter myself.

Hast du **ferngesehen?**

Did you watch TV?

The auxiliary **haben** is used to form the present perfect tense of most verbs.

14. Use of the auxiliary *sein*

Ingrid **ist** gerade **weggegangen.**

Ingrid has just left.

Benno **ist** auf dem Sofa
  eingeschlafen.

Benno fell asleep on the sofa.

Some verbs use **sein instead of haben** as an auxiliary in the present perfect tense. Verbs that require **sein** must meet two conditions. They must:

  1. be intransitive verbs (i.e. verbs without a direct object) and
  2. indicate a change in location (**weggehen**) or condition (**einschlafen**).

Wie lange **bist** du dort
  geblieben?

How long did you stay there?

Wo **bist** du die ganze Zeit
  gewesen?

Where were you all this time?

The verbs **bleiben** and **sein** also require the auxiliary **sein,** even though they do not indicate a change of location or condition.

Wie **war** das Wetter?

How was the weather?

Wir **waren** gestern nicht zu
  Hause.

We weren't home yesterday.

The simple past of **sein** is used more commonly than the present perfect tense of **sein (ist gewesen).**

15. The past perfect tense

Ich **hatte** schon zwei Tage
  gewartet.

*I had waited already for two
    days.*

Sie **war** am Montag
  angekommen.

She had arrived on Monday.

The past perfect tense consists of the simple past of **haben** or **sein** plus the past participle of the main verb. Verbs that use **haben** in the present perfect tense use **haben** in the past perfect; those that use **sein** in the present perfect use **sein** in the past perfect.

Ich wollte am Mittwoch ins Kino gehen.	*I wanted to go to the movies on Wednesday.*
Leider **hatte** mein Freund den Film am Montag schon **gesehen.**	*Unfortunately my friend had already seen the film on Monday.*
Wir sind zu spät angekommen. Die Vorstellung **hatte** schon **angefangen.**	*We arrived too late. The performance had already begun.*

The past perfect tense is used to report an event or action that took place before another event or action in the past.

Übungen

A. Ein Film.   Robert describes a scene from the movie he saw last night. Complete his account by using the simple past tense of the cued verbs.

1. Die Männer _____ sich an den Tisch und _____ Karten. (setzen / spielen)
2. Erik _____ die Spielregeln°. (erklären)   the rules of the game
3. Da _____ er Julia. (bemerken)
4. Sie _____ die Gläser auf den Tisch und _____ nichts. (stellen / sagen)
5. Niels _____ eine verrückte Geschichte, und die Männer _____. (erzählen / lachen)
6. Dann _____ er seine Karten, und alle _____ ein ziemlich dummes Gesicht. (zeigen / machen)

B. Was will er denn?   Tell about your attempts to help a friend. Use the simple past tense of the modal auxiliary.

▶ Mein Freund kann seine Arbeit nicht allein machen.
  Mein Freund konnte seine Arbeit nicht allein machen.

1. Ich soll ihm helfen.
2. Ich will es also versuchen.
3. Gut. Ich muß ihm alles genau erklären.
4. Und er kann es nicht verstehen.
5. Er muß die Arbeit bis Freitag fertig haben.
6. Bald mag er mich nicht mehr sehen.
7. Eigentlich will er gar keine Hilfe.
8. Schließlich darf ich gar nichts mehr sagen.

§1-5   **C. Verben.**   Give the simple past of the following verbs. Use the
sie-singular form as in the model.

▶ beginnen   *sie begann*

1. nennen, denken, bringen, wissen, haben   *Sie Nannte Sie Dachte Brachte Wußte Hatte*
2. essen, geben, helfen, bitten, finden, sitzen, kommen, tun   *Saß Kam Tat   Aß, Gab, Half, Bat, Fand*
3. fliegen, schließen, umziehen   *Flog schoß, umzog um*
4. gefallen, halten, schlafen, laufen, bleiben, scheinen, rufen   *gefiel, hielt schief lief blieb schien rief*
5. fahren, tragen, waschen, wissen   *fuhr, trug, wusch, wußte*
6. leiden, schneiden, gehen   *Sie litt, Sie Schnitt, Sie Ging*

§1-5   **D. Ein komischer Mensch.**   In the park you meet a strange person. Tell a friend about it. Use the simple past tense.

1. Heute fahre ich mit dem Rad durch den Park. *Heute fuhr*
2. Da sehe ich einen Mann. *Da sah*
3. Er sitzt auf einer Bank. *Er saß*
4. Er trägt lustige Kleider. *Er trug lustige Kleider*
5. Sein Hut ist viel zu klein. *War Hut viel zu klein*
6. Die Hosen sind zu eng. *Die Hosen war zu eng*
7. Das Hemd paßt nicht. *Das Hemd*
8. Er hat ganz große Schuhe an. *Er hatte ganz große Schuhe an*
9. Er liest eine alte, schmutzige Zeitung. *Er las*
10. Ich will ihn ansprechen, aber ich bekomme keine Antwort. *Ich wollte*
11. Vielleicht versteht er kein Deutsch. *Vielleicht verstaht*
12. Später steht er auf und geht weg. *Später stand ging*

E. Ein schöner Abend.   Gerd tells you about his impromptu date
with Annette. Use the simple past tense.

§1-5

1. In the evening I wanted to invite Annette to dinner.
2. But I didn't call her up.
3. I simply picked her up.
4. She opened the door and looked at me curiously.
5. I told her my plan.
6. She didn't think about it very long.
7. She shut her books.
8. She put on her coat, and we left.

§6-14   **F. Verben.**   Give the present perfect of the following verbs. Use the
forms as in the models.

▶ essen   *ich habe gegessen*
▶ fahren   *ich bin gefahren*

1. spielen, zeigen, machen, kaufen
2. kennen, denken, wissen, haben, bringen, rennen   *gewußt   gebracht gerant*

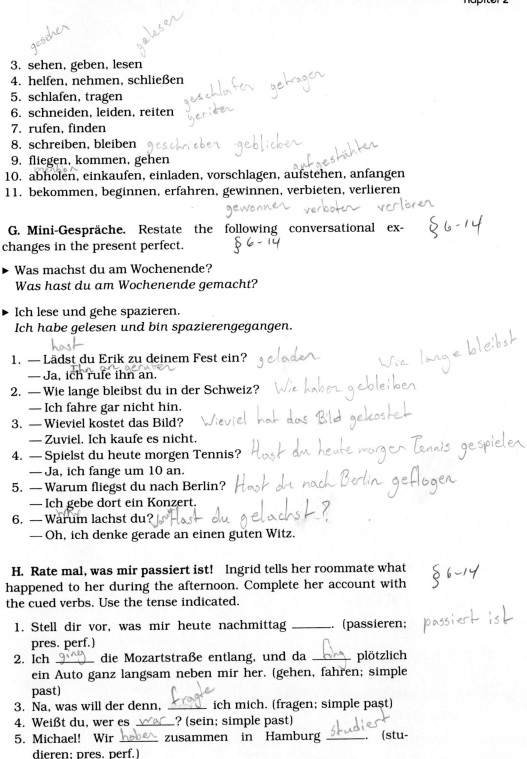

geschen *gelesen*

3. sehen, geben, lesen
4. helfen, nehmen, schließen
5. schlafen, tragen   *geschlafen getragen*
6. schneiden, leiden, reiten   *geriten*
7. rufen, finden
8. schreiben, bleiben   *geschrieben geblieben*
9. fliegen, kommen, gehen
10. abholen, einkaufen, einladen, vorschlagen, aufstehen, anfangen   *aufgestählen*   *merhen*
11. bekommen, beginnen, erfahren, gewinnen, verbieten, verlieren
    gewonnen verboten verloren

G. Mini-Gespräche. Restate the following conversational ex-   *§ 6-14*
changes in the present perfect.   *§ 6-14*

▶ Was machst du am Wochenende?
  Was hast du am Wochenende gemacht?

▶ Ich lese und gehe spazieren.
  Ich habe gelesen und bin spazierengegangen.

1. —Lädst du Erik zu deinem Fest ein?   *hast*   *geladen*   *Wie lange bleibst*
   —Ja, ich rufe ihn an.   *Ihn an geruten*
2. —Wie lange bleibst du in der Schweiz?   *Wie haben gebleiben*
   —Ich fahre gar nicht hin.
3. —Wieviel kostet das Bild?   *Wieviel hat das Bild gekostet*
   —Zuviel. Ich kaufe es nicht.
4. —Spielst du heute morgen Tennis?   *Hast du heute morgen Tennis gespielen*
   —Ja, ich fange um 10 an.
5. —Warum fliegst du nach Berlin?   *Hast du nach Berlin geflogen*
   —Ich gebe dort ein Konzert.
6. —Warum lachst du?   *Warum Hast du gelachst?*
   —Oh, ich denke gerade an einen guten Witz.

H. Rate mal, was mir passiert ist! Ingrid tells her roommate what   *§ 6-14*
happened to her during the afternoon. Complete her account with
the cued verbs. Use the tense indicated.   *passiert ist*

1. Stell dir vor, was mir heute nachmittag ———. (passieren;
   pres. perf.)
2. Ich ——*ging*—— die Mozartstraße entlang, und da ——*fing*—— plötzlich
   ein Auto ganz langsam neben mir her. (gehen, fahren; simple
   past)
3. Na, was will der denn, ——*fragte*—— ich mich. (fragen; simple past)
4. Weißt du, wer es ——*war*——? (sein; simple past)
5. Michael! Wir ——*haben*—— zusammen in Hamburg ——*studiert*——. (studieren; pres. perf.)

6. Er _ist ausgestiegen_ und wir _haben_ beide herzlich _gelacht_. (aussteigen, lachen; pres. perf.)

7. Wir _freuten_ uns natürlich sehr! (freuen; simple past)

8. Wir _haben_ uns seit zwei Jahren nicht mehr _gesehen_. (sehen; pres. perf.)

9. Im Café Mozart _haben_ wir eine Tasse Kaffee _getrunken_ und lange _erzählt_. (trinken, erzählen; pres. perf.)

§6-14

I. Von Hamburg nach Berlin. Jan thought Rita spent her vacation in Hamburg and he has just learned she was in Berlin. Give the German equivalents.

1. Jan: How did you get from Hamburg to Berlin? *Wie bist du mich nach gefahren*
   Rita: I flew. *Ich bin geflögen*

2. Jan: When did you buy the ticket? *Wann hast du gekarte*
   Rita: I didn't buy it (at all). My mother sent it.

3. Jan: How nice! How long did you stay there? *Wie schön! Wie lange bist du geblieben*
   Rita: I came back yesterday. *Ich bin gestern zwruckgekommen*

4. Jan: Did you visit friends? *Hast du Freunde besucht*
   Rita: Oh yes, and I went to the museum frequently. *Ja ich bin auch häufig in Museum gegangen*

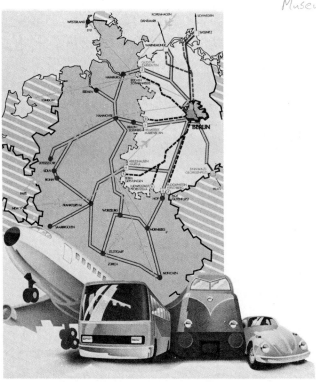

§15 **J. Probleme.** Tell about the problems you had last night when you were going to the theater. Use the past perfect tense of the cued verbs.

§15

▶ Wir sind zu spät ins Theater gekommen.
  Das Stück / anfangen / schon
  Das Stück hatte schon angefangen.

1. Wir wollten mit der Straßenbahn fahren. Aber / sie / wegfahren / gerade

   *But you shraight
   Aber sie gerade
   weg gefahren*

2. Wir gingen in eine Telefonzelle°, um ein Taxi anzurufen. Aber / da / man / stehlen / Telefonbuch *hatte*   telephone booth

3. Nach 20 Minuten kam die nächste Bahn. Inzwischen / es / beginnen / zu regnen

   *Inzwischen hat es
   zu regnen beginnen*

4. Genau um 8 waren wir im Theater. Doch wo waren die Eintrittskarten°? / Ich / vergessen / sie / zu Hause *Ich hatte sie zu Hause* admission tickets *vergessen*

5. Ich mußte neue Karten kaufen. Für die alten / ich / ausgeben / viel Geld

   Für die alten hatte ich viel Geld ausgegehen

K. Ein Brief. Inge's friend has moved to another city and has written her a letter in a type of shorthand. Put the words into complete sentences using the tense indicated.

§1-15

1. Liebe Inge! ich / ankommen / vor zwei Wochen (pres. perf.)
2. die Reise / gehen / gut (simple past) *Die Reise ging gut*
3. ich / finden / ein schönes Zimmer (pres. perf.)
4. ich / müssen / suchen / gar nicht lange (simple past)
5. leider / ich / können / nicht besuchen / meine Freunde (simple past)
6. ich / verlieren / ihre Adresse (past perf.) *Ich hatte ihre Adresse verloren*
7. aber / ich / kennenlernen / schon / viele neue Leute (pres. perf.) *Aber ich habe viele neue Leute kennenlernt*
8. an der Uni / ich / treffen / zwei nette Mädchen (simple past)
9. wir / reden / lange (simple past) *Wir redeten lange*
10. sie / einladen / mich / zu einem Fest (pres. perf.) *Sie haben mich zu einem Fest eingeladen.*
11. du / hören / schon etwas von Karola / ? (pres. perf.)
    Herzliche Grüße, Heike.

*Ich habe ein Zimmer gefund
Ich mußte suchen
Leider konnte Ich nicht meine Freunde besuchen*

Kapitel 3

- Verb position in statements, questions, and clauses
- Conjunctions
- Word order: time, manner, place
- Position of *nicht*

1. Position of the finite verb in statements

	1	2	3	4
Normal:	Wir	**trinken**	um vier	Kaffee.
Inverted:	Um vier	**trinken**	wir	Kaffee.
	Kaffee	**trinken**	wir	um vier.

In a German statement, or independent clause, the finite verb (the verb form that agrees with the subject) is always in second position.

In so-called "normal" word order, the subject is in first position. In so-called "inverted" word order, an element other than the subject is in first position, and the subject follows the verb. For stylistic variety or to emphasize a particular element, a German statement can begin with an adverb, prepositional phrase (**um vier**) or object (**Kaffee**).

266

2. Position of the finite verb in questions

a. Specific questions

Warum **findet** Ute den Film langweilig?	*Why does Ute find the film boring?*
Wann **hat** sie ihn gesehen?	*When did she see it?*

A specific question asks for a particular piece of information and begins with an interrogative such as **wie, wieviel, warum, wann,** or **wer.** The interrogative is followed by the finite verb, then the subject.

b. General questions

Hat Barbara einen festen Freund? — Ja.	*Does Barbara have a boyfriend? — Yes.*
Ist er gestern angekommen? — Nein.	*Did he arrive yesterday? — No.*

A general question can be answered with **ja** or **nein** and begins with the finite verb.

3. Independent clauses and coordinating conjunctions

Gabi hat ein neues Buch gekauft, **aber** sie liest es nicht, **denn** sie hat keine Zeit.

An independent, or main, clause can stand alone as a complete sentence. Two or more independent clauses may be connected by *coordinating* conjunctions. Coordinating conjunctions do not affect the order of subject and verb. Five common coordinating conjunctions are listed below.

aber	*but*
denn	*because (for)*
sondern	*but, on the contrary*
und	*and*
oder	*or*

Lore geht ins Café, **und** ihre Freundin lädt sie zu einem Kaffee ein.
Lore geht ins Café **und** trinkt einen Kaffee.

In written German, coordinating conjunctions are generally preceded by a comma. However, **oder** and **und** are not preceded by a comma when the subject in both clauses is the same and is not expressed.

4. The conjunctions *aber* and *sondern*

Inge geht ins Café, **aber** sie bestellt nichts.	*Inge goes into the café,* but *she doesn't order anything.*
Der Kuchen ist nicht teuer, **aber** Sabine kauft ihn trotzdem nicht.	*The cake is not expensive,* but *Sabine still doesn't buy it.*
Jürgen geht nicht ins Café, **sondern** in den Park.	*Jürgen doesn't go to the café,* but *to the park.*

Aber as a coordinating conjunction is equivalent to *but, however, nevertheless*; it may be used after either a positive or negative clause.

Sondern is a coordinating conjunction that expresses a contrast or contradiction. It connects two ideas that are mutually exclusive. It is used only after a negative clause and is equivalent to *but, on the contrary, instead, rather.*

5. Two-part conjunctions

Entweder hilfst du mir, **oder** ich mache es nicht.
Entweder du hilfst mir,
Either you help me or I won't do it.

Entweder ... oder is a two-part conjunction equivalent to English *either ... or*. **Entweder** can be followed by normal or inverted word order.

Er kann **weder** dir **noch** mir helfen.	*He can help* neither *you* nor *me.*

Weder ... noch is the negative form of **entweder ... oder** and is equivalent to *neither ... nor.*

6. Dependent clauses and subordinating conjunctions

main clause   dependent clause

Glaubst du, **daß Karin morgen kommt?**
Sie kommt bestimmt, **wenn sie Zeit hat.**

A dependent clause is a clause that cannot stand alone; it must be combined with a main clause to express a complete idea. A dependent clause is introduced by a subordinating conjunction (**daß, wenn**). In writing, a dependent clause is separated from the main clause by a comma.

Er möchte wissen, ob du heute Volleyball **spielst.**
                   ob du heute **mitspielst.**
                   ob du vielleicht Tennis **spielen willst.**
                   ob du gestern **gespielt hast.**

Unlike coordinating conjunctions, subordinating conjunctions affect word order.
    In dependent clauses:

  a. The finite verb is in final position (**spielst**).
  b. A separable prefix is attached to the base form of the verb which is in final position (**mitspielst**).
  c. A modal auxiliary follows the infinitive and is in final position (**willst**).
  d. In perfect tenses the auxiliary **haben** or **sein** follows the past participle and is in final position.

Da ich zuviel gegessen hatte, **habe** ich schlecht geschlafen.
Obwohl ich müde war, **mußte** ich früh aufstehen.

When a dependent clause begins a sentence, it is followed directly by the finite verb of the independent clause (**habe, mußte**).
    Common subordinating conjunctions are listed below:

als	*when*	**obgleich**	*although*
bevor	*before*	**obwohl**	*although*
da	*because, since* (causal)	**seit**	*since* (temporal)
damit	*so that*	**seitdem**	*since* (temporal)
daß	*that*	**sobald**	*as soon as*
ehe	*before*	**während**	*while; whereas*
nachdem	*after*	**weil**	*because*
ob	*if, whether*	**wenn**	*if, when*

all question words.—

wann
wo
wie
warum
wieviel
wer

7. Dependent clauses: indirect statements and questions

a. Conjunction introducing indirect statements: *daß*

Direct statement: Ich fahre morgen weg.
Indirect statement: Erika weiß, **daß** du morgen wegfährst.

Indirect statements are introduced by the subordinating conjunction **daß**.

b. Conjunction introducing indirect general questions: *ob*

General question: Habt ihr gewonnen?
Indirect question: Ich weiß nicht, **ob** wir gewonnen haben.

Indirect general questions are introduced by the subordinating conjunction **ob**.

c. Conjunction introducing indirect specific questions

Specific question: Warum erzählt Inge immer diese Geschichte?
Indirect question: Ich weiß nicht, **warum** sie immer diese Geschichte erzählt.

Indirect specific questions are introduced by the same question words, or interrogatives, that are used in direct specific questions, for example, **wann, warum, wie**.

8. Uses of *als, wenn,* and *wann*

Als wir letztes Jahr nach Kanada gereist sind, sind wir mit dem Auto gefahren.	When *we went to Canada last year we went by car.*
Als ich jung war, sind wir oft nach Kanada gefahren.	When *I was young we often went to Canada.*
Wenn wir nach Kanada reisten, fuhren wir immer mit dem Auto.	Whenever *we went to Canada, we always traveled by car.*
Ich weiß nicht, **wann** wir wieder nach Kanada reisen.	*I don't know* when *we're going to Canada again.*

Als, wenn, and **wann** are all equivalent to the English *when,* but they are not interchangeable. **Als** is used to introduce a clause concerned with a single event in the past or refers to a single block of time in the past (**als ich jung war**). **Wenn** is used to introduce a clause concerned with repeated events (*whenever*) or possibilities (*if*) in past time, or with single or repeated events in present or future time. **Wann** is used to introduce direct and indirect questions.

9. Word order: time, manner, and place

Wir fahren **heute mit dem Auto nach Spanien.**
Wir fahren **heute um acht Uhr mit dem Auto nach Spanien.**

When adverbs and adverbial prepositional phrases occur in a sentence, they occur in the following sequence: time (when?), manner (how?), place (where?). When a sentence contains two adverbial expressions of time, the general expression (**heute**) usually precedes the specific (**um acht Uhr**).

10. Position of *nicht*

Ich verstehe die Frage **nicht.**

When **nicht** negates a whole clause, it usually stands at the end of the clause.

Gerd ist **nicht** mein Freund.	*Gerd is not my friend.*
Er ist **nicht** nett.	*He's not nice.*
Ich arbeite **nicht** gern mit ihm zusammen.	*I don't like to work with him.*
Ich fahre **nicht** zu ihm.	*I'm not going to him.*
Du solltest **nicht** ihn bitten, sondern seine Schwester.	*You shouldn't ask him but his sister.*

Nicht precedes a number of sentence elements, e.g., a predicate noun (**Freund**), a predicate adjective (**nett**), an adverb (**gern**), or a prepositional phrase (**zu ihm**).

   Nicht may also precede any word that is given special negative emphasis (**ihn**).

Sie ist **nicht** hier.	*She's not here.*
Sie bleibt **nicht** gern allein.	*She doesn't like to be alone.*

Since **nicht** functions like an adverb of manner, it precedes adverbs of place (**hier**) and precedes other adverbs of manner (**gern**).

Wir gehen heute **nicht** in die Stadt.	*We're not going downtown today.*
Wir gehen **nicht** oft ins Kino.	*We don't go to the movies often.*

Nicht generally follows specific time expressions (**heute**) and precedes general time expressions (**oft**).

Übungen

A. Ein neues Auto.   Since Sabine has her own car, she visits her grandmother more often. Take the part of Sabine and tell about her visit.

▶ ich / haben / ein neues Auto   *Ich habe ein neues Auto.*

1. am Sonntag / ich / fahren / aufs Land
2. dort / ich / besuchen / meine Großmutter
3. sie / wohnen / in einem alten Bauernhaus
4. hinter dem Haus / ein großer, schöner Garten / liegen
5. in dem Garten / viele Apfelbäume / stehen
6. wir / gehen / oft / in den Garten
7. wir / setzen uns / in den Schatten
8. da / es / sein / schön kühl
9. meine Großmutter / erzählen / immer / verrückte Geschichten
10. wir / lachen / immer sehr viel

B. Freunde. Give some information about Jutta and Frank. Combine each pair of sentences, using the coordinating conjunction indicated.

▶ Frank arbeitet bei Siemens. Jutta studiert. (und)
Frank arbeitet bei Siemens, und Jutta studiert.

1. Frank hat seine Arbeit nicht sehr gern. Jutta ist gern an der Uni. (aber)
2. Sie fahren jeden Tag mit der Straßenbahn. Sie haben kein Auto. (denn)
3. Frank ißt nicht im Restaurant. Er bringt sein Essen von zu Hause mit. Sie wollen sparen. (sondern / denn)
4. Im Sommer fahren sie nach Italien. Sie fliegen nach Amerika. (oder)
5. Dann muß er weiter bei Siemens arbeiten. Jutta studiert weiter. (und)

C. Peters Hauptfach. Your friend Peter has changed majors. Tell about the change. Combine the sentences with *aber* or *sondern* as appropriate.

1. Peter studiert jetzt nicht mehr Mathematik, _____ er hat mit Geschichte angefangen.
2. Mit Geschichte verdient er vielleicht weniger Geld, _____ das Fach interessiert ihn mehr.
3. Das ist eine verrückte Idee, _____ er hat schon immer davon geträumt.
4. Seine Freunde verstehen ihn nicht, _____ das ist ihm egal.
5. Er hört nicht auf ihren Rat, _____ macht das, was er für gut hält.
6. Er muß jetzt viel Neues lernen, _____ das macht ihm auch großen Spaß.
7. Er arbeitet nicht nur viel, _____ auch gern.

D. Mit dem Fahrrad im Regen.   Tell about your experience bicycling in the rain. Combine each pair of sentences, using the conjunctions indicated.

1. Es regnete fürchterlich°. Ich fuhr von der Arbeit nach Hause. (als)   terribly
2. Ich fuhr mit dem Fahrrad. Das Wetter war so schlecht. (obwohl)
3. Ich fahre immer mit dem Fahrrad. Ich habe kein Auto. (weil)
4. Ich war schon ganz naß. Ich war zwei Straßen gefahren. (ehe)
5. Ich hoffe (es) sehr. Ich habe mich nicht erkältet. (daß)
6. Ich fahre nicht mehr mit dem Fahrrad. Es regnet wieder so. (wenn)
7. Ich kaufe mir ein Auto. Ich habe genug Geld. (sobald)

E. Restate the sentences in *Übung D*, beginning each sentence with the dependent clause.

F. Besuch von meiner Kusine.   Lore expects a visit from her cousin. Complete her account by supplying *als, wenn,* or *wann,* as appropriate.

1. _____ ich nach Hause kam, lag ein dicker Brief da.
2. Ich freue mich immer, _____ ich Post bekomme.
3. Ich war sehr überrascht, _____ ich ihn öffnete. Er war von meiner Kusine.
4. _____ sie kann, kommt sie mich besuchen.
5. Aber sie schreibt nicht, _____ sie kommen will.
6. Ich weiß gar nicht mehr, _____ ich das letzte Mal von ihr gehört habe.
7. Es wird ganz toll, _____ sie herkommt.
8. _____ sie mit dem Auto kommt, können wir schöne Ausflüge machen.
9. _____ sie mich das letzte Mal besucht hat, hatten wir viel Spaß miteinander.

G. Das Geld ist weg.   The other day your neighbor Mrs. Huber had a bad experience. Tell about it in German.

1. When Mrs. Huber came out of the store, she noticed° that she had forgotten her money.   merken
2. Although she went back immediately she couldn't find it.
3. She had taken along a lot of money, because she wanted to buy a jacket.
4. Now Mrs. Huber could buy nothing more but had to go home.
5. It annoyed her but she couldn't change it.

H. Wie war es in Italien?   Stefan is picking up his Italian friend Maria from the train station. She had spent a couple of weeks with her family in Italy. Report on their conversation by using indirect statements and questions. Use *daß* or *ob* when appropriate.

▶ Stefan fragt Maria: „Wie war es in Italien?"
  Stefan fragt Maria, wie es in Italien war.

1. Sie antwortet: „Es war herrlich."
2. Natürlich will er wissen: „Was hast du gemacht? Wo warst du? Wen hast du besucht?"
3. Er fragt auch: „War das Wetter schön?"
4. Sie sagt: „Es war sonnig und warm."
5. Er fragt sie: „Was gibt es sonst Neues?"
6. Sie erzählt: „Meine Eltern haben ein neues Haus. Es ist sehr groß und sehr schön."
7. Stefan fragt: „Bist du nach der langen Reise sehr müde?"
8. Maria antwortet: „Ich bin sehr müde und möchte am liebsten zwölf Stunden schlafen."

IM LAND, WO DIE ZITRONEN BLÜHEN, HATTE „MADE IN GERMANY" SCHON IMMER EINEN GUTEN NAMEN.

I. In Paris.   Mr. Bader often goes to Paris. Using the cued words, tell what he usually does when he first arrives there.

▶ Herr Bader fährt (nach Frankreich / oft).
  Herr Bader fährt oft nach Frankreich.

1. Er fährt (nach Paris / immer / mit dem Zug).
2. Der Zug fährt (vom Hauptbahnhof / um 8.30 Uhr) ab.
3. Herr Bader sitzt (in der Eisenbahn / gern).
4. Er kommt (in Paris / um vier Uhr / am Nachmittag) an.
5. Dort geht er (in ein Café / zuerst / jedesmal).
6. Er setzt sich (an einen Tisch / gleich) und trinkt (schnell / immer) einen Kaffee.
7. Er geht (an den Taxistand / dann).
8. Er fährt (in sein Hotel / meistens / mit dem Taxi).

§10

J. Willst du sonst noch was wissen?   Rainer seems to be in a bad mood today. He answers all his friend's questions in the negative. Answer for Rainer.

▶ Gehst du heute in die Bibliothek?
 Nein, ich gehe heute nicht in die Bibliothek.

1. Machst du dein Referat diese Woche fertig?
2. Hast du die Bücher für das Kafka-Seminar gelesen?
3. Arbeitest du für Professor Groß?
4. Findest du Professor Groß nett?
5. Gehst du mit mir eine Tasse Kaffee trinken?
6. Rufst du mich heute abend an?
7. Bist du heute schlecht gelaunt°?   in a bad mood

K. Die Amerikanerin.   Paul, who is rather shy, tells you about trying to meet a woman in a café in Cologne. Give his account in German. For sentences in past time use the tense indicated.

1. When I come home from work° in the evening I sometimes go to   von der Arbeit
   a café°.   ins Café
2. Yesterday I saw a woman in the café. (simple past).
3. I don't know whether she sits there every day, but I saw her
   there last week already°. (present perfect)   schon dort
4. When she ordered something, I realized° that she was [an] Amer-   bemerken
   ican. (simple past)
5. Her German was very good. (simple past)
6. Suddenly she looked at me and smiled°. (simple past)   lächeln
7. Before I could react°, the waiter came back to her table°. (simple   reagieren / schon an ihren Tisch
   past)
8. Although I am very shy° I spoke to her then. Great. (present   schüchtern
   perfect)

Der Deutsch-Amerikaner
Really, ich habe gefunden in Hamburg meine deutschen – wie sagt man! –: Vorfahren –. Alles very strong sailors. Und by the way, ich habe noch etwas gefunden: Block House. Davon werde ich meine Freunde in die Staaten erzählen. Sie maken very good Steaks in die Block House –. Kleiner wie bei uns, aber genau so good, und das ist ganz nach meine Geschmack.

BLOCK HOUSE
Das sympathische Restaurant.
Für Steaks, Salate und mehr.

Kapitel 4

- Nominative and accusative cases
- Demonstrative pronouns
- Personal pronouns
- Interrogative pronouns
- *Dieser*-words
- *Ein*-words
- Accusative case prepositions
- Accusative of time, measure, and quantity

1. Definite article, nominative and accusative

	Masculine	Neuter	Feminine	Plural
Nominative:	der	das	die	die
Accusative:	den	das	die	die

2. *Dieser*-words, nominative and accusative

	Masculine	Neuter	Feminine	Plural
Nominative:	dieser	dieses	diese	diese
Accusative:	diesen	dieses	diese	diese

3. Meanings and uses of *dieser*-words

dieser	this, these (*pl.*)
jeder	each, every (*used in singular only*)
jener	that, the one that
mancher	many a, several (*used mainly in the plural*)
solcher	such (*used mainly in the plural*)
welcher	which

Jener points to something known or previously mentioned:

Ich denke an **jene**, die nicht hier sein können.

Mancher and **solcher** are used mainly in the plural and replaced by a form of **manch ein** or **so ein** in the singular:

So einen Hut würde ich nicht tragen.

4. Demonstrative pronouns, nominative and accusative

	Masculine	Neuter	Feminine	Plural
Nominative:	**der** (*he, it*)	**das** (*it*)	**die** (*she, it*)	**die** (*they*)
Accusative:	**den** (*him, it*)	**das** (*it*)	**die** (*her, it*)	**die** (*them*)

Demonstrative pronouns are identical to the definite articles. A demonstrative pronoun often replaces a personal pronoun if the pronoun is to be emphasized. Demonstrative pronouns usually occur at or near the beginning of a sentence. The English equivalent is usually a personal pronoun.

Kaufst du **den** Mantel da?	*Are you going to buy that coat?*
Nein, **der** ist zu teuer.	*No, it is too expensive.*

5. Personal pronouns, nominative and accusative

Nominative:	**ich** *I*	**du** *you* (fam. sg.)	**er** *he, it*	**es** *it*	**sie** *she, it*
Accusative:	**mich** *me*	**dich** *you* (fam. sg.)	**ihn** *him, it*	**es** *it*	**sie** *her, it*

Nominative:	**wir** *we*	**ihr** *you* (fam. pl.)	**sie** *they*	**Sie** *you* (formal)
Accusative:	**uns** *us*	**euch** *you* (fam. pl.)	**sie** *them*	**Sie** *you* (formal)

The personal pronouns **er, es, sie** agree in gender and number with the noun to which they refer. Personal pronouns refer to both persons and things.

Kennst du **den Herrn** da? — Ja, **er** ist mein Onkel.
Der Wagen ist schon kaputt. — Wirklich? Die haben **ihn** doch letzte Woche gerade repariert.

6. The interrogative pronouns *wer* and *was*

Nominative:	**wer** (*who*)	**was** (*what*)
Accusative:	**wen** (*whom*)	**was** (*what*)

Wer ist die Frau da? — **Wen** meinst du? Die Frau im blauen Rock?
Was war das? — **Was** hast du eben gehört? — Ach, nur die Tür.

The accusative form of **wer** is **wen**. The accusative of **was** is identical to the nominative form.

7. The indefinite article *ein* and *kein*, nominative and accusative

	Masculine	Neuter	Feminine	Plural
Nominative:	ein	ein	eine	-----
Accusative:	einen	ein	eine	-----

The German indefinite article **ein** corresponds to the English *a, an*. It has no plural form.

The negative form of **ein** is **kein**. It is equivalent to English *not a, not any*, or *no*. **Kein** negates a noun that in the positive would be preceded by a form of **ein** or by no article at all.

Wo ist hier ein Telefon? — Es gibt hier **kein** Telefon.
Hast du jetzt Zeit? — Nein, ich habe im Moment **keine** Zeit.

8. Nouns indicating nationalities and professions

Kathrin ist **Deutsche**.	*Kathrin is (a) German.*
Sie ist **Studentin**.	*She's a student.*
Sie wird **Ingenieurin**.	*She's going to be an engineer.*

To state a person's nationality, profession, or membership in a group, German uses the noun directly after a form of the verbs **sein** or **werden**. The indefinite article **ein** is not used. English precedes such nouns with the indefinite article.

Florian ist **kein Ingenieur**.	*Florian is not an engineer.*

Kein is used to negate a sentence about someone's nationality, profession, or membership in a group.

Frau Dr. Braun ist **eine bekannte Deutsche**.	*Dr. Braun is a well-known German.*
Sie ist **eine gute Ärztin**.	*She's a good doctor.*

Ein is used with nouns designating professions, nationalities and membership in a group when the nouns are preceded by an adjective.

9. Possessive adjectives

Subject pronouns	Possessive adjectives	English equivalents
ich	**mein**	*my*
du	**dein**	*your (fam. sg.)*
er	**sein**	*his, its*
es	**sein**	*its*
sie	**ihr**	*her, its*
wir	**unser**	*our*
ihr	**euer**	*your (fam. pl.)*
sie	**ihr**	*their*
Sie	**Ihr**	*your (formal, sg. & pl.)*

Hast du **meinen** Kuli gesehen? — **Deinen** Kuli? Nein.

Possessive adjectives take the same endings as the indefinite article **ein**. They are therefore often called **ein**-words.

Ist Gerd **euer** Bruder und Ilse **eure** Schwester?
Nein, Kurt ist **unser** Bruder, und Martha ist **uns(e)re** Schwester.

Note that when **euer** has endings, the second **-e** is omitted (**euren**). In colloquial German, the **-e** in **unser** is also often omitted (**unsre**).

10. Masculine *N*-nouns in the accusative case

Nominative	Accusative
Ist das Herr Biermann?	Ich kenne keinen **Herrn** Biermann.
Wo ist hier ein Polizist?	Warum suchst du einen **Polizisten?**

A number of masculine nouns add **-n** or **-en** in the singular accusative. These nouns are often called masculine N-nouns or weak nouns. The accusative forms of common masculine nouns are: **den Bauern, den Gedanken, den Glauben, den Herrn, den Journalisten, den Jungen, den Juristen, den Kollegen, den Menschen, den Nachbarn, den Namen, den Neffen, den Patienten, den Polizisten, den Soldaten, den Studenten, den Touristen.**

11. Uses of the nominative case

Subject: **Meine Tochter** studiert Mathematik.

The subject designates a person, concept or thing to which the verb refers. It answers the question *who* or *what*. The subject of a sentence is in the nominative case.

Predicate nominative: Der junge Mann heißt **Jürgen**. Jürgen ist **ein netter junger Mann**. Er wird **Arzt**.

A predicate nominative designates a person, concept, or thing that is equated with the subject. A predicate nominative commonly follows verbs such as **heißen**, **sein**, and **werden**.

12. Uses of the accusative case

Direct object:	Kennst du **meinen Bruder?**
Object of prepositions:	Er arbeitet für **unseren Onkel.**
Time:	Wir bleiben nur **einen Tag** in Hamburg.
Measure:	Morgens laufen wir **einen Kilometer.**
Expression **es gibt:**	Gibt es hier **einen guten Arzt?**

Hallo Nachbarn, es gibt was zu sehen.

Villeroy & Boch

13. Direct object

Subject	Direct object
Wer ist **der Junge**?	Kennst du **den Jungen**?
Der rote Mantel ist schön.	Aber Julia kauft **den blauen Mantel**.
Wo ist **dein Freund**?	Ich habe **ihn** nicht gesehen.

The direct object receives the direct action of the verb and answers the questions *whom* (**wen**?) for persons and *what* (**was**?) for things and concepts. A noun or pronoun used as the direct object of a verb is in the accusative case.

14. Prepositions with the accusative case

Preposition	Meaning	Examples
bis	*until*	Ich bleibe **bis** nächsten Samstag.
	as far as	Ich fahre nur **bis** Nürnberg.
	by (time)	Kannst du **bis** morgen fertig sein?
durch	*through*	Sie fährt **durch** die Stadt.
entlang	*along*	Wir gehen den Fluß **entlang**.
für	*for*	**Für** wen kaufst du das?
gegen	*against*	Was hast du **gegen** ihn?
	about	Wir kommen **gegen** acht Uhr.
	(approximately)	
ohne	*without*	Er geht **ohne** seinen Freund.
um	*around*	Da kommt Inge **um** die Ecke.
	at (time)	Jörg fährt **um** zehn Uhr nach Hause.

The prepositions **bis, durch, entlang, für, gegen, ohne,** and **um** are used with the accusative case.

Usually **bis** is followed by other prepositions: Er geht **bis an** die Tür. Der Bus fährt nur **bis zum** Bahnhof.

Note that **entlang** follows the noun or pronoun in the accusative.

durch das → durchs	Sabine geht **durchs** Zimmer.
für das → fürs	Frau Lange kauft das **fürs** Geschäft.
um das → ums	Der Hund läuft **ums** Haus.

Some prepositions contract with the definite article **das**.

15. Time expressions with the accusative case

Definite point:	Sie kommen **nächsten Monat**.	*They're coming next month.*
Duration:	Sie bleiben **den ganzen Sommer**.	*They're staying the whole summer.*

Noun phrases expressing a definite point in time (answering the question **wann**?) or a duration of time (answering the question **wie lange**?) are in the accusative case. Examples for common expressions of time are given below.

Wann?	Wie lange?
nächsten Winter	den ganzen Tag
jedes Jahr	das ganze Jahr
diese Woche	die ganze Woche

BRUNCH
Jeden Sonntag
großer Familienbrunch
in der La Chesa

16. Accusative of measure

Die Straße ist **einen Kilometer** lang.

The street is one kilometer long.

Die Äpfel wiegen **ein halbes Kilo.**

The apples weigh one-half kilo.

Das Kind ist erst **einen Monat** alt.

The child is only one month old.

Nouns expressing units of measurement, weight, or age are in the accusative case.

17. Units of measurement and quantity

Ich möchte **zwei Glas** Milch.	*I'd like two glasses of milk.*
Sie kauft **fünf Pfund** Kartoffeln.	*She's buying five pounds of potatoes.*

In German, masculine and neuter nouns expressing measure, weight, or number are in the singular.

Sie bestellt **zwei Tassen** Kaffee.	*She orders two cups of coffee.*
Sie kauft **zwei Flaschen** Cola.	*She's buying two bottles of coke.*

Feminine nouns ending in **-e** form plurals even when they express measure.

18. The expression *es gibt*

Es gibt hier keine guten Restaurants.	*There are no good restaurants here.*
Gibt es einen guten Grund dafür?	*Is there a good reason for that?*

The accusative case always follows the expression **es gibt** (*there is* or *there are*).

Übungen

A. Nominativ oder Akkusativ? Identify each noun and pronoun in the nominative and accusative case and indicate its use in the sentence.

1. Petra hat einen neuen Freund.
2. Er ist Student.
3. Er studiert Sprachen an der Universität.
4. Er heißt Kai.
5. Kai ist ein sehr fleißiger Student.
6. Manchmal arbeitet Kai für seinen Professor.
7. Petra trifft den Freund am Nachmittag.
8. Gestern hat sie für ihn eine neue Platte gekauft.
9. Die Platte hat sie schon lange gesucht.
10. Sie lädt ihn zum Essen ein.

§2–3

B. Mark braucht einen Koffer. Mark is going on a trip and is shopping for a new suitcase with his friend Susi. Complete their conversation by supplying the correct forms of the cued words.

1. Mark: _Jeder_ Koffer hier ist schön, nicht wahr? (jeder)
2. Susi: Nö. _Manche_ Koffer gefallen mir, _manche_ nicht. Schau mal, wie gefällt dir _so ein_ Tasche? (mancher, mancher, so ein) *so eine — one like*
3. Mark: Ach nein, _diese_ Art und _so eine_ Farbe mag ich überhaupt nicht. (dieser, so ein)
4. Susi: Also, mußt du unbedingt° heute _so einen_ Koffer kaufen, hm? (so ein)   absolutely
5. Mark: Ja, sei nicht ungeduldig°. Du weißt, wie ich _solche_ Sachen hasse. (solcher)   impatient
6. Susi: _Welchen_ Koffer nimmst du jetzt, _diesen_ großen oder _jenen_ kleinen? (welcher, dieser, jener)
7. Mark: Ich nehme _diese_ Tasche hier. Die mag ich. (dieser)
8. Susi: Also, _manche_ Leute haben schon einen merkwürdigen Geschmack°! (mancher)   taste

P 5a6

§4

C. Kurze Gespräche. Complete the mini-dialogues by supplying the correct form of the demonstrative pronoun.

► —Der Pulli ist schön, nicht?
   —Meinst du? *Den* finde ich häßlich.

1. —Der neue Herzog-Film läuft im Thalia. _Der_ interessiert mich. Sollen wir uns _den_ ansehen?
   —Nein, _den_ kenne ich schon.
2. —Wo ist denn Monika?
   — _____ ist in Amerika.   *All die*
   — _____ hab' ich doch gestern noch gesehen.
   —Nein. _____ ist vorgestern abgeflogen.
3. —Wem gehört das Auto da?
   — _____ gehört meinem Bruder.   *das*
   —Wann hat er _____ gekauft?
   —Gar nicht. _____ hat ihm mein Vater geschenkt.
4. —Wer sind die Leute da drüben?
   — _die_ warten auf Professor Schwarz.
   —Was wollen _die_?
   — _die_ wollen mit ihm sprechen.
   —Wo ist denn _der_?
   — _den_ habe ich erst vor einer Stunde gesehen.

§5 **D. Alles über Oliver.**   Jutta is treating Sabine to a glass of wine. She hasn't seen Sabine for a while and asks a lot of questions about Sabine's friend Oliver. Take the role of Sabine and answer the questions with *ja* or *nein*. Use the personal pronoun in your answer.

▶ — Hat dir der Wein geschmeckt?
— *Ja (Nein), er hat mir (nicht) geschmeckt.*

▶ — Kaufst du den Wein?
— *Ja (Nein), ich kaufe ihn (nicht).*

1. Studiert Oliver in Marburg?
2. Kennst du seinen Bruder?
3. Hast du seine Eltern kennengelernt?
4. Ist seine Familie nett?
5. Hat er sein altes Auto verkauft?
6. Siehst du seine Freunde oft?
7. Laden die euch oft ein?
8. Mag dein Vater Oliver?
9. Liebst du Oliver?
10. Liebt er dich?
11. Willst du Oliver heiraten?

E. Eine internationale Familie.   Give the German equivalent of the English sentences.
1. My sister is German. She is a teacher.
2. Her husband is English. He was a pharmacist. Now he works as a photographer.
3. Oh, I thought he's a doctor.
4. But your husband is American?
5. No, he's German.
6. And what does he do?
7. He's a professor.

§7-9 **F. Kurze Gespräche.**   Complete the mini-dialogues by using the correct form of the cued *ein*-word.

1. —_____ Herr will Sie sprechen. (ein)
   —Ich kenne _____ Herrn hier. Wie ist _____ Name? (kein, sein)
2. —Wo sind _____ Bücher? (mein)
   —Ich habe sie auf _____ Schreibtisch gelegt. (dein)
   —Ich sehe _____ Bücher. (kein)
3. —Ich möchte mir so gern _____ Paar neue Sommerschuhe kaufen, aber ich habe _____ Geld. (ein, kein)

—Warum? Hast du nicht mehr _deinen_ Job? (dein)
—Doch, aber _unsere_ Miete ist teurer geworden, und ich muß auch _unser_ Telefon bezahlen. (unser, unser)
4. —Wie ist _eure_ Professorin für Geschichte? (euer)
—Ich finde sie gut. _Unser_ Kurs ist sehr interessant. _meine_ Noten sind auch besser geworden. Ich kenne _keine_ bessere Professorin. (unser, mein, kein)

§9 **G. Reisevorbereitungen.** You are going on a trip with friends. Check to see whether everyone has packed his or her things.

▶ du / Kamm   *Hast du deinen Kamm eingepackt?*

1. Peter / Fotoapparat
2. Christa / Blusen
3. du / Seife
4. Gerd / Kassettenrecorder
5. Jürgen / Hemden

6. ihr / Zahnbürsten
7. du / Schuhe
8. Eva / Haartrockner
9. Gerd und Eva / Bücher

URLAUB

Tips für Ihre Ferienreise

§1-9 **H. Ein Märchen.** You may know one version of this fairytale. Complete the story by filling in the blanks with appropriate forms of the definite and indefinite article, possessive adjectives, and pronouns.

Ein Mädchen will _ihre_ Großmutter besuchen. _die_ Mutter packt _einen_ Korb mit Essen (Eier, Kuchen, Wein, Butter, Wurst) für _ihr_ und schickt _ihr_ auf den Weg. Im Wald trifft das Mädchen _einen_ Wolf. Er fragt, wohin _die_ geht. „Zu Oma", bekommt er zur Antwort.
Bei der Großmutter macht das Mädchen _die_ Tür auf, geht ins Schlafzimmer und schaut _ihre_ Großmutter an.
„Großmutter", sagt das Mädchen, „was für große Augen du hast."

„Damit ich _dich_ besser sehen kann."
„Großmutter, was für große Ohren du hast."
„Damit ich _dich_ besser hören kann."
„Aber Großmutter, was für _einen_ großen Mund du hast."
„Damit ich _dich_ besser fressen kann." _Der_ Wolf springt aus dem Bett und will das Mädchen fressen. Das Mädchen, es heißt übrigens Rotkäppchen, nimmt _den_ Korb und wirft _ihn_ dem Wolf an _den_ Kopf. Der Wolf fällt um, und Rotkäppchen bringt _____ hinaus und macht _die_ Tür zu.
„Hilfe, Hilfe", hört Rotkäppchen.
„Oma, bist du's? Ich höre _dich_, aber ich sehe _dich_ nicht. Wo bist _du_ denn?"
„Im Schrank."
Rotkäppchen macht _den_ Schrank auf. Sie küßt _ihre_ Großmutter und gibt ihr _den_ Korb. Die Großmutter freut sich auf das Essen, macht _den_ Korb auf und schreit: „Aber Kindchen, was ist denn passiert? Die Eier sind alle kaputt. Das nächste Mal paß bitte besser auf!"
Die Moral: Einigen Menschen kann man nichts recht machen.

I. Viele Fragen. Answer the questions in the negative using the cued words.

▶ Machst du es für deine Mutter? (mein Vater)
   Nein, für meinen Vater.

1. Seid ihr durch die Stadt gefahren? (die Felder und Wiesen)
2. Hast du Hans durch deine Arbeit kennengelernt? (ein Freund)
3. Machst du dir Sorgen um das Geld? (mein Job)
4. Mußt du das bis morgen fertig haben? (nächster Montag)
5. Bist du die Hauptstraße entlang gekommen? (der Fußweg)
6. Hast du etwas gegen Lisa? (mein Bruder)
7. Interessierst du dich für die Geschichte von Wien? (der Film über Wien)

J. Wie lange? Say how long various activities lasted, using the nouns provided in expressions of time.

▶ Ausflug / Tag   *Der Ausflug hat einen Tag gedauert.*

1. Fest / Woche
2. Kurs / Sommer
3. Flug / Nachmittag
4. Gespräch / Stunde
5. Reise / Monat

K. Essen, trinken, einkaufen. Answer the questions using the German equivalent of the English cues.

▶ Was trinkst du morgens? (two glasses of juice)
Morgens trinke ich zwei Glas Saft.

1. Was ißt du morgens? (two pieces of bread)
2. Was trinkst du mittags? (three glasses of milk)
3. Was trinkst du nachmittags? (three cups of tea)
4. Was trinkt Gottfried auf seiner Fahrradtour? (two liters of water)
5. Was trinkst du mit deinen Gästen? (two bottles of wine)
6. Was kaufst du für das Abendessen? (500 grams of cheese)
7. Wieviel Kartoffeln kaufst du im Supermarkt? (five kilos)
8. Wieviel Orangen kaufst du auf dem Markt? (four pounds)

L. Was gibt es noch? Herr Kurz is on the phone booking a room in a resort hotel for a week. He tries to find out about the amenities in the hotel and nearby.

▶ Blumenladen   *Gibt es da einen Blumenladen?*

1. Post
2. Garage im Hotel
3. Friseur
4. Apotheke
5. Kühlschrank im Zimmer
6. Arzt
7. Disco im Hotel
8. Lebensmittelgeschäft
9. Kino

M. Beim Umzug. Brigitte is surprised that Astrid is moving after only one month in her apartment. She finds out why. Give the German equivalents.

1. Brigitte: Hey, where's your furniture?
2. Astrid: I'm moving.
3. Brigitte: Why? You only lived here one month!
4. Astrid: I know, but I've found an apartment with [a] garden. I can't live without [a] garden.
5. Brigitte: How did you find that apartment?
6. Astrid: Through a friend. I called him and he knew [of] something for me.
7. Brigitte: Not bad. Some people have to look for a long time°.
8. Astrid: By° Sunday everything is supposed to be ready°. I'm having a party for our friends. Of course, you're invited, too.
9. Brigitte: Great!

Kapitel 5

- Forms and uses of dative case
- Indirect object
- Order of dative and accusative objects
- Verbs with the dative case
- Prepositions with the dative case
- Adjectives with the dative case

1. Forms of the dative case

	Masculine	Neuter	Feminine	Plural
Definite article:	dem Mann	dem Kind	der Frau	den Freunden
Dieser-words:	diesem Mann	diesem Kind	dieser Frau	diesen Freunden
Indefinite article:	einem Mann	einem Kind	einer Frau	—
Negative **kein**:	keinem Mann	keinem Kind	keiner Frau	keinen Freunden
Possessive adjectives:	ihrem Mann	unserem Kind	seiner Frau	meinen Freunden

The chart above shows the dative forms of the definite article, **dieser**-words, the indefinite article, the negative **kein**, and the possessive adjectives.

2. Nouns in the dative plural

Nominative:	die Freunde	die Eltern	die Radios
Dative:	den Freunden	den Eltern	den Radios

Nouns in the dative plural add **-n** unless the plural form already ends in **-n** or **-s**.

3. Masculine *N*-nouns in the dative case

Nominative:	der Herr	der Student
Accusative:	den Herrn	den Studenten
Dative:	dem Herrn	dem Studenten

Masculine **N**-nouns add **-n** or **-en** in the dative as well as in the accusative case.

4. Personal pronouns in the dative case

	Singular					Plural			
Nominative:	ich	du	er	es	sie	wir	ihr	sie	Sie
Accusative:	mich	dich	ihn	es	sie	uns	euch	sie	Sie
Dative:	mir	dir	ihm	ihm	ihr	uns	euch	ihnen	Ihnen

The chart above shows the personal pronouns in the nominative, accusative, and dative case.

5. Demonstrative pronouns in the dative case

	Singular			Plural
Nominative:	der	das	die	die
Accusative:	den	das	die	die
Dative:	dem	dem	der	denen

The forms of the demonstrative pronouns are the same as the forms of the definite article except in the dative plural which is **denen**.

(handwritten margin notes)
I   ich   mir
you
you
he
she
it
we
you
you
they

6. Dative of *wer*

Nominative:	**Wer** ist das?
Accusative:	**Wen** meinen Sie?
Dative:	Mit **wem** sprechen Sie?

The dative form of the interrogative pronoun **wer** is **wem**.

7. Uses of the dative case

Indirect object: Sie schreibt **ihrer Mutter** einen
                                      Brief.

Object of prepositions: Er wohnt bei **seinem Onkel**.
Object of certain verbs: Ich danke **dir**.
Adjectives with the dative: Das ist **mir** recht.

8. Indirect object

Sie gibt **ihrem Freund** ein   *She's giving her friend a radio.*
Radio.   *She's giving a radio to her
                                      friend.*

The indirect object (**Freund**) is usually a person and answers the
question *to whom* or *for whom* something is done. In German, the
indirect object is in the dative case. This distinguishes it from the
direct object (**Radio**) which is always in the accusative case.

9. Word order of direct and indirect objects

	Indirect object	Direct object
Inge gibt	ihrem Bruder	ein **Radio**.
Inge gibt	ihm	ein **Radio**.

When the direct object is a noun it follows the indirect object.

	Direct object	Indirect object
Inge gibt	**es**	ihrem Bruder.
Inge gibt	**es**	ihm.

When the direct object is a personal pronoun, it precedes the indirect object.

10. Dative verbs

Ich **danke** Ihnen für Ihre Hilfe.	*I thank you for your help.*
Monika hat ihrer Freundin **verziehen**.	*Monika forgave her friend.*

Most German verbs take objects in the accusative, but a few verbs have objects in the dative. This dative object is usually a person. Such verbs are often called dative verbs. Some common dative verbs are **antworten, befehlen, begegnen, danken, dienen, fehlen, folgen, gefallen, gehorchen, gehören, gelingen, glauben, helfen, leid tun, passen, passieren, raten, schmecken, verzeihen, weh tun**.

For a more complete list see Appendix B, p. A8.

Dative	Accusative
Er glaubt **ihm** nicht.	Er glaubt **es** nicht.
Ich kann **ihm** nicht verzeihen.	**So etwas** kann ich nicht verzeihen.

Some of the dative verbs can take impersonal objects in the accusative case: **befehlen, danken, glauben, raten, verzeihen**.

11. Prepositions with the dative case

Preposition	Meaning	Examples
aus	*out of*	Anja kommt gerade **aus** der Bibliothek.
	from	Helene kommt **aus** der Schweiz.
	made of	Der Teller ist **aus** Holz.
außer	*besides, except*	**Außer** deinem Bruder kommt niemand zum Abendessen.
	out of	Das Schiff ist **außer** Gefahr.
bei	*at the home of*	Jürgen wohnt immer noch **bei** seiner Mutter.
	near	Wo liegt der Ort? — **Bei** München.
	at	Inge arbeitet **bei** der Post.
	with	Hast du Geld **bei** dir?
gegenüber	*opposite, across from*	Schmidts wohnen uns **gegenüber**.
mit	*with*	Inge wohnt **mit** ihrer Schwester zusammen.
	by (vehicle)	Udo fährt heute **mit** dem Bus.
nach	*to* (cities, masc. and ntr. countries)	Fliegst du **nach** Österreich?
	after	**Nach** dem Frühstück spielen wir Tennis.
	according to	Meiner Meinung **nach** tust du immer zuviel.
seit	*since* (temporal)	**Seit** jenem Abend esse ich keinen Fisch mehr.
	for (temporal)	Der Student wartet **seit** einer Stunde im Büro.
von	*from*	Das Geschenk ist **von** meinen Eltern.
	by	Das Bild ist **von** Paul Klee.
	of, about	Die Touristen sprechen **von** ihrer Reise.
	of (relationship)	Jürgen ist ein Freund **von** mir.
zu	*to*	Wir gehen **zu** unseren Nachbarn.
		Ich gehe **zur** Bank.
	at	Bist du heute abend **zu** Hause?
	for	**Zum** Mittagessen gibt es heute Fisch.

The prepositions **aus, außer, bei, gegenüber, mit, nach, seit, von,** and **zu** are always followed by the dative case. Note that when **nach** means *according to*, it usually follows the noun. **Gegenüber** always follows a pronoun object. It may precede a noun object.

12. Contractions of dative prepositions

bei dem → beim	Ich sehe Helga immer **beim** Frühstück.
von dem → vom	Wir sprechen nicht **vom** Wetter.
zu dem → zum	Was gibt's **zum** Mittagessen?
zu der → zur	Ich muß schnell noch **zur** Post.

The prepositions **bei, von** and **zu** often contract with the definite
article **dem,** and **zu** also contracts with the definite article **der.**

13. Adjectives with the dative case

Paul sieht seinem Bruder sehr
  ähnlich.

*Paul looks very much like his
  brother.*

Ich bin dir für den guten Rat
  sehr **dankbar.**

*I'm very grateful to you for the
  good advice.*

The dative case is used with many adjectives. Some common ones
are:

ähnlich	böse	gleich	nahe	schuldig	wert
angenehm	dankbar	lieb	nützlich	teuer	willkommen
bekannt	fremd	möglich	recht		

Übungen

A. Geben.   One can give all sorts of things—gifts, answers, even a
kiss. Tell what the following people gave.

▶ Gerda / ihre Schwester Ulla / eine interessante Schallplatte
*Gerda hat ihrer Schwester Ulla eine interessante Schallplatte
gegeben.*

1. Karin / der Professor / ihr fertiges Referat
2. Paul / sein Bruder / der Kassettenrecorder
3. Dieter / der Lehrer / eine freche° Antwort
4. ich / die Schülerin / Privatunterricht°
5. Susanne / ihre Mutter / viele schöne Blumen
6. der Bäcker / der Junge / die frischen Brötchen
7. Jürgen / seine Freundin / ein Kuß

impudent
private lessons

§1 - 8

B. Unsinn.   Gerd has lots of suggestions, all of which sound crazy to you. Use indirect object pronouns in your responses.

► Kauf deiner Großmutter ein Fahrrad!
   Unsinn, ich kauf' ihr doch kein Fahrrad!

► Schenk deinem Freund deine Bilder!
   Unsinn, ich schenk' ihm doch nicht meine Bilder.

1. Schenk deinen Eltern ein Klavier!
2. Schreib deiner Freundin eine Karte!
3. Kauf mir ein Telefon!
4. Kauf uns ein Auto!
5. Erzähl dem Professor einen Witz°!   joke
6. Gib dem Mechaniker deinen Führerschein!
7. Erklär deiner Chefin die Arbeit!
8. Gib mir die Schlüssel!
9. Wünsch dem Polizisten frohe Ostern!

C. Ja, das mache ich.   This time Gerd has better suggestions. Say you'll do them. Use a pronoun for the direct object in your answer.

► Schenkst du **deinem Neffen** diese Briefmarken?
   Ja, ich schenke sie meinem Neffen.

1. Kaufst du **deiner Freundin** diese Blumen?
2. Schreibst du **deinen Eltern** diese Karte?
3. Schenkst du **deinem Freund** dieses Radio?
4. Gibst du **mir** dein altes Fahrrad?
5. Erzählst du **uns** die Geschichte?
6. Beschreibst du **uns** deinen neuen Plan?
7. Schenkst du **mir** deinen alten Fernsehapparat?
8. Gibst du **den Kindern** den Kuchen?

D. Eine Reise nach Hamburg.   Angelika is telling about her friends, an American family, who visited Hamburg. Complete her account by using the cued words.

1. Hamburg hat _____ gut gefallen. (die Familie)
2. Die Leute in Hamburg waren so nett und haben _____ immer geholfen. (die Touristen)
3. Das deutsche Essen hat _____ recht gut geschmeckt. (die Amerikaner)
4. Viele tolle Sachen sind _____ dort passiert. (die Gäste)
5. Mitten in° Hamburg begegneten sie _____. (ein Kollege aus   in the middle of
   New York)

6. Das konnte ich _____ kaum glauben. (meine Freunde)
7. Auf der ganzen Reise folgten sie _____ aus einem Reisebuch. (ein Plan)
8. Es tat _____ sehr leid, daß sie nicht länger bleiben konnten. (ich)
9. Ich habe _____ geraten, länger zu bleiben. (sie)
10. Aber das hat _____ nicht gepaßt. (ihr Sohn Thomas)

E. Wie schmeckt's? Ingrid is baking a cake for her friend Max. Unfortunately it doesn't look as though it turned out well. Complete the account with appropriate personal pronouns.

▶ Ingrid: „Na, der ist **mir** ja gar nicht gelungen!"

1. Ingrids Schwester hat _____ beim Kuchenbacken geholfen.
2. Sie fragt: „Ist _____ so etwas schon oft passiert?"
3. Ingrid antwortet _____ traurig: „Nein, noch nie."
4. Da stehen sie beide und schauen den Kuchen an. Das tut _____ jetzt sehr leid.
5. Max hatte sich so auf den Schokoladenkuchen gefreut. Der schmeckt _____ gerade am besten.
6. Später geben sie _____ den Kuchen: „Kannst du _____ verzeihen, Max?"
7. Max antwortet _____ und lacht: „Ach, natürlich! Ich danke _____ trotzdem."
8. „Der Kuchen gefällt _____ ganz gut und schmeckt _____ bestimmt ausgezeichnet!"

F. Auf deutsch bitte.
1. Yesterday I met a girl. She had a dog with her°.
2. The dog followed her very slowly.
3. She commanded the dog, "Come."
4. But the dog didn't obey her.
5. I asked the girl, "Does the dog belong to you?"
6. She said, "Yes. He has been sick for a week. His leg hurts. I feel so sorry for him."
7. Too bad. I liked the dog.

°mithaben

G. Ein Paket aus der Schweiz. Ruth tells about the package she has received from her parents who are in Switzerland for a year. Complete the sentences with the German equivalents of the English cues.

1. Ich kam nach Hause, und da war ein Paket _____. (for me)
2. Es war _____. (from my parents)

3. Es kam _____. (from Switzerland)
4. Meine Eltern wohnen _____ dort. (for a year)
5. Zu Weihnachten war ich _____. (with them)
6. Wir waren in einer kleinen Stadt im Hotel. Es war _____ gegenüber. (town hall)
7. _____ sehe ich sie nicht mehr. (until next summer)
8. In dem Paket war eine neue Jacke. _____ habe ich doch schon eine Hose! (made of this material)
9. Da paßt die Jacke sehr gut _____. (to the pants)
10. _____ war noch eine Menge Schweizer Schokolade drin. (besides the jacket)
11. _____ kann ich nicht leben. Ich esse sie so gern! (without this chocolate)

H. Eine frühere Freundin. Two art students, Karin and Doris, had been renting a studio from their friend Angie. Last week she made them move. They are pretty mad. Complete the account with the appropriate form of the cued words.

1. Doris und Karin sind _____ sehr böse. (ihre Freundin Angie)
2. Denn es ist _____ nicht möglich, schnell etwas anderes nahe _____ zu finden. (die Studentinnen / die Universität)
3. Doris: „So eine arrogante Person! Das sieht _____ ähnlich!" (sie)
4. Sie sollte _____ dankbar sein! (wir)
5. Wir waren _____ nie die Miete schuldig. (sie)
6. Karin: „Ja, wirklich, _____ ist das auch nicht recht." (ich)
7. _____ scheint ihre Freundin nicht viel wert zu sein. (manche Leute)
8. Aber _____ ist es jetzt auch gleich, was aus ihr wird. (ich)

I. Auf deutsch bitte! Kim's friend Benno has new plans that she finds a little weird. Say in German what she tells you about him.

1. Since the concert Benno wants to become a musician°.
2. That's just like° him.
3. In my opinion he should first° practice.
4. But he has already talked with his parents.
5. He says they like° this idea.
6. Well°, I don't quite° believe him.
7. For his birthday he got a piano.
8. His grandparents gave it to him.
9. Well, I'm curious.

Musiker
ähnlich sehen
erst einmal

gefallen
na / not quite = nicht ganz

Kapitel 6

- *Hin* and *her*
- Either-or prepositions
- Time expressions with the dative case
- *Da-* and *wo-*compounds
- The verbs *legen/liegen, setzen/sitzen, stellen/stehen, hängen*
- Forms and uses of genitive case
- Prepositions with genitive
- Expressions of indefinite time
- Dative as a genitive substitute

1. *Hin* and *her*

Wohin fährst du?	
Wo fährst du **hin?**	*Where are you going?*
Woher kommen Sie?	
Wo kommen Sie **her?**	*Where do you come from?*
Komm mal **herunter!**	*Come on down.*
Er ist gestern **hingefallen.**	*He fell down yesterday.*

The adverbs **hin** and **her** are used to show direction. **Hin** indicates motion in a direction away from the speaker, and **her** shows motion toward the speaker. **Hin** and **her** occupy last position in a sentence. They may also be combined with various parts of speech such as adverbs (**dorthin**), prepositions (**herunter**), and verbs (**hinfallen**).

2. Either-or prepositions

Ingrid arbeitet **in der Stadt.**	*Ingrid works in town.*
Alex fährt **in die Stadt.**	*Alex is going to town.*

German has nine prepositions that take either the dative or the accusative case. They may be called either-or, or two-way, prepositions. The dative case is used when the verb indicates position (place where) and answers the question **wo?** (*where?*). The accusative case is used when the verb indicates motion in a direction (change of location, destination) and answers the question **wohin?** (*where to?*).

Preposition	Meaning	Examples
an	*at (the side of)*	Ute steht **an der Tür.**
	to	Benno geht **an die Tür.**
	on (vertical surfaces)	Das Bild hängt **an der Wand.**
auf	*on top of* (horizontal surfaces)	Kurts Buch liegt **auf dem Tisch.**
		Sabine legt ihr Buch **auf den Tisch.**
	to	Ich gehe **auf die Post.**
hinter	*behind*	Inge arbeitet **hinter dem Haus.**
		Benno geht **hinter das Haus.**
in	*inside*	Paula arbeitet **in der Küche.**
	into	Jürgen geht **in die Küche.**
	to	Geht er **in die Schule?**
neben	*beside, next to*	**Neben dem Sofa** steht eine Lampe.
		Jan stellt eine zweite Lampe **neben das Sofa.**
über	*over, above*	**Über dem Tisch** hängt eine Lampe.
		Hugo hängt eine zweite Lampe **über den Tisch.**
	across	Ich gehe **über die Straße.**
unter	*under*	Kurts Schuhe stehen **unter dem Bett.**
		Er stellt auch Antons Schuhe **unter das Bett.**
vor	*in front of*	**Vor dem Sofa** steht ein Couchtisch.
		Ilse stellt einen zweiten **vor das Sofa.**
zwischen	*between*	**Zwischen den Büchern** liegt ein Stück Papier.
		Jens legt ein zweites Stück **zwischen die Bücher.**

3. Contractions of either-or prepositions

Accusative	Dative
an das → **ans**	an dem → **am**
in das → **ins**	in dem → **im**
auf das → **aufs**	

The prepositions **an** and **in** may contract with **das** and **dem**; **auf** may contract with **das.** Other either-or prepositions may also have contractions, but they are mostly colloquial, *e.g.* **hinterm, übers, vorm.**

4. Special meanings of either-or prepositions

Inge **schreibt an** ihren Freund Udo.	*Inge is writing to her friend Udo.*
Sie **denkt** oft **an** ihn.	*She often thinks of him.*
Udo **studiert an der** Universität.	*Udo is studying at the university.*
Inge **geht** jetzt **an die Arbeit.**	*Inge is starting her work now.*
Wann **bist** du **an der Reihe?**	*When is it your turn?*
Jürgen **antwortet** nicht **auf** meine Frage.	*Jürgen is not answering my question.*
Dieter **geht** nicht **auf die** Universität.	*Dieter doesn't go to college.*
Er wohnt **auf dem Land.**	*He lives in the country.*
Warten Sie **auf** den Bus?	*Are you waiting for the bus?*
Sie sagte es **auf deutsch.**	*She said it in German.*
Gehst du heute **ins Theater?**	*Are you going to the theater today?*
Morgen fahren wir **in die** Schweiz.	*Tomorrow we're going to Switzerland.*
Die Fahrkarte kostet **über 100 Mark.**	*The ticket costs over 100 marks.*
Lachst du **über** den Preis?	*Are you laughing about the price?*
Was ich jetzt sage, bleibt **unter uns.**	*What I'm about to say must remain between us.*
Die Jacke bekommst du nicht **unter 200 Mark.**	*You won't get the jacket for less than 200 marks.*
Das Kind **hat Angst vor** dem Hund.	*The child is afraid of the dog.*

In addition to their basic meanings, the either-or prepositions have special meanings when combined with specific verbs (**warten auf**) or in specific verb-noun combinations (**an der Reihe sein, an die Reihe kommen**). Since there is no way to predict the meaning and case, these expressions must be learned. When **über** means *about, concerning*, it is always followed by the accusative case.

5. Time expressions with the dative case

am Montag   on Monday
am Abend   in the evening

in einer Woche   in a week
im Januar   in January
vor einer Woche   a week ago
vor dem Essen   before dinner

When used in expressions of time, the prepositions **an, in,** and **vor** are followed by the dative case.

6. Da-compounds

Spricht er oft **von seiner Arbeit?**   Ja, er spricht oft **davon.**

Spricht er oft **von seinem Chef?**   Ja, er spricht oft **von ihm.**

A **da**-compound consists of the demonstrative adverb **da** plus a preposition and refers to things or ideas. A **da**-compound cannot refer to a person. **Da**- expands to **dar**- when combined with a preposition beginning with a vowel: **darüber, darauf.**

Woran Sie vor Ihrer Reise denken sollten:

Reiseunterlagen
☐ Personalausweis/Reisepaß (noch gültig?)
☐ Fahrkarten/Flugkarten
☐ Reservierungen und Informationen
☐ Führerschein/grüne Versicherungskarte
☐ Impfpaß
☐ Visum
☐ Krankenschein
☐ Unfall-, Reise- und Gepäckversicherung
☐ Reiseschecks, eurocheques und ec-Karte

☐ Benzingutscheine
☐ Wertgegenstände (Tresor der Sparkasse)

Für Autofahrer
☐ Ist das Auto fit?
☐ Notfallausrüstung in Ordnung?
☐ Autoapotheke vervollständigen
☐ D-Schild anbringen
☐ Reparaturwerkstätten-Verzeichnis des Reiselandes
☐ Reserveschlüssel!

Wohnung:
☐ Wasser, Gas und Strom abgestellt?
☐ Eisschrank abgetaut und offen?
☐ Fenster geschlossen?
☐ Postnachsendeantrag gestellt?
☐ Wohnungsschlüssel und Reiseadresse bei den Nachbarn?

Wir empfehlen Ihnen: Geben Sie uns rechtzeitig vor Ihrer Reise Dauerauftrags- oder Abbuchungsaufträge für anfallende Zahlungen.

Wir wünschen Ihnen gute Reise!

---

7. Wo-compounds

Wovon spricht sie?   Sie spricht **von ihrer Arbeit.**
Von wem spricht sie?   Sie spricht **von ihrem Chef.**

A **wo**-compound consists of the interrogative adverb **wo** plus a preposition and is used to ask questions referring to things or ideas. A **wo**-compound cannot refer to a person. **Wo**- expands to **wor**- when combined with a preposition beginning with a vowel: **worüber, worauf.**

8. The verbs *legen/liegen, setzen/sitzen, stellen/stehen, hängen*

Inge **legt** das Buch **auf den Tisch**.

Es **liegt** jetzt **auf dem Tisch**.

Marta **setzt** das Kind **auf den Stuhl**.

Es **sitzt** jetzt **auf dem Stuhl**.

Paul **stellt** die Lampe **in die Ecke**.

Sie **steht** jetzt **in der Ecke**.

Dieter **hängt** die Uhr **an die Wand**.

Sie **hängt** jetzt **an der Wand**.

To express movement to a position English uses the verb *to put:* Inge puts the book, Marta puts the child, Paul puts the lamp, etc. German uses several verbs: **legen, setzen, stellen, hängen**. With these verbs the case after the either-or preposition is accusative. To express the resulting position English uses the verb *to be:* The book is, the lamp is, the child is, etc. German uses the verbs **liegen, sitzen, stehen** and **hängen**. With these verbs the case after the either-or preposition is dative.

cf. lügen

9. Forms of the genitive case

	Masculine	Neuter	Feminine	Plural
Definite article:	des Mannes	des Kindes	der Frau	der Freunde
Dieser-words:	dieses Mannes	dieses Kindes	dieser Frau	dieser Freunde
Indefinite article:	eines Mannes	eines Kindes	einer Frau	—
Kein:	keines Mannes	keines Kindes	keiner Frau	keiner Freunde
Ein-words:	ihres Mannes	unseres Kindes	seiner Frau	meiner Freunde

The chart above shows the genitive forms of the definite article, **dieser**-words, indefinite article, **kein**, and **ein**-words. The masculine and neuter forms end in -[e]s in the genitive, and feminine and plural forms in -[e]r.

Die Besten der Besten

Wir gratulieren den Siegern des ersten IAAF Mobil Grand Prix. Sie wurden in einer Serie von 16 Leichtathletik-Veranstaltungen ermittelt, bei denen die Sportler Punkte für ihre Leistungen erhielten.
Grand Prix-Sieger in der Gesamtwertung wurde

bei den Frauen: **Mary Slaney-Decker/USA**   bei den Männern: **Doug Padilla/USA**

10. Nouns in the genitive

Masculine / neuter	Feminine / plural
der Name **des Mannes**	der Name **der Frau**
ein Freund **des Mädchens**	ein Freund **der Kinder**

Masculine and neuter nouns of one syllable generally add **-es** in the genitive; masculine and neuter nouns of two or more syllables add **-s**. Feminine and plural nouns do not add a genitive ending.

11. Masculine *N*-nouns in the genitive

Nominative:	der Herr	der Student
Accusative:	den Herrn	den Studenten
Dative:	dem Herrn	dem Studenten
Genitive:	des Herrn	des Studenten

Masculine **N**-nouns that add **-n** or **-en** in the accusative and dative singular also add **-n** or **-en** in the genitive. A few masculine nouns add **-ns: der Name** > **des Namens, der Gedanke** > **des Gedankens, der Glaube** > **des Glaubens.** (See p. A5 for a list of common masculine N-nouns.)

12. Proper names in the genitive

Das ist **Ingrids** Buch.
Hans' Pullover gefällt mir.

The genitive of proper names is formed by adding **-s**. In writing, if the name already ends in an **s**-sound, no **-s** is added and an apostrophe is used.

13. The interrogative pronoun *wessen*

Wessen Buch ist das?	*Whose book is that?*
Wessen Jacke trägst du?	*Whose jacket are you wearing?*

Wessen is the genitive form of the interrogative **wer**; it is equivalent to *whose*.

14. Summary of uses of the genitive case

Possession and other relationships:	Das Haus **meines Freundes** ist 100 Jahre alt.
	Der Titel **des Buches** ist viel zu lang.
Object of prepositions:	**Trotz des Wetters** gehen wir schwimmen.
Indefinite time expressions:	**Eines Tages** ist etwas Komisches passiert.

The genitive case is used to show possession and other close relationships. It is also used for objects of certain prepositions and for expressions of indefinite time.

15. Possession and other close relationships

der Koffer **des Mädchens**	*the* girl's *suitcase*
die Farbe **des Koffers**	*the color* of the suitcase

English shows possession or other close relationships by adding 's to a noun or by using a phrase with *of*. English generally uses the 's-form only for persons. For things and ideas, English uses an *of*-construction. German uses the genitive case to show possession or other close relationships. The genitive is used for things and ideas as well as for persons. The genitive expression generally follows the noun it modifies.

Ingrids Koffer	*Ingrid's suitcase*
Marks Freund	*Mark's friend*

Proper names in the genitive generally precede the nouns they modify.

16. Genitive prepositions

Preposition	Meaning	Example
(an)statt	*instead of*	Kaufst du einen Stuhl **statt** eines Tisches?
trotz	*in spite of*	Kommst du **trotz** des Wetters?
während	*during*	**Während** des Essens sprach er kein Wort.
wegen	*on account of*	**Wegen** der vielen Arbeit blieb sie zu Hause.

The prepositions **(an)statt, trotz, während,** and **wegen** are the most commonly used prepositions that are always followed by the genitive case. **Statt** is the shortened form of **anstatt.** Some other genitive prepositions you should recognize are:

außerhalb	outside of	**unterhalb**	under
innerhalb	inside of	**diesseits**	on this side of
oberhalb	above	**jenseits**	on that side of

17. Expressions of indefinite time

Eines Tages (Abends, Nachts) hatte Jutta eine Idee.	*One day (evening, night) Jutta had an idea.*
Letzten Endes können wir nichts machen.	*After all, we can't do anything.*

Note that by analogy with **eines Tages** and **eines Abends** it is **eines Nachts** even though **Nacht** is feminine. Remember that definite time is expressed by the accusative (see p. 284): Sie bleibt **einen Tag.**

18. Special expressions

Ich fahre immer **erster Klasse.**	*I always go first class.*
Einmal **zweiter Klasse** München.	*A one-way ticket, second-class to Munich.*
Ich bin **ganz deiner Meinung.**	*I agree totally (I am of your opinion).*
Ich bin **anderer Meinung.**	*I am of another opinion.*

The genitive is also used in idiomatic expressions.

19. Dative as substitute for the genitive

a. Possession

die Freundin **von meinem Bruder** (meines Bruders)
zwei **von ihren Freunden** (ihrer Freunde)

In spoken German the genitive of possession is frequently replaced by **von** + *dative.*

die Ideen **von Studenten**
die Mutter **von vier Jungen**

Von + *dative* is regularly used if the noun of possession is not preceded by a word that shows genitive case (i.e. definite article, **dieser**-word, etc.).

ein Freund **von mir**
ein Freund **von Nicole**

Von + *dative* is also used in phrases similar to the English *of mine, of yours,* etc.

b. Prepositions

wegen **dem Wetter** (des Wetters)
trotz **dem Regen** (des Regens)
trotz **ihm**
wegen **dir**

In colloquial usage many people use the prepositions **statt** and **wegen** and sometime **während** with the dative.

Übungen

A. Wo sind meine Sachen? Mr. Stark, who is rather absent-minded, is ready to leave for work and asks his wife a lot of questions. Play her part and answer him, using the cues in parentheses.

▶ Wo sind meine Schuhe? (unter / Bett)   *Unter dem Bett.*

▶ Wohin hab' ich meine Handschuhe gesteckt? (in / Mantel)
  In den Mantel.

  1. Wo hab' ich meine Brille? (auf / Nase)
  2. Wo ist mein Hut? (in / Schrank)
  3. Wo ist meine Tasche? (neben / Schreibtisch)

4. Wohin habe ich meine Schlüssel getan? (in / Tasche)
5. Wo hab' ich mein Auto geparkt? (hinter / Haus)
6. Wohin gehen wir heute Abend? (in / Kino)
7. Wo treffe ich dich? (vor / Kino)
8. Wohin gehen wir nach dem Film? (in / Gasthaus)
9. Wo ist das Gasthaus? (an / Marktplatz)

B. Ende gut, alles gut. Bernd's room is in chaos. Tell how he straightens it up. Make complete sentences using the cues given.

1. die Bücher / liegen / auf / der Boden
2. er / stellen / sie / in / das Regal°   bookcase
3. die Lampe / stehen / auf / der Fernseher
4. er / stellen / sie / auf / der Tisch
5. die Kleider / liegen / auf / das Bett
6. er / hängen / sie / in / der Schrank
7. seine neuen Poster / hängen / hinter / die Tür
8. er / hängen / sie / an / die Wand
9. seine Papers / liegen / unter / das Bett
10. er / legen / sie / auf / der Schreibtisch
11. seine kleine süße Katze / sitzen / auf / der Schrank
12. er / setzen / sie / auf / das Sofa
13. später / sitzen / er / dann auch / auf / das Sofa
14. er / legen / die Füße / auf / der Couchtisch / und betrachtet froh sein Werk

C. Noch einmal. Now tell the same story again, this time in the simple past tense.

D. Peters alte Freundin. Tell about Peter's former friend by completing the sentences with an appropriate preposition.

1. Peter hat Nicole __an__ der Universität Heidelberg kennengelernt.
2. Peter geht nicht mehr __auf__ die Universität.
3. Er wohnt jetzt __auf__ dem Land.
4. Nicole ist __in__ die Schweiz gegangen und studiert in Genf°   Geneva
   __an__ der Uni.
5. Peter denkt noch oft __an__ seine Freundin.
6. Er schreibt noch manchmal __an__ sie.
7. Nicole ist Französin, und Peter schreibt ihr __auf__ französisch.
8. Aber sie antwortet nicht mehr __auf__ seine Briefe.
9. Er wartet nicht mehr __auf__ sie.
10. Manchmal muß er schon __über__ seinen Liebeskummer° lachen.   lover's grief

[handwritten top right: pg 55 C & D / Verb quiz]

[handwritten left margin: §6-7]

E. Wie bitte? Susanne is talking to her grandfather about her boyfriend. Her grandfather is somewhat hard of hearing and never seems to get the end of the sentence. Take his part and ask Susanne to repeat what she said. Use a **wo**-compound or a preposition plus a pronoun, as appropriate.

[handwritten note: wo-da – used to replace a preposition / wo is in a question]

▶ Ich interessiere mich nicht mehr für Heiner.
   Für wen interessierst du dich nicht mehr?

1. Heute mußte ich eine halbe Stunde auf ihn warten. *[hw: Auf wen mußtest du eine halbe stunde warten]*
2. Ich glaube, er denkt nicht mehr an mich. *[hw: An wen denkt er nicht mehr]*
3. Er interessiert sich nicht für meine Arbeit. *[hw: wofür interessiert er nichtmehr]*
4. Er denkt nur noch an China. *[hw: Woran denkt er?]*
5. Er schreibt über chinesische Literatur. *[hw: Worüber schreibt er?]*
6. Ich glaube, er hat auch Angst vor den Prüfungen am Semesterende. *[hw: Wovor hat er Angst?]*
7. Er interessiert sich überhaupt nicht mehr für Spaß, Musik und Tanzen. *[hw: Wofür interessiert er sich nicht mehr?]*
8. Ich bin mit Heiner nicht mehr zufrieden. *[hw: Mit wem bist du nicht zufrieden / satisfied]*

[handwritten left margin: §6-7]

F. Die Arbeit im Reisebüro. Evelyn is curious about Steffi's work in the travel agency. Take Steffi's part and confirm Evelyn's assumptions. Use a **da**-compound or a preposition plus a pronoun, as appropriate.

[handwritten: position]

▶ Bist du mit deiner Stelle zufrieden? *Ja, ich bin damit zufrieden.*
   Bist du mit deiner Chefin auch zufrieden? *Ja, ich bin mit ihr auch zufrieden.*

1. Mußt du viel über fremde Länder wissen? *[hw: darüber]*
2. Arbeitest du jeden Tag mit dem Computer? *[hw: ← damit]*
3. Arbeitest du gern mit deinen Kollegen? *[hw: Ihnen Ja arbeite mit Ihnen]*
4. Interessieren sich deine Kollegen für dein Privatleben? *[hw: Ja ich interessieren]*
5. Sprichst du oft über deine Freunde? *[hw: Ja, ich spreche oft über sie]*
6. Erzählst du viel von deinem Privatleben? *[hw: Ja ich erzähle viel davon]*
7. Möchtest du viel von deinen Kollegen wissen? *[hw: Ja, ich möchte viel von Ihnen wissen]*
8. Arbeitest du gern für deine Chefin? *[hw: Ja, ich arbeite gern für sie / like]*

08399   **Teilnehmerkarte**
für eine Gruppenreise
Ahrensburg **(1)**
Nur gültig in Verbindung mit dem Gruppenfahrschein

§ 1-8

G. Brigitte ist krank. Brigitte has been sick for two weeks and she is beginning to get cabin fever. Express the information about her in German.

1. Brigitte is standing at the window. *steht an dem Fenster* (am)
2. She is looking into the garden. *Sie schaut in dem Garten*
3. She has to stay in the house, because she is ill. *Sie bleibt im aus weil sie krank ist*
4. Most of the time she has to lie in bed. *Meistens muß sie im Bett liegen*
5. Her friends come with flowers and put them beside her bed. *Ihre Freunde kommen mit Blumen und stellen sie neben ihr Bett*
6. Brigitte is happy about this. *ist frohe darüber*
7. But she doesn't want to sit at home any more. *Aber sie will nicht mehr zu Hause sitzen.*
8. The doctor said in a week she can get up again. *Die Artzin sagte, daß sie in einer Woche aufstehen dar*
9. Then she's going to the country. *Dann fahrt auf das land*
10. She wants to hike in the mountains. *Sie will in den Bergen wandern*

§ 9-11

H. Aber nein! Answer the following questions in the negative, using the cues in parentheses.

▶ Ist das die Wohnung deiner Tochter? (mein Sohn)
Nein, das ist die Wohnung meines Sohnes.

1. Ist das das Auto deines Vaters? (unser Nachbar)
2. Hast du das Haus deines Onkels gekauft? (meine Großeltern)
3. Ist das die Telefonnummer deines Arztes? (das Krankenhaus)
4. Schreibst du über die Geschichte eurer Familie? (diese Stadt)
5. Ist das der Titel des Buches? (der Film)
6. Ist das ein Bild deiner Freundin? (ihre Schwester)
7. Ist das das Geschäft deiner Cousine? (ein Kollege)
8. Hast du die Adresse deines Professors? (seine Sekretärin)

§ 13

I. Fragen über Gabi. You and a friend are in Gabi's apartment. Your friend asks all kinds of questions about Gabi. Reply, but remain non-committal.

▶ Sind das Gabis Bücher? *Vielleicht. Ich weiß nicht, wessen Bücher das sind.*

1. Sind das Gabis Fotos auf dem Tisch?
2. Ist das die Telefonnummer ihres neuen Freundes?
3. Benutzt sie die Schreibmaschine ihrer Sekretärin?
4. Fährt sie mit dem Fahrrad ihres Freundes?
5. Liegt Gabis Bericht auf dem Schreibtisch?
6. Ist das die Stereoanlage ihrer Schwester?

§16

J. Der dicke Fuß.   Thomas wants to know all about your swollen foot. Answer using the cues in parentheses.

▶ Wann warst du in Österreich? (während / die Ferien)
   Während der Ferien.

1. Fahrt ihr im April wieder in die Berge? (ja, trotz / das Wetter)
2. Warum kannst du nicht so schnell gehen? (wegen / mein Fuß)
3. Tut dein Fuß weh? (ja, trotz / die Wanderschuhe)
4. Wann bist du gestürzt°? (während / unsere Alpenwanderung)   fall
5. Warum bist du gestürzt? (wegen / die Steine auf dem Weg)
6. Wann ist dein Fuß dick geworden? (während / diese Woche)
7. Ist dein Bruder mit dir gewandert? (ja, statt / mein Vetter)

§16

K. Das Haus in Italien.   Tell about your stay in Italy. Complete the sentences using the German equivalent of the English cues.

1. Wo warst du _____? (during the vacation)
2. In Italien. Im Hause _____. (of my friends)
3. Das Haus steht am Ufer _____, und man kann weit sehen. (of a river)
4. _____ hat es einen großen Hof. (instead of a garden)
5. _____ ist es schön kühl dort (during the summer),
   _____, der da steht. (because of a tree)
6. Die Fenster _____ sind klein (of the house),
   damit es _____ schön kühl bleibt im Haus. (in spite of the sun)
7. Alle Häuser _____ sind so gebaut. (of this region)
8. Die Farbe _____ ist meistens gelb. (of the houses)
9. Das sieht sehr schön aus zum Grün _____. Ich bin sehr gern dort. (of the trees)

§17

L. Anruf aus Amerika. Gisela tells about a telephone call from her American friend. Complete the sentences using the German equivalent of the English cues.

1. _____ klingelte° mein Telefon. Es war mein Freund aus Amerika. (one night)   rang

2. Er vergißt _____, daß es hier sechs Stunden später ist. (every time)

3. Aber ich erinnere mich immer daran und rufe ihn nie _____ an. (in the morning)

4. Am Telefon erzählte ich ihm, daß ich _____ nach Amerika fliege. (next month)

5. _____ war ich schon einmal dort. (many years ago)

6. _____ beschloß ich einfach, eine große Reise zu machen. (one day)

7. _____ lernte ich viele Menschen kennen. (in a week)

8. _____ erlebte° ich etwas Neues. (every day)   experienced

9. Ich blieb insgesamt° _____. (two months)   all together

NACH
DEUTSCHLAND
ANRUFEN?

Sie können selbst
wählen . . . von Ihrem
Zimmer aus.

AT&T

M. Regen am Wochenende. Tell about your weekend in the rain. In German, naturally.

1. On the weekend a girl friend of mine came to see me°.   zu Besuch kommen
2. She always travels first-class.
3. I prefer to travel second-class.
4. In spite of the rain we went for many walks°.   viel spazierengehen
5. She put on° my sister's rain coat.   anziehen
6. Many people find rain boring but I am of a different opinion.
7. Because of the rain only a few people were outside.
8. In the evening two of my friends came and we cooked together.

Kapitel 7

- Predicate adjectives
- Attributive adjectives
- Preceded adjectives
- Unpreceded adjectives
- Adjectives as nouns
- Ordinal numbers
- Participles as adjectives
- Comparison of adjectives and adverbs

1. Predicate adjectives

Mein Hut ist **neu.**
Fleisch ist **billig** geworden.
Das Brot bleibt **frisch.**

Predicate adjectives follow the verbs **sein, werden,** or **bleiben** and modify the subject of the sentence. They never add declensional endings.

2. Attributive adjectives

Mein **neuer** Hut ist schön, nicht?
Hast du das **billige** Fleisch gekauft?
Ich kaufe nur **frisches** Brot.

Attributive adjectives precede the nouns they modify. The declensional endings they have depend on whether the adjectives are preceded by a definite article, a **dieser**-word, an indefinite article, an **ein**-word, or no article. Adjective endings may be either strong (also called primary) or weak (also called secondary). Strong endings are the same as the endings of **dieser**-words. They show gender and case: **mein neuer Hut, frisches Brot.** Weak endings are either **-e** or **-en.** They do not show gender and case, which is indicated by the preceding article, **dieser**-word, or **ein**-word: **der neue Hut, diese schweren Aufgaben.**

Das ist ein **guter alter** Wein.
Wir haben ein **schönes neues** Auto.

Adjectives in a series have the same ending.

3. Adjectives preceded by the definite article or *dieser*-words

	Masculine	Neuter	Feminine	Plural
Nominative:	der **neue** Hut	das **neue** Hemd	die **neue** Hose	die **neuen** Schuhe
Accusative:	den **neuen** Hut	das **neue** Hemd	die **neue** Hose	die **neuen** Schuhe
Dative:	dem **neuen** Hut	dem **neuen** Hemd	der **neuen** Hose	den **neuen** Schuhen
Genitive:	des **neuen** Hutes	des **neuen** Hemdes	der **neuen** Hose	der **neuen** Schuhe

	M	N	F	Pl
Nominative:	e	e	e	en
Accusative:	en	e	e	en
Dative:	en	en	en	en
Genitive:	en	en	en	en

Adjectives preceded by a definite article or **dieser**-word have weak endings (**-e, -en**).

4. Adjectives preceded by the indefinite article or *ein*-words

	Masculine	Neuter	Feminine	Plural
Nominative:	ein **neuer** Hut	ein **neues** Hemd	eine **neue** Hose	meine **neuen** Schuhe
Accusative:	einen **neuen** Hut	ein **neues** Hemd	eine **neue** Hose	meine **neuen** Schuhe
Dative:	einem **neuen** Hut	einem **neuen** Hemd	einer **neuen** Hose	meinen **neuen** Schuhen
Genitive:	eines **neuen** Hutes	eines **neuen** Hemdes	einer **neuen** Hose	meiner **neuen** Schuhe

	M	N	F	Pl
Nominative:	er	es	e	en
Accusative:	en	es	e	en
Dative:	en	en	en	en
Genitive:	en	en	en	en

Adjectives preceded by an indefinite article or an **ein**-word have the weak endings (**-e**) or (**-en**) except in masculine nominative (**-er**) and neuter nominative and accusative (**-es**).

5. Adjectives not preceded by a definite article, *dieser*-word, indefinite article, or *ein*-word

	Masculine	Neuter	Feminine	Plural
Nominative:	**guter** Wein	**gutes** Brot	**gute** Wurst	**gute** Äpfel
Accusative:	**guten** Wein	**gutes** Brot	**gute** Wurst	**gute** Äpfel
Dative:	**gutem** Wein	**gutem** Brot	**guter** Wurst	**guten** Äpfeln
Genitive:	**guten** Weines	**guten** Brotes	**guter** Wurst	**guter** Äpfel

Adjectives not preceded by definite article, **dieser**-word, indefinite article, or **ein**-word have strong endings (the same as those of **dieser**-words), except the masculine and neuter genitive, which have the weak ending **-en**.

6. Adjectives preceded by indefinite adjectives

Einige neue Studenten kommen am Samstag.
Er kennt **viele schöne deutsche** Städte.

Both the indefinite adjectives **andere, einige, mehrere, viele,** and **wenige** and the attributive adjectives following them have strong endings.

Paul kennt nicht **alle deutschen** Städte.
Die Mütter **beider jungen** Menschen sind Verwandte.

An attributive adjective following the indefinite adjective **alle** or **beide** has the weak ending **-en**.

7. Adjectives used as nouns

Das ist ein **Bekannter.** (Mann)	*That's a* friend. *(male)*
Das ist eine **Bekannte.** (Frau)	*That's a* friend. *(female)*
Das sind meine guten **Bekannten.** (Leute)	*Those are my* good friends. *(people)*

Many adjectives can be used as nouns in German. They retain the adjective endings as though the noun were still there. In writing they are capitalized.

Das Gute daran ist, daß es nicht so viel kostet.	The good thing *about it is that it doesn't cost so much.*
Wir haben **viel Schönes** gesehen.	*We saw* many beautiful things.
Alles Gute im Neuen Jahr.	Happy New Year.

Adjectives expressing abstractions *(the good, the beautiful)* are considered neuter nouns. They frequently follow words such as **etwas, nichts,** and **viel (etwas Gutes).** Note that adjectives following **alles** are weak **(alles Gute).**

8. Adjectives ending in *-el* or *-er*

Das ist eine **dunkle** Straße.	*That's a dark street.*
Das ist ein **teurer** Wagen.	*That's an expensive car.*
Das ist ein **hoher** Turm.	*That's a high tower.*

Adjectives ending in **-el** or **-er** omit the **e** when the adjective takes an ending. **Hoch** becomes **hoh-** when it takes an ending.

9. Ordinal numbers

1. erst-	15. fünfzehnt-	100. hundertst-
2. zweit-	16. sechzehnt-	101. hunderterst-
3. dritt-	21. einundzwanzigst-	105. hundertfünft-
6. sechst-	32. zweiunddreißigst-	1000. tausendst-
7. siebt-		
8. acht-		

Ordinal numbers are used as adjectives. They are formed by adding -t to numbers 1–19 and -st to numbers beyond. Note the special forms **erst-**, **dritt-**, and **siebt-**, and the spelling of **acht-**.

Heute ist der **achtzehnte** Juni.
Hast du dir ein **zweites** Stück Kuchen genommen?

Ordinals take adjective endings. In writing, an ordinal is followed by a period; den **ersten Juni** > **den 1. Juni.** Dates in letter heads or news releases are in the accusative: **Hamburg, den 28. 7. 1990.**

Am 28. März 10.45 Uhr

10. Present participles as adjectives

Infinitive + d	Present participle	English
schlafen + d	**schlafend**	*sleeping*
lachen + d	**lachend**	*laughing*

Present participles are formed by adding -d to the infinitive.

die **schlafende** Katze	*the* sleeping *cat*
ein **lachendes** Kind	*a* laughing *child*

Present participles used as attributive adjectives take adjective endings. German does not use the present participle as a verb (compare English progressive forms): **sie lachte** *she was laughing.*

Ich hörte sie **lachen.**	*I heard her* laughing.

German uses an infinitive where English uses a participle.

11. Past participles as adjectives

Meine Eltern kauften einen **gebrauchten** Wagen.	*My parents bought a used car.*
Ich möchte ein weich **gekochtes** Ei.	*I would like a soft boiled egg.*

Past participles used as attributive adjectives take adjective endings.

12. Comparison of adjectives and adverbs

Base form:	**heiß**	*hot*	**schön**	*beautiful*
Comparative:	**heißer**	*hotter*	**schöner**	*more beautiful*
Superlative:	**heißest-**	*hottest*	**schönst-**	*most beautiful*

Adjectives and adverbs have three forms of degrees: base form (positive), comparative, and superlative. The comparative is formed by adding **-er** to the base form. The superlative is formed by adding **-st** to the base form. The ending **-est** is added to words ending in **-d** (**wildest-**), **-t** (**ältest-**), or a sibilant (**kürzest-**). The superlative of **groß** is **größt-**.

Base form:	**alt**	**groß**	**jung**
Comparative:	**älter**	**größer**	**jünger**
Superlative:	**ältest-**	**größt-**	**jüngst-**

Many one-syllable adjectives or adverbs with the stem vowel **a**, **o**, or **u** add an umlaut in the comparative and superlative. These adjectives and adverbs are noted in the end vocabulary as follows: **kalt (ä)**

Base form:	**gern**	**gut**	**hoch**	**nah**	**viel**
Comparative:	**lieber**	**besser**	**höher**	**näher**	**mehr**
Superlative:	**liebst-**	**best-**	**höchst-**	**nächst-**	**meist-**

Several adjectives and adverbs are irregular in the comparative and superlative.

13. Expressing comparisons

Sigrid ist nicht **so** groß **wie** Ursula.	*Sigrid is not as tall as Ursula.*
Es ist heute **so** kalt **wie** gestern.	*Today it's as cold as yesterday.*

The construction **so ... wie** is used to express the equality of one person or thing to another.

Ursula ist **größer als** Sigrid.	*Ursula is taller than Sigrid.*
Es ist heute **kälter als** gestern.	*Today it's colder than yesterday.*

The comparative form plus **als** is used to express a difference between two people or things.

Im Herbst ist es hier **am schönsten.**	*In the fall it's nicest here.*
Ich esse **am liebsten** Fisch.	*I like fish most of all.*

The pattern **am** + superlative + **-en** is used to express the superlative degree of predicate adjectives and adverbs.

Von den zehn Ländern in der Bundesrepublik ist Bremen **das kleinste** [Land].
Von meinen drei Brüdern ist Uwe **der größte** [Bruder].

A second superlative pattern in the predicate is one that shows gender and number. This construction is used when the noun is understood.

Base: Das ist kein **neues** Buch.
Comparative: Ich möchte ein **neueres** Buch lesen.
Superlative: Ist das dein **neuestes** Buch?

Attributive adjectives in the comparative and superlative take the same adjective endings as those in the base form.

Der kürzeste Weg nach Italien kann der preiswerteste sein.

Übungen

A. Ferien.   Make the comments about vacation more descriptive by using the correct form of the cued adjectives before the italicized noun.

▶ Jeder *Lehrer* hat jetzt Ferien. (deutsch)
  Jeder deutsche Lehrer hat jetzt Ferien.

1. Diese *Lehrerin* fährt in ihren Ferien nach Frankreich. (jung)
2. Welches *Auto* gehört ihr? (rot)
3. Sie unternimmt diese *Reise* in den Süden mit einer Kollegin. (schön)
4. Wer möchte nicht in jener *Landschaft* sein? (wunderbar)
5. Die *Städte* im Süden sind sehr interessant. (klein)
6. Sie besuchen so manchen *Markt*. (interessant)
7. Auch fahren sie nach Marseille und Paris. Solche *Städte* sind zu der Zeit voll von Touristen. (berühmt)

B. Der Ingenieur.   Ellen tells about Silvia's friend, who is an engineer. Make her account smoother linguistically by combining each pair of sentences as in the model.

▶ Ich erzähle euch eine Geschichte. Sie ist toll.
  Ich erzähle euch eine tolle Geschichte.

1. Silvia hat einen Ingenieur kennengelernt. Er ist nett und reich.
2. Sein Beruf gefällt ihm. Er ist interessant.
3. Er wohnt in einem Haus. Es ist alt und schön.
4. Das Haus ist an einem See. Er ist groß.
5. Silvias Augen haben den Ingenieur fasziniert°. Sie sind hübsch.   fascinated
6. Er hat ein Boot. Es ist neu.
7. Mit dem Boot fahren sie auf den See hinaus. Er ist still.
8. In dem See ist eine Insel. Sie ist klein.
9. Dort machen sie ein Picknick. Es ist fein.

C. Weißt du?   A friend of yours is visiting you. Your friend has lots of questions about your city. Answer according to the model, using the cues.

▶ Weißt du, wo hier ein guter Zahnarzt ist? (Adresse)
  Ja, ich kann dir die Adresse eines guten Zahnarztes geben.

1. Kennst du auch eine gute Ärztin? (Telefonnummer)

2. Weißt du, wo ein billiges Restaurant ist? (Adresse)
3. Kennst du eine große Buchhandlung hier? (Name)
4. Kennst du eine erstklassige Musiklehrerin? (Telefonnummer)
5. Weißt du, wo das nächste Reisebüro ist? (Adresse)
6. Kennst du ein billiges Hotel in Berlin? (Name)

D. Frühstück. Monika and Kathrin are going to have breakfast together. Answer Monika's questions in the positive, using the cued adjectives as in the model.

▶ Trinkst du gern Kaffee? (stark)
Ja, ich trinke gern starken Kaffee.

1. Trinkst du Tee? (schwarz)
2. Möchtest du ihn mit Zucker? (braun)
3. Hast du schon Zucker auf dem Tisch? (braun)
4. Ist noch Käse im Kühlschrank? (französisch)
5. Sind auch Brötchen da? (frisch)
6. Willst du Musik hören zum Frühstück? (schön)

E. Wie war's? Matthias has returned from a trip to several large cities. Take Matthias's part and answer his friend's questions about the trip, using the cues in parentheses.

▶ Hast du Studenten kennengelernt? (viele / amerikanisch)
Ja, ich hab' viele amerikanische Studenten kennengelernt.

1. Warst du in Museen? (einige / berühmt)
2. Hast du auch Ausstellungen gesehen? (andere / ausgezeichnet)
3. Hast du Konzerte gehört? (einige / interessant)
4. Waren die Konzerte teuer? (alle / gut)
5. Warst du bei Freunden? (mehrere / alt)
6. Hast du Leute kennengelernt? (viele / nett)

F. Bekannte und Verwandte.   Give the German equivalents.

Franz: Do you still have relatives in Switzerland?
Anni: Yes, we have many relatives there.
Franz: My relatives live in Austria. But my father has a good friend°   **Bekannter**
       in Switzerland. He lives in a small village on a high moun-
       tain.
Anni: In Switzerland there are many high mountains.
Franz: Yes, I was there once and spent a few wonderful days with
       good friends.

G. Der wievielte?   Answer the questions about dates by using the cued words.

1. Wann feiert man in der Bundesrepublik den Tag der deutschen Einheit? (am 17. Juni)
2. Wann feiert man den Tag der Arbeit? (am 1. Mai)
3. Wann öffnet man in Deutschland die Weihnachtsgeschenke? (am 24. Dezember)
4. Wann kommt der Nikolaus? (am 6. Dezember)
5. Welcher Tag im Dezember ist der Zweite Weihnachtstag? (der 26.)
6. Welcher Sonntag im Mai ist Muttertag? (der 2.)
7. Wann haben Sie Geburtstag? (am ?)
8. Den wievielten haben wir heute? (den ?)

H. Eine verrückte Geschichte.   Complete the sentences with the German equivalent of the English cues.

1. Gestern hat mir Evelyn die _____ Geschichte erzählt: (following)
2. „Letzten Freitag kaufte ich einen _____ Wagen. (used)
3. Später aß ich mit Kai und Uwe zu Abend. Wir aßen _____ Fisch und _____ Kartoffeln. (fried / boiled)
4. Kai schaute durch das _____ Fenster und rief: (closed)
5. ‚Schaut! Da ist eine _____ Untertasse° am Himmel!' (flying)   saucer
6. Wir schauten ihn mit _____ Gesichtern an und dachten, er ist verrückt. (surprised)
7. Es war nur das Spiegelbild° einer _____ Kerze°." (burning)   reflection / candle

I. Das neue Haus. Herr Rüb has a new house and is being asked rather silly questions about it. He replies in kind. Answer for Herr Rüb according to the model.

▶ Ist das Arbeitszimmer so klein wie das Bad?
Ja, es ist sogar kleiner als das Bad.
Und die Küche?
Sie ist am kleinsten.

1. Ist das Eßzimmer so warm wie das Schlafzimmer? Und das Wohnzimmer?
2. Ist der Keller so groß wie das Erdgeschoß? Und der Garten?
3. Sind die neuen Stühle so bequem wie die Sessel? Und das Sofa?
4. Ist die Küche so toll wie das Eßzimmer? Und das Badezimmer?
5. War der Kühlschrank so teuer wie die Spülmaschine? Und die Stereoanlage?
6. Ist der neue Briefträger° so nett wie der alte? Und die neuen Nachbarn?   mailman
7. Finden Sie diese Fragen so dumm wie die Ihrer Nachbarn? Und diese Frage?

J. Freizeit. Answer the questions on leisure time using the comparative and superlative as in the model.

▶ Flüsse und Wälder finde ich schön.
Und Berge?   *Berge finde ich noch schöner.*
Und das Meer?   *Das Meer finde ich am schönsten.*

1. Ich gehe gern ins Theater. Und ins Kino? Und in ein Rockkonzert?
2. Der Eintrittspreis° fürs Kino ist hoch. Und der fürs Theater? Und der für ein Rockkonzert?   price of admission
3. Der neue Film von Schlöndorff soll gut sein. Und der von Margarethe von Trotta? Und das neue Stück im Stadttheater?
4. Der Tennisplatz ist nah. Und das Schwimmbad? Und der Sportplatz?
5. Abends esse ich viel. Und mittags? Und zum Frühstück?

K. Fotos. Herr Untermeier shows some photographs to his two friends who are very competitive and try to go him one better.

▶ Das ist mein schneller Wagen.
Herr Meier: *Ich habe einen viel schnelleren Wagen.*
Herr Obermeier: *Ich habe den schnellsten Wagen.*

1. Das ist mein großes Haus.
2. Das ist mein schöner Garten.

3. Das ist mein teurer Swimming-Pool.
4. Das ist mein gemütliches Wohnzimmer.
5. Das ist mein gutes Fahrrad.
6. Das ist mein hübscher Hund.
7. Das sind meine reichen Freunde.

L. Die Reise.   Karolin is back from a long trip through Europe. She compares the different countries and cities. Give her account in German.

1. In France there was the best food, in Paris the most elegant clothes.
2. But in Italy it was warmer than in France.
3. In Germany the mountains are high, but in Switzerland there are higher mountains.
4. In the mountains it rained more; at the sea there was more sun.
5. In the cities people were not so friendly as in the country.
6. I liked Austria best.

Einer unserer jüngsten Mitarbeiter.

⊙ **Lufthansa**

M. Persönliche Fragen.   Answer according to your preference.

1. Welches Fach finden Sie am schwersten?
2. Was trinken Sie am liebsten?
3. Welche Musik ist am schönsten?
4. Was essen Sie am liebsten?
5. Welche Sprache sprechen Sie am besten?
6. Wer in dieser Klasse spricht am meisten?
7. Wer kommt immer am spätesten?

Kapitel 8

- General subjunctive
- Present-time subjunctive
- Modals in present-time subjunctive
- Past-time subjunctive
- Modals in past-time subjunctive (double infinitive construction)
- Uses of the subjunctive
- *Würde*-construction
- Uses of the *würde*-construction
- *Als ob* and *als wenn* constructions

1. Indicative and subjunctive

Indicative:	Ich **komme** nicht mit.	*I'm not coming along.*
	Was **hast** du getan?	*What did you do?*
Subjunctive:	Ich **käme** nicht mit.	*I wouldn't come along.*
	Was **hättest** du getan?	*What would you have done?*

In both English and German, the indicative mood is used to talk about real conditions or factual situations. The subjunctive mood is used to talk about unreal, hypothetical, uncertain, or unlikely events.

For example, the first subjunctive sentence above, *I wouldn't come along (even if I had been asked),* refers to a hypothetical situation because the person hasn't been asked.

Stellen Sie sich vor, Sie wären in Indien...

2. Present-time subjunctive

Wenn ich heute oder morgen
  Zeit **hätte, käme** ich mit.

If I had time today or
  tomorrow, I would come along.

The present-time subjunctive is used to talk about hypothetical situations in present or future time.

3. Verb endings in present-time general subjunctive

ich käme	wir kämen
du kämest	ihr kämet
er/es/sie käme	sie kämen
Sie **kämen**	

The subjunctive endings above are used for all verbs, strong and weak. In colloquial German, the endings **-est** and **-et** often contract to **-st** and **-t**.

4. Strong verbs in the general subjunctive

Infinitive	Simple past	Present-time subjunctive
gehen	ging	er/es/sie **ginge**
kommen	kam	er/es/sie **käme**
fahren	fuhr	er/es/sie **führe**
fliegen	flog	er/es/sie **flöge**

The present-time general subjunctive of strong verbs is formed by adding subjunctive endings to the simple past stem. An umlaut is added to the stem vowels **a**, **o**, and **u**.

5. Weak verbs in the general subjunctive

Infinitive	Simple past	Present-time subjunctive
sagen	sagte	er/es/sie **sagte**
arbeiten	arbeitete	er/es/sie **arbeitete**

The present-time general subjunctive forms of weak verbs are identical to the simple past-tense forms.

6. Irregular weak verbs in the general subjunctive

Infinitive	Simple past	Present-time subjunctive
brennen	brannte	er/es/sie **brennte**
kennen	kannte	er/es/sie **kennte**
rennen	rannte	er/es/sie **rennte**
nennen	nannte	er/es/sie **nennte**
bringen	brachte	er/es/sie **brächte**
denken	dachte	er/es/sie **dächte**
wissen	wußte	er/es/sie **wüßte**
haben	hatte	er/es/sie **hätte**

The present-time general subjunctive forms of irregular weak verbs are like the simple past-tense forms, but with the addition of an umlaut. Note that the present-time subjunctive forms of **brennen, kennen, rennen,** and **nennen** are written with an **e** instead of ä: **brennte, kennte, rennte, nennte.**

7. Modals in the general subjunctive

Infinitive	Simple past	Present-time subjunctive
dürfen	durfte	er/es/sie **dürfte**
können	konnte	er/es/sie **könnte**
müssen	mußte	er/es/sie **müßte**
mögen	mochte	er/es/sie **möchte**
sollen	sollte	er/es/sie **sollte**
wollen	wollte	er/es/sie **wollte**

The four modals that have an umlaut in the infinitive keep the umlaut in the present-time general subjunctive.

Beinahe hätte Sylvia ihren Urlaub in den Wind schreiben können. Jetzt liegt sie an ihrem Traumstrand.

Jeden Tag sagte sich Sylvia: Jetzt mußt Du endlich buchen. Aber immer kam was dazwischen . . . Ihren Traumstrand hatte Sylvia längst entdeckt. Nun entdeckte sie Bildschirmtext und wählte sich die aktuellsten Urlaubsangebote einfach auf ihren Fernsehschirm. Btx-Reisebüros sind immer geöffnet. Das nützt nicht nur dem Urlauber, sondern auch dem Btx-Anbieter, den seine Kunden blitzschnell erreichen.

Btx eröffnet ganz neue Vertriebswege. Um bei Sylvia zu bleiben: Den schicken Bikini bestellte sie ebenfalls über Bildschirmtext. Bei einem großen Versandhaus. Auf Knopfdruck.

8. Past-time general subjunctive

Wenn ich genug Geld **gehabt hätte, hätte** ich einen Mercedes **gekauft**.	*If I* had had *enough money, I* would have bought *a Mercedes*.
Wenn sie das **gewußt hätte, wäre** sie **mitgekommen**.	*If she* had known *that, she* would have come *along*.

Past-time general subjunctive consists of the subjunctive forms **hätte** or **wäre** plus the past participle of the verb. It corresponds to the English construction *would have* plus the past participle.

9. Modals in past-time subjunctive

In past-time subjunctive, modals have two forms of the participle, a regular form (**gekonnt**) and a form identical to the infinitive (**können**).

Du **hättest** es **gekonnt**.	*You* could have done *it*.

The regular form of the participle has the **ge-**prefix and the ending **-t** (**gedurft, gekonnt, gemocht, gemußt, gesollt,** and **gewollt**). The regular form is used when the modal is the main verb, that is, without a dependent infinitive.

Ingrid **hätte** dir **helfen müssen**.	*Ingrid* would have had to help *you*.
Du **hättest** allein **fahren können**.	*You* could have driven *alone*.

When a modal is used with a dependent infinitive, an alternative past participle that is identical with the modal infinitive is used (**dürfen, können, mögen, müssen, sollen,** and **wollen**). This construction is often called the double infinitive construction. The auxiliary **haben** is always used with modals in the perfect tenses.

Ingrid sagte, daß sie dir **hätte helfen müssen**.
Ich finde, daß du allein **hättest fahren können**.

The double infinitive is always the last element in a clause, even in a dependent clause. The auxiliary verb **hätte** precedes the double infinitive.

10. Use of the subjunctive mood

Contrary-to-fact conditions:	Wenn ich reich **wäre, würde** ich einen Mercedes **kaufen.**	*If I were rich, I would buy a Mercedes.*
	Wenn du mich **gefragt hättest, hätte** ich es dir **gesagt.**	*If you had asked me, I would have told you.*
Wishes:	Wenn du nur **mitkommen könntest!**	*If only you could come along!*
	Ich **wollte (wünschte),** ich **hätte** das **gesehen!**	*I wish I had seen that.*
Hypothetical situations:	So ein Buch **läse** er nicht.	*He wouldn't read such a book.*
	Hättest du es **gelesen?**	*Would you have read it?*
Polite requests or questions:	**Würdest** du mir bitte das Brot **reichen?**	*Would you please pass me the bread?*
	Möchtet ihr eine Tasse Kaffee?	*Would you like a cup of coffee?*
	Könnten Sie das Fenster ein bißchen aufmachen?	*Could you open the window a little?*

The subjunctive mood is used to express contrary-to-fact conditions, wishes that cannot be realized, hypothetical situations, and polite requests or questions. Note that the past-time subjunctive is used in the same ways as the present-time subjunctive, except that in the past, there are usually no polite requests.

Möchten Sie mitkommen?	*Would you like to come along?*
Dürfte ich Sie etwas fragen?	*Could I ask you something?*
Ich **wollte,** ich hätte mehr Zeit!	*I wish I had more time!*

The subjunctive form of the modals is often used to express polite requests or wishes. The expression **ich wollte** is used frequently to introduce wishes.

11. The *würde*-construction

Ich **würde** das nicht sagen.	*I would not say that.*
Würdest du ihm helfen?	*Would you help him?*

The **würde**-construction consists of a form of **würde** plus the infinitive and is equivalent in meaning to the English construction *would* plus the infinitive.

. . . wer würde sich da nicht wohl fühlen?

Forms of the *würde*-construction

ich **würde** es machen	*wir* **würden** es machen
du **würdest** es machen	*ihr* **würdet** es machen
er/es/sie **würde** es machen	*sie* **würden** es machen
	Sie **würden** es machen

The verb **würde** is the general subjunctive form of **werden**. It is formed by adding an umlaut to **wurde**, the simple past of **werden**.

12. Uses of the *würde*-construction

a. Contrary-to-fact conditions

Wenn ich genug Geld hätte, **würde** ich einen Mercedes **kaufen.**	*If I had enough money, I would buy a Mercedes.*
Wenn es heute schön wäre, **würde** ich Tennis **spielen.**	*If it were nice today, I would play tennis.*

b. Wishes

Wenn sie nur lauter **sprechen würde!**	*If only she would speak louder.*
Wenn es nur **regnen würde!**	*If only it would rain!*

c. Hypothetical situations

Das **würde** ich nicht **machen.**	*I wouldn't do that.*
Würdest du das **glauben?**	*Would you believe that?*

d. Polite requests or questions

Würden Sie einen Augenblick **warten?**	*Would you wait a moment?*
Würdest du mir eine Zeitung **mitbringen?**	*Would you bring me back a newspaper?*

The **würde**-construction is used in the conclusion of a contrary-to-fact condition, in wishes that cannot be realized, hypothetical conclusions, and polite requests or questions.

13. Contrary-to-fact conditions

	Condition	Conclusion
Present-time:	**Wenn** ich Zeit **hätte,**	**würde** ich **mitkommen.**
	Wenn ich Zeit **hätte,**	**käme** ich **mit.**
Past-time:	**Wenn** ich Zeit **gehabt hätte,**	**wäre** ich **mitgekommen.**

A contrary-to-fact statement has two clauses: the condition and the conclusion. The condition is usually expressed as a **wenn**-clause. Contrary-to-fact conditions describe a situation that does not exist or will not take place. The speaker simply speculates on how something could or would be under certain circumstances or conditions. To speculate about how conditions could be in the present or future, a German speaker uses the present-time subjunctive in the condition and the present-time subjunctive or a **würde**-construction in the conclusion. To speculate about how conditions could have been in the past, a speaker uses the past-time subjunctive in both the condition and the conclusion.

14. The *würde*-construction versus the subjunctive of the main verb

a. The **würde**-construction is regularly used in informal usage in the conclusion of contrary-to-fact conditions in present time.

Wenn ich Zeit hätte, **würde** ich **mitkommen.**

b. The **würde**-construction is used in place of the subjunctive form of weak verbs in the conclusion when the sentence could be otherwise interpreted as indicative past.

Immer wenn Dieter arbeitete, **verdiente** er viel.	*Whenever Dieter was working, he earned a lot.*
Wenn Dieter arbeitete, **würde** er gut **verdienen.**	*If Dieter were working, he would earn a lot.*

c. The general subjunctive is preferred to the **würde**-construction for **sein, haben,** and the modals in both conditions and conclusions.

Wenn Christel nicht so fleißig **wäre, hätte** sie mehr Freizeit und **könnte** ein Hobby haben.

d. The subjunctive of the main verb is generally preferred in the **wenn**-clause. However, in colloquial German the **würde**-construction is sometimes used in the **wenn**-clause.

Wenn du mir helfen **würdest, würde** ich die Arbeit machen.

15. Clauses introduced by *als ob* and *als wenn*

Present-time subjunctive:	Er sieht aus, **als ob** (**als wenn**) er krank wäre.	*He looks as if he were ill.*
	Er sah aus, **als ob** (**als wenn**) er krank wäre.	*He looked as if he were ill.*
Past-time subjunctive:	Er tut, **als ob** (**als wenn**) er krank gewesen wäre.	*He acts as if he had been ill.*
	Er tat, **als ob** (**als wenn**) er krank gewesen wäre.	*He acted as if he had been ill.*

Constructions with **als ob** and **als wenn** *(as if, as though)* express suppositions and comparisons. If the **als ob/als wenn**-clause refers to the same time as the main clause, the present-time subjunctive is used. If the **als ob/als wenn**-clause refers to something that took place before the action of the main clause, the past-time subjunctive is used.

Er sieht aus, **als** wäre er krank.
Tun Sie, **als** wären Sie zu Hause!

The conjunction **als** can be used without **ob** or **wenn** to mean *as if.* In this case, the verb follows **als** directly.

Übungen

A. Auf dem Fest.   Two people are gossiping at a party. They spend a lot of time saying how other people would behave differently. Restate their sentences in present-time subjunctive.

▶ Erika kommt nicht mit ihrem Freund.
 Erika käme nicht mit ihrem Freund.

1. Hans-Peter spricht nicht mit so vielen Leuten.
2. Ich ziehe so eine bunte Hose nicht an.
3. Ernst ißt auf einer Party nicht so viel.
4. Ich tue das nicht.
5. Mit kurzen Haaren sieht Lucie nicht besser aus.
6. Barbara unterhält sich nicht so laut über ihr Privatleben.
7. Meiers bleiben nicht länger.

8. Wir gehen nicht so spät.
9. Ich trinke nicht soviel Saft.
10. Du fährst nicht mit dem Wagen nach Hause.

B. The next day one of the people at the party runs into a friend and relates all the comments made the night before. Restate the sentences in *Übung A* in past-time subjunctive.

▶ Erika kommt nicht mit ihrem Freund.
  Erika wäre nicht mit ihrem Freund gekommen.

C. Faule Ausreden°. You are about to play a critical tennis match.   excuses
Express the wish that a number of things were different. Start each
sentence with **wenn.**

▶ Es ist furchtbar heiß.
  Wenn es nur nicht so furchtbar heiß wäre!

1. Die Sonne scheint so hell.
2. Der Wind ist so stark.
3. Mein linker Fuß tut so weh.
4. Ich habe so einen Durst.
5. Die Bälle sind so weich.
6. Mein Partner kommt zum Spiel.
7. Ich habe so große Angst.
8. Wir fangen in fünf Minuten schon an.

D. Das Picknick. You have planned a picnic with your friends. In
discussing it say that the person in parentheses would do the right
thing. Follow the model.

▶ Ich hoffe, Volker hat die Kamera dabei. (du)
  Du hättest natürlich die Kamera dabei.

1. Ich hoffe, Susi denkt an den Wein. (ich)
2. Ich hoffe, Peter hat Zeit. (ich)
3. Ich hoffe, Karla und Paula bringen die Gitarre mit. (wir)
4. Ich hoffe, alle kennen den Weg. (wir)
5. Ich hoffe, Brigitte weiß, daß sie Uwe abholen soll. (du)
6. Ich hoffe, Erwin bringt den Fußball mit. (du)
7. Ich hoffe, Müllers haben ihren Hund dabei. (wir)
8. Ich hoffe, alle wissen, wann wir uns treffen wollen. (wir)
9. Ich hoffe, alle denken an einen Regenschirm. (ich)

E. Wir hätten's anders gemacht.   Your picnic turned out to be a flop. Express the belief that things could have been very different. Restate the sentences in *Übung D* in past-time subjunctive.

▶ Hoffentlich hat Volker die Kamera dabei. (du)
  Du hättest natürlich die Kamera dabei gehabt.

F. Das wäre schön.   Alexander describes how he would spend the summer if he could. Express his thoughts in German. Use the general subjunctive of the main verb.

1. There would be no work.
2. I would sleep a lot.
3. My friends would always have time for me.
4. In the afternoons we would sit in the café and eat a lot of° cake.   **eine Menge**
5. Often I would go for a walk and would go biking.
6. Sometimes I would watch TV or write a letter.
7. I would like such a life.
8. That would be nice.

G. Ich nicht.   You don't approve at all of Ingrid's lifestyle. Describe all the things she does that you definitely would not do. Use the **würde**-construction.

▶ Ingrid schläft jeden Nachmittag.
  Ich würde nicht jeden Nachmittag schlafen.

1. Sie ißt nur Schokolade zum Frühstück.
2. Sie trinkt jeden Tag zehn Tassen Kaffee.
3. Sie duscht dreimal am Tag.
4. Sie telefoniert stundenlang mit ihrer Nachbarin.
5. Sie geht jede Woche zum Friseur.
6. Sie fährt so furchtbar Auto.
7. Sie sieht jeden Abend fern.
8. Sie geht immer nach Mitternacht ins Bett.
9. Sie redet dauernd über andere Leute.

H. Wenn nur!   Holger is going to have an important exam and is studying hard. While at his desk he dreams about how it would be if conditions were different. Finish his sentences using the **würde**-construction.

▶ Wenn ich mit der Arbeit fertig wäre, ... (ins Kino gehen)
 Wenn ich mit der Arbeit fertig wäre, würde ich ins Kino gehen.

1. Wenn das Examen nicht wäre, ... (ins Schwimmbad gehen)
2. Wenn ich nicht so viel arbeiten müßte, ... (die Zeitung lesen)
3. Wenn ich reich wäre, ... (nicht mehr arbeiten)
4. Wenn ich Zeit hätte, ... (in die Berge fahren)
5. Wenn wir auf dem Land wohnen könnten, ... (den ganzen Tag im Garten sitzen)
6. Wenn das Wetter besser wäre, ... (spazierengehen)
7. Wenn ich nicht studieren müßte, ... (ein herrliches Leben führen)

I. Du bist unmöglich!   You are fed up with your roommate's habits. Discuss them with your roommate and tell him/her how you would like things changed. Use **nicht** before the italicized words. Use the **würde**-construction in sentences 1–7.

▶ Du machst morgens *soviel* Lärm.
 Ich wollte, du würdest morgens nicht soviel Lärm machen.

1. Deine Sachen liegen *in* der ganzen Wohnung herum.
2. Dein schmutziges Geschirr steht *tagelang°* in der Küche.   for days
3. Du spielst *immer* so fürchterliche Platten.
4. Du läßt *immer* die Haustür offen.
5. Du benutzt *immer* mein Handtuch.
6. Du telefonierst *dauernd*.
7. Ich höre *immer* dein Schnarchen° durch die Wand.   snoring
8. Deine Freunde sind *immer* so unfreundlich zu mir.
9. Du hast *dauernd* schlechte Laune.

J. Die Heimfahrt.   After an evening with friends you are ready to leave. Soften the tone of your statements and make your requests seem more polite by restating the modals in present-time subjunctive.

▶ Ich muß jetzt eigentlich gehen.
 Ich müßte jetzt eigentlich gehen.

1. Ich soll um elf zu Hause sein.
2. Ich muß die Bahn um Viertel nach bekommen.
3. Das müssen unsere Freunde eigentlich verstehen.

4. Ich kann ja ein Taxi nehmen.
5. Darf ich mal telefonieren?
6. Oder darf ich Sie um etwas bitten?
7. Können Sie mich vielleicht nach Hause fahren?

K. Ein Unfall.   Chris has had a car accident. Torsten, with marvelous hindsight, tells him how he could have avoided it. Take Torsten's role and restate the sentences in past-time subjunctive.

▶ Du mußt schneller reagieren.
  Du hättest schneller reagieren müssen.

1. Das darf nicht passieren.
2. Du mußt besser aufpassen.
3. Und es darf nicht regnen.
4. Du mußt vorsichtiger° sein.   more careful
5. Aber auch der andere soll langsamer fahren.
6. Die Straße darf eben nicht naß sein.
7. Naja, es kann viel schlimmer ausgehen°.   turn out
8. Und ich will heute dein Auto benutzen.
     —Aber das ist ja nun kaputt.

L. Die Erkältung.   You don't feel well and your friend, Marianne is trying to help diagnose your symptoms. Describe what your symptoms feel like. Use **als ob** or **als wenn** with the cues in parentheses.

▶ Fühlst du dich so schlecht? (ich bin krank)
  Ja, ich fühle mich so schlecht, als ob ich krank wäre.

1. Läuft deine Nase? (ich habe eine Erkältung)
2. Tut dir der Kopf weh? (er will explodieren)
3. Brennt dein Hals? (ich habe Feuer gegessen)
4. Brummen° deine Ohren? (ein kaputtes Radio ist darin)   ring
5. Tun dir die Augen weh? (ich habe zuviel ferngesehen)
6. Bist du müde? (ich habe zwei Nächte nicht geschlafen)

M. Schade!   Give the German equivalents.

Andrea: Could you help me, please?
  Rudi: I would like to (do that). If I only had time. You look as if
        you were ill.
Andrea: I wish I felt better.
  Rudi: Maybe you should go to bed.
Andrea: I wish I hadn't eaten the fish.
  Rudi: You should have asked me. Too bad. We could have gone to
        a nice restaurant tonight.

Kapitel 9

- Future tense
- Uses of the future tense
- Reflexive pronouns
- Reflexive with parts of the body and clothing
- Reflexive verbs and verbs used reflexively
- *Selbst, selber, einander*

1. Future tense

Ich **werde** eine Reise **machen.**	*I'm going to take a trip.*
Wirst du das wirklich **machen?**	*Are you really going to do that?*
Glaubst du, daß Ute wirklich **mitkommen wird?**	*Do you think that Ute will really come along?*

In German, the future tense consists of the present tense of **werden** plus a dependent infinitive. The infinitive is in final position except in a dependent clause. In a dependent clause, the auxiliary **werden** is in last position and follows the infinitive.

2. Future tense of modals

Du **wirst** bestimmt nicht **schlafen können.**	*You'll surely not be able to sleep.*
Ich **werde** die Bücher **lesen müssen.**	*I'll have to read the books.*

In the future tense, a modal is in the infinitive form and is in final position. The modal follows the dependent infinitive.

Ich glaube nicht, daß du wirst schlafen können.
Ich fürchte, daß ich die Bücher **werde lesen müssen.**

In a dependent clause, the auxiliary **werden** precedes the dependent infinitive and the modal infinitive, both of which are in final position. The modal is always the last element.

3. Use of the future tense

Assumption:	Er wird uns sicher glauben.	He'll surely believe us.
Determination:	Ich werde es machen.	I shall do it.

The future tense is regularly used to express an assumption or a determination to do something.

Present probability:	Er wird **sicher** müde sein.	He's surely tired.
	Das wird **wohl** stimmen.	That's probably correct.
	Das wird **schon** in Ordnung sein.	That's probably O.K.

The future tense can express the probability of something taking place in the present time. Adverbs such as **sicher, wohl,** and **schon** are often used.

4. Use of present tense to express future time

Ich **komme bald** wieder.	*I'll come again soon.*
Wir **fahren morgen** nach Koblenz.	*We're going to Koblenz tomorrow.*

In German, the present tense is used to express future time if the sentence contains a clear reference to future time.

Inge **wird** alles selber **machen.**	*Inge will do everything herself.*
Detlev **wird** ihr nicht **helfen.**	*Detlev will not help her.*

When a sentence or the context does not contain a clear reference to future time, the future tense is used to indicate future time.

5. Reflexive pronouns

Ich wasche **mich.**	*I wash (myself).*
Ich kaufe **mir** eine Schallplatte.	*I'm buying myself a record.*

A reflexive pronoun is a pronoun that indicates the same person or thing as the subject. A reflexive pronoun may be either in the accusative or dative case, depending on its function.

Nominative (subject):	ich	du	er/es/sie	wir	ihr	sie	Sie
Accusative reflexive:	mich	dich	sich	uns	euch	sich	sich
Dative reflexive:	mir	dir	sich	uns	euch	sich	sich

The first and second person reflexive pronouns are identical to the personal pronouns. The pronoun **sich** is used for all third person reflexives and for the **Sie**-form.

6. Accusative reflexive pronouns

Direct Object:	Ich ziehe **mich** an.	*I'm getting dressed.*
Object of Preposition:	Er macht es für **sich** selbst.	*He's doing it for himself.*

A reflexive pronoun is in the accusative case when it functions as direct object or as the object of a preposition that requires the accusative case.

7. Dative reflexive pronouns

Indirect Object:	Ich kaufe **mir** eine Jacke.	*I'm buying myself a jacket.*
Dative Verb:	Ich kann **mir** nicht helfen.	*I can't help myself.*
Object of Preposition:	Sprichst du von **dir?**	*Are you speaking of yourself?*

A reflexive pronoun is in the dative case when it functions as an indirect object, the object of a dative verb, or the object of a preposition that requires the dative case.

8. Verbs with either accusative or dative reflexive pronouns

Accusative:	Ich wasche **mich.**	*I wash (myself).*
Dative:	Ich wasche **mir** die Hände.	*I wash my hands.*

Some verbs can be used with either accusative or dative reflexive pronouns. The dative is used if there is also an accusative object.

9. Reflexive with parts of body and clothing

Ich muß **mir** die Zähne putzen.	*I have to brush my teeth.*
Zieh **dir** die Schuhe aus!	*Take off your shoes.*

German often uses a definite article and a dative reflexive pronoun in referring to parts of the body and articles of clothing. The dative reflexive pronoun shows that the accusative object belongs to the subject of the sentence. English uses a possessive adjective.

10. Reflexive verbs and verbs used reflexively

Ich habe mich erkältet.	*I caught a cold.*
Benimm dich bitte!	*Please behave.*

Some verbs always have reflexive pronouns. They are called reflexive verbs.

Ich fühle mich nicht wohl.	*I don't feel well.*
Erinnerst du dich daran?	*Do you remember it?*
Er rasiert sich.	*He's shaving.*
Wir interessieren uns dafür.	*We're interested in it.*
Wundert ihr euch darüber?	*Are you surprised about it?*
Zieh dich an!	*Get dressed.*
Setzen Sie sich!	*Sit down.*
Beeil dich!	*Hurry up.*

Many German verbs are regularly used reflexively. Their English equivalents are not reflexive. These verbs are noted in the end vocabulary as follows: **(sich) fühlen.**

Die Frau **erinnert** Marta an ihre Mutter.

The woman reminds Marta of her mother.

Marta **erinnert sich** an ihre Mutter.

Marta remembers her mother.

Some verbs change their meanings when used reflexively.

11. Intensifiers *selber* and *selbst*

Ich fühle mich **selber (selbst)** nicht wohl.

I don't feel well myself.

The intensifiers **selbst** or **selber** may be used after a reflexive pronoun to emphasize the reflexive meaning. The pronouns **selbst** and **selber** are interchangeable.

12. Reciprocal use of reflexives

Wann sehen sie **sich** wieder?

When will they see each other again?

Reflexive pronouns may have a reciprocal meaning. The subject is normally in the plural.

Wir schreiben **uns** oft.
Wir schreiben **einander** oft.

We write each other often.

The pronoun **einander** may be used instead of the reflexive to express a reciprocal action.

Übungen

A. Sommerferien. You and Sylvia are discussing summer vacation plans. Restate your conversation, using the future tense.

▶ Fährst du mit deiner Familie nach Frankreich?
Wirst du mit deiner Familie nach Frankreich fahren?

1. Nein, dieses Jahr fahre ich nicht mit meinen Eltern.
2. Du bleibst doch nicht die ganze Zeit zu Hause, oder?
3. Nein, ich besuche meine Freundin in Florenz.
4. Sie studiert an der Akademie, und ich wohne dann bei ihr.
5. Sie zeigt mir Florenz und die Toscana°.   Tuscany
6. Das ist bestimmt schön!

B. Was machen deine Freunde am Wochenende?   Your friends are going to have a big party on the weekend. Susan asks what they told you about it. Tell her, putting the information in the future tense.

▶ Peter sagt, daß er ein Fest macht.
  Peter sagt, daß er ein Fest machen wird.

1. Karola meint, daß es gutes Essen gibt, wie immer auf Peters Festen.
2. Paul sagt, daß er auch auf das Fest kommt.
3. Anneliese behauptet, daß Peter sogar eine Band einlädt.
4. Ich bin sicher, daß die Leute viel lachen und tanzen.
5. Ich glaube bestimmt, daß es ziemlich laut wird.
6. Ich fürchte, daß die Nachbarn die Polizei rufen.
7. Glaubst du, daß du hingehst?
8. Ich muß sagen, daß ich leider keine Zeit habe.

C. Keiner hat Zeit.   You feel like going out tonight and have tried to call a few friends. But either they were not at home or they didn't have time. Finally you reach Sibylle and together you speculate about the others. Use the future tense + **wohl** to express what they are probably doing.

▶ Wo ist Rainer im Moment? (beim Sport)
  Er wird im Moment wohl beim Sport sein.

1. Für was arbeitet Gabi diese Woche? (für ihr Seminar)
2. Zu wem geht Maria heute? (zu Daniela)
3. An wen schreibt Meike? (an ihren Freund)
4. Wo sind Kurt und Karla? (im Schwimmbad)
5. Wie lange bleibt Claudias Besuch? (das ganze Wochenende)
6. Wo spielt Jan heute abend? (im Jazz-Club)
7. Rufst du noch jemand anders an? (nein, niemand mehr)
8. Wohin gehst du nun? (zu dir)

D. Kurze Gespräche. Give the German equivalent of the English sentences. Use the present tense to express future time when the sentence contains a clear reference to future time. Otherwise use the future tense.

1. — Where are you going to be next summer?
   — We'll go to Austria in June.
2. — What will become of° Jörg?   **aus**
   — I don't know. We'll see.
3. — Tomorrow we are going to visit Aunt Marlies.
   — Until when will you have to work tomorrow?
4. — Are you going to visit your friends?
   — Yes, they said that they will be home.

E. Ein alter Freund. Karin is a student at the University of Munich and likes to meet with friends in Schwabing, a suburb of Munich frequented by artists and students. Yesterday she met an old friend there whom she hadn't seen for several years. Take her part as she tells about the experience. Use the tenses indicated.

▶ wir / sich begegnen / gestern / in Schwabing (present perfect)
   Wir sind uns gestern in Schwabing begegnet.

1. du / sich erinnern an / Frank / ? (present)
2. wir / sich verstehen / immer / gut (present perfect)
3. aber dann / wir / sich sehen / lange nicht (present perfect)
4. ihr / sich kennenlernen / doch auch mal (present perfect)
5. gestern im Café an der Uni / ich / sich wundern / (present perfect): „Mensch, das ist doch der Frank!"
6. ich / sich unterhalten / lange / mit ihm (present perfect)
7. er / sich interessieren / sehr / für meine Arbeit (present)
8. morgen abend / wir / wollen / sich treffen (present)
9. ich / sich freuen / sehr darauf (present)

F. Das Geburtstagsfest. Karola is telling about a scene for a new play. The main character is talking about her planned birthday. Take her part and tell about the preparations, according to the model.

▶ Sie kommt heim and zieht sich den Mantel aus.
   Ich komme heim und ziehe mir den Mantel aus.

1. Sie hat sich vorgestellt, daß sie sich an ihrem Geburtstag keine Arbeit macht.
2. Sie will sich ihr Geburtstagsdiner nicht selbst kochen. Dazu hat sie keine Lust.

3. Also hat sie den Partyservice angerufen und hat sich viele gute Delikatessen° bestellt.

special foods

4. Von ihren Freunden hat sie sich nur Blumen und gute Laune gewünscht.
5. Sie will sich ein sehr elegantes Kleid anziehen.
6. Sie wünscht sich, daß es ein sehr lustiges Geburtstagsfest wird.

Kulinarische
Ideen
zum
Gästeverwöhnen

Käse
Delikatessen **stähle**
Party-Service

Herrenstraße 58
und Schusterstraße 2
Telefon
3 26 55 und 3 26 54

G. Duschen? Nö. Erich is being questioned by his elder sister Birgit about his hygiene. Complete their conversation.

▶ Wie oft _____ du _____ die Haare? (sich kämmen)
  Wie oft kämmst du dir die Haare?

1. Erich: Ich _____ _____ nicht gern die Haare. (sich kämmen)
2. Birgit: Wie oft _____ du _____ die Zähne? (sich putzen)
   Erich: Dreimal täglich, öfter als duschen.
3. Birgit: Du _____ _____ nicht jeden Morgen? (sich duschen)
4. Erich: Nö. Keine Zeit. Ich muß _____ ja schließlich auch _____ und _____ _____ _____. (sich rasieren / sich Kaffee kochen)
5. Birgit: Du _____ _____ manchmal? (sich baden)
6. Erich: Ja, das hab' ich echt gern. Abends. Da muß ich _____ nicht so _____. (sich beeilen)
7. Da kann ich _____ _____ _____. (sich eine tolle Musik anhören)
8. Da _____ ich _____ des Lebens. (sich freuen)
9. Aber hör mal — ich finde das nicht so wichtig. Können wir _____ über was anderes _____? (sich unterhalten)

H. Alles ärgert mich. Sonja is speaking with Jochen about her job. Complete their conversation with the German equivalent of the English cues. Notice that some verbs are reflexive and some are not.

1. Jochen: Was _____ so? (is making you angry)
2. Sonja: Ich _____, weil ich den Job nicht bekommen habe. (am angry)
3. Jochen: Ah, ich _____, daß du davon gesprochen hast. (remember)
   Du hast mich angerufen, als ich gerade meine Wäsche gewaschen habe.
4. Sonja: Weißt du, meine alte Arbeit _____ nicht mehr. (interests me)
5. Jochen: Wofür _____ denn? (are you interested)
6. Sonja: Ich weiß nicht. Ich _____ in der Firma nicht wohl. (feel)
7. Jochen: Und dein Chef _____ immer. (annoys you)
8. Sonja: Ach, _____ an ihn! (don't remind me)

I. Selbst (selber) / einander. Complete the sentences with **selbst (selber)** or **einander.**

1. Mein Vater kocht sich sein Mittagessen immer _____.
2. Sie erzählten _____ viele lustige Geschichten.
3. Mehr kann ich dir über den Film nicht erzählen. Du mußt ihn dir schon _____ ansehen.
4. Sie schauten _____ in die Augen und mußten plötzlich lachen.
5. Hier ist Herr Bender. Möchten Sie sich _____ mit ihm unterhalten?
6. Ich sehe meine Freundin oft. Wir besuchen _____ fast täglich.

J. Nichts als Probleme. Three girls have a brief conversation after class. Each is concerned with her own problems. Express their conversation in German.

1. Marion: I have to hurry up. I'm going to meet Paul at 8.
2. Julia: I'm amazed at Bernd. He behaved as if he didn't know me. I think he didn't remember me.
3. Dagmar: I don't feel so well. I think I've caught a cold. How stupid! But I don't want to get upset°.

sich ärgern

Kapitel 10

- Passive voice
- Expressing agent and means
- Dative verbs in passive voice
- Impersonal passive construction
- Modals and the passive infinitive
- Actional and statal passive
- Substitutes for passive voice
- Summary of uses of *werden*

1. The passive voice

Active voice:	**Ein Physiker** schreibt den Artikel.	A physicist *is writing the article.*
Passive voice:	Der Artikel wird **von einem Physiker** geschrieben.	*The article is being written* by a physicist.
	Der Artikel wird bald geschrieben.	*The article will be written soon.*

German and English sentences are either in active voice or passive voice. In active voice a sentence has a subject that performs the action of the verb. In passive voice the subject is passive; it performs no action. The action of the verb is performed by some other agent. The subject (**Physiker**) of an active sentence corresponds to the agent (**Physiker**) in a passive sentence. The direct object (**Artikel**) in an active sentence corresponds to the subject (**Artikel**) in a passive sentence. The agent is often omitted in a passive sentence, as if the corresponding active sentence has no subject.

The passive is used very often in technical and scientific writing, where an impersonal style is frequently preferred. In everyday conversation the active voice is used more frequently by speakers of German. (See substitutes for the passive voice, *Section 8.*)

2. Tenses in the passive voice

Present:	Die Arbeit **wird gemacht.**	*The work is being done.*
Simple past:	Die Arbeit **wurde gemacht.**	*The work was done.*
Present perfect:	Die Arbeit **ist gemacht worden.**	*The work has been done.*
Past perfect:	Die Arbeit **war gemacht worden.**	*The work had been done.*
Future:	Die Arbeit **wird gemacht werden.**	*The work will be done.*

The passive voice consists of the auxiliary **werden** plus the past participle of the main verb. Passive voice can occur in any tense. Note that in the present perfect and past perfect tenses the participle **worden** is used instead of the form **geworden.**

Present-time subjunctive:	Die Arbeit **würde gemacht.**	The work would be done.
Past-time subjunctive:	Die Arbeit **wäre gemacht worden.**	The work would have been done.

The passive voice also occurs in the subjunctive.

3. Expressing agent and means

Die Zeitung wird **von Studentinnen** geschrieben.	*The newspaper is being written* by students.
Die Nachbarn wurden **durch die Musik** gestört.	*The neighbors were disturbed* by the music.

A sentence in the passive voice often indicates by what agent or means an action is performed. The person who causes an event to happen is known as an agent. The *agent* (**Studentinnen**) is the object of the preposition **von** and thus in the dative case. The *means* (**Musik**) by which an event happens is usually impersonal and is the object of the preposition **durch** and thus in the accusative case.

4. Dative verbs in the passive voice

Active voice:	Ich glaubte **ihm** nicht.	*I didn't believe him.*
Passive voice:	**Ihm** wurde nicht geglaubt.	*He was not believed.*
	Es wurde **ihm** nicht geglaubt.	

The dative object in an active sentence remains unchanged when used in a passive sentence. The resulting passive sentence has no subject. **Es** may be used as a *dummy* or *apparent* subject.

5. Impersonal passive constructions

Active voice:	Alle essen um zwölf.	*Everyone eats at twelve.*
Passive voice:	Jetzt wird gegessen.	*Now's the time to eat.*
	Es wird jetzt gegessen.	

A passive construction without a subject or agent is called an impersonal passive construction. The pronoun **es** begins an impersonal passive construction if no other words precede the verb. **Es** is a *dummy* or *apparent* subject.

6. Modals and the passive infinitive

Unser Wagen **kann** nicht mehr **repariert werden.**	*Our car can't be fixed anymore.*
Müssen die Fenster **geputzt werden?**	*Do the windows have to be cleaned?.*

The passive infinitive consists of a past participle plus **werden**. Since modals cannot be put into the passive voice, they are sometimes used with a passive infinitive.

7. Actional and statal passive

Das Auto **wird** jetzt **repariert.**	*The car is being repaired now.*
Das Auto **ist** schon **repariert.**	*The car is already repaired.*

The actional passive expresses the act of something being done. The statal passive expresses the state or condition that results from that action. Statal passive is not really a true passive construction. In English, the verb *to be* is used for both actional and statal passive. In German, the verb **werden** plus past participle is used for actional passive; the verb **sein** plus past participle is used for statal passive. Statal passive is never used when an agent is expressed. Actional and statal passive are not interchangeable.

8. Substitutes for the passive voice

The passive voice is used less frequently in German than in English. In German, other constructions are frequently substituted for the passive voice. Following are four possible substitutes. Not all can be used for a single passive sentence.

a. *Man* as subject

So etwas tut **man** nicht.	*That's not done.*
Von hier kann **man** den See sehen.	*You can see the lake from here.*

The pronoun **man** plus an active voice construction is often used as a substitute for the passive voice, when no agent is expressed. English equivalents for the pronoun **man** are *one, you, we, they,* or *people.*

b. *sein ... zu* + infinitive

Das **ist** leicht **zu lernen.**	*That is easy to learn.*
Diese Aufgabe **ist** noch **zu machen.**	*This assignment still has to be done.*

A form of **sein ... zu** + infinitive is often used in German instead of a passive verb phrase. The **sein ... zu** + infinitive construction expresses the possibility *(leicht zu lernen)* or necessity *(noch zu machen)* of doing something.

c. *sich lassen* + infinitive

Das **läßt sich machen.**	*That can be done.*
Das Radio **läßt sich** nicht **reparieren.**	*The radio can't be fixed.*

A form of **sich lassen** + infinitive can be used in place of a passive verb phrase. This construction expresses the possibility of something being done.

d. Reflexive constructions

Solche Sachen **verkaufen sich** leicht.	*Such things can be sold easily.*
Das Buch **liest sich** leicht.	*The book is easy to read.*

A reflexive construction expresses the possibility of doing something and may sometimes be used in place of a passive verb phrase.

9. Summary of the uses of *werden*

a. Main verb

Herr Meier **wird** alt.	*Mr. Meier is growing old.*
Jutta **wurde** müde.	*Jutta was getting tired.*
Volker **ist** wieder krank **geworden.**	*Volker has become ill again.*

Werden as a main verb is equivalent to the English *to grow*, *get*, or *become*.

b. Auxiliary verb in future tense

Wir **werden** im Café **essen.**	*We'll eat in the café.*
Frau Lange **wird** wohl krank **sein.**	*Mrs. Lange is probably ill.*

Werden is used with a dependent infinitive to form the future tense. The future tense also expresses present probability.

c. Auxiliary verb in the passive voice

Bei Eberts **wird** jeden Samstag **gefeiert.**

There's a party at the Eberts every Saturday.

Letzten Samstag **wurde** viel **gelacht.**

Last Saturday there was a lot of laughing.

Wir **sind** auch **eingeladen worden.**

We were also invited.

Werden is used with a past participle to form the passive voice. Passive voice can occur in any tense.

Übungen

A. Wer macht die Hausarbeit?   Restate the sentences in the tenses indicated.

▶ Der Haushaltsplan° wird von uns allen gemacht. (simple past)   housekeeping schedule
  Der Haushaltsplan wurde von uns allen gemacht.

1. Das Essen wird von meinem Vater gekocht. (present perfect)
2. Die Gartenarbeit wird von meinem Bruder gemacht. (simple past)
3. Die Wäsche wird von meiner Schwester gewaschen. (simple past)
4. Eingekauft wird von mir. (simple past)
5. Die Fenster werden von uns allen geputzt. (future)
6. Der Küchenplan wird von der ganzen Familie diskutiert. (present perfect)
7. Jeder wird von jedem kritisiert. (future)
8. Das Geld wird von meiner Mutter verdient. (present perfect)

B. Am Sonntag.   Helga describes a Sunday in her home town. Change the sentences from active to passive. Keep the same tense.

▶ Früher brachte der Bäcker die frischen Brötchen ins Haus.
  Früher wurden die frischen Brötchen vom Bäcker ins Haus gebracht.

1. Heute toasten wir die Brötchen vom Samstag. (omit agent)
2. Der Vater wäscht das Auto.
3. Nicht die Mutter, sondern mein Bruder kocht das Mittagessen.
4. Beim Spaziergang grüßen wir die Nachbarn freundlich. (omit agent)

5. Im Café bedient° uns ein italienischer Kellner.   serves
6. Das Abendessen essen wir zu Hause. (omit agent)
7. Am Abend sehen wir fern. (omit agent)

C. Ein Essen für die Gäste.   Tell in German about all the things you did last night for your guests.

1. The meat was put in wine°.   in Wein legen
2. Then it was fried.
3. The rice was cooked (for) twenty minutes.
4. The salad was prepared too.
5. Apples were cut.
6. The sweet cream was beaten.
7. Flowers were put° on the table.   stellen
8. And the guests were picked up at the station.

D. Beim Friseur.   Identify the phrases with **werden**: (a) tense of main verb, (b) future or present probability, or (c) tense of passive voice. Then give the English equivalents of the sentences.

▶ Meine Haare werden gewaschen.
   present passive; My hair is being washed.

1. Sie werden kurz geschnitten.
2. Ich werde so schön aussehen.
3. Mich wird wohl keiner mehr erkennen.
4. Durch die Sonne werden meine Haare immer sehr hell.
5. Hinten werden sie wohl lang bleiben.
6. Von der Friseuse wird mir eine Tasse Kaffee gebracht.
7. Am Schluß wird mein Haar mit dem Haartrockner in Form gebracht.

E. Ein Unfall.   People are still talking about a recent accident. Restate the sentences beginning with **es** and give the English equivalents.

▶ Dem anderen Fahrer konnte nichts bewiesen werden.
   Es konnte dem anderen Fahrer nichts bewiesen werden.
   Nothing could be proved against the other driver.

1. Ihm wurde aber auch nicht geglaubt.
2. Nach dem Unfall ist viel diskutiert worden.
3. Uns wurde erklärt, daß wir zu schnell gefahren wären.
4. Beiden Fahrern wurde geraten, etwas vorsichtiger° zu fahren.   more carefully
5. Später ist beschlossen worden, die Polizei nicht zu rufen.
6. Schließlich ist nicht mehr über die Sache gesprochen worden.

F. Abreise°.   Mr. and Mrs. Knoll are leaving for a trip. They are a   departure
little bit nervous and check to be sure everything has been taken
care of.

▶ Die Fahrkarten müssen noch abgeholt werden.
  Die Fahrkarten sind (doch/schon) abgeholt.

1. Der Fotoapparat muß noch abgeholt werden.
2. Die Koffer müssen noch gepackt werden.
3. Das Geschirr muß noch gespült werden.
4. Die Betten müssen noch gemacht werden.
5. Die Fenster müssen geschlossen werden.
6. Das Taxi muß bestellt werden.

G. Ein autofreier Sonntag.   For the protection of the environment
some cities are planning a day free of car traffic. The city planner
says what can, must, and will be done. Restate using the cued modal
and passive infinitive.

▶ Alle Leute werden informiert. (müssen)
  Alle Leute müssen informiert werden.

1. Autos werden nicht gefahren. (dürfen)
2. Fahrräder werden benutzt. (können)
3. Die Straßen werden vom Autoverkehr frei gehalten. (sollen)
4. Auch Motorräder werden zu Hause gelassen. (müssen)
5. Energie wird gespart. (müssen)
6. Die Polizisten werden in Urlaub geschickt. (können)
7. Auf den Straßen wird getanzt. (dürfen)
8. Statt Benzin wird an den Tankstellen Limonade verkauft.
   (sollen)

H. Die Fahrradtour.   Dagmar and Ulrike are going on a biking trip
for a few days. They check their last preparations. Tell what they do
in German.

1. The bicycles are well prepared.
2. The water bottle must not be forgotten.
3. It is already packed°.   einpacken
4. The sandwiches are already made.
5. But they still have to be packed.
6. The inn in Bad Tölz still has to be called.
7. The neighbors are already informed°.   informieren
8. Only the keys still have to be taken to the neighbors.

I. In einem andern Land. John is visiting Austria for the first time. Tell him how Sundays are often spent. Restate the sentences using **man**.

▶ Sonntags wird nicht gearbeitet.
Sonntags arbeitet man nicht.

1. Sonntags wird lange geschlafen.
2. Manchmal wird im Gasthaus zu Mittag gegessen.
3. Sonntagnachmittags wird ein Spaziergang gemacht.
4. Danach wird Kaffee getrunken.
5. Dazu werden viele Stücke Kuchen gegessen.
6. Bei schönem Wetter wird viel radgefahren.
7. Abends wird ferngesehen.

Burgenland 3.965 km²	Kärnten 9.533 km²	Niederösterreich 19.170 km²	Oberösterreich 11.978 km²	Salzburg 7.154 km²	Steiermark 16.386 km²	Tirol 12.648 km²	Vorarlberg 2.601 km²	Wien 415 km²

Österreich ist ein aus neun Bundesländern - Burgenland, Kärnten, Niederösterreich, Oberösterreich, Salzburg, Steiermark, Tirol, Vorarlberg und Wien - bestehender Bundesstaat mit einer Bodenfläche von 83.850 km²

J. Reise nach Wien. Mr. and Mrs. Münz are planning a trip to Vienna. They are at the travel agency asking all sort of questions. You, the agent, respond according to the cues using **sein** plus **zu** plus infinitive.

▶ Können wir das Stadtzentrum vom Hotel aus leicht erreichen? (ja)
Ja, das Stadtzentrum ist vom Hotel aus leicht zu erreichen.

1. Können wir den Wienerwald vom Hotel aus sehen? (nein)
2. Können wir die Oper leicht finden? (ja)
3. Müssen wir die Fahrkarten schon jetzt bezahlen? (ja)
4. Müssen wir die Plätze für die Donaufahrt° bei Ihnen reservieren? (ja)   trip on the Danube
5. Müssen wir morgen alle Papiere mitbringen? (ja)
6. Können Sie die Stadtrundfahrt° in Wien empfehlen°? (nein)   sightseeing tour / recommend

K. Was ist das?   Jan has received a birthday gift but he won't tell his friends what it is. So they ask him all sorts of questions. Answer for Jan using **sich lassen** plus infinitive.

▶ Kann man das Ding gut gebrauchen? (ja)
  Ja, das Ding läßt sich gut gebrauchen.

1. Kann man das Ding essen? (nein)
2. Kann man das Ding draußen benutzen? (ja)
3. Kann man es auch im Haus benutzen? (ja)
4. Kann man Freunde damit unterhalten? (ja)
5. Kann man es leicht herumtragen? (ja)
6. Kann man Musik damit machen? (ja)
   — Ist es ein Kassettenrecorder?
   — Ja.

L. Umzug° nach Großbritannien.   The Schneiders are moving   move
from Germany to Great Britain. They discuss their move with
friends. Restate their comments using reflexive constructions.

▶ Die alte Wohnung ist leicht zu verkaufen.
  Die alte Wohnung verkauft sich leicht.

1. Eine neue Wohnung ist sicher schnell zu finden.
2. Die britische Kultur ist aus ihrer Geschichte zu erklären.
3. Die englischen Zeitungen sind leicht zu lesen.
4. Denn die englische Sprache ist leicht zu lernen.
5. Gute Freunde sind aber nicht so leicht zu finden.
6. Geld verdient man auch nicht so leicht im Ausland.
7. Es ist fraglich, wie es der Familie gefallen wird.

M. Auf deutsch bitte!

1. I was given this letter. (**man**)
2. It must be written immediately. (passive)
3. I'm sorry, but such a letter isn't easy to write. (**sein ...   zu +** infinitive)
4. It's understood that you get an hour off tomorrow. (reflexive)
5. That's easy to say, I know. (**sich lassen**)
6. But the work must be done. (passive)

Kapitel 11

- Relative clauses
- Relative pronouns
- Indirect discourse
- Time relationship between direct and indirect statements
- Indirect questions
- Indirect commands
- Special subjunctive
- Special subjunctive in wishes, commands, and requests

1. Relative clauses

Wer ist der Gast, **der an dem Tisch sitzt?**

Who's the guest (who is) sitting at the table?

Meinst du die Frau, **die ihre Brille gerade geputzt hat?**

Do you mean the woman who just cleaned her glasses?

A relative clause provides additional information about a previously mentioned noun. The clause is introduced by a relative pronoun that refers back to the noun, which is the antecedent. Since a relative clause is a dependent clause, the finite verb is in final position. In writing, a comma separates the relative clause from the main clause.

2. Forms of relative pronouns

	Masculine	Neuter	Feminine	Plural
Nominative:	der	das	die	die
Accusative:	den	das	die	die
Dative:	dem	dem	der	denen
Genitive:	dessen	dessen	deren	deren

The forms of the relative pronouns are the same as the definite article, except for the dative plural and all genitive forms.

Masculine:	Wer ist *der Mann,* **der** an dem Tisch sitzt?
Neuter:	Wer ist *das Mädchen,* **das** an dem Tisch sitzt?
Feminine:	Wer ist *die Frau,* **die** an dem Tisch sitzt?
Plural:	Wer sind *die Leute,* **die** an dem Tisch sitzen?

The *gender* (masculine, neuter, feminine) and *number* (singular and
plural) of a relative pronoun are determined by the gender and
number of the antecedent.

Nominative:	Ist das der Mann, **der** nebenan wohnt?	*Is that the man who lives next door?*
Accusative:	Ist das der Mann, **den** wir gestern gesehen haben?	*Is that the man whom we saw yesterday?*
Dative:	Ist das der Mann, von **dem** Sie gesprochen haben?	*Is that the man about whom you spoke?*
Genitive:	Ist das der Mann, **dessen** Frau Schweizerin ist?	*Is that the man whose wife is Swiss?*

The *case* of the relative pronoun depends on its function in the relative clause. For example, a relative pronoun used as a subject (**der**) is
in the nominative case, and a relative pronoun used as a direct
object (**den**) is in the accusative case.

3. The indefinite relative pronouns *wer* and *was*

Wer zu spät kommt, bekommt
nichts zu essen.

*Whoever comes late gets
nothing to eat.*

Wen du einlädst, ist mir gleich.

Whomever *you want to invite is okay with me.*

Was er von seinem Leben erzählte, war interessant.

What(ever) *he told about his life was interesting.*

The interrogative pronouns **wer (wen, wem, wessen)** and **was** can be used as relative pronouns to refer to nonspecific persons or things.

Ich glaube nicht alles, **was** in der Zeitung steht.

I don't believe everything that's in the newspaper.

Das war das Beste, **was** ich tun konnte.

That was the best (that) I could do.

Er hat nicht die Wahrheit gesagt, **was** uns nicht überraschte.

He didn't tell the truth, which didn't surprise us.

The relative pronoun **was** is also used to refer to an antecedent that is an indefinite pronoun (**alles, etwas, nichts, viel, wenig**) or a neuter superlative noun (**das Beste, das Schönste**). **Was** can also be used to refer to an entire clause.

Er hat nicht die Wahrheit gesagt, **worüber** wir uns wundern.

The adverb **wo(r)-** is used with a preposition (instead of **was** + preposition) to refer to an entire clause.

4. Indirect discourse in German: statements

Direct discourse:	Uwe sagte: „Ich bin müde."	*Uwe said: "I'm tired."*
Indirect discourse:	Uwe sagte, **daß er** müde **wäre.**	*Uwe said that he was tired.*
	Uwe sagte, **er wäre** müde.	*Uwe said he was tired.*

Direct discourse or *direct quotation* is used to report the exact words of another person. *Indirect discourse* is used to report the substance of a message, not the exact words.

The pronouns change in indirect discourse to correspond to the perspective of the speaker. Uwe speaks of himself and says "**ich**." You report his message, and refer to Uwe as **er.**

The conjunction **daß** may or may not be stated in indirect discourse. When **daß** is stated, the finite verb (that is, the verb that agrees with the subject) is in last position; when it is omitted, the finite verb is in second position.

Karin sagte, sie **könnte** nicht mitkommen.	*Karin said she couldn't come along.*

The verbs in indirect discourse are in the subjunctive. By using the subjunctive in indirect discourse, the speaker indicates that she/he does not take responsibility for the accuracy of the original statement. Although subjunctive is required for indirect discourse in formal writing, indicative is used more and more in colloquial German by some speakers, especially when the verb in the introductory statement is in the present tense:

Karin sagt, sie **kann** nicht mitkommen.	*Karin says she can't come along.*

Indirect discourse occurs in three time categories: present, past, and future. The time used depends on the tense used in the direct quotation.

5. Indirect discourse in present time

Direct discourse:	Dieter sagte: „Ich **bin** krank."	*Dieter said: "I'm ill."*
Indirect discourse:	Dieter sagte, er **wäre** krank.	*Dieter said he was ill.*

In German, when the direct statement or quotation is in the present tense, the present-time subjunctive is used in the indirect quotation. The introductory statement can be in any tense and does not affect the time category of the indirect quotation. The present-time subjunctive shows that the action or event was happening at the same time the speaker was telling about it. Dieter was ill when he commented on it.

Ingrid sagte, sie **machte** es allein.
>>>>>>>>>>sie **würde** es allein **machen.**

In colloquial German the **würde**-construction is often used in place of the present-time subjunctive of the main verb. It is, however, not generally used with the verbs **haben** and **sein** or modals:

Ingrid sagte, sie **wäre allein.**
>>>>>>>>>>sie **müßte** alles allein machen.
>>>>>>>>>>sie **hätte** kein Geld.

6. Indirect discourse in past time

Direct discourse:	Lore sagte: „Ich **habe** gestern **angerufen.**"	*Lore said, "I called yesterday."*
Indirect discourse:	Lore sagte, sie **hätte** gestern **angerufen.**	*Lore said she had called yesterday.*

In German, when a past tense (simple past, present perfect, past perfect) is used in the direct quotation, the past-time subjunctive is used in the indirect quotation. The introductory statement can be in any tense and does not affect the time category of the indirect quotation. The past-time subjunctive shows that the action or event happened at a time prior to the moment when the statement was made. In the example above, Lore called the day before she talked about it.

7. Indirect discourse in future time

Direct discourse:	Heinz sagte: „Ich **werde** es später **machen.**"	*Heinz said, "I'll do it later."*
Indirect discourse:	Heinz sagte, er **würde** es später **machen.**	*Heinz said he would do it later.*

In German, when future tense is used in the direct quotation, the **würde**-construction is used in the indirect quotation. The introductory statement can be in any tense and does not affect the time category of the indirect quotation. The **würde**-construction shows that the action or event was to happen at a time that had not yet occurred when the statement was made. In the example above, Heinz said he hadn't done it yet but would do so later.

Time relationship between direct and indirect statements

Introductory statement	Direct statement	Indirect statement	Time relationship of indirect statement to introductory statement
Any tense	Present tense	Present-time subjunctive	Occurs at same time
Any tense	Past, present perfect, past perfect	Past-time subjunctive	Has already occurred
Any tense	Future	**würde** + infinitive	Has not occurred, but will occur

8. Indirect general questions

Werner fragte Ingrid: „**Hast** du den Schlüssel **gefunden?**"

Werner fragte Ingrid, **ob** sie den Schlüssel **gefunden hätte.**

Werner asked Ingrid, "Did you find the key?"

Werner asked Ingrid if (whether) she had found the key.

A general indirect question, which requires a yes-no answer, is introduced by **ob** *(if, whether)*. The verb is in the subjunctive and is in last position.

9. Indirect specific questions

Werner fragte Ingrid:„Wo **hast** du den Schlüssel **gefunden?**"

Werner fragte Ingrid, **wo** sie den Schlüssel **gefunden hätte.**

Werner asked Ingrid, "Where did you find the key?"

Werner asked Ingrid where she had found the key.

An indirect specific question, which elicits specific information, is introduced by an interrogative that functions like a subordinating conjunction. The verb is in the subjunctive and is in last position.

Questions in indirect discourse, like statements, may occur in present, past or future time.

10. Indirect commands

Direct:	Kai sagte zu mir: „**Komm** doch **mit!**"	*Kai said to me, "Come along."*
Indirect:	Kai sagte mir, ich **sollte** doch **mitkommen.**	*Kai told me that I should come along.*
		Kai told me to come along.

In German, an indirect command uses the subjunctive form of the modal **sollen** + infinitive. The English equivalents can be expressed in two ways: with **should** plus the main verb, or with an infinitive (e.g. *to come along*).

Sagen is used with **zu** to introduce direct quotations. **Sagen** may be used without **zu** to introduce indirect quotations.

11. Special subjunctive

Special subjunctive:	Der Polizist behauptet, er **habe** es **gesehen.**
General subjunctive:	Der Polizist behauptet, er **hätte** es **gesehen.**

German has a special subjunctive that is usually used in formal writing, such as newspapers and literature, as well as in certain kinds of wishes, and commands. The meaning of special and general subjunctive is the same.

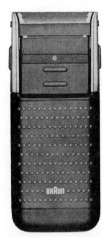

12. Present-time special subjunctive

ich gehe	wir gehen
du gehest	ihr gehet
er/es/sie gehe	sie gehen
Sie gehen	

The present-time special subjunctive is composed of the infinitive stem plus subjunctive endings: **-e, -est, -e, -en, -et, -en.**

Use of the special subjunctive is generally limited to the third person singular since only that form is clearly distinct from the indicative.

Infinitive	Special subjunctive	Indicative
	er/es/sie-form	er/es/sie-form
schlafen	**schlafe**	schläft
geben	**gebe**	gibt
sehen	**sehe**	sieht
müssen	**müsse**	muß
haben	**habe**	hat
sein	**sei**	ist
werden	**werde**	wird

Verbs that have vowel changes in the second and third person singular forms of the indicative do not undergo vowel change in the special subjunctive.

13. Special subjunctive of *sein*

ich **sei**	*wir* **seien**
du **sei(e)st**	*ihr* **sei(e)t**
er/es/sie **sei**	*sie* **seien**
Sie **seien**	

Sein is the only verb that occurs with some frequency in the special subjunctive form in indirect discourse, since the forms are clearly different from the indicative. Note that **sei** does not have the **-e** ending characteristic of the **ich** and **er/es/sie**-forms in the special subjunctive.

14. Past-time special subjunctive

Ein Kritiker meinte, das Orchester **habe** endlich gut **gespielt.**	*A critic said the orchestra had finally played well.*
Eine Polizistin sagte, die Demonstration **sei** friedlich **gewesen.**	*A policewoman said the demonstration had been peaceful.*

Past-time special subjunctive consists of the special subjunctive forms of the auxiliaries **haben** or **sein** plus the past participle of the main verb.

15. future-time special subjunctive

Die Präsidentin erklärte, man **werde** die politschen Probleme **lösen können.**	*The president declared one would be able to solve the political problems.*
Der Beamte sagte, er **werde** die Frage morgen **beantworten.**	*The official said he would answer the question tomorrow.*

Future-time special subjunctive consists of the special subjunctive forms of the auxiliary **werden** plus a dependent infinitive.

16. Special subjuntive in wishes, commands, requests

Certain wishes:	Gott **gebe** es!	May God grant that.
	Möge er noch lange leben!	May he live long.
	Gott **sei** Dank!	Thank God.
Certain commands and wishes:	**Nehmen** wir als Beispiel ...	Let's take as an example . . .
	Essen wir!	Let's eat!
	So **sei** es!	So be it!
	Seien wir froh, daß alles vorbei ist.	Let's be glad it's all over.

The special subjunctive is used in certain standard wishes, commands, or requests.

17. Special vs. general subjunctive in indirect discourse

Special subjunctive and general subjunctive are equivalent in meaning. There are no specific rules that govern the use of the special vs. the general subjunctive, but here are some guidelines to help you.

a. The special subjunctive is used mainly in indirect discourse in formal German. The general subjunctive is more common in colloquial German.

b. The special subjunctive is generally used only in the **er/es/sie**-form, which is clearly different from the indicative.

c. The special subjunctive is always replaced by general subjunctive when the special subjunctive forms are identical to the indicative forms. Compare the following sentences:

Indicative and special subjunctive	Sie sagte, die Kinder **haben** es gemacht.
General subjunctive	Sie sagte, die Kinder **hätten** es gemacht.

Übungen

A. Der falsche Koffer. On their way to Salzburg, Karin and her friend change trains in Munich. Identify each relative clause in their conversation. Give the gender, case, and function of each relative pronoun and identify the antecedent.

▶ Die Tafel, die die Abfahrtszeiten° anzeigt, hängt dort drüben.   departure times
   *die die Abfahrtszeiten anzeigt; feminine nominative, subject; antecedent is **Tafel**.*

1. Gerti: Wo ist der Zug, mit dem wir weiterfahren müssen?
2. Karin: Keine Ahnung! Komm, wir schauen auf dem Plan nach, der dort hängt.
3. Gerti: Mensch, Karin, das ist doch gar nicht unser Koffer, den du da in der Hand hast.
4. Karin: O je! Gehört er dem Herrn, dessen Kinder die ganze Zeit so geschrien haben?
5. Gerti: Nein, ich glaube, der Frau, die uns ihre Zeitung gegeben hat. Schau, da drüben sitzt sie.
6. Karin: Au ja! Das ist mein Koffer, auf dem sie sitzt.

§1-3 **B. Verschiedene Interessen.**   Think of your own friends and relatives and answer with *yes* or *no*.

▶ Meine Tante kennt viele gute Geschichten.
Ich habe auch eine Tante, die viele gute Geschichten kennt.
Ich habe keine Tante, die ...

1. Mein Freund schreibt ein Buch nach dem andern.
2. Mein Bruder spielt gern mit Computern.
3. Meine Schwester ist im Fahrradclub.
4. Meine Cousine fährt immer nach Italien.
5. Mein Onkel malt wunderschöne Bilder.
6. Meine Freundin gibt ihr ganzes Geld für Kleider aus.
7. Mein Nachbar interessiert sich für Musik aus fremden Ländern.
8. Meine Großeltern haben eine tolle Bibliothek.

§1-3 **C. Die gute alte Zeit.**   John and Greg spent their junior year in Heidelberg. Some years later they return and the memories from the good old days come back. Fill in the blanks with the appropriate relative pronouns.

1. John: Ist das nicht das Hotel, in _____ wir die erste Nacht verbracht haben?
2. Greg: Ja, und da ist die Marktfrau, bei _____ wir unser Obst gekauft haben.
3. John: Laß uns durch die Straße gehen, in _____ wir im Sommersemester gewohnt haben.
4. Greg: Das ist eine gute Idee! Und ich möchte wieder in dem Gasthaus einen Kaffee trinken, in _____ wir samstags immer gegangen sind.
5. John: Sieh mal, dort! Das ist doch der, _____ wir im Hauptseminar° kennengelernt haben, nicht?   advanced seminar
6. Greg: Richtig. Ich möchte auch wieder den Spaziergang zum Schloß machen, auf _____ wir Barbara kennengelernt haben.
7. John: Gut. Und was ist wohl aus dem kleinen Café geworden, _____ wir damals immer besucht haben?

§1-3 **D. Ein produktiver Mensch.**   Complete the information about the journalist Peter Schreiber. Use the genitive form of the relative pronoun.

1. Wie heißt der Autor, _____ Bücher du so gern liest?
2. Er ist ein Journalist, _____ Namen jeder kennt: Peter Schreiber.

3. Er schreibt für eine Zeitschrift, _____ Berichte immer sehr interessant sind.
4. Er spielt auch in einer Rockband, _____ Schallplatten recht gut sind.
5. Meine Schwester, _____ Freund auch in der Band spielt, kommt heute abend mit ihm zu mir.
6. Er spielt immer ein Lied für mich, _____ Melodie ich sehr gern mag.

§1-3

E. Das Müller'sche Volksbad°. Combine the sentences using relative pronouns in place of the italicized words.   *public swimming pool*

▶ In München gibt es ein Schwimmbad. *Sein* Baustil° ist wunderschön.   *style of architecture*
In München gibt es ein Schwimmbad, dessen Baustil wunderschön ist.

1. Ich wollte in ein Schwimmbad gehen. *Es* ist sehr alt.
2. Freunde hatten mir davon erzählt. *Ihnen* gefällt das Bad sehr.
3. Ich war schon neugierig auf das Bad. Ein bekannter Architekt hat *es* gebaut.
4. Meine Badetasche war sehr schwer. Ich packte *sie* ganz voll.
5. An der Haltestelle traf ich einen Freund. *Sie* ist vor meinem Haus. Ich erzählte *ihm* davon.
6. Mein Freund ging mit. *Sein* liebster Sport ist Schwimmen.
7. Wir fuhren mit der Straßenbahn. *Sie* hält genau vor dem Schwimmbad.
8. An der Tür hing eine Tafel: Heute geschlossen. *Sie* war zu.

§1-3

F. Schön war's. Louise and Eva are coming back from a wonderful trip and tell their friends about it. Complete the sentences with the appropriate prepositions and relative pronouns.

▶ Das war eine schöne Zeit, <u>*an*</u> <u>*die*</u> ich mich gern erinnern werde.

1. Das Leben in dem Land, _____ _____ wir gefahren sind, ist ganz anders als hier.
2. Es war eine sehr interessante Reise, _____ _____ ich am liebsten ein ganzes Buch schreiben würde.
3. Am schönsten war der große alte Baum, _____ _____ wir immer gefrühstückt haben.
4. Das Zimmer, _____ _____ wir geschlafen haben, war schön hell.

5. Wir haben uns auch die Schlösser angesehen, _____ _____ ihr uns erzählt habt.
6. Bald hole ich die Fotos ab, _____ _____ ich mich schon sehr freue.

§3   **G. Medizinstudium.**   Complete the sentences with a form of **wer, was,** or the compound **wo(r)** + preposition.

▶ Meine Freundin studiert Medizin, _worüber_ sie sehr glücklich ist.

1. _____ ihr damals zur Medizin geraten hat, war ihre Mutter.
2. Das war das Beste, _____ sie tun konnte.
3. Denn das Medizinstudium ist etwas, _____ sie sich schon immer gewünscht hatte.
4. _____ in diesem Studium nicht hart arbeitet, wird nie Ärztin.
5. Bald macht sie Examen, _____ sie noch eine Menge lernen muß.
6. Später wird sie die Praxis° ihres Vaters übernehmen°, _____ sie sich schon sehr freut.   practice/take over

§4-7 **H. Kein schlechter Job.**   Tell a friend what Lore said about the conditions at a restaurant where she works. Use present-time general subjunctive.

▶ Mein Job gefällt mir ganz gut.
  Lore sagt, ihr Job gefiele ihr ganz gut.

1. Die Musik ist immer ziemlich laut dort.
2. Man kann da ganz gut Geld verdienen.
3. Ich muß mich immer gut anziehen.
4. Die Kollegen sind alle jung und sehr nett.
5. Ich kann so lange dort arbeiten, wie ich will.
6. Freitagabends und samstags ist es immer knallvoll°.   full to bursting
7. Da muß ich ganz schön rennen.
8. Aber es macht auch Spaß.

Gut Essen
und Trinken
in Bonn und
Umgebung

I. Reise nach Österreich. Report what you and your friends asked Hans about his trip to Austria. Use past-time general subjunctive.

▶ Bist du mit dem Zug gefahren?
  Wir fragten ihn, ob er mit dem Zug gefahren wäre.

1. Wie war es in Österreich?
2. Bist du allein gefahren?
3. Welche Städte hast du besucht?
4. Warst du auch in Salzburg?
5. Bist du dort ins Mozarthaus gegangen?
6. Bist du auch im Gebirge gewandert?
7. Wo hat es dir am besten gefallen?
8. Warum bist du nicht länger geblieben?
9. Wie hat dir das österreichische Essen geschmeckt?
10. Hast du den Dialekt verstanden?

J. Vor dem Rennen. Jürgen is going to participate in a track meet. Tell your friends what he said about his feelings and plans concerning the upcoming event. Use future-time general subjunctive.

▶ Ich werde bestimmt eine gute Zeit laufen.
  Jürgen sagte, er würde bestimmt eine gute Zeit laufen.

1. Ich werde vorher viel trainieren müssen.
2. Ich werde jeden Tag zehn Kilometer laufen.
3. Meine Beine werden sehr stark werden.
4. Ich werde bald neue Sportschuhe brauchen.
5. Ich werde hoffentlich gewinnen.
6. Ich werde aber nicht traurig sein, wenn ich nicht gewinne.
7. Alle meine Freunde werden kommen.
8. Danach werden wir bestimmt zusammen feiern.

K. Vor der Prüfung. Stefan is very nervous about his exam tomorrow. Philipp has given him advice about being ready. Take Stefan's role as he tells his roommate about the advice. Use general subjunctive.

▶ Geh früh ins Bett!
  Philipp hat gesagt, ich sollte früh ins Bett gehen.

1. Mach dir keine Sorgen!
2. Schlaf genug!
3. Steh nicht zu spät auf!

4. Iß ein gutes Frühstück!
5. Bleib ruhig!
6. Sei pünktlich!
7. Werd nicht nervös!
8. Denk an etwas Schönes!

§(-17 **L. Beim Arzt.** Lutz is seeing the doctor because he had a little accident. Report the conversation he had with the doctor to his girlfriend.

▶ Arzt: Wie geht es Ihnen?
Der Arzt fragte, wie es ihm ginge.
Lutz: Es geht mir schlecht.
Lutz antwortete, es ginge ihm schlecht.

1. Arzt: Was ist los?
2. Lutz: Ich habe mir am Fuß wehgetan.
3. Arzt: Wie ist das passiert?
4. Lutz: Ich bin vom Fahrrad gefallen.
5. Arzt: Oh, das sieht nicht gut aus. (Der Arzt sagte, …)
6. Lutz: Kann ich bald wieder richtig gehen?
7. Arzt: Na, das wird eine Zeit dauern.
8. Lutz: Das ist doof°.   stupid
9. Arzt: Bewegen Sie den Fuß nicht! Er muß ruhig liegen.
10. Lutz: Oh je! Das wird mir schwer fallen°. Ich tanze doch so gern.   **schwer fallen:** find difficult

§4-17 **M. Mehr Umweltschutz°.** As a reporter you attend a conference on   environmental protection
the environment. Report the remarks of one of the speakers in your
newspaper article. Use special subjunctive.

▶ Man muß mehr öffentliche Verkehrsmittel° benutzen.   public transportation
Der Redner sagte, man müsse mehr öffentliche Verkehrsmittel benutzen.

1. Die Luft soll reingehalten werden.
2. Es muß mehr Energie gespart werden.
3. Jeder soll weniger Auto fahren.
4. Jeder einzelne trägt Verantwortung° für die Zukunft°.   responsibility / future
5. Wir haben schon zuviel Zeit verloren. (use general subjunctive)
6. Unsere Seen sind schmutzig.
7. In den Flüssen sind schon viele Fische gestorben.
8. Es darf nicht länger gewartet werden.

Kapitel 12

- Infinitives without *zu*
- Double infinitive construction with *hören, sehen, lassen*
- Meanings of *lassen*
- Objective and subjective use of modals
- Infinitives with *zu*
- Expressions *um ... zu, anstatt ... zu*, and *ohne ... zu*
- Pre-noun inserts

1. Infinitives without *zu*

Ich **muß** jetzt **frühstücken.**	*I have to eat breakfast now.*
Ich **höre** die Kinder in der Küche **reden.**	*I hear the children talking in the kitchen.*
Ich **sehe** sie jeden Morgen **wegfahren.**	*I see them drive off every morning.*
Sie **läßt** uns das allein **machen.**	*She's letting us do that alone.*

Like modal auxiliaries (see Kapitel 1, p. 246), the verbs **hören, sehen,** and **lassen** can take a dependent infinitive without **zu.**

2. Double infinitive constructions with modals, *hören, sehen, lassen.*

Hast du das **gewollt?**	*Did you want that?*
Ich **habe** es nicht **schreiben wollen.**	*I didn't want to write it.*
Ich **habe** die Nachbarn **gehört.**	*I heard the neighbors.*

Ich **habe** die Nachbarn **wegfahren hören.**	*I heard the neighbors drive off.*
Ich **hatte** das Auto nicht **gesehen.**	*I hadn't seen the car.*
Ich **hatte** das Auto nicht **kommen sehen.**	*I hadn't seen the car coming.*
Sie **hätte** uns allein **gelassen.**	*She would have left us alone.*
Sie **hätte** uns das allein **machen lassen.**	*She would have let us do that alone.*

When modals, **hören, sehen** and **lassen** are used with a dependent infinitive they form the perfect tenses with a double infinitive (see Kapitel 8, p. 329). The auxiliary verb **haben** is always used.

3. The double infinitive construction in subordinate clauses

Ich weiß, daß sie **hatte kommen wollen.**	*I know that she had wanted to come.*
Er sagte, daß er es allein **hätte tun können.**	*He said that he could have done it alone.*

In a dependent clause containing a double infinitive, the auxiliary **haben** is not at the end, where it usually is in a dependent clause. Rather the auxiliary precedes the double infinitive. (see p. 329)

4. Meaning of *lassen*

Lassen is one of the most commonly used verbs in German. Some basic meanings follow:

a. *to leave*

Laß die Teller im Schrank!	*Leave the plates in the cupboard.*
Wo **habe** ich meinen Schirm **gelassen**?	*Where did I leave my umbrella?*

b. *to permit*

Laß mich den Brief lesen!	*Let me read the letter.*
Ich **lasse** dich fahren.	*I'll let you drive.*
Lassen Sie mich Ihnen helfen.	*Let me help you.*

c. *let's*

Gerd, **laß** uns jetzt arbeiten!	*Gerd, let's work now.*
Kinder, **laßt** uns gehen!	*Children, let's go.*
Frau Meier, **lassen Sie** uns anfangen!	*Mrs. Meier, let's begin.*

The imperative form of **lassen** plus the pronoun **uns** is often used in place of the first person plural imperative: **Arbeiten wir! Gehen wir! Fangen wir an!**

d. *to cause something to be done or have something done*

Sie **ließen sich** ein Haus bauen.	*They had a house built.*
Er **läßt sich** die Haare schneiden.	*He's having his hair cut.*
Sollen wir den Elektriker kommen **lassen**?	*Should we send for the electrician?*

Der läßt Sie nicht im Stich.

BRIDGESTONE

Ihre Sicherheit liegt uns am Herzen

5. Objective and subjective use of modals

Objective:	Inge **muß** schwer **arbeiten.**	*Inge has to work hard.*
	Du **sollst** das nicht **sagen.**	*You mustn't say that.*
Subjective:	Gabi **muß** sehr jung **sein.**	*Gabi must be very young.*
	Daniel **soll** sehr intelligent **sein.**	*Daniel is supposed to be very intelligent.*

Modal auxiliaries can be used either objectively or subjectively. When used objectively, they define a situation objectively as seen or understood by the speaker. (It's a fact that Inge has to work hard.) When used subjectively, they express the opinion of the speaker about a situation. (The speaker assumes that Gabi is very young.)

6. Subjective statements in present time

Objective:	Sie **will** jetzt **gehen.**	*Sie intends to leave now.*
Subjective:	Er **will** ein großer Musiker **sein.**	*He claims to be a great musician.*

In present time, modal constructions used subjectively have the same form as those used objectively.

7. Subjective statements in past time

Objective:	Sie **mußte** schwer **arbeiten.**	*She had to work hard.*
	Sie **hat** schwer **arbeiten müssen.**	*She had to work hard.*
Subjective:	Sie **muß** schwer **gearbeitet haben.**	*She must have worked hard.*
	Sie **mußte** schwer **gearbeitet haben.**	*She had to have worked hard.*

In past time, forms of modals used subjectively differ from forms used objectively. In past time the modal of the subjective statement is either in the present (**muß**) or simple past (**mußte**), and the main verb is in the past-infinitive form (**gearbeitet haben**).

8. Objective and subjective meanings of modals

a. dürfen

Objective: permission; prohibition (in the negative)

Sie **darf** heute **mitkommen.**   *She's allowed to come along today.*

Das **darfst** du nicht **machen.**   *You mustn't do that.*

Subjective: uncertain assumption (in subjunctive **dürfte**)

Er **dürfte** recht **haben.**   *He might be right.*

b. können

Objective: ability

Sie **kann** gut Tennis **spielen**.	*She can play tennis well.*

Subjective: fair degree of certainty; impossibility

Morgen **kann** das Wetter besser **werden**.	*Tomorrow the weather could get better.*
Er **kann** das nicht **gesagt haben**.	*He surely can't have said that.*

c. mögen

Objective: liking, personal preference

Magst du klassische Musik?	*Do you like classical music?*

Subjective: possibility that is likely; an estimation

Das **mag** wahr **sein**.	*That may be true.*
Wir **mochten** eine Stunde **gewartet haben**.	*We may have waited an hour.*

d. müssen

Objective: compulsion; obligation; absolute necessity

Mit sechs **müssen** Kinder in die Schule.	*At the age of six children have to go to school.*
Du **mußt** mir **helfen**.	*You have got to help me.*

Subjective: indicates a firm belief; uncertainty (in subjunctive **müßte**)

Er **muß** sehr reich **sein**.	*He must be very rich.*
Wenn Sie dort waren, **müssen** Sie es **gesehen haben**.	*If you were there, you must have seen it.*
Sie **müßte** eigentlich schon **angekommen sein**.	*She ought to have arrived already.*

e. sollen

Objective: obligation; an order, command, or request

Du **sollst** das nicht **machen**.	*You mustn't do that.*
Ich **soll** Thomas helfen.	*I'm supposed to help Thomas (he asked me to).*

Subjective: introduces a doubting question (in subjunctive **sollte**); the speaker has heard something but does not vouch for the truth of the statement:

Er **soll** sehr intelligent **sein**.	*He is said to be very intelligent.*
Sie **soll** es gesagt **haben**.	*She is supposed to have said it.*
Sollten Sie das wirklich nicht **wissen?**	*Don't you really know that?*

f. wollen

Objective: wish, desire, intention

Er **will** immer Geld von mir **haben**.	*He always wants money from me.*
Ich **will** nächstes Jahr nach Europa **reisen**.	*I intend to go to Europe next year.*

Subjective: expresses doubt about the claim of the assertion.

Er **will** viermal in Europa **gewesen sein**.	*He claims to have been in Europe four times.*
Sie **will** es nicht **gesagt haben**.	*She claims she didn't say it.*
Und Sie **wollen** so klug **sein**?	*And you claim to be so smart?*

7. Infinitives with *zu*

Nicole versuchte **zu arbeiten**.	*Nicole tried to work.*
Es fängt an **zu regnen**.	*It's beginning to rain.*
Ich bat ihn, hier **zu bleiben**.	*I asked him to stay here.*

Dependent infinitives used with most verbs are preceded by **zu** and are in last position.

Haben Sie Lust, den Film **zu sehen?**	*Do you feel like seeing the film?*
Es ist Zeit, nach Hause **zu gehen**.	*It's time to go home.*

A number of expressions using the verb **haben (Lust haben)** or **sein (es ist Zeit)** are followed by the infinitive with **zu**. An infinitive construction that contains other sentence elements such as objects, prepositional phrases, or adverbs is called an *infinitive clause* (**den Film zu sehen, nach Hause zu gehen**). In writing, an infinitive clause is set off by commas.

Ich habe vor, alle meine Freunde einzuladen.	*I plan to invite all my friends.*
Es ist Zeit anzufangen.	*It's time to begin.*

When a separable-prefix verb is in the infinitive form, the **zu** comes between the prefix and the base form of the verb. The construction is written as one word.

8. Expressions *um ... zu, anstatt ... zu, ohne ... zu*

Sie fuhr nach Bonn, **um** das Beethovenhaus **zu sehen.**	*She went to Bonn in order to see Beethoven's house.*
Wir werden sie anrufen, **anstatt** einen Brief **zu schreiben.**	*We'll call her instead of writing a letter.*
Er ist weggegangen, **ohne** ein Wort **zu sagen.**	*He left without saying a word.*

The prepositions **um, anstatt,** and **ohne** may combine with **zu** to introduce an infinitive clause.

9. Pre-noun inserts

Relative clause	Sie wollte das Kind, das vor Müdigkeit eingeschlafen war, nicht stören.
Pre-noun insert	Sie wollte das **vor Müdigkeit eingeschlafene** Kind nicht stören.
Relative clause	Er hat sich zu einem Menschen entwickelt, der mechanisch denkt.
Pre-noun insert	Er hat sich zu einem **mechanisch denkenden** Menschen entwickelt.

In German, relative clauses which follow nouns can be replaced by special constructions that precede nouns. These constructions can be called *pre-noun inserts*. They function like relative clauses but without a relative pronoun and a main verb. Instead they have a participle that immediately precedes the noun it modifies, and the participle has an adjective ending. The participle can be a past participle (**eingeschlafen**) or a present participle (**denkend**).

Pre-noun inserts are found mainly in formal writing such as scholarly works, especially scientific articles.

Denken Sie an unser **schwer zu lösendes** Problem.	*Think of our problem that is difficult to solve.*

Pre-noun inserts with a present participle preceded by **zu** indicate something that can (not) or should (not) be done. This construction is similar to a form of **sein** + **zu** + infinitive (see substitutes for passive voice, Kapitel 10, p. 350).

Übungen

§1-4 **A. Der Nachbar hat's gut.**   Herr Kleinmann is jealous of his neighbor who apparently has an easy life. Give the English equivalents. §1-4

1. Ich sehe meinen Nachbarn oft im Garten sitzen.
2. Abends sehe ich ihn fröhlich von der Arbeit nach Hause kommen.
3. Oft höre ich ihn etwas im Hause reparieren.
4. Bei der Arbeit höre ich ihn singen.
5. Im teuersten Geschäft läßt er sich die Anzüge machen. §4
6. Manchmal höre ich ihn Klavier spielen.
7. Ich lasse mir jetzt auch ein schönes Haus bauen.

Man muß ja nicht gleich bauen wollen.

§ 1-2   **B. Sommerabend.**   Last night was a beautiful summer evening. Tell what you saw and heard. §1-2

▶ Die Kinder spielten im Garten, nicht wahr? (sehen)
 Ja, ich sah sie im Garten spielen.

1. Peter übte gestern abend Cello, nicht wahr? (hören)
2. Er saß am offenen Fenster. (sehen)
3. Er zählte manchmal ganz laut. (hören)
4. Er spielte eine Menge Brahms. (hören)
5. Später packte er das Cello weg. (sehen)
6. Dann spazierte er im Garten. (sehen)
7. Dabei sang er leise Lieder. (hören)

§2-4   **C. Wir haben uns neu eingerichtet.**   Frau Haller has gone over to a friend's house who has redecorated recently. She finds out how and why things happened. Give the English equivalents. §2-4

1. Die Vorhänge habe ich von meiner Mutter nähen lassen.
2. Die Spülmaschine habe ich billig von meiner Schwester kaufen können.
3. Den Spiegel habe ich mir aus Italien mitbringen lassen.
4. Den alten Tisch habe ich einfach nicht wegwerfen mögen.
5. Um die Stühle zu bekommen, habe ich lange telefonieren müssen.
6. Einen neuen Fernseher hatte ich eigentlich gar nicht kaufen wollen, aber mein Mann wollte absolut einen haben.
7. Die Gartenmöbel sind gar nicht neu; wir haben die alten einfach neu anmalen° lassen.   paint

§2   **D. Spielverderber°.**   Daniel is being asked by his friends why he   spoil sport
was in such a strange mood last night at the party. Take his part.
Use the present perfect tense of the modal. § 2

▶ Warum bist du nicht früher gekommen? (können)
 Ich habe nicht gekonnt.

1. Warum bist du nicht mit dem Auto gekommen? (dürfen)
2. Warum hat dir dein Vater sein Auto nicht gegeben? (wollen)
3. Warum hast du den ganzen Abend nicht getanzt? (mögen)
4. Warum ist deine Freundin nicht mitgekommen? (können)
5. Warum hast du Bernd nicht die Hand gegeben? (mögen)
6. Warum bist du nicht bis zum Ende geblieben? (wollen)

§2   **E. Abenteuerreise°.**   Rainer and his friends made an adventurous   adventure trip
and expensive trip during the summer. Karl was going to come along

but couldn't. By the time Erich hears about it, Rainer has already returned. §2

▶ Rainer: Karl konnte die Reise nicht machen.
  Erich: Ich hätte die Reise machen können.

1. Er konnte wohl nicht genug Geld zusammenkriegen.
2. Er durfte auch nicht so lange von der Arbeit wegbleiben.
3. Er konnte seine Familie nicht so lange allein lassen.
4. Er mochte wohl auch nicht drei Wochen mit uns zusammen sein.
5. Er mochte wohl auch nicht so gefährlich leben.
6. Kurz und gut°: Er wollte nicht mitmachen.   in a word

§4 **F. Kurze Gespräche.**   Give the English equivalents. lassen §4

1. —Ich habe mein Mathebuch bei meinen Eltern gelassen.
   —Dann laß uns doch zusammen bei mir arbeiten.
2. —Jutta läßt mich nicht an meinem Papier schreiben.
   —Laß dich von ihr nicht aus der Ruhe bringen°.   aus ... bringen: upset
3. —Wann wollen Sie das Haus bauen lassen?
   —Wir werden Sie wissen lassen, wenn die Pläne fertig sind.
4. —Laß uns heute abend ins Kino gehen.
   —Ach, laß mich in Ruhe°!   peace

§4 **G. Beim Tapezieren°.**   Gert, Mirko, Niki, and Jörg are remodeling   wall papering
their apartment. They are working hard. Give their remarks in
German. lassen §4

1. Leave the table there!
2. Let me do that!
3. He has me do his work!
4. Where did you leave the knife?
5. Do we have to send for an ambulance°?   der Krankenwagen
6. Let me hold that!
7. Let's have something to drink!

§8 **H. Jazz.**   Lore and Conny are considering going to a jazz concert.
Give their conversation in English.   §8

1. Lore: Hast du gehört, McCoy Tyner soll heute abend im „Domicile" spielen.
2. Conny: Echt? Da muß ich hin!
3. Lore: Ja, er soll nur zwei Abende in der Stadt sein.
4. Conny: Der muß ja wirklich super sein.
5. Lore: Willst du mit?

6. Conny: Ja. Ich muß nur noch fertig tippen°.   type
7. Lore: Soll ich dich dann abholen?
8. Conny: Gern. Das dürfte ein ziemlich toller Abend werden.

I. Die neue Bekanntschaft°. Eva has a new boyfriend. Tell a   acquaintance
friend what you have heard about him. Instead of the introductory
statement, use the cued modal.

▶ Ich glaube nicht, daß sie sich schon lange kennen. (können)
  Sie können sich noch nicht lange kennen.

1. Ich habe gehört, daß Evas neuer Freund gut aussieht. (sollen)
2. Ich glaube, er ist Sportler. (müssen)
3. Kann sein, daß sie ihn beim Tennis kennengelernt hat. (mögen)
4. Ich glaube nicht, daß er viel älter ist als sie. (können)
5. Man behauptet, daß er sehr reich ist. (sollen)
6. Ich glaube, daß er sehr in sie verliebt° ist. (müssen)   in love
7. Man sagt, daß sie sehr glücklich ist. (sollen)
8. Kann sein, daß damit alles in Ordnung ist. (dürfen)

J. Translate the sentences you made in *Übung I.*

K. Eine Verwechslung°. Anna and Inge are discussing Ernst who   case of mistaken identity
can't remember who people are. He even confuses his friends. Give
their conversation in English.

1. Anna: Ernst will dich gestern abend im Theater gesehen haben.
2. Inge: Aber das kann ich doch gar nicht gewesen sein.
3. Anna: Ich weiß, das dürfte deine Schwester gewesen sein.
4. Inge: Ich konnte an dem Abend überhaupt nicht weggehen.
5. Anna: Richtig, du mußtest ja dein Papier schreiben.
6. Inge: Übrigens, das Stück soll wirklich gut sein.
7. Anna: Ich will es mir auch noch ansehen.
8. Inge: Das solltest du wirklich tun.
9. Anna: Vielleicht will Ernst mitgehen.

L. Griechenland. Wolfgang is planning a trip and is discussing it
with Manuela.

▶ Es ist schon lange mein Wunsch (in den Süden fahren)
  Es ist schon lange mein Wunsch, in den Süden zu fahren.

1. W.: Jetzt habe ich endlich Zeit (eine Reise machen).
   M.: Und wohin?

2. W.: Ich habe große Lust (nach Griechenland fahren). Athen muß (sehr interessant sein).
3. M.: Aber es soll auch (furchtbar viel Verkehr geben).
4. W.: Vielleicht sollte ich (lieber ans Meer fahren).
5. M.: Es wäre ganz gut (die Sprache ein bißchen lernen). Meinst du nicht?
6. W.: Ja, es wäre schön (mit den Leuten reden können).
7. M.: Hast du vor (lange bleiben)?
8. W.: Ich möchte schon (zwei Monate bleiben).
9. M.: Glaubst du (genug Geld haben)?
10. W.: Hm, das Leben dort scheint (nicht sehr teuer sein).
    M.: Na denn, gute Reise!

M. Wien. Your cousin, who has somewhat unusual ideas, went to Vienna. Tell what he did, combining sentences using **um . . . zu, ohne . . . zu, statt . . . zu.**

▶ Er fuhr mit seinem alten Auto. Er fuhr nicht mit dem Zug.
Er fuhr mit seinem alten Auto, statt mit dem Zug zu fahren.

1. Er fuhr nach Wien. Er reservierte kein Hotelzimmer.
2. Er mußte lange suchen. Er fand ein hübsches Zimmer in einer kleinen Pension°.   small hotel
3. Er war eine Woche in Wien. Er sah kein einziges Mal den Stephansdom an.
4. Er saß jeden Tag im Café. Er ging nicht in ein Museum.
5. Er verbrachte eine Woche in Wien. Er sah kein einziges Bild.
6. Er ging dauernd ins Kino. Er ging überhaupt nicht ins Theater.
7. Er ist wohl nach Wien gefahren. Er wollte nur im Café sitzen und die herrlichen Torten essen.

N. Atomenergie. Scientists and scholars are discussing nuclear energy. Give the English equivalents.

1. Eine oft gestellte Frage wurde hier diskutiert.
2. Nun ist also der größte anzunehmende Unfall passiert.
3. Wir stehen vor einem schon lange bekannten Problem.
4. Wir befinden uns in einer oft diskutierten Situation.
5. Es stellen sich viele schwer zu beantwortende Fragen.
6. Viele nicht immer zu akzeptierende Antworten wurden angeboten.
7. Meine eigene, leider meistens mißverstandene Meinung ist:
8. Die bis heute als umweltfreundlich geltende Atomenergie muß neu durchdacht werden.

Appendix A: Song translations

Thema 5

Die Gedanken sind frei *(Thoughts Are Free)*

Thoughts are free, who can guess what they are? They fly by like shadows in the night. No one can know them, no hunter can shoot them. That's the way it is. Thoughts are free.

I think whatever I want and whatever suits me. But always to myself and when it's appropriate. No one can keep me from my wishes and desires. No one knows them. Thoughts are free.

I love wine, and especially women. And those are the things I like most of all. I don't sit alone with a glass of wine; my girl is with me. Thoughts are free.

If someone chains me in the darkest dungeon, it is all in vain. For my thoughts can tear down the barriers and the walls. Thoughts are free.

Und in dem Schneegebirge *(And In The Snow-Capped Mountains)*

In the snow-capped mountains flows a little spring that is very cold. And whoever drinks from the spring becomes young and will never grow old.

I drank many a refreshing drink from it. I have not grown old; I am still forever young.

"Farewell, sweetheart, I'm leaving. Farewell, my dearest." "When will you return, my beloved?" "When it snows red roses and rains cool wine. Farewell, sweetheart, I'm leaving. Farewell, my dearest."

"It never snows roses and it doesn't rain wine: so you won't come back again, my beloved."

Das Lied vom Fernsehen *(The TV Song)*

What does TV bring us? It brings us what we like to hear and see: ads for dumplings, with stars and foolish chatter. This way we always know what we still have to buy.

What does TV bring us? For many years the favorite old stories of cops and robbers, of rich and poor.

What does TV bring us? Plots about good and evil, and clever police inspectors solve all the cases. That's reality for us.

What does TV bring us? One doesn't need to think much and rack one's brain. While watching detective stories and gangsters, we can let ourselves become stupid.

What does TV bring us? People distracted and entertained can't think, therefore they can be lead easily. Just like jumping-jack puppets we jump on a string.

A jumping-jack puppet must dangle. We should collect our thoughts so that we always know how we have to act. Using our brains, not following fantasies, life can be mastered.

Appendix B: Grammatical Tables

1. Personal pronouns

Nominative:	ich	du	er	es	sie	wir	ihr	sie	Sie
Accusative:	mich	dich	ihn	es	sie	uns	euch	sie	Sie
Dative:	mir	dir	ihm	ihm	ihr	uns	euch	ihnen	Ihnen

2. Reflexive pronouns

	ich	du	er / es / sie	wir	ihr	sie	Sie
Accusative:	mich	dich	sich	uns	euch	sich	sich
Dative:	mir	dir	sich	uns	euch	sich	sich

3. Interrogative pronouns

Nominative:	wer	was
Accusative:	wen	was
Dative:	wem	
Genitive:	wessen	

4. Relative and demonstrative pronouns

	Singular			Plural
Nominative:	der	das	die	die
Accusative:	den	das	die	die
Dative:	dem	dem	der	denen
Genitive:	dessen	dessen	deren	deren

5. Definite articles

	Singular			Plural
Nominative:	der	das	die	die
Accusative:	den	das	die	die
Dative:	dem	dem	der	den
Genitive:	des	des	der	der

6. *Dieser*-words

	Singular			Plural
Nominative:	dieser	dieses	diese	diese
Accusative:	diesen	dieses	diese	diese
Dative:	diesem	diesem	dieser	diesen
Genitive:	dieses	dieses	dieser	dieser

The **dieser**-words are **dieser, jeder, jener, mancher, solcher,** and **welcher.**

7. Indefinite articles and *ein*-words

	Singular			Plural
Nominative:	ein	ein	eine	keine
Accusative:	einen	ein	eine	keine
Dative:	einem	einem	einer	keinen
Genitive:	eines	eines	einer	keiner

The **ein**-words include **kein** and the possessive adjectives: **mein, dein, sein, ihr, unser, euer, ihr,** and **Ihr.**

8. Plural of nouns

Category	Singular	Plural	Type	Notes
1	das Zimmer	**die Zimmer**	Ø (no change)	Masc. and neut. nouns ending in
	der Mantel	**die Mäntel**	⸚ (umlaut)	**-el, -en, -er**
2	der Tisch	**die Tische**	-e	
	der Stuhl	**die Stühle**	⸚e	
3	das Bild	**die Bilder**	-er	Stem vowel **e** or **i** cannot take umlaut
	das Buch	**die Bücher**	⸚er	Stem vowel **a, o, u** takes umlaut
4	die Uhr	**die Uhren**	-en	
	die Lampe	**die Lampen**	-n	
	die Freundin	**die Freundinnen**	-nen	
5	das Radio	**die Radios**	-s	Mostly foreign words

9. Masculine *N*-nouns

	Singular	Plural
Nominative:	der Herr	die Herren
Accusative:	den Herrn	die Herren
Dative:	dem Herrn	den Herren
Genitive:	des Herrn	der Herren

Some other masculine **N**-nouns are **der Automat, der Bauer, der Journalist, der Junge, der Jurist, der Kollege, der Mensch, der Nachbar, der Neffe, der Patient, der Polizist, der Soldat, der Student, der Tourist.**

A few masculine **N**-nouns add **-ns** in the genitive: **der Name** > **des Namens; der Gedanke** > **des Gedankens; der Glaube** > **des Glaubens.**

10. Preceded adjectives

	Singular			Plural
	Masculine	Neuter	Feminine	
Nom.:	der **alte** Tisch ein **alter** Tisch	das **alte** Buch ein **altes** Buch	die **alte** Uhr eine **alte** Uhr	die **alten** Bilder keine **alten** Bilder
Acc.:	den **alten** Tisch einen **alten** Tisch	das **alte** Buch ein **altes** Buch	die **alte** Uhr eine **alte** Uhr	die **alten** Bilder keine **alten** Bilder
Dat.:	dem **alten** Tisch einem **alten** Tisch	dem **alten** Buch einem **alten** Buch	der **alten** Uhr einer **alten** Uhr	den **alten** Bildern keinen **alten** Bildern
Gen.:	des **alten** Tisches eines **alten** Tisches	des **alten** Buches eines **alten** Buches	der **alten** Uhr einer **alten** Uhr	der **alten** Bilder keiner **alten** Bilder

11. Unpreceded adjectives

	Masculine	Neuter	Feminine	Plural
Nominative:	kalter Wein	kaltes Bier	kalte Milch	alte Leute
Accusative:	kalten Wein	kaltes Bier	kalte Milch	alte Leute
Dative:	kaltem Wein	kaltem Bier	kalter Milch	alten Leuten
Genitive:	kalten Weines	kalten Bieres	kalter Milch	alter Leute

12. Nouns declined like adjectives

a. Nouns preceded by definite articles or **dieser**-words

	Masculine	Neuter	Feminine	Plural
Nominative:	der Deutsche	das Gute	die Deutsche	die Deutschen
Accusative:	den Deutschen	das Gute	die Deutsche	die Deutschen
Dative:	dem Deutschen	dem Guten	der Deutschen	den Deutschen
Genitive:	des Deutschen	des Guten	der Deutschen	der Deutschen

b. Nouns preceded by indefinite article or **ein**-words

	Masculine	Neuter	Feminine	Plural
Nominative:	ein Deutscher	ein Gutes	eine Deutsche	keine Deutschen
Accusative:	einen Deutschen	ein Gutes	eine Deutsche	keine Deutschen
Dative:	einem Deutschen	einem Guten	einer Deutschen	keinen Deutschen
Genitive:	eines Deutschen	—	einer Deutschen	keiner Deutschen

Other nouns declined like adjectives are **der / die Angestellte, Bekannte, Erwachsene, Fremde, Jugendliche, Verwandte.** Note: **der Beamte** but **die Beamtin.**

13. Comparison of irregular adjectives and adverbs

Base form:	gern	gut	hoch	nah	viel
Comparative:	lieber	besser	höher	näher	mehr
Superlative:	liebst-	best-	höchst-	nächst-	meist-

14. Prepositions

With accusative	With dative	With either accusative or dative	With genitive
bis	aus	an	(an)statt
durch	außer	auf	trotz
entlang	bei	hinter	während
für	entgegen	in	wegen
gegen	gegenüber	neben	diesseits
ohne	mit	über	jenseits
um	nach	unter	oberhalb
wider	seit	vor	unterhalb
	von	zwischen	innerhalb
	zu		außerhalb

15. Verbs and prepositions with special meanings

achten auf (+ *acc.*)	**aufhören mit**	**bestehen aus**
antworten auf (+ *acc.*)	**beginnen mit**	**bitten um**

blicken auf (+ *acc.*)
danken für
denken an (+ *acc.*)
diskutieren über (+ *acc.*)
sich erinnern an (+ *acc.*)
erkennen an (+ *dat.*)
erzählen von or über
  (+ *acc.*)
fliehen vor (+ *dat.*)
fragen nach
sich fürchten vor (+ *dat.*)
sich gewöhnen an (+ *acc.*)
halten für

halten von
helfen bei
hoffen auf (+ *acc.*)
sich interessieren für
klettern auf (+ *acc.*)
lachen über (+ *acc.*)
leiden an (+ *dat.*)
riechen nach
schicken nach
schimpfen auf (+ *acc.*)
schreiben an (+ *acc.*)
schreiben über (+ *acc.*)
sorgen für

sprechen über (+ *acc.*) or
  von
sterben an (+ *dat.*)
suchen nach
teilnehmen an (+ *dat.*)
warten auf (+ *acc.*)
sich wenden an (+ *acc.*)
werden aus
wohnen bei
zeigen auf (+ *acc.*)
zweifeln an (+ *dat.*)

16. Dative verbs

antworten	erlauben	gehören	nützen	schmecken
befehlen	fehlen	gelingen	passen	verzeihen
begegnen	folgen	glauben	passieren	weh tun
danken	gefallen	helfen	raten	
dienen	gehorchen	leid tun	schaden	

The verbs **glauben, erlauben,** and **verzeihen** may take an impersonal accusative object: **ich glaube es; ich erlaube es.**

17. Present tense

	lernen[1]	arbeiten[2]	tanzen[3]	geben[4]	lesen[5]	fahren[6]	laufen[7]	auf·stehen[8]
ich:	lerne	arbeite	tanze	gebe	lese	fahre	laufe	stehe…auf
du:	lernst	arbeitest	tanzt	gibst	liest	fährst	läufst	stehst…auf
er / es / sie:	lernt	arbeitet	tanzt	gibt	liest	fährt	läuft	steht…auf
wir:	lernen	arbeiten	tanzen	geben	lesen	fahren	laufen	stehen…auf
ihr:	lernt	arbeitet	tanzt	gebt	lest	fahrt	lauft	steht…auf
sie:	lernen	arbeiten	tanzen	geben	lesen	fahren	laufen	stehen…auf
Sie:	lernen	arbeiten	tanzen	geben	lesen	fahren	laufen	stehen…auf
Imper. sg.:	lern(e)	arbeite	tanz(e)	gib	lies	fahr(e)	lauf(e)	steh(e)…auf

1. The endings are used for all verbs except the modals, **wissen, werden,** and **sein.**
2. A verb with stem ending in -**d**, -**t**, or -**m**, -**n** preceded by another consonant (except -**l** or -**r**) has an **e** before the -**st** and -**t** endings.

3. The -**st** ending of the 2nd person contracts to -**t** when the verb stem ends in a sibilant (-**s, -ss, -ß, -z** or -**tz**). Thus the 2nd and 3rd persons are identical.
4. Some strong verbs have a stem-vowel change **e** > **i** in the 2nd and 3rd person singular and the imperative singular.
5. Some strong verbs have a stem-vowel change **e** > **ie** in the 2nd and 3rd person singular and the imperative singular. The strong verbs **gehen, heben,** and **stehen** do not change their stem vowel.
6. Some strong verbs have a stem-vowel change **a** > **ä** in the 2nd and 3rd person singular.
7. Some strong verbs have a stem-vowel change **au** > **äu** in the 2nd and 3rd person singular.
8. In the present tense, separable prefixes are separated from the verb and are in last position.

18. Simple past tense

	Weak verbs		Strong verbs
	lernen[1]	arbeiten[2]	geben[3]
ich:	lernte	arbeitete	gab
du:	lerntest	arbeitetest	gabst
er / es / sie:	lernte	arbeitete	gab
wir:	lernten	arbeiteten	gaben
ihr:	lerntet	arbeitetet	gabt
sie:	lernten	arbeiteten	gaben
Sie:	lernten	arbeiteten	gaben

1. Weak verbs have the past-tense marker -**te** plus endings.
2. A weak verb with stem endings in -**d, -t,** or -**m, -n** preceded by another consonant (except -**l** or -**r**) has a past-tense marker -**ete** plus endings.
3. Strong verbs have a stem-vowel change plus endings.

19. Auxiliaries *haben, sein, werden*

ich:	habe	bin	werde
du:	hast	bist	wirst
er / es / sie:	hat	ist	wird
wir:	haben	sind	werden
ihr:	habt	seid	werdet
sie:	haben	sind	werden
Sie:	haben	sind	werden

20. Modal auxiliaries: present, simple past, and past participle

	dürfen	können	mögen	müssen	sollen	wollen
ich:	darf	kann	mag	muß	soll	will
du:	darfst	kannst	magst	mußt	sollst	willst
er / es / sie:	darf	kann	mag	muß	soll	will
wir:	dürfen	können	mögen	müssen	sollen	wollen
ihr:	dürft	könnt	mögt	müßt	sollt	wollt
sie:	dürfen	können	mögen	müssen	sollen	wollen
Sie:	dürfen	können	mögen	müssen	sollen	wollen
Simple past:	durfte	konnte	mochte	mußte	sollte	wollte
Past participle:	gedurft	gekonnt	gemocht	gemußt	gesollt	gewollt

21. Verb conjugations: strong verbs *sehen* and *gehen*

a. Indicative

	Present		Simple past	
ich:	sehe	gehe	sah	ging
du:	siehst	gehst	sahst	gingst
er / es / sie:	sieht	geht	sah	ging
wir:	sehen	gehen	sahen	gingen
ihr:	seht	geht	saht	gingt
sie:	sehen	gehen	sahen	gingen
Sie:	sehen	gehen	sahen	gingen

Present perfect					Past perfect			
ich:	habe		bin		hatte		war	
du:	hast		bist		hattest		warst	
er / es / sie:	hat		ist		hatte		war	
wir:	haben	gesehen	sind	gegangen	hatten	gesehen	waren	gegangen
ihr:	habt		seid		hattet		wart	
sie:	haben		sind		hatten		waren	
Sie:	haben		sind		hatten		waren	

Future			
ich:	werde		werde	
du:	wirst		wirst	
er / es / sie:	wird		wird	
wir:	werden	sehen	werden	gehen
ihr:	werdet		werdet	
sie:	werden		werden	
Sie:	werden		werden	

b. Imperative

	Imperative	
Familiar singular:	Sieh!	Geh(e)!
Familiar plural:	Seht!	Geht!
Formal:	Sehen Sie!	Gehen Sie!

c. Subjunctive

Present-time subjunctive			
General subjunctive		Special subjunctive	
ich:	sähe	ginge	sehe	gehe
du:	sähest	gingest	sehest	gehest
er / es / sie:	sähe	ginge	sehe	gehe
wir:	sähen	gingen	sehen	gehen
ihr:	sähet	ginget	sehet	gehet
sie:	sähen	gingen	sehen	gehen
Sie:	sähen	gingen	sehen	gehen

Past-time subjunctive

General subjunctive					Special subjunctive			
ich:	hätte		wäre		habe		sei	
du:	hättest		wärest		habest		seiest	
er / es / sie:	hätte		wäre		habe		sei	
wir:	hätten	gesehen	wären	gegangen	haben	gesehen	seien	gegangen
ihr:	hättet		wäret		habet		seiet	
sie:	hätten		wären		haben		seien	
Sie:	hätten		wären		haben		seien	

Future-time subjunctive

General subjunctive					Special subjunctive			
ich:	würde		würde		werde		werde	
du:	würdest		würdest		werdest		werdest	
er / es / sie:	würde		würde		werde		werde	
wir:	würden	sehen	würden	gehen	werden	sehen	werden	gehen
ihr:	würdet		würdet		werdet		werdet	
sie:	würden		würden		werden		werden	
Sie:	würden		würden		werden		werden	

d. Passive voice

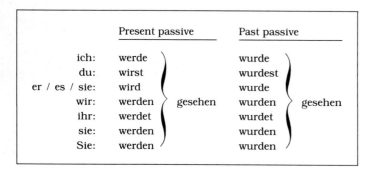

	Present passive		Past passive	
ich:	werde		wurde	
du:	wirst		wurdest	
er / es / sie:	wird		wurde	
wir:	werden	gesehen	wurden	gesehen
ihr:	werdet		wurdet	
sie:	werden		wurden	
Sie:	werden		wurden	

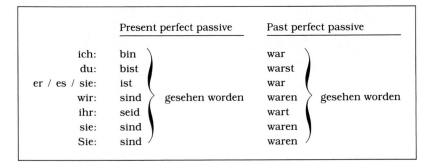

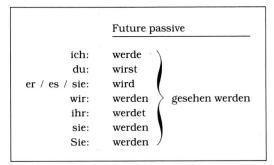

22. Principal parts of strong and irregular weak verbs

The following list includes all the strong verbs and irregular weak verbs used in this book. Compound verbs like **hereinkommen** and **hinausgehen** are not included since the principal parts of those compound verbs are identical to the basic forms **kommen** and **gehen**. Inseparable prefix verbs like **beweisen** are included only when the basic verb (**weisen**) is not listed elsewhere in the table. Basic English equivalents are given for all verbs in this list. For additional meanings consult the German-English end vocabulary.

Infinitive	Present-tense vowel change	Simple past	Past participle	General subjunctive	Meaning
backen	bäckt	backte	gebacken	backte	*to bake*
beginnen		begann	begonnen	begönne (begänne)	*to begin*
befehlen	befiehlt	befahl	befohlen	beföhle (befähle)	*to command*
beißen		biß	gebissen	bisse	*to bite*
betrügen		betrog	betrogen	betröge	*to deceive*

Infinitive	Present-tense vowel change	Simple past	Past participle	General subjunctive	Meaning
beweisen		bewies	bewiesen	bewiese	to prove
biegen		bog	gebogen	böge	to bend
sich bewerben	bewirbt	bewarb	beworben	bewürbe	to apply for
bieten		bot	geboten	böte	to offer
binden		band	gebunden	bände	to bind
bitten		bat	gebeten	bäte	to request
bleiben		blieb	ist geblieben	bliebe	to remain
braten	brät	briet	gebraten	briete	to roast
brechen	bricht	brach	gebrochen	bräche	to break
brennen		brannte	gebrannt	brennte	to burn
bringen		brachte	gebracht	brächte	to bring
denken		dachte	gedacht	dächte	to think
entscheiden		entschied	entschieden	entschiede	to decide
empfehlen	empfiehlt	empfahl	empfohlen	empföhle	to recommend
erschrecken	erschrickt	erschrak	erschrocken	erschräke	to be frightened
essen	ißt	aß	gegessen	äße	to eat
fahren	fährt	fuhr	ist gefahren	führe	to drive; to travel
fallen	fällt	fiel	ist gefallen	fiele	to fall
fangen	fängt	fing	gefangen	finge	to catch
finden		fand	gefunden	fände	to find
fliegen		flog	ist geflogen	flöge	to fly
fliehen		floh	ist geflohen	flöhe	to flee
fließen		floß	ist geflossen	flösse	to flow
fressen	frißt	fraß	gefressen	fräße	to eat (of animals)
frieren		fror	gefroren	fröre	to freeze
geben	gibt	gab	gegeben	gäbe	to give
gehen		ging	ist gegangen	ginge	to go
gelingen		gelang	ist gelungen	gelänge	to succeed
gelten	gilt	galt	gegolten	gälte	to be worth
genießen		genoß	genossen	genösse	to enjoy
geschehen	geschieht	geschah	ist geschehen	geschähe	to happen
gewinnen		gewann	gewonnen	gewönne (gewänne)	to win
gießen		goß	gegossen	gösse	to pour
gleichen		glich	geglichen	gliche	to resemble
graben	gräbt	grub	gegraben	grübe	to dig
greifen		griff	gegriffen	griffe	to grab
haben	hat	hatte	gehabt	hätte	to have
halten	hält	hielt	gehalten	hielte	to hold
hängen		hing	gehangen	hinge	to hang
heißen		hieß	geheißen	hieße	to be called

past perfect

Infinitive	Present-tense vowel change	Simple past	Past participle	General subjunctive	Meaning
helfen	hilft	half	geholfen	hülfe	*to help*
kennen		kannte	gekannt	kennte	*to know*
klingen		klang	geklungen	klänge	*to sound*
kommen		kam	ist gekommen	käme	*to come*
kriechen		kroch	ist gekrochen	kröche	*to crawl*
laden	lädt	lud	geladen	lüde	*to load*
lassen	läßt	ließ	gelassen	ließe	*to let, permit*
laufen	läuft	lief	ist gelaufen	liefe	*to run*
leiden		litt	gelitten	litte	*to suffer*
leihen		lieh	geliehen	liehe	*to lend*
lesen	liest	las	gelesen	läse	*to read*
liegen		lag	gelegen	läge	*to lie*
lügen		log	gelogen	löge	*to tell a lie*
messen	mißt	maß	gemessen	mäße	*to measure*
nehmen	nimmt	nahm	genommen	nähme	*to take*
nennen		nannte	genannt	nennte	*to name*
pfeifen		pfiff	gepfiffen	pfiffe	*to whistle*
raten	rät	riet	geraten	riete	*to advise*
reiben		rieb	gerieben	riebe	*to rub*
reißen		riß	gerissen	risse	*to tear*
reiten		ritt	ist geritten	ritte	*to ride*
rennen		rannte	ist gerannt	rennte	*to run*
riechen		roch	gerochen	röche	*to smell*
rufen		rief	gerufen	riefe	*to call*
schaffen		schuf	geschaffen	schüfe	*to create*
scheinen		schien	geschienen	schiene	*to shine*
schieben		schob	geschoben	schöbe	*to push*
schießen		schoß	geschossen	schösse	*to shoot*
schlafen	schläft	schlief	geschlafen	schliefe	*to sleep*
schlagen	schlägt	schlug	geschlagen	schlüge	*to hit*
schließen		schloß	geschlossen	schlösse	*to shut*
schneiden		schnitt	geschnitten	schnitte	*to cut*
schreiben		schrieb	geschrieben	schriebe	*to write*
schreien		schrie	geschrie(e)n	schriee	*to cry out, scream*
schreiten		schritt	ist geschritten	schritte	*to step*
schweigen		schwieg	geschwiegen	schwiege	*to be silent*
schwimmen		schwamm	ist geschwommen	schwömme (schwämme)	*to swim*
sehen	sieht	sah	gesehen	sähe	*to see*
sein	ist	war	ist gewesen	wäre	*to be*
senden		sandte	gesandt	sendete	*to send*
singen		sang	gesungen	sänge	*to sing*
sinken		sank	ist gesunken	sänke	*to sink*

Infinitive	Present-tense vowel change	Simple past	Past participle	General subjunctive	Meaning
sitzen		saß	gesessen	säße	to sit
spinnen		spann	gesponnen	spönne	to spin
sprechen	spricht	sprach	gesprochen	spräche	to speak
springen		sprang	ist gesprungen	spränge	to spring
stechen	sticht	stach	gestochen	stäche	to sting, stick
stehen		stand	gestanden	stände (stünde)	to stand
stehlen	stiehlt	stahl	gestohlen	stähle	to steal
steigen		stieg	ist gestiegen	stiege	to climb
sterben	stirbt	starb	ist gestorben	stürbe	to die
stinken		stank	gestunken	stänke	to stink
stoßen	stößt	stieß	gestoßen	stieße	to push
streichen		strich	gestrichen	striche	to paint
streiten		stritt	gestritten	stritte	to quarrel
tragen	trägt	trug	getragen	trüge	to carry, wear
treffen	trifft	traf	getroffen	träfe	to meet
treiben		trieb	getrieben	triebe	to drive
treten	tritt	trat	ist getreten	träte	to step; to kick
trinken		trank	getrunken	tränke	to drink
tun	tut	tat	getan	täte	to do
verderben	verdirbt	verdarb	verdorben	verdürbe	to spoil
vergessen	vergißt	vergaß	vergessen	vergäße	to forget
verlieren		verlor	verloren	verlöre	to lose
verzeihen		verzieh	verziehen	verziehe	to pardon
wachsen	wächst	wuchs	ist gewachsen	wüchse	to grow
waschen	wäscht	wusch	gewaschen	wüsche	to wash
wenden		wandte	gewandt	wendete	to turn
werden	wird	wurde	ist geworden	würde	to become
werfen	wirft	warf	geworfen	würfe	to throw
wiegen		wog	gewogen	wöge	to weigh
wissen	weiß	wußte	gewußt	wüßte	to know
ziehen		zog	gezogen	zöge	to pull, move
zwingen		zwang	gezwungen	zwänge	to compel

German-English Vocabulary

The German-English end vocabulary includes all words used in *Kaleidoskop* except common function words such as articles, pronouns, and possessive adjectives; days of the week; names of the months; numbers; obvious cognates; and words that are glossed in the margins but not used in exercises.

Words included in the basic list of 1,200 are marked with an asterisk (*). These words occur in the three standard frequency lists: *Das Zertifikat Deutsch als Fremdsprache* (Deutscher Volkshochschul-Verband and Goethe-Institut), *Grundwortschatz Deutsch* (Heinz Oehler), and *Grunddeutsch: Basic (Spoken) German Word List* (J. Alan Pfeffer).

Nouns are listed in this vocabulary with their plural forms: **die Aufgabe, -n**. No plural entry is given if the plural is rarely used or nonexistent. If two entries follow a noun, the first one indicates the genitive and the second one the plural: **der Vorname, -ns, -n**. For strong and irregular weak verbs, the vowel changes of the principal parts are given in parentheses. The present-tense vowel change is followed by a semicolon and the stem vowels in the simple past and past participle. Forms with consonant changes are written out in their entirety. All verbs take **haben** in the perfect tenses except those marked with [**ist**]: **fahren (ä; u, [ist] a)**. Separable prefix verbs are indicated with a raised dot: **auf·stehen**. Adjectives and adverbs that take umlaut in the comparative and superlative are noted as follows: **warm (ä)**.

The symbol ~ indicates repetition of a key word or phrase. Where appropriate, noun compounds or adjectives derived from nouns or verbs follow the main entries.

A number following a definition indicates in which **Thema** the word is part of the active vocabulary list. Most of these active words occur in the *Zertifikat Deutsch* and *Grundwortschatz* lists.

The following abbreviations are used in this vocabulary:

acc. accusative	*conj.* conjunction	*gen.* genitive
adj. adjective	*dat.* dative	*inf.* infinitive
adv. adverb	*decl.* declined	*pl.* plural
coll. colloquial		

*ab off, down, away; ~ und zu
   now and then
ab·bauen to remove; to
   demolish
ab·biegen (o, [ist] o) to turn
   off; to diverge
die Abbiegung, -en turn
ab·brechen (i; a, o) to break off
*der Abend, -e evening; am ~
   in the evening
*das Abendessen, - supper
das Abendkleid, -er evening
   dress
*abends in the evening,
   evenings
das Abenteuer, - adventure
*aber but, however
*ab·fahren (ä; u, [ist] a) to
   depart; to drive off
die Abfahrt, -en departure
ab·fallen (ä; ie, [ist] a) to fall off
ab·fliegen (o, [ist] o) to fly off,
   take off (of an airplane)
ab·geben (i; a, e) to deliver; to
   release
ab·hängen von (i, a) to depend
   on 2
abhängig (von) dependent (on)
ab·hauen to take off
*ab·holen to fetch; to pick up
das Abitur final comprehensive
   examination at Gymnasium 8
ab·lehnen to refuse, reject 5
ab·machen to loosen, detach;
   to arrange
ab·nehmen (nimmt ab; a,
   abgenommen) to remove; to
   accept
ab·putzen to clean
ab·reisen ([ist]) to leave, to
   depart
ab·rüsten to disarm
der Absatz, ¨e paragraph
*ab·schaffen to get rid of, to
   abolish
der Abschied, -e departure,
   farewell; zum ~ at departure
ab·schließen (o, o) to close; to
   conclude
die Abschlußprüfung, -en final
   examination
ab·schneiden (schnitt ab,

abgeschnitten) to cut off
der Abschnitt, -e section,
   paragraph
die Abschrift, -en copy
die Absicht, -en intention,
   purpose
absolut absolute
sich ab·spielen to take place
ab·springen (a, [ist] u) to jump
   down
ab·stauben to dust
ab·stoßen (ö; ie, o) to repel
absurd absurd
die Abteilung, -en division;
   compartment
*ab·trocknen to dry off; to dry
   dishes
abwärts downward
ab·waschen (ä; u, a) to wash
   dishes 4
sich ab·wenden (a, [ist] a) to
   turn away
ab·zahlen to pay off
der Abzählreim, -e counting
   rhyme
*ach oh
achten to esteem, respect; to
   pay attention
acht·geben (i; a, e) to pay
   attention
die Achtung attention; esteem,
   respect
adäquat adequate
das Adjektiv, -e adjective
*die Adresse, -en address
der Advent, -e advent
das Adverb, -ien adverb
der Agent, -en, -en agent
*aggressiv aggressive
ähnlich (+ dat.) similar 4; das
   sieht ihm ~ that's just like
   him
die Ähnlichkeit, -en similarity
die Ahnung, -en presentiment,
   idea; keine ~ no idea
akademisch having university
   training
*aktiv active
die Aktivität, -en activity
aktuell current, contemporary
*akzeptieren to accept
alarmiert alarmed

der Alkohol alcohol
*alle all, everybody
*allein(e) alone
alleinstehend single
allerbest best of all
allerdings of course; to be sure
   5
*alles everything
*allgemein general
alliiert allied
allmählich gradual 10
der Alltag, -e daily life
alltäglich commonplace; daily
die Alpen Alps
*als when; than
*als ob as if
*also thus, therefore
*alt(ä) old 11
das Alter age, old age 4
alternativ alternative
*(das) Amerika America, USA
*der Amerikaner, - (m)/die
   Amerikanerin, -nen (f)
   American
*amerikanisch American
die Ampel, -n traffic light
das Amt, ¨er office;
   appointment
*an (+ dat./acc.) at, on, to
analysieren to analyze
*an·bieten (o, o) to offer
der Anblick, -e sight, view
an·blicken to look at
andauernd lasting, continuous
*andere other; different
andererseits on the other
   hand
*ändern to change
*anders different
anderswo elsewhere
die Änderung, -en alteration,
   change
an·drehen to turn on
die Anekdote, -n anecdote
an·erkennen (a, a) to
   acknowledge 8
*der Anfang, ¨e beginning, start
*an·fangen (ä; i, a) to start, to
   begin
anfangs in the beginning
an·fassen to touch
angeblich alleged 2

das Angebot, -e offer
angeführt quoted, cited
angegeben indicated; provided
an·gehen (ging an, [ist] angegangen) to begin; to concern; **das geht mich nichts an** that doesn't concern me
an·gehören (+ *dat.*) to belong to
die Angelegenheit, -en matter, affair
der/die Angelernte, -n semi-skilled worker (*noun decl. like adj.*)
*angenehm (+ *dat.*) pleasant
der/die Angestellte (*noun decl. like adj.*) employee; official
an·greifen (i, i) to attack
der Angriff, -e attack
*die Angst, ¨e fright, anxiety; ~ **haben vor** (+ *dat.*) to be frightened of
ängstlich (**wegen**) anxious, uneasy (about)
an·halten (ä; ie, a) to stop; to hold
an·hören to listen to, to hear
an·klagen to accuse 9
*an·kommen (kam, [ist] o) to arrive
die Anlage, -n establishment
an·legen to apply; to invest; to establish
der Anlernberuf, -e job requiring on-the-job training
an·machen to attach; to light (fire)
an·malen to paint
*an·nehmen (nimmt an; a, angenommen) to accept; to assume; **Schritt** ~ to fall into step
die Anordnung, -en arrangement; regulation, order
die Anredeform, -en form of address
an·reden to address, speak to
der Anruf, -e phone call
*an·rufen (ie, u) to call up, to telephone
die Anschaffung, -en acquisition
an·schauen to look at, to contemplate
anscheinend apparently
*an·sehen (ie; a, e) to look at
die Ansicht, -e view, opinion 7; die Ansichtskarte, -n picture post card
an·sprechen (i; a, o) to speak to; to please
die Anstalt, -en establishment; preparation
anständig decent
*anstatt (+ *gen.*) instead of
an·stellen to employ
(sich) an·strengen to exert; anstrengend exhausting 3
die Anstrengung, -en exertion; effort
die Anthologie, -n collection of literary works
antiamerikanisch anti-American
der Antiamerikanismus anti-Americanism
*die Antwort, -en answer
*antworten to answer; antworten auf (+ *acc.*) to reply to
die Anzeige, -n advertisement, notice
an·zeigen to advertise; to report; to show
*an·ziehen (zog an, angezogen) to get dressed; to attract
*der Anzug, ¨e suit, clothes
an·zünden to light
*der Apfel, ¨ apple
der Apfelkuchen, - apple cake
*die Apotheke, -n pharmacy
*der Apotheker, - (m)/die Apothekerin, -nen (f) pharmacist
*der Apparat, -e apparatus, appliance
*der Appetit appetite; appetitlich appetizing
applaudieren to applaud
der Applaus applause
das Äquivalent, -e equivalent
*die Arbeit, -en work; exam; an die ~ gehen to begin to
work; sich an die ~ machen to start; der Arbeitgeber, - employer; der Arbeitnehmer, - employee 8; das Arbeitsamt, ¨er employment office 8; die Arbeitsgruppe, -n study group; der Arbeitshandschuh, -e work glove; die Arbeitskraft, ¨e worker; der/die Arbeitslose (*noun decl. like adj.*) unemployed worker; der Arbeitsmarkt, ¨e job market; der Arbeitsplatz, ¨e place of work; die Arbeitsstunde, -n working hour; dei Arbeitsteilung, division of work; die Arbeitsvorbereitung, -en preparation for a job; die Arbeitswelt world of work; die Arbeitszeit working hours; das Arbeitszimmer, - study
*arbeiten to work
*der Arbeiter, - (m)/die Arbeiterin, -nen (f) worker; die Arbeiterschaft workers, working class
arbeitsam hard-working
arbeitsfrei to be off from work
arbeitslos unemployed
der Architekt, -en, -en (m)/die Architektin, -nen (f) architect
(das) Argentinien Argentina
der Ärger vexation, anger
ärgerlich (**über** + *acc.*) irritable, angry (about, over) 5
*ärgern to annoy; sich ~ to become angry
das Argument, -e reason, proof
*arm poor
der Arm, -e arm; auf den ~ nehmen to tease
ärmlich poor; poorly
arrogant arrogant
das Arsenal, -e arsenal
*die Art, -en manner; kind, species
die Arthritis arthritis
*der Artikel, - article; goods
*der Arzt, ¨e (m)/die Ärztin, -nen

(f) medical doctor

die Arzthelferin, -nen doctor's assistant

der Aspekt, -e aspect

der Asphalt, -e asphalt

der Assistent, -en, -en *(m)* **die Assistentin, -nen** *(f)* assistant

assoziieren to associate

das Asthma asthma

der Atem breath, respiration

atemlos out of breath

athletisch athletic

***atmen** to breathe

das Atom, -e atom; **das Atomkraftwerk, -e** nuclear power plant; **der Atomphysiker, -** nuclear physicist

attraktiv attractive

***auch** also, too, likewise; indeed

***auf** (+ *dat./acc.*) on, upon; upward; open

auf·bauen to erect; to set up

auf·bleiben (ie, [ist] ie) to stay up

auf·brechen (i; a, o) to break open

auf·drehen to turn up; to turn on

der Aufenthalt, -e stay; residence

auf·essen (i; a, e) to eat up

auf·fahren (ä; u, [ist] a) to start up

***auf·fallen (ä; ie, [ist] a)** to be noticeable, to attract attention

auf·fliegen (o, [ist] o) to blow off

auf·fordern to order, to command

***die Aufgabe, -n** task; assignment

auf·geben (i; a, e) to give up; to deliver

aufgeschlossen open-minded

aufgetakelt rigged up

auf·halten (ä; ie, a) to stop; to open

auf·hängen to hang (up), to suspend

auf·heben (o, o) to pick up; to

cancel

***auf·hören** to stop, quit

auf·kochen to boil up; to boil

auf·lösen to dissolve, break up

***auf·machen** to open

***aufmerksam (auf + *acc.*)** attentive (to)

die Aufmerksamkeit attention, attentiveness

auf·nehmen (nimmt auf; a, aufgenommen) to take a photograph; to take up

***auf·passen (paßt auf; paßte auf, aufgepaßt)** to pay attention

auf·räumen to clear away

aufrecht erect; ~ **erhalten** to maintain

sich auf·regen to get excited

die Aufregung, -en excitement, irritation

der Aufreißer, - playboy

auf·rufen (ie, u) to call up

auf·rüsten to build up arms

die Aufrüstung, -en (re)arming

der Aufsatz, ̈-e composition

auf·schauen to look up

auf·schließen (o, o) to open, to unlock

auf·schreiben (ie, ie) to write down

auf·sehen (ie; a, e) to look up

auf·setzen to set up; to put on

auf·springen (a, [ist] u) to jump up

***auf·stehen (stand auf, [ist] aufgestanden)** to get up, to rise, to stand open

auf·steigen (ie, [ist] ie) to rise

auf·stellen to put up; to arrange

auf·suchen to seek out

auf·treten (i; a, [ist] e) to appear, to rise

auf·wachen to wake up 4

aufwärts upward

***das Auge, -n** eye

***der Augenblick, -e** moment, instant

augenblicklich at present

***aus** (+ *dat.*) out of, from

aus·bauen to complete; to improve

aus·bilden to educate 3

die Ausbildung, -en education; **die Ausbildungsabschluß- prüfung, -en** final exam

aus·brechen (i; a, [ist] o) to escape, to break out

der Ausbruch, ̈-e escape

aus·denken (dachte aus, ausgedacht) to imagine; to make up

***der Ausdruck, ̈-e** expression; **ausdruckslos** expressionless

aus·drücken to express

auseinander·nehmen (nimmt auseinander; a, auseinan- dergenommen) to take apart

aus·fahren (ä; u, [ist] a) to drive out

***der Ausflug, ̈-e** excursion

aus·füllen to fill out

***aus·geben (i; a, e)** to spend; to give out

aus·gehen (ging aus, ist ausgegangen) to go out; to turn out

ausgeschlossen impossible

***ausgezeichnet** excellent

aus·graben (ä; u, a) to unearth

aus·halten (ä; ie, a) to endure, stand; to suffer 10

aus·kommen (a, [ist] o) to get along

die Auskunft, ̈-e information 7

***das Ausland** foreign country; **der Ausländer, -*(m)*/die Ausländerin, -nen** *(f)* foreigner, alien 2; **ausländisch** foreign 2

aus·machen to put out; to plan, arrange; **es macht mir nichts aus** it doesn't matter

die Ausnahme, -n exception 1

aus·packen to unpack

das Auspuffrohr, -e exhaust pipe

aus·rechnen to calculate

die Ausrede, -n excuse; **faule Ausreden** lame excuses

aus·reden to utter, finish speaking

aus·reichen to suffice

aus·rufen (ie, u) to exclaim; to

call out
sich aus·ruhen   to rest
aus·schieben (o, o)   to shove out
aus·schließen (schloß aus, ausgeschlossen)   to exclude
der Ausschuß, -üsse   committee
*****aus·sehen (ie; a, e)**   to look, to appear; **aussehend: gut ~**   good looking
das Aussehen   appearance
aus·sein (ist aus; war aus, [ist] ausgewesen)   to be switched off
außen   outside
*****außer (+ *dat.*)**   except
*****außerdem**   besides, moreover
außergewöhnlich   exceptional
*****außerhalb (+ *gen.*)**   outside, beyond
außerordentlich   exceptional
äußerst   extreme
die Äußerung, -en   utterance, expression
die Aussicht, -en   view, perspective; prospect
die Aussprache, -n   pronunciation
aus·sprechen (i; a, o)   to pronounce
aus·stehen (stand aus, ausgestanden)   to endure
*****aus·steigen (ie, [ist] ie)**   to get out *(of vehicle)*; to drop out
der Aussteiger, - *(m)*/die Aussteigerin, -nen *(f)*   dropout
aus·stellen   to exhibit
die Ausstellung, -en   exhibition 7
aus·stoßen (ö; ie, o)   to expel, throw out; to utter
der Austausch   exchange; **der Austauschler, -**   exchange student
aus·üben   to exercise; to exert
aus·wählen   to choose, to select
aus·wandern ([ist])   to emigrate
ausweichend   evasive
der Ausweis, -e   identification card

das Ausweispapier, -e   identification papers
auswendig   from memory
*****aus·ziehen (zog aus, ausgezogen)**   to undress; ~ **(zog aus, [ist] ausgezogen)**   to move out
*****das Auto, -s**   car; *****die Autobahn, -en**   interstate highway, expressway
die Autobiographie, -n   autobiography
*****der Autobus, -se**   bus; **der Autofahrer, -**   car driver; **die Autostraße, -n**   highway, road for cars
der Automat, -en, -en   machine that runs by itself; vending machine
automatisch   automatic
der Autor, -en *(m)*/die Autorin, -nen *(f)*   author
autoritär   authoritarian
der/die Azubi (Auszubildende) *(noun decl. like adj.)*   apprentice, trainee

*****das Baby, -s**   baby
*****backen (ä; backte, gebacken)**   to bake
*****der Bäcker, -**   baker
die Bäckerei, -en   bakery
*****das Bad, ⁻er**   bath; **die Badewanne, -n**   bathtub; *****das Badezimmer, -**   bathroom; **die Badetasche, -n**   beach or swimming bag
*****baden**   to bathe
*****die Bahn, -en**   train; track; road
*****der Bahnhof, ⁻e**   train station; **das Bahnhofsrestaurant, -s**   a restaurant inside a railway station
der Bahnpolizist, -en, -en   railway policeman
*****der Bahnsteig, -e**   platform
*****bald (eher, ehest)**   soon; **bald ... bald**   now ... now; ~ **darauf**   a short time later 2
*****der Ball, ⁻e**   ball; dance
die Ballade, -n   ballad
das Band, ⁻er   ribbon; tape

der Band, ⁻e   volume (book)
die Band, -s   band
die Bandarbeit, -en   assembly-line work
*****die Bank, ⁻e**   bench
*****die Bank, -en**   bank
die Bar, -s   bar, pub
der Bär, -en, -en   bear
der Bart, ⁻e   beard
basiert   based
die Basis, Basen   basis
basteln   to build, to work on a hobby
die Bastion, -en   fortress, bastion
der Bau, -ten   building; **die Bauart, -en**   type of construction, design
der Bauch, ⁻e   belly, stomach 4
*****bauen**   to build, to construct
*****der Bauer, -n, -n *(m)*/die Bäuerin, -nen *(f)***   farmer
*****der Baum, ⁻e**   tree
das Bayern   Bavaria
beachten   to observe
*****der Beamte, -n, -n *(m)*/die Beamtin, -nen *(f)***   official
beantworten   to answer 3
der Becher, -   goblet, mug
sich bedanken   to thank
bedauern   to pity 3
*****bedeuten**   to mean; to point out; **bedeutend**   significant; **bedeutsam**   significant
*****die Bedeutung, -en**   meaning; importance; **bedeutungslos**   meaningless
bedienen   to serve
die Bedingung, -en   condition; restriction
bedrohen   to threaten
die Bedrohung, -en   threat
*****sich beeilen**   to hurry 9
beeinflussen   to influence
beenden   to finish
der Befehl, -e   order
befehlen (ie; a; o) (+ *dat. of person*)   to command 10
befreien   to free; rescue
die Befreiung, -en   liberation
befürchten   to fear

*begegnen ([ist]) (+ *dat.*)   to meet

die Begegnung, -en   meeting

begeistert   enthusiastic 9

die Begeisterung, -en   enthusiasm

der Beginn   beginning

*beginnen (a, o)   to begin

begleiten   to accompany

begreifen (begriff, begriffen)   to understand; to touch

der Begriff, -e   conception, idea

begründen   to justify; support

die Begrüßung, -en   welcome; greeting

behalten (ä; ie, a)   to keep, retain

behandeln   to treat; to handle

*behaupten   to assert

die Behauptung, -en   claim, assertion

*bei (+ *dat.*)   at; near

*beide   both

bei·legen   to enclose (*in a letter*)

*das Bein, -e   leg; sich auf die Beine machen   to leave

beinahe   almost 10

*das Beispiel, -e   example; zum ∼   for example

beißen (biß, gebissen)   to bite 9

*bekannt (für)   familiar; well known (for); mir ∼   known to me

*der/die Bekannte (*noun decl. like adj.*)   acquaintance, friend

sich beklagen   to complain 11

beknackt   stupid; foolish

*bekommen (bekam, bekommen)   to get, to receive

belästigt   bothered, annoyed

belebt   lively; crowded

beleidigen   to insult 7

beliebt   popular 5

bellen   to bark

belohnen   to reward 10

die Belohnung, -en   reward

bemalen   to paint; bemalt   painted

*bemerken   to mention; to notice; to realize

bemerkenswert   remarkable

die Bemerkung, -en   comment; observation

benachbart   adjacent, neighboring

benachteiligen   to put at a disadvantage

*sich benehmen (benimmt sich; a, sich benommen)   to behave

das Benehmen   behavior

*benutzen/benützen   to use

*das Benzin   gasoline

beobachten   to observe 3

die Beobachtung, -en   observation

*bequem   comfortable

*bereit (zu)   ready, prepared (for)

bereiten   to prepare

bereits   already

die Bereitschaft   readiness to help

*der Berg, -e   mountain

bergsteigen   to climb mountains

*der Bericht, -e   report

*berichten   to report

*der Beruf, -e   profession; die Berufsausbildung   education for a profession; die Berufswahl   choice of a profession; die Berufswelt   world of work; der Berufswunsch, ¨e   preference of profession; die Berufsschule, -n   vocational school

beruflich   professional

berufstätig   employed 3

der/die Berufstätige (*noun decl. like adj.*)   someone with a job

beruhigen   to comfort, to calm 8

*berühmt (wegen)   famous (for)

beschäftigen   to occupy 6

beschäftigt (mit)   occupied (by, with)

die Beschäftigung, -en   occupation; pursuit

beschämt (über + *acc.*)   ashamed (about)

bescheiden   modest

*beschließen (beschloß,

beschlossen)   to decide; to conclude

der Beschluß, ¨sse   decision

*beschreiben (ie, ie)   to describe

die Beschreibung, -en   description

sich beschweren   to complain 11

besetzen   to occupy 3

besetzt   occupied 3; busy (*telephone*)

*besitzen (besaß, besessen)   to own; to possess

*besonder   special

*besonders   especially

besorgt (um, für)   anxious, concerned (about, over)

*besser   better

bestehen (bestand, bestanden)   to persist; to pass (*exam*); ∼ (aus)   to consist of; ∼ (auf + *acc.*) to insist upon

besteigen (ie, ie)   to climb

*bestellen   to order

die Bestellung, -en   order

bestimmen   to determine

*bestimmt   probably; sure; certain; particular; bestimmt zu   destined for, determined for

bestrafen   to punish 9

die Bestrafung, -en   punishment

*besuchen   to visit; to attend

*der Besuch, -e   visit

der Besucher, - (*m*)/die Besucherin, -nen (*f*)   visitor

beten   to pray 9

betonen   to emphasize

betrachten   to observe; to regard; to consider 11

beträchtlich   considerable

betreffen (i; a, o)   to concern

betreten (i; a, e)   to enter

der Betrieb, -e   management, firm; der Betriebswirt, -e   economist

betrügen (o, o)   to deceive; to cheat

betrunken   drunk

*das Bett, -en   bed; Betten machen   to make beds; das

Bettuch, ⁻er sheet
beurteilen to judge
die Bevölkerung, -en
population
*****bevor** *(conj.)* before
bevorzugen to favor, to prefer
*****(sich) bewegen** to move;
beweglich flexible
die Bewegung, -en movement
der Beweis, -e proof
*****beweisen (ie, ie)** to prove
sich bewerben (i; a, o) to apply
der Bewerber, - *(m)/***die
Bewerberin, -nen** *(f)*
candidate, applicant
die Bewerbung, -en application
bewußt conscious; aware
das Bewußtsein
consciousness; awareness
*****bezahlen** to pay
die Bezahlung, -en payment
sich beziehen (o, o) to relate;
to refer
die Beziehung, -en relation
bezug: in bezug auf *(acc.)* in
regard to
die Bibel, -n Bible
*****die Bibliothek, -en** library
biegen (o, o) to bend
*****das Bier, -e** beer
*****bieten (o, o)** to offer; to show
*****das Bild, -er** picture; **bildhaft**
clear as a picture; **bildschön**
pretty as a picture
(sich) bilden to form; to
educate 8
*****billig** cheap
*****binden (a, u)** to bind, tie
das Bio-Brot, -e organic bread
die Biographie, -n biography
die Birne, -n pear
*****bis** *(+ acc.)* until; as far as; by
(time); ~ **dann** until then
(later)
bisher so far; as yet; till now
bisherig previous
*****bißchen: ein bißchen** a little
*****bitte** please
*****bitten (bat, gebeten) (um)** to
beg; to ask
bitter bitter; severe
blank shining

blasen (ä; ie, a) to blow
blaß (vor + ** *dat.*)** pale
das Blatt, ⁻er leaf; sheet of
paper
blättern to turn over pages 3
*****blau** blue; ~ **sein** to be drunk
das Blei lead
*****bleiben (ie, [ist] ie)** to remain
*****der Bleistift, -e** lead pencil
der Blick, -e view; glance
blicken to look 5
blind blind
der Blitz, -e lightning; flash
blitzen to flash; lightning
der Block, ⁻e block of countries
like NATO or Warsaw Pact
blöd(e) dumb 7
blond blonde
bloß only; simply 4; bare 6
*****blühen** to bloom, flourish
*****die Blume, -n** flower; **das
Blumenbeet, -e** flower bed;
der Blumenladen, ⁻ flower
shop; **der Blumenstrauß,** ⁻e
bouquet
*****die Bluse, -n** blouse
das Blut blood
*****der Boden,** ⁻ ground; floor;
attic
die Bombe, -n bomb
*****das Boot, -e** boat
Bord: an ~ on board ship; **das
Bordklima** atmosphere on
shipboard
borgen to borrow; to lend
*****böse (auf** or **über) (+ ** *acc.***)**
mean; angry (at, about); **mir** ~
angry at me
der Boß, -sse boss
brackig brackish
*****braten (ä; ie, a)** to fry; to roast
*****der Braten, -** roast
brauchbar useful
*****brauchen** to need
*****braun** brown
*****brechen (i; a, o)** to break; to
crush
*****breit** broad, wide
die Bremse, -n brake 7
bremsen to stop, apply the
brakes
*****brennen (a, a)** to burn

das Brett, -er board 11
*****der Brief, -e** letter
*****die Briefmarke, -n** stamp
*****die Brille, -n** eyeglasses
*****bringen (brachte, gebracht)** to
bring
britisch British
*****das Brot, -e** bread; sandwich
*****das Brötchen, -** roll
die Brote *(pl.)* sandwiches
*****die Brücke, -n** bridge
*****der Bruder,** ⁻ brother
brünett brunette
der Brunnen, - well
brüsk harsh
*****die Brust,** ⁻e breast; chest
brutal brutal
*****das Buch,** ⁻er book; **der
Bücherwurm,** ⁻er book-
worm; **die Buchhandlung, -en**
bookstore
die Buche, -n beech tree
der Buchhalter, - *(m)/***die
Buchhalterin, -nen** *(f)*
bookkeeper
der Buchstabe, -ns, -n letter
(of alphabet)
das Budget, -s budget
bügeln to iron
die Bühne, -n stage 10
der Bund confederacy; **der
Bundeskanzler, -** chancellor;
das Bundesland, ⁻er state;
die Bundesregierung federal
government 3; **die
Bundesstraße, -n** highway;
der Bundestag West German
Parliament; **die Bundeswehr**
army of the FRG
*****die Bundesrepublik
Deutschland** Federal
Republic of Germany
*****bunt** multi-colored
der Bürger, - citizen 5; **die
Bürgerinitiative, -n** officially
recognized citizens' action
group; **der Bürgermeister, -**
mayor
*****das Büro, -s** office; **der/die
Büroangestellte** *(noun decl.
like adj.)* office employee; **die
Bürofachkraft,** ⁻e office

article

employee; **der Bürokaufmann, die Bürokaufleute** office clerk

*__die Bürste, -n__ brush

*__der Bus, -se__ bus

*__die Butter__ butter; **das Butterbrot, -e** sandwich

bzw. *abbreviation for* **beziehungsweise** respectively, relatively

*__das Café, -s__ café

*__das Camping__ camping out; *__der Campingplatz, -̈e__ campground

das Cello, -s cello

das Centrum, Centren center; downtown

die Chance, -n opportunity

der Charakter, -e character; **charakteristisch** characteristic

charakterisieren to characterize

*__der Chef, -s__ *(m)*/**die Chefin, -nen** *(f)* boss

die Chemie chemistry; **chemiefrei** without chemicals

der Chor, -̈e choir

der Club, -s club

der Cognac, -s cognac

das/die Cola, -s cola drink

die Comics comics

das Compositum, -a compound

*__der Computer, -__ computer

die Couch, -es sofa; **der Couchtisch, -e** coffee table

*__die Cousine, -n__ cousin *(f.)*

*__da__ *(adv.)* there; then; **da drüben** over there

*__da__ *(conj.)* as; since

dabei thereby; near; moreover

*__das Dach, -̈er__ roof

dadurch thereby; by that

dafür therefore; for this

dagegen against it; on the other hand

*__daher__ therefore

*__dahin__ there; away; gone

dahinter behind

*__damals__ at that time; then

*__die Dame, -n__ lady

*__damit__ in order that; with that

danach after that; accordingly

daneben beside it; besides; near

dank thanks to

*__der Dank__ reward, thanks

*__dankbar (für)__ grateful (for); **mir ~** grateful to me; **die Dankbarkeit** gratitude

*__danken__ (+ *dat. of person*) to thank

*__dann__ then

daran at, on; about

darauf thereupon; afterward

daraus therefrom

darin inside, within

dar·stellen to present; to describe 7

die Darstellung, -en presentation; description

darüber over it; across it; about it

*__darum__ therefore; around it

darunter under it; among them

*__daß__ that *(conj.)*

*__dasselbe__ the same

der Datenverarbeiter, - data processor

das Datum, Daten date

die Dauer duration; **auf die ~** for a long time

*__dauern__ to last; **dauernd** continually 4

die Dauerstellung permanent job

davon of it; away

*__dazu__ to this; in addition; for this purpose

die Debatte, -n debate

debattieren to debate

*__die Decke, -n__ blanket; ceiling

decken to cover; **den Tisch ~** to set the table

die Definition, -en definition

die Delikatesse, -n delicacy

demnächst shortly, soon

die Demokratie, -n democracy

demokratisch democratic

der Demonstrant, -en, -en demonstrator; **die Demonstration, -en** demonstration

demonstrieren to demonstrate

denkbar thinkable, conceivable

*__denken__ (**dachte, gedacht**) to think; **~ an** (+ *acc.*) to think of

*__denn__ for, because

dennoch yet, however

das Derby, -s derby, horse race

*__deren__ whose

*__derselbe__ the same

*__deshalb__ therefore, for that reason

desillusionieren to disillusion

*__dessen__ whose

*__desto:__ **je(mehr)...~ (besser)** the (more)...the (better)

*__deswegen__ for that reason, therefore

das Detail, -s detail

deuten (auf) (+ *acc.*) to point (to)

deutlich distinct, clear

*__deutsch__ German; **deutschsprachig** German-speaking

*__der/die Deutsche__ (*noun decl. like adj.*) German; **auf deutsch** in German

die Deutsche Demokratische Republik (DDR) German Democratic Republic

die Deutsche Kommunistische Partei (DKP) German Communist Party

*__(das) Deutschland__ Germany

d.h. *abbreviation for* **das heißt** that is

der Dialekt, -e dialect

der Dialog, -e dialogue

die Diät, -en diet; **~ essen** to diet

dicht close; closed

der Dichter, - poet, writer

*__dick__ big; thick; fat

der Dieb, -e thief 2; **diebisch** thievish

dienen (+ *dat.*) to serve 10

der Dienst, -e service; **~**

leisten   to do a service
*dies   this
der Dieseltreibstoff, -e   diesel fuel
diesmal   this time
*diesseits (+ gen.)   on this side (of)
differenziert   differentiated; exact
der Diktator, -en   dictator
die Diktatur, -en   dictatorship
diktieren   to dictate
das Dilemma, -s   dilemma
die Diminutivform, -en   diminutive
das Diner, -s   dinner
*das Ding, -e   thing
der Dinosaurier, -   dinosaur
der Diplomat, -en, -en   diplomat
der Diplomsoziologe, -n, -n   registered sociologist
direkt   direct
*der Direktor, -en   director
dirigieren   to direct
*die Disco, -s   disco
die Diskussion, -en   discussion
*diskutieren über (+ acc.)   to discuss
die Distanz, -en   distance
die Disziplin   discipline; disziplinlos   undisciplined
diszipliniert   disciplined
*doch   however; still; surely
*der Doktor, -en   medical doctor; PhD
*der Dom, -e   cathedral; fair in Hamburg
die Donau   Danube river
der Donner, -   thunder 10
donnern   to thunder
doof   dumb, stupid 7
doppelt   double 6
das Doppelzimmer, -   double room
*das Dorf, ¨er   village
*dorther   from there
*dorthin   to that place
die Dose, -n   can
dösen   to take a nap; to daydream
das Drama, Dramen   drama

dramatisieren   to dramatize
dran   attached to; du bist dran   it's your turn
drauf   thereon; on top
*draußen   outside
der Dreck   filth, dirt
drehen   to turn; sich drehen   to spin around 6
drin   inside
drinnen   inside
das Drittel, -   third
droben   above; up there
die Droge, -n   drug
*die Drogerie, -n   drugstore
drohen (+ dat.)   to threaten
*drüben   over there
der Druck, -e   pressure; printing
drucken   to print
drücken   to press 4
die Drucksache   printed matter
dufte (coll.)   great, excellent
*dumm (ü)   stupid; foolish; der Dummkopf, ¨e   fool; dummerweise   foolishly, stupidly
*dunkel   dark
*dünn   thin, slender
*durch   (+ acc.) through, by means of; durch und durch   throughout; thoroughly
durcheinander   in confusion
die Durchgangsstraße, -n   through street
durch·lesen (ie; a, e)   to read through
der Durchschnitt, -e   average, mean
*dürfen   to be permitted
*der Durst   thirst
*durstig   thirsty
die Dusche, -n   shower 3
*(sich) duschen   to take a shower
*das Dutzend, -e   dozen
duzen   to use informal address: (du)
der D-Zug, ¨e = Durchgangszug, ¨e   train that doesn't stop at every train station

*eben   even, smooth; exactly, precisely; just
ebenfalls   equally; also
ebenso   just as 10
*echt   genuine, real; (coll.) very; really
*die Ecke, -n   edge; corner; eckig   square
der Effekt, -e   effect
*egal   equal, even; das ist mir ~   it's all the same to me
*ehe (conj.)   before
die Ehe, -n   marriage
das Ehepaar, -e   married couple
eher   earlier, sooner; rather
die Ehre, -n   honor
ehren   to honor
ehrlich   honest, fair 2
*das Ei, -er   egg
*eigen   own; individual
die Eigenschaft, -en   attribute, character
*eigentlich   actually, really
die Eile   haste, speed; eilig   hasty 5; eilfertig   eager
eilen (ist)   to hurry
der Eimer, -   bucket
ein: ein- und ausgehen   to visit frequently
*einander   one another
ein·bauen   to build in
der Eindruck, ¨e   impression 4
einerseits   on the one hand
*einfach   simple
die Einfachheit   simplicity
ein·fallen (ä; fiel ein, [ist] eingefallen)   to occur to; es fällt mir ein   it occurs to me, it comes to mind
das Einfamilienhaus, ¨er   single family house
der Einfluß, Einflüsse   influence
die Einheit, -en   unit; unity
einig   agreed; united
*einige   a few, several, some
sich einigen   to agree upon
*ein·kaufen   to shop
das Einkaufszentrum, -zentren   shopping mall
das Einkommen, -   income
*ein·laden (ä; u, a)   to invite

die **Einladung**, -en invitation

die **Einlaßkarte**, -n ticket of admission

ein·machen to can, preserve

*****einmal** once; **nicht** ~ not even 4

ein·packen to pack 4

*****einsam** lonely, solitary

ein·schlafen (ä; ie, [ist] a) to fall asleep 4

ein·sehen (ie; a, e) to understand; to perceive

einseitig unilateral; biased

einst formerly

*****ein·steigen** (ie, [ist] ie) to get in, enter

die **Einsteigerin**, -nen former housewife who takes a job

ein·stellen to focus; to adjust; to hire 3

die **Einstellung**, -en position; attitude

ein·treten (tritt ein; trat ein, [ist] eingetreten) to enter; to happen 5

der **Eintritt** entry; admission

ein·wandern ([ist]) to immigrate

ein·wickeln to wrap up

der **Einwohner**, - inhabitant

der **Einzelfall**, ⁻e individual case

die **Einzelheit**, -en detail 1

*****einzeln** individual, single

das **Einzelzimmer**, - single room

ein·ziehen (zog ein, ist eingezogen) to move in

*****einzig** only; unique

*****das Eis** ice; ice cream; **eisig** icy

das Eisen iron

*****die Eisenbahn**, -en railroad; railroad train

der **Eisschrank**, ⁻e refrigerator

sich ekeln to be revolted

elegant elegant

der **Elektriker**, - *(m)*/die **Elektrikerin**, -nen *(f)* electrician

elektrisch electrical

Elektro- electro-, electric(al) 8;

die **Elektrofirma, Elektrofirmen** firm that produces electrical instruments; **das Elektrogeschäft**, -e store selling electrical supplies 8

elektronisch electronic

der **Ellbogen**, - elbow

*****die Eltern** *(pl.)* parents; **elterlich** parental

empfangen (ä; i, a) to receive

empfehlen (ie; a, o) to recommend 3

empfinden (a, u) to feel, experience

*****das Ende**, -n end; limit; **zu** ~ over; **das Endprodukt**, -e end product; **die Endstation** the end of the line

enden to end

*****endlich** finally

die **Endung**, -en ending

die **Energie** energy; der **Energieverbrauch** energy consumption

energisch energetic

*****eng** narrow

das Engagement commitment

engagiert committed

die Enge narrowness

*****(das) England** England; der **Engländer**, - *(m)*/die **Engländerin**, -nen *(f)* English person; **englisch** English

das Enkelkind, -er grandchild 10

enorm enormous

entdecken to discover 5

entfernen to remove, withdraw 11; **entfernt** distant, removed

die **Entfernung**, -en distance

entgegen (+ *dat.*) against; opposite; toward 5

entgegengesetzt opposite, opposed, contrary

entgegen·kommen (kam entgegen, [ist] o) to come toward

enthalten (ä; ie, a) to contain

sich entkleiden to undress

*****entlang** (+ *acc.*) along

entlassen (ä; ie, a) to release; to fire

*****entscheiden** (ie, ie) to decide

die **Entscheidung**, -en decision

sich entschließen (o, entschlossen) to make up one's mind

*****entschuldigen** to excuse

*****die Entschuldigung**, -en excuse

entsetzlich terrible

die **Entspannung** reduction of tension; relaxation

entsprechen (i; a, o) (+ *dat.*) to correspond; to comply with; **entsprechend** corresponding, according

entstehen (a, [ist] a) to come about, to arise 8

*****enttäuschen** to disappoint

*****entweder ... oder** either . . . or

*****(sich) entwickeln** to develop

die **Entwicklung**, -en development

entziffern to decipher

die **Episode**, -n episode

erarbeiten to work out; to acquire

erblicken to see, to discover

*****die Erde**, -n earth; soil

*****das Erdgeschoß, Erdgeschosse** ground level floor

das Erdöl, -e oil

der **Erdrutsch**, -e landslide

sich ereignen to take place

das Ereignis, -se event 7

*****erfahren** (ä; u, a) to experience; to hear about

*****die Erfahrung**, -en experience

erfinden (a, u) to invent 10; der **Erfinder**, - inventor; die **Erfindung**, -en invention

der **Erfolg**, -e success; **erfolgreich** successful

erforderlich necessary, required

erfüllen to fulfill; to come true

ergänzen to complete

das Ergebnis, -se result 3

ergreifen (ergriff, ergriffen) to seize

erhalten (ä; ie, a) to receive; to preserve, maintain 1
sich erheben (o, o) to arise
erhellen to shed light on
sich erholen to recover 9
die Erholung recuperation; relaxation
***sich erinnern** to remember; **erinnern** to remind
die Erinnerung, -en reminder, recollection
***sich erkälten** to catch a cold
***die Erkältung, -en** cold
***erkennen (a, a)** to recognize
***erklären** to explain; **erklärbar** explainable
***die Erklärung, -en** explanation
sich erkundigen to inquire 7
erlauben to permit 2
die Erlaubnis permit
erleben to experience 2
das Erlebnis, -se experience
erlernen to acquire; to learn by study and experience
erlösen to set free
erneuern to renew
***ernst** serious; **ernsthaft** serious
der Ernst seriousness, severity; **das ist nicht dein ~** you aren't serious; **~ machen** to really do it
eröffnen to open; to start
die Erosion, -en erosion
erraten (ä; ie, a) to guess
die Erregung agitation
***erreichen** to achieve, to reach
erretten to rescue
der Ersatz substitute
***erscheinen (ie, [ist] ie)** to seem; to appear; to be published
erschossen exhausted
erschrecken (i; erschrak, o) to be startled; to be terrified 11
erschrecken to startle *(weak verb)*
ersehen (ie; a, e) to learn; to infer; to understand
ersetzen to replace
ersparen to save
***erst** first; not until; previously

erstaunen to surprise 7; **erstaunt (über + *acc.*)** surprised (at, by) 6
erstaunlich surprising; **erstaunlicherweise** surprisingly
erstens first of all
erstklassig first-rate
erstmal first
erwachen ([ist]) to wake up
erwachsen grown up
der/die Erwachsene *(noun decl. like adj.) adult 1
erwähnen to mention 11
***erwarten** to expect; to await
die Erwartung, -en expectation
erwecken to awaken
erwidern to reply
die Erwiderung, -en reply
***erzählen** to tell, report
***die Erzählung, -en** story
erziehen (erzog, erzogen) to rear; to educate
die Erziehung education
der or das Essay, -s essay
***essen (ißt; aß, gegessen)** to eat; **eßbar** edible
***das Essen,-** meal
***das Eßzimmer, -** dining room
das Etablissement, -s establishment
die Ethik ethics
***etwa** about, nearly
***etwas** something; a little
(das) Europa** Europe; **der Europäer, - *(m)*/die Europäerin, -nen *(f) European; **europäisch** European
eventuell perhaps; probably
ewig eternal
***das Examen, Examina** final examination at university
existent existent
die Existenz existence
das Experiment, -e experiment
experimentieren to experiment
der Experte, -n, -n expert
explodieren to explode
explosiv explosive; lively
der Export, -e export
exportieren to export

***die Fabrik, -en** factory; **der Fabrikbesitzer, -** factory owner; **der Fabrikdirektor, -en** factory manager
***das Fach, ⸚er** subject; specialty; **der Facharbeiter, -** skilled worker; **der Fachmann, ⸚er or -leute** specialist 8; **die Fachschule, -n** technical school
der Faden, ⸚ thread
fähig able, capable
die Fähigkeit, -en capability
die Fahne, -n flag 10
***fahren (ä; u, [ist] a)** to drive; to go
der Fahrer, - *(m)*/die Fahrerin, -nen *(f) driver
***die Fahrkarte, -n** ticket (bus, train)
der Fahrkartenschalter, - ticket counter
der Fahrplan, ⸚e schedule (e.g., bus, train) 9
***das Fahrrad, ⸚er** bicycle; **der Fahrradweg, -e** bike path
die Fahrschule, -n driving school
***die Fahrt, -en** tour, trip
das Fahrzeug, -e vehicle 7
fair fair
das Faktum, Fakten fact
der Fall, ⸚e case; decline; **im besten Falle** at best
***fallen (ä; fiel, [ist] a)** to fall
***falsch** false; deceitful
die Falte, -n fold; wrinkle
falten to fold 6
***die Familie, -n** family; **der Familiensinn** sense of family; **das Familienauto, -s** family car
der Fang, ⸚e catch
fangen (ä; i, a) to catch
***die Farbe, -n** color; **farbig** colorful, colored
die Fassade, -n facade
fassen to grasp; to contain
***fast** almost
***faul** lazy; rotten
faulen to rot
faulenzen to be lazy; to do nothing 4

die Faust, ̈e   fist
*fehlen (+ *dat.*)   to miss; to be
   lacking
*der Fehler, -   mistake;
   fehlerhaft   defective
die Feier, -n   celebration; *der
   Feiertag, -e   holiday
*feiern   to celebrate
*fein   fine, delicate, thin;
   nice
*der Feind, -e   enemy
der Feinmechaniker, -
   specialist in fine mechanics
*das Feld, -er   field
*das Fenster, -   window
*die Ferien (*pl.*)   vacation
*fern   far, distant, away
die Ferne   distance
ferner   furthermore
das Ferngespräch, -e   long
   distance phone call; der
   Fernsprecher, -   telephone
*fern·sehen (ie; a, e)   to watch
   television
*der Fernsehapparat, -e
   television set; *der Fernseher, -
   television set; der
   Fernsehturm, ̈e   television
   tower
*das Fernsehen   television
*fertig   ready, done
*das Fest, -e   festival; party;
   feast; das Festspiel, -e
   festival
*fest   firm; compact, solid
fest·halten (ä; ie, a)   to hold on;
   to grasp firmly
das Festival, -s   festival
fest·stellen   to find out; to
   confirm 8
die Fete, -n   party 9
fett   fat 4; greasy; thick
fettgedruckt   boldface
feucht   moist; humid
*das Feuer, -   fire; light
   (cigarette); das Feuerchen, -
   campfire
die Feuerwehr, -en   fire
   department; der
   Feuerwehrmann, ̈er (*m*)/die
   Feuerwehrfrau, -en (*f*)   fire-
   fighter

das Feuerzeug, -e   cigarette
   lighter 8
die Fichte, -n   fir tree; der
   Fichtenbaum, ̈e   fir tree
der Fiedler -   fiddler
fies   repulsive
der Filter, -   filter
*der Film, -e   film, movie
finanziell   financial
*finden (a, u)   to find, to
   discover; to think
*der Finger, -   finger; der
   Fingernagel, ̈   fingernail;
   lange ~ machen   to steal; auf
   die ~ schauen   to observe
   carefully; das Finger-
   spitzengefühl   intuition
finster   dark
*die Firma, Firmen   firm
*der Fisch, -e   fish
der Fischer, -   fisherman
*flach   flat; even
die Flamme, -n   flame
*die Flasche, -n   bottle
der Fleck, -e or der Flecken, -
   spot; place 4
*das Fleisch   meat
*fleißig   industrious
die Flexibilität, -en   flexibility
die Fliege, -n   fly
*fliegen (o, [ist] o)   to fly
fliehen (o, [ist] o)   to escape
*fließen (o, [ist] geflossen)   to
   flow
der Flohmarkt, ̈e   flea market
die Flucht   escape 5; der
   Flüchtling, -e   refugee
*der Flug, ̈e   flight; *der
   Flughafen, ̈   airport; *die
   Flugkarte, -n   plane ticket;
   der Flugschein, -e   pilot's
   license; plane ticket
der Flügel, -   wing
*das Flugzeug, -e   airplane
*der Fluß, Flüsse   river 8
flüstern   to whisper 10
die Folge, -n   consequence;
   sequence 8; zur ~ haben   to
   result in 8
*folgen (+ *dat.*)   to follow; to
   obey; folgendes   the
   following; folgend   the

following
die Folgerung, -en   conclusion
fördern   to foster, promote
die Form, -en   form, shape
das Formular, -e   form
formulieren   to formulate
der Förster, -   forester
*fort   away; on, forward
fort·fahren (ä; u, [ist] a)   to
   continue; to drive away 8
der Fortschritt, -e   progress;
   improvement
fort·setzen   to continue
die Fortsetzung, -en
   continuation
*das Foto, -s   photograph; das
   Fotoalbum, Fotoalben   photo
   album; *der Fotoapparat, -e
   camera
der Fotograf, -en, -en
   photographer
fotografieren   to take a picture
   8; fotografisch   photographic
die Fotographie, -n
   photography; photo
*die Frage, -n   question; in ~
   stellen   to question; eine ~
   stellen   to ask a question
*fragen   to ask
fragmentarisch   incomplete
*(das) Frankreich   France
*der Franzose, -n, -n (*m*)/die
   Französin, -nen (*f*)   French
   person; französisch   French
*die Frau, -en   woman; Mrs.,
   Ms.; wife
*das Fräulein, -   unmarried
   woman; Miss; waitress
*frei   free; ~ haben   to be off
   from work; ~ sein   to be
   unoccupied
freigebig   generous
*die Freiheit   freedom
freilich   of course
freiwillig   voluntarily
die Freizeit   leisure time
*fremd   foreign; strange; das ist
   mir ~   that is foreign to me
   *der/die Fremde (*noun decl.
   like adj.*)   foreigner; stranger;
   die Fremdsprache, -n   foreign
   language; das Fremdwort, ̈er

word borrowed from a foreign language

*fressen (frißt; fraß, e) to eat *(used for animals)*

*die Freude, -n joy; **freudig** joyful

die Freudigkeit, -en joyousness

*sich freuen to rejoice, be glad; **sich freuen auf** (+ *acc.*) to look forward to; **sich freuen über** (+ *acc.*) to be happy about

*der Freund, -e friend; **ein fester ~** a steady boyfriend

*freundlich (gegen, zu) friendly (to)

die Freundlichkeit friendliness

die Freundschaft, -en friendship

der Frieden peace 4; **die Friedensbewegung, -en** peace movement; **das Friedenslied, -er** peace song

friedlich peaceful

frieren (o, o) to freeze

*frisch fresh; new

*der Friseur, -e *(m)* barber, hairdresser; ***die Friseuse, -n** *(f)* hairdresser

frivol frivolous

*froh (über + *acc.*) glad (about)

*fröhlich happy, merry 5

die Fröhlichkeit gaiety

die Front, -en front

*früh early; **früher** formerly; earlier

das Frühjahr, -e spring

*der Frühling, -e spring

*das Frühstück, -e breakfast

*frühstücken to eat breakfast

*(sich) fühlen to feel

*führen to lead, to guide

*der Führerschein, -e driver's license

füllen to fill

*der Füller, - ink pen

fünfjährig five years old

der Funk broadcast; **Funk- und Fernsehtechniker, -** radio- and television technician

funktionieren to function

*für (+ *acc.*) for

die Furcht fear, anxiety

*furchtbar terrible

*fürchten to fear; **fürchterlich** terrible, frightful; **furchtsam** fearful, frightened

*der Fuß, -̈e foot

*der Fußball, -̈e soccer ball; soccer game; **das Fußballmatch** soccer game; **das Fußballspiel, -e** soccer game

*der Fußgänger, - pedestrian

füttern to feed

*die Gabel, -n fork

der Gang, -̈e walk, passage

*ganz complete, whole; quite

*gar entirely

*gar nicht not at all

*die Garage, -n garage

die Gardine, -n curtain

*der Garten, -̈ garden; **die Gartenarbeit** gardening

das Gas, -e gas 11

*der Gast, -̈e guest; **der Gastarbeiter, -** foreign worker

*das Gasthaus, -̈er inn, hotel

*das Gebäude, - building

*geben (i; a, e) to give

das Gebet, -e prayer

*das Gebiet, -e region; subject

gebildet educated, cultured

*das Gebirge, - mountains

*geboren born

der Gebrauch, -̈e custom; use

*gebrauchen to use

gebraucht second hand, used

*die Geburt, -en birth; **der Geburtsort, -e** place of birth

*der Geburtstag, -e birthday

das Gedächtnis memory

*der Gedanke, -ns, -n thought; **ich kann keinen klaren Gedanken fassen** I can't get my thoughts together

die Gedankenfreiheit freedom of thought

das Gedicht, -e poem

die Geduld patience 11

geduldig patient 2

geehrt honored; dear *(in formal letter)*

*die Gefahr, -en danger; **der ~ ins Auge sehen** to face up to something; ***gefährlich** dangerous; **gefährdet** in danger

der Gefallen, - favor

*gefallen (ä; ie, a) (+ *dat.*) to please; **sich etwas ~ lassen** to consent, take it reluctantly

das Gefängnis, -se prison, jail

*das Gefühl, -e emotion; **gefühllos** unfeeling; **gefühlvoll** sentimental

*gegen (+ *acc.*) against

*die Gegend, -en area, region

gegeneinander against one another

der Gegensatz, -̈e contrast; **gegensätzlich** contrary, opposite

der Gegenstand, -̈e thing; subject

das Gegenteil, -e opposite

*gegenüber (+ *dat.*) opposite

gegenüber·stellen to juxtapose

die Gegenwart presence; present time 5; **gegenwärtig** present

die Gegenwirtschaft, -en alternative economy

gegrillt grilled

das Gehalt, -̈er salary

geheim secret; **das Geheimnis, -se** secret

*gehen (ging, ist gegangen) to go; to work; **das geht mich nichts an** that doesn't concern me; **das geht nicht** that won't do; **es geht darum** it concerns that

der Gehilfe, -n, -n *(m)*/**die Gehilfin, -nen** *(f)* aid, helper

*gehorchen (+ *dat.*) to obey

*gehören (+ *dat.*) to belong

gelangweilt bored

*gelb yellow

*das Geld, -er money; **das Geldstück, -e** coin

das Gelee, -s jelly

*die Gelegenheit, -en
opportunity
gelegentlich occasional
gelehrt scholarly, wise
*gelingen (a, [ist] u) (+ dat.) to
succeed
*gelten (i; a, o) to be of value; to
be valid; to be in effect
gemein mean; common 2; ein
gemeiner Hund low-down
fellow
die Gemeinde, -n community;
congregation
gemeinsam together 9
die Gemeinschaft, -en group;
community
*das Gemüse, - vegetable
*gemütlich comfortable, cozy;
good-natured
*genau exact, accurate; that's
right
genauso (wie) as well (as)
die Generation, -en
generation; der
Generationskonflikt, -e
generation gap
genießen (o, genossen) to
enjoy
der Genosse, -n, -n comrade
*genug enough
*das Gepäck luggage; das
Gepäckstück, -e piece of
luggage
*gerade straight; just;
geradeaus straight ahead
das Gerät, -e tool, instrument 7
geraten (ä; ie, [ist] a) to get
into; to come out
das Geräusch, -e noise
gerecht just, fair
das Gericht, -e court
gering small; insufficient
*gern (lieber, liebst-) gladly,
with pleasure
gerötet flushed
der Geruch, ¨e smell, fragrance
gesamt total, entire 9
der Gesang, ¨e song, singing
*das Geschäft, -e business;
Geschäfte machen to do
business; das Geschäftsleben
business world; der

Geschäftsmann, ¨er, -leute
(m)/die Geschäftsfrau, -en (f)
businessman, businesswoman
2
geschäftlich commercial; on
business
*geschehen (ie; a, [ist] e) to
happen
*das Geschenk, -e gift
*die Geschichte, -n story;
history
geschickt clever; skilled
*das Geschirr, -e dishes; die
Geschirrspülmaschine, -n
automatic dishwasher
der Geschmack taste
das Geschlecht, -er sex
die Geschwindig-
keitsbegrenzung, -en speed
limit 11
der Geselle, -n journeyman
*die Gesellschaft, -en society;
company; das Gesell-
schaftsspiel, -e party game
das Gesetz, -e law
*das Gesicht, -er face
gespannt (auf + acc.) curious
(about)
*das Gespräch, -e talk; ein ~
führen to converse
gesprächig talkative; sociable
die Gestalt, -en form, shape 5
die Geste, -n gesture
gestehen (gestand, gestanden)
to confess
*gestern yesterday
das Gesuchte that which is
searched for
*gesund healthy
*die Gesundheit health; das
Gesundheitswesen, - health
care system
das Getränk, -e drink,
beverage
das Getreide grain, crop 6
gewähren to allow
die Gewalt, -en force 10
gewaltig powerful
das Gewehr, -e gun, rifle 10
die Gewerkschaft, -en union
das Gewicht weight;
importance

gewillt: ~ sein to be willing
der Gewinn, -e gain, profit
*gewinnen (a, o) to gain, win
*gewiß sure, certain; probably
das Gewissen conscience
das Gewitter, - thunderstorm
sich gewöhnen an (+ acc.) to
get used to; gewohnt
accustomed 2
die Gewohnheit, -en habit
*gewöhnlich normally; common
gießen (o, gegossen) to pour
das Gift, -e poison
der Gipfel, - peak, top
*die Gitarre, -n guitar
der Gitarrist, -en, -en guitarist
glänzen to shine, gleam
*das Glas, ¨er glass
glatt smooth, even; polished 6
der Glaube, -ens, belief, faith
*glauben (+ dat. of person) to
believe
glaubhaft believable
*gleich soon; equal; ~ darauf
immediately afterwards; das
ist mir ~ it's all the same to
me
gleichberechtigt having equal
rights; die Gleichberech-
tigung equal rights 3
gleichen (i, i) (+ dat.) to be
equal; to be like
gleichfalls likewise
die Gleichheit equality; das
Gleichheitsprinzip, -ien
principle of equality
gleichmäßig steady
gleich·tun (a, a) to imitate
gleichwertig equivalent
gleichzeitig simultaneous 3
das Gleis, -e track
das Glied, -er limb; joint
die Glocke, -n bell
*das Glück luck, fortune; zum
~ luckily; der Glückwunsch,
¨e congratulations
*glücklich (über + acc.) happy
(about); glücklicherweise
fortunately
glühen to glow
das Gold gold
*der Gott, ¨er God; god; ~ sei

dank   thank heavens **gottlos** godless

das Grab, ⁼er   grave 6

graben (ä; u, a)   to dig 5

der Grad, -e   degree; rank

der/das Graffito, -i   graffiti

*das Gramm, -e   gram

*das Gras, ⁼er   grass

gräßlich   horrible

gratulieren (+ *dat.*)   to congratulate

*grau   gray

grausam   cruel

greifen (griff, gegriffen)   to grasp

der Greis, -e   old man

grell   glaring; shrill

die Grenze, -n   border; limit 11

(das) Griechenland   Greece

griechisch   Greek

grillen   to grill

grinsen   to grin

grob   rude; rough

*groß (ö)   great, big, tall

großartig   excellent

(das) Großbritannien   Great Britain

*die Größe, -n   height; size

*die Großeltern (*pl.*) grandparents

die Großmacht, ⁼e   world power

*die Großmutter, ⁼   grandmother

die Großstadt, ⁼e   city; die Großstadtszene   city scene

größtenteils   mostly

*der Großvater, ⁼   grandfather

großzügig   generous

grotesk   grotesque

*grün   green; im Grünen   out in nature; ins Grüne   into nature

*der Grund, ⁼e   reason; bottom

der Grundgedanke, -ns, -n   fundamental or root idea

das Grundgesetz, -e   Basic Law (of Federal Republic of Germany)

die Grundlage, -n   foundation; basis

der Grundsatz, ⁼e   principle; grundsätzlich   on principle

die Grundschule, -n

elementary school

das Grundstück, -e   property, estate

die Gruppe, -n   group 2

*der Gruß, ⁼e   greeting

*grüßen   to greet 2

gucken   to look

gültig   valid

der/das Gummi, -s   rubber

günstig   convenient, favorable 8

*gut (besser, best-)   good, well, OK; gut gegen or zu   good to

das Gut, ⁼er   farm; estate

die Güte   goodness, kindness; du meine ~   goodness gracious

*das Gymnasium, Gymnasien high school; der Gymnasiast, -en, -en (*m*)/die Gymnasiastin, -nen (*f*)   pupil at Gymnasium

*das Haar, -e   hair; *der Haartrockner, -   hairdryer

*haben   to have; to posses

der Hafen, ⁼   harbor, port 8

haften   to adhere

der Häftling, -e   convict

der Hahn, ⁼e   rooster; faucet

*halb   half; halblaut   in an undertone; halbfaul   half rotten

die Hälfte, -n   half 3

die Halle, -n   hall, vestibule

*der Hals, ⁼e   neck

der Halt   support; stop

halt   stop

haltbar   durable

*halten (ä; ie, a)   to hold; to stop; ~ von   to think of ~ für   to regard as

*die Haltestelle, -n   (bus) stop

die Haltung   attitude; position

der Hammer, ⁼   hammer

hämmern   to hammer

*die Hand, ⁼e   hand

der Handel   trade

handeln   to act; to treat; sich ~ um   to concern 7; es handelt von   it's a matter of

handfest   firm

handgeschrieben   handwritten

die Handlung, -en   plot; action

*der Handschuh, -e   glove

*die Handtasche, -n   purse, pocketbook

*das Handtuch, ⁼er   towel

das Handwerk, -e   handicraft, trade 8

handwerklich   pertaining to craft

*hängen (i, a)   to hang

harmonisch   in harmony

*hart (ä)   hard, solid; difficult; stiff

der Haß   hate

*hassen   to hate

*häßlich   ugly

hastig   hastily

häufig   often, frequent 3

das Haupt, ⁼er   head; principal 9

der Hauptbahnhof, ⁼e   main train station

die Hauptidee, -n   main idea

die Hauptsache, -n   main thing 3

hauptsächlich   essentially, mainly 6

die Hauptschule, -n   classes 1-9 for students intending to learn a trade; der Hauptschüler, - (*m*)/die Hauptschülerin, -nen (*f*)   student in Hauptschule

das Hauptseminar, -e   main seminar

*die Hauptstadt, ⁼e   capital

die Hauptstraße, -n   main street

*das Haus, ⁼er   house; die Hausarbeit, -en   house work; home work; der Hausmann, ⁼er   man who keeps house; die Hausfrau, -en   woman who keeps house

der Haushalt, -e   household 11

der Haushaltsplan, ⁼e   housekeeping schedule

häuslich   domestic

die Haustür, -en   front door

die Haut, ⁼e   skin 1

*heben (o, o)   to lift, raise

die Hecke, -n   hedge

das Heer, -e   army

*das Heft, -e   notebook

heftig vigorous; intense
heilen to heal
heilig holy
das Heim, -e home; institution; **heim** home (ward) 5
die Heimat, -en native country or place; **die Heimatstadt, -̈e** home town; **der Heimweg, -e** way home
heimlich secret
die Heirat, -en marriage 6
*****heiraten** to marry
*****heiß** hot
*****heißen (ie, ei)** to be called; to mean; **es heißt** it states
heiter cheerful
der Held, -en, -en hero
*****helfen (i; a, o) (+ *dat.*)** to help
*****hell** bright, light
*****das Hemd, -en** shirt
*****her** here
herab·stürzen [ist] to fall; to hurry down 4
herauf up; toward
heraus out
heraus·bringen (brachte heraus, herausgebracht) to bring out; to publish
heraus·kriegen to figure out; to get out
das Herbizid, -e herbicide
*****der Herbst, -e** autumn
der Herd, -e (cooking) range 6
*****herein** into
herein·kommen (kam herein, [ist] o) to come in
*****der Herr, -n, -en** Mr.; gentleman
*****herrlich** magnificent
herrschen to rule
her·stellen to produce, manufacture; to establish 1
herum around; about
herunter down here
hervorragend excellent
hervor·ziehen (zog hervor, hervorgezogen) to pull out
*****das Herz, -ens, -en** heart; *****herzlich** heartily
*****heute** today; **heutzutage** nowadays

heutig present-day
*****hier** here; **hierher** here
*****die Hilfe, -n** help; **hilflos** helpless
die Hilfsarbeit, -en unskilled work
*****der Himmel, -** heaven; sky
*****hin** there; away; gone
hinauf up there
hinauf·schieben (o, o) to push up 6
hinaus out; beyond
hinaus·gehen (ging hinaus, [ist] hinausgegangen) to leave; to go outside
hinaus·schmuggeln to smuggle out
hindern to prevent
hinein in; inside; into
hin·fallen (ä; ie, [ist] a) to fall
hin·legen to put there
sich hin·setzen to sit down
*****hinten** in the rear
*****hinter (*acc./dat.*)** behind; **hintereinander** in succession; **hinterher** afterward 4
hinterher·werfen (i; a, o) to throw after
die Hinterseite, -n back
die Hin- und Rückfahrt, -en round trip
hinunter down; below
der Hinweis, -e hint
hin·ziehen (zog hin, [ist] hingezogen) to move there
hinzu·fügen to add
hinzu·ziehen (zog hinzu, hinzugezogen) to consult
die Hinzuziehung consulting
das Hirn, -e brain
historisch historical
die Hitze heat
*****das Hobby, -s** hobby
*****hoch (höher, höchst-)** high
das Hochhaus, -̈er high-rise
die Hochschule, -n university; **der Hochschullehrer, -** university professor
*****höchst** highest; utmost; **höchstens** at most 7
das Hochwasser, - high water

die Hochzeit, -en wedding
*****der Hof, -̈e** farm; court
*****hoffen** to hope
*****hoffentlich** I (we) hope; hopefully
*****die Hoffnung, -en** hope; **hoffnungslos** hopeless
*****höflich (gegen)** polite (to) 2
die Höflichkeit politeness
die Höhe, -n height 5
hohl hollow
der Hohn scorn
höhnisch mocking
*****holen** to get
*****das Holz** wood
hörbar audible
*****hören** to hear; to listen to; ~ **auf** to take advice
der Hörer, - listener; telephone receiver
der Hörsaal, *pl.* Hörsäle auditorium
*****die Hose, -n** trousers
*****das Hotel, -s** hotel
*****hübsch** pretty
der Hügel, - hill
*****das Huhn, -̈er** chicken
human humane
der Humor humor; **humorlos** humorless; **humorvoll** humorous
*****der Hund, -e** dog; **auf den ~ kommen** to go to the dogs; **das Hundeleben, -** dog's life; **hundemüde** extremely tired
*****hundert** hundred
*****der Hunger** hunger
*****hungrig** hungry
hupen to honk
*****husten** to cough
*****der Hut, -̈e** hat
die Hütte, -n cabin, hut
hysterisch hysterical

das Ideal, -e ideal
idealistisch idealistic
*****die Idee, -n** idea; **sich die ~ aus dem Kopf schlagen** to give up on an idea
identifizieren to identify
die Identität identity
der Idiot, -en, -en idiot

idyllisch peaceful, idyllic
ihretwegen on her (their) account
die Illusion, -en illusion
illustrieren to illustrate
die Illustrierte, -n -n illustrated magazine
*__immer__ always; ~ **mehr** more and more; ~ **wieder** again and again
immerhin after all, still, nevertheless
der Import, -e import
*__in__ (acc./dat.) in, at, into, to
indem while; in that
das Individuum, Individuen individual
die Industrialisierung industrialization
*__die Industrie, -n__ industry; **der Industriekaufmann, ¨er** company clerk; **die Industrieproduktion** industrial production
die Information, -en information
informieren to inform; **informiert** informed
*__der Ingenieur, -e__ engineer
*__der Inhalt, -e__ content
inhuman inhumane
innen in; inside; **die Innentasche, -n** inside pocket; **die Innenstadt,** center of city, inner city
inner interior; inner
*__innerhalb__ (+ gen.) inside of
innerlich internal; **die Innerlichkeit** rich inner life
inoffiziell unofficial
das Insektizid, -e insecticide
die Insel, -n island
insgesamt altogether 9
das Institut , -e institute
die Institution, -en institution
*__das Instrument, -e__ instrument
intelligent intelligent
intensiv intense
der Inter-City inter-city train (stops only at large cities)
*__interessant__ interesting
das Interesse, -n interest 2

*__sich interessieren (für)__ to be interested (in); **interessiert (an** + dat.) interested (in)
international international
die Interpretation, -en interpretation
interpretieren to interpret
das Interview, -s interview
interviewen to interview
intolerant intolerant
inwiefern in what respect
*__inzwischen__ meanwhile
*__irgend__ some; any; at all; **irgendein** some; any; **irgendwelch** any (kind)
*__irgendwann__ sometime
*__irgendwie__ somehow
*__irgendwo__ somewhere
die Ironie irony
ironisch ironical
irre crazy; lost
sich irren to be mistaken
der Irrtum, ¨er mistake
isoliert isolated
die Isolierung isolation
*__(das) Italien__ Italy; **der Italiener,-** (m)/**die Italienerin, -nen** (f) Italian; **italienisch** Italian

*__ja__ yes
*__die Jacke, -n__ jacket
das Jackett, -s (man's) suit jacket
die Jagd, -en hunt
jagen to hunt
der Jäger, - hunter
*__das Jahr, -e__ year
die Jahreszeit, -en season
*__das Jahrhundert, -e__ century
-jährig . . . years old 8
jährlich annual
das Jahrzehnt, -e decade
(das) Japan Japan; **der Japaner, -** (m)/**die Japanerin, -nen** (f) Japanese; **japanisch** Japanese
der Jazz jazz
*__je__ each; for each case; je ... **desto** the . . . the
jedenfalls in any case, at all events 10

*__jeder__ every
*__jedermann__ everyone, everybody
*__jedesmal__ every time
jedoch however, nevertheless 1
jemals ever
*__jemand__ somebody
*__jener__ that; the former
*__jenseits__ (+ gen.) on the other side; beyond
*__jetzt__ now
jeweils at any given time, from time to time
*__der Job, -s__ job; **auf Jobsuche gehen** to look for a job
jobben to work
das Journal, -e journal
*__der Journalist, -en, -en__ (m)/**die Journalistin, -nen** (f) journalist
*__die Jugend__ youth
*__der/die Jugendliche__ (noun decl. like adj) young person 2
die Jugendsprache youth slang
*__jung__ (ü) young
*__der Junge, -n, -n__ boy
der Jurist, -en, -en (m)/**die Juristin, -nen** (f) lawyer
die Jusos (die Jungsozialisten) young socialists; youth organization of the Social Democratic Party (SPD)

das Kabarett, -e cabaret
die Kabine, -n cabin
*__der Kaffee__ coffee
der Kaiser, - emperor
der Kakao cocoa
der Kalender, - calendar
die Kalorie, -n calorie
*__kalt__ (ä) cold; **die Kälte** cold
*__die Kamera, -s__ camera
der Kamerad, -en, -en companion
*__der Kamm, ¨e__ comb
*__(sich) kämmen__ to comb one's hair
der Kampf, ¨e fight
*__kämpfen__ to fight
die Kanne, -n pot
die Kantine, -n canteen
der Kanzler, - chancellor

das **Kapital**   capital (money)
der **Kapitän, -e**   captain
***kaputt**   broken; exhausted;
  kaputt·gehen   to go to pieces
die **Karaffe, -n**   carafe
***die Karte, -n**   card; menu;
  ticket; **eine ~ lösen**   to buy a
  ticket
***die Kartoffel, -n**   potato
***der Käse, -**   cheese
die **Kaskade, -n**   cascade
***die Kasse, -n**   box office;
  cashier
***die Kassette, -n**   cassette; ***der**
  Kassettenrecorder, -
  cassette recorder
der **Kasten, ¨**   box 11
die **Katastrophe, -n**
  catastrophe
die **Kategorie, -n**   category
***die Katze, -n**   cat;
  katzenfreundlich   two-faced;
  ein Katzensprung   a stone's
  throw; **die Katzenmusik**
  caterwauling, racket
kauen   to chew
der **Kauf**   purchase
***kaufen**   to buy
der **Käufer, -** *(m)/***die Käuferin,**
  -nen *(f)*   buyer; **das**
  Kaufhaus, ¨er   department
  store; **der Kaufmann, ¨er or**
  -leute   merchant
***kaum**   hardly
der **Kavalier, -e**   gentleman,
  cavalier
kehren   to sweep
***kein**   no, not a, none, not any
kein ... mehr   no longer
keiner   no one
keineswegs   not at all
***der Keller, -**   cellar, basement
***der Kellner, -**   waiter; **die**
  Kellnerin, -nen   waitress
***kennen (a, a)**   to know; to be
  acquainted with
***kennen·lernen**   to meet,
  become acquainted with
der **Kenner, -**   connoisseur
die **Kenntnis, -se**   knowledge,
  information
der **Kerl, -e**   fellow 4

die **Kernkraft**   nuclear power 5
die **Kette, -n**   chain; necklace
der **Kfz-Mechaniker**
  (Kraftfahrzeugmechaniker), -
  auto mechanic
***das Kilogramm, -e**   kilogram
***der Kilometer, -**   kilometer
***das Kind, -er**   child
der **Kindergarten, ¨**
  kindergarten
die **Kindergeschichte, -n**
  children's story
kinderlieb   fond of children
***das Kino, -s**   cinema
der **Kiosk, -e**   kiosk
***die Kirche, -n**   church
die **Kirsche, -n**   cherry
das **Kissen, -**   pillow
die **Klage, -n**   complaint
klagen   to complain
***klar**   clear; certainly
***die Klasse, -n**   class; **erster ~**
  first class; **klasse** *(coll.)*
  great
klassifizieren   to classify
klauen   to steal *(coll.)* 7
***die Klausur, -en**   (university)
  examination
***das Klavier, -e**   piano
kleben   to glue; to stick
***das Kleid, -er**   dress
kleiden   to dress
***die Kleidung**   clothing
***klein**   little
die **Kleinigkeit, -en**   trifle
klettern   to climb
das **Klima**   climate
die **Klingel, -n**   bell
klingeln   to ring 4
klingen (a, u)   to sound
die **Klinik, -en**   clinic
das **Klischee, -s**   cliché
***klopfen**   to knock
***klug (ü)**   clever, intelligent;
  klugerweise   wisely
knapp   brief 8
der **Knecht, -e**   servant; farm
  hand
die **Kneipe, -n**   pub
das **Knie, -**   knee
der **Knochen, -**   bone 5
der **Knopf, ¨e**   button 1; **das**

Knopfloch, ¨er   buttonhole
der **Koch, ¨e**   cook
***kochen**   to cook
der **Kode, -s**   code
***der Koffer, -**   trunk, suitcase;
  das Kofferradio, -s   portable
  radio; ***der Kofferraum, ¨e**
  trunk *(car)*
der **Kognak, -s**   Cognac
der **Kohldampf**   hunger
  (slang); **~ haben**   to be
  hungry
die **Kohle, -n**   coal; money
  (slang) 11
kohlschwarz   coal black
der Kollege, -n, -n** *(m)/die**
  Kollegin, -nen *(f)*   colleague
(das) Köln   Cologne
komisch   funny; strange 4;
  komischerweise   strangely
  enough
das **Komitee, -s**   committee
das **Komma, -s**   comma
***kommen (kam, [ist] o)**   to come
der **Kommentar, -e**
  commentary
kommentieren   to comment
der **Kommilitone, -n, -n** *(m)/***die**
  Kommilitonin, -nen *(f)*   fellow
  student
die **Kommunikation, -en**
  communication
das **Kommunionskleid, -er**
  communion dress
der **Kommunist, -en, -en**
  communist
das **Komplement, -e**
  complement
die **Komplikation, -en**
  complication
kompliziert   complicated
die **Komponente, -n**
  component
komponieren   to compose
der **Komponist, -en, -en**
  composer
die **Komposition, -en**   musical
  composition
das **Kompositum, Komposita**
  compound (word)
der **Konditor, -en** *(m)* / **die**
  Konditorin, -nen *(f)*   pastry

must, to have to
der Mut courage, spirit 4;
  mutig courageous
***die Mutter, -** mother;
  mütterlicherseits on the
  mother's side
die Mütze, -n hat, cap 8
die Mythologie, -n mythology

na well; come now; what did I
  tell you
***nach** (+ *dat.*) after; according
  to
***der Nachbar, -n, -n** neighbor
die Nachbarschaft, -en
  neighborhood
***nachdem** afterwards; after
**nach·denken (dachte nach,
  nachgedacht)** to reflect 1;
  nachdenklich reflective,
  thoughtful
nacheinander one after the
  other
nach·erzählen to retell
die Nacherzählung, -en
  retelling of a story
**nach·gehen (ging nach, [ist]
  nachgegangen)** to pursue;
  die Uhr geht nach the watch
  is slow
***nachher** later
**nach·lassen (läßt nach; ließ
  nach, nachgelassen)** to leave
  behind; to get weaker; to give
  up
***der Nachmittag, -e** afternoon
***nachmittags** in the afternoon
der Nachname, -ns, -n last
  name
die Nachricht, -en message;
  (plural) news 9; **der
  Nachrichtendienst, -e** radio
  news service; **das
  Nachrichtenmagazin, -e**
  news magazine
nach·rüsten to catch up in
  rearming
nach·schauen to go and see; to
  gaze after
***nächst** next
***die Nacht, -e** night; **nächtlich**
  at night

der Nachteil, -e disadvantage
***der Nachtisch, -e** dessert
nackt naked
die Nadel, -n needle
der Nagel, - nail
***nahe (näher, nächst-)** near,
  close; ~ **der Uni** near the
  university
die Nähe nearness 6; **in der** ~
  not far 6
***nähen** to sew
**nahe·stehen (stand nahe,
  nahegestanden)** to be close;
  ich stehe ihm nahe I am
  close to him
naiv naive
***der Name, -ns, -n** name;
  namens by name of, called
***nämlich** of course, namely, you
  see
der Narr, -en, -en fool
***die Nase, -n** nose
***naß** wet
die Nation, -en nation
national national
die Nationalität, -en
  nationality
die NATO North Atlantic Treaty
  Organization
***die Natur** nature; disposition;
  von ~ **aus** by nature
***natürlich** natural; of course
der Naturschutz preservation
  of nature
die Naturwissenschaft, -en
  natural or physical science
der Nebel, - mist, fog; **neblig**
  foggy
***neben** (+ *acc./dat.*) next to,
  beside; **nebenan** next door 9;
  nebenbei by the way
***der Neffe, -n, -n** nephew
negativ negative
***nehmen (nimmt; a, genommen)**
  to take
der Neid envy 8; **neidisch (auf
  + *acc.*)** envious (of)
***nein** no
***nennen (a, a)** to call
der Nerv, -en nerve; **es geht
  mir auf die Nerven** that gets
  on my nerves

nervös nervous
die Nervosität nervousness
nesteln to fasten, to tie
***nett** nice, kind; pleasant
***neu** new; **neuest** latest
die Neugier curiosity;
  ***neugierig (auf + *acc.*)**
  curious (about)
die Neuigkeit, -en news
neulich lately 4
***nicht** not; **nicht nur ...
  sondern auch** not only . . .
  but also
***die Nichte, -n** niece
der Nichtraucher, - non-
  smoker
***nichts** nothing; ~ **weiter**
  nothing more
nicken to nod
***nie** never
nieder down 7
nieder·fahren (ä; u, a) to run
  over
nieder·legen to pull down
niedrig low
niemals never, ever
***niemand** nobody
***nirgends** nowhere
nirgendwo no where
die Nische, -n niche, recess
***noch** still, yet; in addition
die Nonne, -n nun
die Nonsenssprache, -n
  nonsense language,
  meaningless sounds
(das) Nordamerika North
  America
(das) Nordbayern North
  Bavaria
***der Norden** north; **nördlich**
  northern
die Norm, -en norm
normal normal;
  normalerweise normally,
  usually
die Nostalgie nostalgia
die Note, -n grade
***nötig** necessary
die Notiz, -en note; notice
***die Null, -en** zero
***die Nummer, -n** number
***nun** now

*nur only
der Nutzen profit; advantage
nützen to be of use; **nützlich** profitable; advantageous 6; **du warst mir nützlich** you were helpful to me

*ob if, whether
*oben above; upstairs; **nach ~ gehen** to go upstairs
*der Ober, - waiter
die Oberfläche, -n surface
oberflächlich superficial
*oberhalb (+ *gen.*) above
der Oberidiot, -en, -en superidiot
obig above; foregoing, above-mentioned
*das Obst fruit; **die Obsttorte, -n** cake with fruit on top
*obwohl although
*oder or
*der Ofen, ⁻ stove; oven
*offen open; frank
öffentlich public 4
die Öffentlichkeit public
offiziell official
der Offizier, -e officer (military)
*öffnen to open
die Öffnung, -en opening
*oft (ö) often
öfters several times 2
*ohne (+ *acc.*) without; **ohne daß** without; ***ohne ... zu** (+ *inf.*) without
*das Ohr, -en ear
die Ökologie ecology
ökologisch ecologic
das Öl, -e oil 11
die Olympiade, -n Olympic Games
*die Oma, -s grandma
der Omnibus, -se public bus
*der Onkel, - uncle
*der Opa, -s grandpa
die Oper, -n opera
die Operation, -en operation; surgery
operieren to operate
das Opfer, - victim
die Opposition opposition (party)

ordentlich orderly, neat, tidy
ordnen to order, to arrange
die Ordnung, -en order, regulation; arrangement 1; **ordnungsliebend** tidy, orderly
die Organisation, -en organization
der Organismus, Organismen organism
die Orientierungsstufe, -n orientation level at school, consisting of classes 5 and 6
das Original, -e original
*der Ort, -e place, spot
*der Osten east; Orient; **der Osteuropäer, -** East European; **östlich** eastern
die Ostern *(pl.)* Easter
*(das) Österreich Austria; **österreichisch** Austrian
die Ostsee Baltic Sea
der Overall, -s overall
der Ozean, -e ocean

*das Paar, -e pair; couple
*paar: ein ~ a few
das Päckchen, - small parcel
*packen to pack (up); grab
die Packung, -en wrapper
*das Paket, -e package; bundle
der Pakt, -e pact
der Panzer, - armor plate; tank
*das Papier, -e paper; document
die Pappe, -n cardboard; **das Pappschild, -er** cardboard sign
der Parasit, -en, -en parasite
das Parfum, -s perfume
*der Park, -s park
*parken to park; **das Parkhaus, ⁻er** parking garage
*der Parkplatz, ⁻e parking space
das Parlament, -e parliament
die Parole, -n slogan
die Parodie, -n parody
die Partei, -en party (political) 7
die Partikel, -n particle
*der Partner, - *(m)* / **die Partnerin, -nen** *(f)* partner; spouse; **die Partnerschaft, -en**

partnership
*die Party, -s party
der Paß, Pässe passport
passé outdated
*passen (+ *dat.*) to fit
*passieren [ist] (+ *dat.*) to happen, to take place
passiv passive
pathetisch pathetic
*der Patient, -en, -en *(m)* / **die Patientin, -nen** *(f)* patient
die Pause, -n pause; intermission
peinlich embarrassing
die Pension, -en pension; small hotel
perplex perplexed
*die Person, -en person; **die Personalabteilung, -en** personnel department
das Personal staff, personnel
personifizieren to personify
persönlich personal; **das Persönliche** personal quality; **die Persönlichkeit, -en** personality
die Perspektive, -n perspective; prospect
pervers perverse
der Pfarrer, - *(m)* / **die Pfarrerin, -nen** *(f)* pastor
der Pfeffer pepper
die Pfeife, -n pipe; whistle
*der Pfennig, -e one hundredth of a mark
*das Pferd, -e horse
pflanzen to plant
*die Pflanze, -n plant
das Pflaster, - bandage; pavement
pflegen to nurse, to take care of
die Pflicht, -en duty
pflücken to pick
*das Pfund, -e pound
das Phänomen, -e phenomenon
die Phantasie, -n imagination; fantasy; **phantasielos** without imagination, **phantasievoll** imaginative; **phantastisch** fantastic,

marvelous
die Philosophie, -n philosophy
das Photo, -s photograph
die Photographie, -n
photography; picture
der Pianist, -en, -en *(m)* / **die
Pianistin, -nen** *(f)* pianist
*das Picknick, -s or **-e** picnic
piepsen to chirp; **bei dir
piept's wohl** you must be
crazy
die Pille, -n pill
der Pilot, -en, -en *(m)* / **die
Pilotin, -nen** *(f)* pilot
der Pinsel, - brush
das Plakat, -e poster 10
*der Plan, ⁼e plan; **der Planer, -**
designer
planen to plan, to design
die Planung, -en planning
die Plastikfolie, -n plastic foil
or wrap
die Plastiktasche, -n plastic
bag
*die Platte, -n record; ***der
Plattenspieler, -** record
player
*der Platz, ⁼e place; seat; **nicht
am ~** not suitable, not in
order
plausibel plausible
*plötzlich suddenly
das Plusquamperfekt past
perfect tense
(das) Polen Poland
*die Politik politics; ***der
Politiker, -** *(m)* / **die
Politikerin, -nen** *(f)*
politician; **politisch** political
*die Polizei police; police
station; **das Polizeirevier, -e**
police station
*der Polizist, -en, -en *(m)* / **die
Polizistin, nen** *(f)* police
officer
populär popular
die Portion, -en portion, ration
positiv positive
*die Post post office; mail
der Posten, - guard
*das/der Poster, - poster
*die Postkarte, -n postcard

die Postleitzahl, -en zip code
das Präfix, -e prefix
*praktisch practical
die Präsentierschachtel, -n
merchandising box
der Präsident, -en, -en *(m)*/**die
Präsidentin, -nen** *(f)*
president
*der Preis, -e price; prize
preiswert inexpensive
die Presse, -n the press
pressen to press
das Prestige prestige
*prima great; first-rate
primär primary
primitiv primitive
das Prinzip, -ien principle
die Priorität, -en priority; **nach
Prioritäten** in priority
privat private; **das Privatleben**
private life, privacy; **der
Privatmann, ⁼er** private
person; **die Privatperson, -en**
private individual
die Privatsphäre, -n private
world
das Privileg, -ien privilege
*pro per, for
die Probe, -n test
probieren to try out; to taste;
to test
*das Problem, -e problem
das Produkt, -e product;
outcome
die Produktion, -en
production; **die
Produktionskette, -n**
production chain
produzieren to produce
*der Professor, -en *(m)* / **die
Professorin, -nen** *(f)*
professor
der Profit, -e profit
profitieren to profit
pro forma as a matter of form
*das Programm, -e program;
schedule
das Projekt, -e project
prompt immediately
das Pronomen, Pronomina
pronoun
prosaisch prosaic

der Prospekt, -e prospect;
prospectus
der Protest, -e protest
protestieren to protest
provisorisch temporary
das Prozent, -e percent,
percentage
der Prozeß, Prozesse process;
trial
prüfen to test
*die Prüfung, -en examination
psychisch psychical, mental
psychologisch psychological
*das Publikum audience, public
*der Pullover, - sweater
pulsieren to pulsate
der Punkt, -e dot; point 9
*pünktlich on time; punctual
die Puppe, -n doll
*putzen to clean; to polish

der Quadratmeter, - square
meter
die Qual, -en pain, misery
die Qualifikation, -en
qualification
qualifiziert qualified
die Qualität, -en quality
die Quantität, -en quantity
der Quatsch nonsence
die Quelle, -n spring; source 5
quer oblique
die Quittung, -en receipt

der Rabe, -n raven
der Rabenvater, ⁼ harsh father
who neglects his children
*das Rad, ⁼er wheel; bicycle; **die
Radtour, -en** bicycle tour
*rad·fahren (ä; u, [ist] a) to ride
a bike
der Radiergummi, -s eraser
*das Radio, -s radio
der Rahmen frame
die Rakete, -n rocket
der Rand, ⁼er edge
der Rang, ⁼e rank; **die
Rangliste, -n** table or list
with ranked order
der Rasen, - lawn
*der Rasierapparat, -e razor
*sich rasieren to shave

*der Rat   advice, suggestion
der Rat, ̈e   council; *das
   Rathaus, ̈er   town hall
*raten (ä; ie, a)   to advise; to
   guess; ratsam   advisable;
   ratlos   perplexed
der Rauch   smoke; der
   Raucher, -   smoker
*rauchen   to smoke; rauchig
   smoky
*der Raum, ̈e   room; space;
   district
räumlich   spatial
raus = heraus   out, outside
raus·tragen (ä; u, a)   to carry
   outside
reagieren   to react
die Reaktion, -en   reaction
die Realschule, -n   school from
   5th to 10th class that leads to
   the degree of "Mittlere Reife"
   and prepares pupils for
   careers in trade, industry, etc.
rechnen   to calculate 8
*recht   right; just; einigen
   Menschen kann man es nie ~
   machen   you just can't please
   some people ~ haben   to be
   right 2; ~ behalten   to be
   right; das ist mir ~   it suits
   me
*das Recht, -e   right; law; justice
*rechts   to or on the right side
*der Rechtsanwalt, ̈e (m)/ die
   Rechtsanwältin, -nen (f)
   lawyer; der Rechtsanwaltsgehilfe, -n   law clerk
der Recorder   recorder
die Rede, -n   speech; eine ~
   halten   to give a speech;
   indirekte ~   indirect
   discourse; die Redewendung,
   -en   idiom
*reden   to talk
der Redner, -   speaker
reduzieren   to reduce
*das Referat, -e   report, essay;
   einen ~ halten   to give a
   report
reflektieren   to reflect
die Reform, -en   reform
das Regal, -e   shelf

die Regel, -n   rule 1; in der ~
   normally
regelmäßig   regular 3
*der Regen   rain; der
   Regenmantel, ̈   raincoat;
   *der Regenschirm, -e
   umbrella; der saure Regen
   acid rain
regieren   to govern
*die Regierung, -en   government
regional   regional
registrieren   to take note of
*regnen   to rain; regnerisch
   rainy
rehabilitieren   to rehabilitate
reiben (ie, ie)   to rub 4
*reich   rich
reichen   to pass, hand, give 3
*reif   ripe
*die Reihe, -n   row; du bist an
   der Reihe   it's your turn; die
   Reihenfolge, -n   sequence
der Reim, -e   rhyme
*rein   clear; pure
rein = herein   in, inside
reinigen   to clean 11
*der Reis   rice
*die Reise, -n   journey, tour; das
   Reisebuch, ̈er   guidebook
   der Reiseführer, -   travel
   guide; guidebook; *das
   Reisebüro, -s   travel agency
*reisen ([ist])   to travel
reißen (i, i)   to tear
*reiten (ritt, [ist] geritten)   to
   ride (a horse)
die Reklame, -n   advertisement
   5
der Rekord, -e   record
relativ   relative(ly)
relevant   relevant
die Religion, -en   religion
*rennen (a, [ist] a)   to run; to
   race
die Renovierung, -en
   renovation
die Rente, -n   pension; der
   Rentner, - (m)/die Rentnerin,
   -nen (f)   pensioner
die Reparatur, -en   repair; die
   Reparaturwerkstatt, ̈en
   repair shop

*reparieren   to repair
das Repertoire, -s   repertory
die Republik, -en   republic
repräsentieren   to represent
*reservieren   to reserve
resigniert   resigned
der Respekt   respect; die
   Respektsperson, -en
   authority figure; respektvoll
   respectful; respektabel
   respectable
respektieren   to respect
das Ressentiment, -s
   resentment
der Rest, -e   rest; remains
*das Restaurant, -s   restaurant
das Resultat, -e   result
*retten   to save
die Revolte, -n   revolt
die Revolution, -en   revolution
das Rezept, -e   recipe 4,
   prescription
die Rezession, -en   recession
rezitieren   to recite
richten   to direct at; adjust,
   correct 2
der Richter, -   judge
*richtig   right
*die Richtung, -en   direction
*riechen (o, o)   to smell
riesig   gigantic, immense
der Riese, -n, -n   giant
der Ring, -e   ring
das Risiko, Risiken   risk
*der Rock, ̈e   skirt; coat
*der Rock   rock music; die
   Rockmusik   rock music
die Rockband, -s   rock band
*roh   raw; brutal
das Rohr, -e   pipe
*die Rolle, -n   role; das
   Rollenspiel, -e   role play
rollen   to roll
der Roman, -e   novel
der Röntgenstrahl, -en   x-ray
die Rose, -n   rose
*rot (ö)   red; ~ werden   to blush
   3; rothaarig   red-haired
die Routinearbeit   routine job
die Routineberufe (pl)   routine
   jobs
routiniert   well-trained,

experienced

die Rübe, -n turnip; head *(slang)*

der Rücken, - back 8

die Rückfahrkarte, -n return ticket

die Rückfahrt, en return journey

der Rucksack, ̈e backpack

die Rückseite, -n back side

die Rücksicht, -en discretion, consideration 11

der Ruf, -e call; reputation

***rufen (ie, u)** to call

die Ruhe quiet, peace 1

ruhen to rest 11; **ruhelos** restless

***ruhig** quiet, silent

der Ruhm glory, fame

***rund** round

die Runde, -n circle; match; party

rund·fliegen (o, [ist] o) to circle an area

der Rundfunk radio, broadcasting

runter = herunter down

der Russe, -n, -n *(m)*/**die Russin, -nen** *(f)* Russian

***die Sache, -n** matter, thing

der Sack, ̈e sack, bag

***der Saft, ̈e** juice

***sagen** to say, tell

***die Sahne** cream

***der Salat, -e** salad, lettuce

die Salbe, -m ointment, salve

das Salz, -e salt; **salzig** salty

***sammeln** to collect

die Sammlung, -en collection

sämtlich all, entire

der Sand sand

sanft gentle; easy; smooth

der Sänger, - *(m)* / **die Sängerin, -nen** *(f)* singer, folksinger

***satt** satisfied with food or drink

***der Satz, ̈e** sentence; **das Satzpaar, -e** group of two sentences; couplet; **der Satzteil, -e** part of a sentence

***sauber** clean

säubern to clean up

saudumm extremely stupid

***sauer** sour; angry

der Sauerstoff oxygen

saugen to suck

***das Schach** chess

die Schachtel, -n box 8

***schade (um)** what a pity (about)

***schaden** (+ *dat.*) to harm, to hurt

der Schaden, ̈ damage; injury; **schädigen** to harm; **schädlich** harmful

der Schadstoff, -e pollutant

das Schaf, -e sheep; **der Schafskopf, ̈e** fool

***schaffen** to provide; to get it done

schälen to peel

***die Schallplatte, -n** record

schalten to switch

der Schalter, - switch; counter

***scharf (ä)** hot; sharp

der Schatten, - shade; shadow 6

der Schatz, ̈e sweetheart

schätzen to value; to guess

schauen to look 1

die Schaufel, -n shovel

das Schaufenster, - store window

das Schauspiel, -e drama, play

der Schauspieler, - actor / **die Schauspielerin, -nen** actress

der Scheck, -s check

scheiden (ie, [ist] ie) to separate

der Schein, -e gleam, shine; appearance 10; certificate; **der Scheinwerfer, -** floodlight; headlight

***scheinen (ie, ie)** to shine; to appear

***schenken** to give as a present

die Schere, -n scissors

die Scheune, -n barn

die Schicht, -en class, level

***schick** chic

***schicken** to send

das Schicksal, -e fate

***schieben (o, o)** to push

schief oblique; bent; distorted

***schießen (o, geschossen)** to shoot

***das Schiff, -e** ship

das Schild, -er sign 10; shield

schimpfen to scold

***der Schirm, -e** umbrella

schizophren schizoid

die Schlacht, -en battle

schlachten to slaughter

der Schlaf sleep; **die Schlafratte, -n** sound sleeper, sleepy-head; **der Schlafsack, ̈e** sleeping bag; ***das Schlafzimmer, -** bedroom

***schlafen (ä; ie, a)** to sleep

schlaflos sleepless

schläfrig sleepy

der Schlag, ̈e blow, stroke

***schlagen (ä; u, a)** to hit; to beat

schlagend striking; impressive

die Schlägerei, -en brawl

die Schlagzeile, -n headline

die Schlange, -n snake; waiting line, queue

***schlank** slender

***schlecht** bad; spoiled

***schließen (o, geschlossen)** to shut

***schließlich** finally; after all

***schlimm** severe; bad

***das Schloß, Schlösser** lock; castle

der Schlosser, - locksmith; pipe fitter

der Schluck, -e sip 5

schlucken to swallow

der Schluß, Schlüsse end, conclusion; **Schlüsse ziehen** to draw conclusions 8

***der Schlüssel, -** key

das Schlüsselloch, ̈er keyhole

***schmal** narrow; slim, slender

***schmecken** to taste; **das schmeckt mir** it tastes good

der Schmerz, -en pain

schmerzen to hurt 1

schmierig greasy, oily

schminken to put on make-up

der Schmutz dirt
*schmutzig dirty
*der Schnee snow; schneeweiß
   white as snow
*schneiden (schnitt,
   geschnitten) to cut
der Schneider, - tailor / die
   Schneiderin, -nen
   seamstress
*schneien to snow
*schnell fast, quick
die Schnellstraße, -n
   expressway
der Schnellzug, ⁻e fast train
   that stops only in larger cities
*das Schnitzel, - cutlet
der Schnupfen head cold
*die Schokolade, -n chocolate
*schon already
*schön beautiful; nice; OK
die Schönheit, -en beauty
der Schornstein, -e chimney
*der Schrank, ⁻e closet
die Schraube, -n screw; eine ~
   locker haben to be slightly
   crazy
der Schraubenzieher, -
   screwdriver
der Schreck, -e scare; fear;
   schrecklich frightful,
   horrible; very (coll.) 2
der Schrei, -e scream
*schreiben (ie, ie) to write
das Schreiben, - official letter
die Schreibmaschine, -n
   typewriter 3
das Schreibpapier stationery
*der Schreibtisch, -e desk 3
das Schreibzeug writing
   utensils
schreien (ie, ie) to scream,
   shout 2
der Schreiner, - cabinetmaker
schreiten (schritt, ist
   geschritten) to step; to
   proceed
die Schrift, -en writing;
   handwriting; schriftlich
   written
schrill shrill
der Schritt, -e step 6; ~
   annehmen to fall into step

der Schrubber, - scrubber
schüchtern shy
*der Schuh, -e shoe; wo der ~
   drückt where the difficulty is
die Schularbeit, -en
   homework, home assignment
die Schuld, -en obligation;
   debt; fault, blame 5; schuld
   sein (an + dat.) to be guilty
   (of)
*schulden to owe
*schuldig guilty; indebted;
   schuldlos (an + dat.)
   blameless (of); er ist mir Geld
   ~ he owes me money
*die Schule, -n school; der
   Schultyp, -en type of school;
   die Schularbeit, -en school
   work
*der Schüler - (m)/die Schülerin,
   -nen (f) pupil
die Schulter, -n shoulder 8
der Schuß, Schüsse gunshot
die Schüssel, -n bowl
der Schuster, - shoemaker
schütteln to shake 2
der Schutz protection 11
schützen to protect 11
*schwach weak
die Schwäche, -n weakness
die Schwachheit, -en weakness
der Schwamm, ⁻e sponge
schwanger pregnant
*schwarz black; ~ auf weiß
   black and white (written);
   schwarzgerändert black-
   rimmed
der Schwarzwald Black Forest
der Schwede, -n, -n/die
   Schwedin, -nen Swede
der Schwefel sulphur
das Schwefeldioxid sulphur
   dioxide
schweigen (ie, ie) to be silent
   1; schweigsam taciturn
*das Schwein, -e pig; ~ haben
   to be lucky
*die Schweiz Switzerland; in
   die ~ to Switzerland
*der Schweizer, - (m)/die
   Schweizerin, -nen (f) Swiss
*schwer heavy; difficult

schwer·fallen (ä; fiel, [ist]
   gefallen) to find difficult
*die Schwester, -n sister
schwierig difficult, hard 1
die Schwierigkeit, -en
   difficulty 11
*das Schwimmbad, ⁻er
   swimming pool
das Schwimmbecken, -
   swimming pool
*schwimmen (a, [ist] o) to swim
die Schwimmstunde, -n
   swimming lesson
schwitzen to sweat
*der See, -n lake
*die See ocean
der Seemann, -leute sailor
das Segel, - sail
*segeln [ist] to sail
*sehen (ie; a, e) to see
sehenswert worth seeing
die Sehenswürdigkeit, -en
   object of interest; sight
*sehr very, greatly, much
die Seide, -n silk
*die Seife, -n soap; seifig
   soapy
*sein to be
seinetwegen on his account
*seit (+ dat.) since
*seit (conj.) since; *seitdem
   (conj.) since; (adv.) since
   then
*die Seite, -n page; side; die
   Seitenstraße, -n side street
*der Sekretär, -e (m)/die
   Sekretärin, -nen (f) secretary
der Sekt champagne
der Sektor, -en sector
*die Sekunde, -n second
*selber oneself
*selbst oneself; selbständig
   self-supporting, independent;
   selbstgerecht self-righteous;
   selbstverständlich obvious;
   of course; die Selbst-
   bedienung self-service; das
   Selbstgespräch, -e
   monologue; der Selbstmord,
   -e suicide, ~ begehen to
   commit suicide
*selten rare

*das Semester, - semester; der Semesterbeginn beginning of the semester; erstes ~ first-semester student

*das Seminar, -e seminar; die Seminararbeit, -en seminar paper; der Seminarraum, ⁝e seminar room

*senden (sandte, gesandt) to send; (gesendet) to broadcast

die Sendung, -en broadcast, program (radio, TV)

senkrecht vertical

der Service service

servieren to serve

*der Sessel, - armchair

*setzen to set; to place; sich setzen to sit down

seufzen to sigh

*sicher secure; sure

die Sicherheit security; die Sicherheitsvorschrift, -en safety rule

sichern to secure

sichtbar visible

der Sieg, -e victory

siezen to address somebody formally (with Sie)

das Signal, -e sign, signal

die Silbe, -n syllable

silbern silver

das Silber silver

*singen (a, u) to sing

*sinken (a, [ist] u) to sink

der Sinn, -e sense; sinnlos foolish; meaningless; sinnvoll meaningful, significant

sittlich moral, ethical

die Situation, -en situation

der Sitz, -e seat 4

*sitzen (saß, gesessen) to sit; er hat gesessen he was in jail

skeptisch skeptical, suspicious

*der Ski, -er ski

*ski·laufen (äu; ie, [ist] au) to ski

skrupellos unscrupulous

*so so; *so ... wie as . . . as

*sobald as soon as

*die Socke, -n sock

so daß so that

soeben just, just now

*das Sofa, -s couch, sofa

*sofort immediately

der Sog, -e wake of a ship; undertow

*sogar even

sogenannt so-called

*sogleich at once

*der Sohn, ⁝e son

solange as long as

*solch such

*der Soldat, -en, -en soldier

die Solidarität solidarity

*sollen to be obliged

*der Sommer, - summer

sonderbar strange, odd

*sondern but, on the contrary

*die Sonne, -n sun; die Sonnenbrille, -n sunglasses

sonnig sunny

*sonst else, otherwise

*die Sorge, -n sorrow; care

sorgen to take care of; sich sorgen um to worry about; ich sorge für ihn I take care of him 11

*sorgfältig careful

*soviel as far as, as much

soweit so far as

sowie as soon as, as well as

*sowieso anyhow

die Sowjets Soviets

die Sowjetunion Soviet Union

*sowohl ... als auch not only . . . but also

sozial social

der Sozialarbeiter, - (m)/die Sozialarbeiterin, -nen (f) social worker

der Sozialdemokrat, -en, -en member of Social Democratic Party

die Sozialhilfe, -n social aid

sozialistisch socialist

der Sozialpädagoge, -n, -n (m)/die Sozialpädagogin, -nen social worker (with university degree)

sozusagen so to speak 1

die Spannung, -en tension

*sparen to save; sparsam saving, economical

*der Spaß, ⁝e fun; joke; der Spaßvogel, ⁝ jokester

*spät late

spätestens at the latest

spazieren·fahren (ä; u, [ist] a) to go for a drive

*spazieren·gehen (ging, [ist] gegangen) to go for a walk

*der Spaziergang, ⁝e walk, stroll

*die Speise, -n food; meal; die Speisekarte, -n menu

das Spektrum spectrum

der Spezialist, -en, -en (m)/die Spezialistin, -nen (f) specialist

die Sphäre, -n sphere

*der Spiegel, - mirror

*das Spiel, -e play, game; der Spielraum, ⁝e margin; latitude; die Spielkarte, -n playing card; das Spielzeug, -e toy 3; die Spielregel, -n rules of the game

*spielen to play

spinnen (a, o) to spin; du spinnst you're crazy

spitz sharp; pointed; sarcastic

die Spitze, -n point

spontan spontaneous

*der Sport sport; ~ treiben to engage in sports; das Sportgeschäft, -e sporting goods store; die Sportgruppe, -n sport group; der Sportplatz, ⁝e playing field; *der Sportverein, -e sports club; der Sportler, - (m.)/die Sportlerin, -nen (f.) athlete

*sportlich athletic

der Spott ridicule; scorn

*die Sprache, -n language; speech; sprachlich linguistic; grammatical; related to speech; sprachlos speechless, flabbergasted

*sprechen (i; a, o) to speak, talk

der Sprecher, - (m)/die Sprecherin, -nen (f) speaker

die Sprechstunde, -n office hour; die Sprechstundenhilfe,

-n medical assistant, receptionist

das Sprichwort, -er proverb

*springen (a, [ist] u) to jump

der Spruch, -e motto

sprühen to spray

*spülen to rinse; to wash dishes 4

*die Spülmaschine, -n automatic dishwasher

spüren to feel, to sense 3

*der Staat, -en state; country; staatlich governmental

das Städele small town (dialect)

das Stadion, Stadien stadium

*die Stadt, -e town, city; die Stadthalle, -n building for meetings and events; die Stadtmitte, -n center of the city; der Stadtplan, -e city map; das Stadttheater, - theater of a city; das Stadtviertel, - quarter, district; die Stadtrundfahrt, -en city sightseeing tour; das Städtchen, - little city

städtisch urban, municipal

der Stahl steel

das Stakkato, -s staccato

der Stall, -e stable

der Stamm, -e tree trunk

stammen to originate

der Stand, -e booth; class

der Standpunkt, -e point of view

*stark (ä) strong

die Stärke strength; force

die Station, -en station

die Statistik, -en statistic

*statt (+ gen.) instead of; statt dessen instead; *statt ... zu instead of

statt·finden (a, u) to take place

der Staub dust; ~ saugen to vacuum; der Staubsauger, - vacuum cleaner

stechen (i; a, o) to pierce; to sting

*stecken to stick; to put

*stehen (stand, gestanden) to stand; to be situated; stehend standing

stehen·bleiben (ie, ie) to stop 2

die Stehlampe, -n floor lamp

*stehlen (ie; a, o) to steal

steigen (ie; [ist] ie) to climb; to mount 1; steigend increasing

*der Stein, -e stone

*die Stelle, -n place; position, job

*stellen to put

die Stellung, -en position

*sterben (i; a, [ist] o) to die

der Sterbetag, -e day of death

das Stereo, -n abbreviation for *die Stereoanlage, -n stereo set

stereotyp stereotypic

*der Stern, -e star

stets always

die Steuer, -n tax

*der Steward, -s (m)/die Stewardeß, Stewardessen (f) flight attendant

das Stichwort, -e cue, catch-word

der Stickstoff nitrogen

der Stiefel, - boot

der Stil, -e style

*still calm, silent

still·stehen (stand; gestanden) to stand still

*die Stimme, -n voice

*stimmen to be correct, be in order; das ~ that's right

die Stimmung, -en mood 7

stinken (a, u) to stink

das Stipendium, die Stipendien scholarship

die Stirn(e), -en forehead; front

der Stock, -e stick, walking stick

*der Stock, Stockwerke floor

stocken to hesitate; to stop; stockend by stops and starts

*der Stoff, -e material; topic

stolz (auf + acc.) proud (of) 3

stoppen to stop

das Stoppschild, -er stop sign

stören to disturb, interrupt 8

*stoßen (ö; ie, o) to push; to hit

*die Strafe, -n punishment, fine

der Strahl, -en beam, flash, ray

strahlen to radiate, beam

*die Straße, -n street, road

*die Straßenbahn, -en streetcar; das Straßencafé, -s sidewalk café; der Straßenhändler, - street vendor; der Straßenrand, -er roadside

streben to strive

streichen (i, i) to paint; to stroke

das Streichholz, -er match 6

streifen to graze

der Streifenwagen, - police car

der Streik, -s strike

*streiken to strike

der Streit, -e quarrel

(sich) streiten (stritt, gestritten) to quarrel 11

streng strict; harsh; streng gegen strictly against

der Streß stress

das Stroh straw

*der Strumpf, -e stocking

*das Stück, -e piece; (theater) play

die Stube, -n room, living room

*der Student, -en, -en (m)/die Studentin, -nen (f) student; *das Studentenheim, -e dormitory; die Studentenschaft, -en student body

*studieren to study; to attend a university

das Studium study; university education

die Stufe, -n step; level

*der Stuhl, -e chair

stumm mute 9

*die Stunde, -n hour; lesson; stundenlang for hours

der Stundenlohn, -e hourly wage

der Stundenplan, -e class schedule

-stündig over a period of . . . hours

stur pig-headed

der Sturm, -e storm

der Sturz, -e fall; crash

stürzen [ist] to plunge, fall

das **Substantiv**, -e noun
die **Subvention**, -en subsidy
die **Suche** search
*suchen to look for
(das) **Südamerika** South America
*der **Süden** south; **südlich** southern
die **Summe**, -n sum, total
sündigen to sin
super super
*der **Supermarkt**, -̈e supermarket
*die **Suppe**, -n soup
*süß sweet; cute
das **Sylvester**, - New Year's Eve
das **Symbol**, -e symbol; **symbolisch** symbolic
der **Sympathisant**, -en, -en sympathizer, person who supports a view
sympathisch congenial; **sie ist mir** ~ I like her
das **Symptom**, -e symptom
das **System**, -e system
systematisch systematic
die **Szene**, -n scene

der **Tabak** tobacco
die **Tabelle**, -n chart, table
*die **Tablette**,-n tablet, pill
*die **Tafel**, -n blackboard; chart
*der **Tag**, -e day; **die Tageszeit**, -en time of day
tagelang for days
*täglich daily
das **Tal**, -̈er valley 7
der **Tank**, -s tank
*tanken to refuel, fill up
*die **Tankstelle**, -n gas station; **der Tankwart**, -e gas station attendant
die **Tanne**, -n fir tree; **der Tannenbaum**, -̈e Christmas tree
*die **Tante**, -n aunt
*der **Tanz**, -̈e dance
*tanzen to dance
*die **Tasche**, -n pocket; bag; **das Taschenbuch**, -̈er pocket book, paperback; **die Taschenlampe**, -n flashlight;

das **Taschentuch**, -̈er handkerchief
*die **Tasse**, -n cup; **nicht alle Tassen im Schrank haben** to be crazy
*die **Tat**, -en deed, act; **in der** ~ in fact
der **Täter**, - perpetrator
*tätig active, busy
die **Tatsache**, -n fact 7
tatsächlich indeed, really 8
taufen to baptize
täuschen to deceive
*tausend thousand
*das **Taxi**, -s cab; *der **Taxifahrer**, - (m) / die **Taxifahrerin**, -nen (f) cab driver; **der Taxistand** cab stand
die **Technik** technology; technique; **technisch** technical
technisiert pertaining to technology
*der **Tee**, -s tea
*der **Teenager**, - teenager
*der **Teil**, -e part, section; **zum** ~ partly, sometimes
*teilen to divide
teil·nehmen (an + dat.) (nimmt teil; a, teilgenommen) to take part (in) 2
der **Teilnehmer**, - (m)/die **Teilnehmerin**, -nen (f) participant
teils in part
die **Teilung**, -en division, separation
teilweise partly
die **Teilzeitarbeit**, -en part-time job
*das **Telefon**, -e telephone; **das Telefonbuch**, -̈er telephone book; **das Telefongespräch**, -e telephone call
*telefonieren to call; **telefonisch** by telephone
die **Telefonzelle**, -n phone booth
*der **Teller**, - plate
*die **Temperatur**, -en temperature

das **Tempo** speed
*das **Tennis** tennis; **das Tennismatch**, -s tennis set; **der Tennisplatz**, -̈e tennis court; **der Tennisschuh**, -e tennis shoe
*der **Teppich**, -e carpet
der **Termin**, -e date, deadline
der **Test**, -s test
testen to test
*teuer expensive; **das ist mir** ~ that is dear to me
der **Text**, -e text
*das **Theater**, - theater; **ins** ~ to the theater
die **Theke**, -n bar, counter
das **Thema**, Themen theme; subject
die **Theorie**, -n theory
das **Thermometer**, - thermometer
die **Thermosflasche**, -n thermos bottle
der **Thron**, -e throne
ticken to tick
*das **Ticket**, -s ticket
*tief deep
die **Tiefe**, -n depth
*das **Tier**, -e animal; **ein großes** ~ an important person (a big fish); **der Tierarzt**, -̈e (m)/die **Tierärztin**, -nen (f) veterinarian; **tierisch** animal-like; **tierlieb** fond of animals
tippen to tip; to type
*der **Tisch**, -e table; **den** ~ **decken** to set the table; **die Tischdecke**, -n tablecloth
der **Tischler**, - cabinet maker
das **Tischtennis** table tennis
der **Titel**, - title
*die **Tochter**, -̈ daughter
*der **Tod**, -e death
*die **Toilette**, -n toilet
tolerant tolerant
tolerieren to tolerate
*toll marvelous, great, fantastic; mad
der **Ton**, -̈e sound
*das **Tonband**, -̈er tape; *das **Tonbandgerät**, -e tape recorder

der Topf, -̈e pot; jar
topographisch topographical
*das Tor, -e gate
*die Torte, -n cake (in layers)
*tot dead
total total
der/die Tote *(noun decl. like adj.)* dead person
*töten to kill
das Totenbett, -en deathbed
*die Tour, -en tour, trip
*der Tourist, -en, -en *(m)* / die Touristin, -nen *(f)* tourist
die Tradition, -en tradition; traditionell traditional
*tragen (ä; u, a) to carry, to bear; to wear; tragbar portable, wearable
die Tragik tragedy
tragisch tragic
die Tragödie, -n tragedy
trainieren to train, exercise
das Training training
der Traktor, -en tractor
trampen to hitchhike
die Träne, -n tear
die Transaktion, -en transaction
die Transportmöglichkeit, -en various means of transportation
*trauen (+ *dat.*) to trust
der Traum, -̈e dream; traumhaft as nice as in a dream; der Traumberuf, -e dream job
träumen to dream 1; träumerisch dreamy
*traurig (über + *acc.*) sad (about)
*(sich) treffen (i; traf, o) to meet (with somebody)
das Treffen, - meeting
*treiben (ie, ie) to push, set into motion; to occupy oneself with something
*trennen to separate
*die Treppe, -n stairs
*treten (tritt; a, e) to kick; ~ [ist] to step
*treu faithful, loyal

trinkbar drinkable
*trinken (a, u) to drink
der Tritt, -e step; kick
triumphierend triumphant
*trocken dry
der Tropfen, - drop
tropfen to drip
der Trost consolation 5
*trotz (+ *gen.*) in spite of
*trotzdem nevertheless
*das Tuch, -̈er cloth
*tüchtig capable; qualified
*tun (tat, getan) to do
*die Tür, -en door
die Türkei Turkey
der Turm, -̈e tower
turnen to do gymnastics
*die Tüte, -n bag
der Typ, -en type; typisch typical

*die U-Bahn, -en subway
*üben to practice
*über (+ *acc./dat.*) over, above, on top; more; by way of
*überall everywhere
überbrücken to bridge over
übereinander on top of each other
überein·stimmen to agree with
überfüllt overloaded
übergeben (i; a, e) to hand over
übergehen (überging, übergangen) to pass over
überglücklich overjoyed
*überhaupt generally; really; at all
*(sich) überlegen to reflect on
überlegend pondering
*übermorgen the day after tomorrow
übernachten to stay overnight 7
das Übernatürliche supernatural
übernehmen (übernimmt; a, übernommen) to take over 6
*überraschen to surprise; überrascht (durch) surprised (by)
die Überraschung, -en surprise
überreden to persuade

die Überschrift, -en title
der Überschuh, -e overshoe
übersehen (ie; a, e) to overlook
übersetzen to translate 1; übersetzbar translatable
übertreffen (i; übertraf, o) to surpass
überzeugen to convince; überzeugt (von) convinced (by); überzeugend convincing
die Überzeugung, -en conviction
üblich usual, common
*übrig remaining
*übrigens by the way; moreover
*die Übung, -en practice, exercise
*das Ufer, - shore, bank
*die Uhr, -en clock, watch; die ~ geht nach the watch is slow; die Uhrensammlung, -en watch or clock collection
*um (+ *acc.*) about; around; approximately; near; um ... willen (+ *gen*) for the sake of
*um ... zu in order to
umarmen to embrace, hug 9
die Umarmung, -en embrace, hug
um·blicken to look around
um·drehen to turn around
um·fallen (ä; fiel um, [ist] a) to fall over
die Umfrage, -n inquiry; poll
umgangssprachlich colloquial
umgeben (i; a, e) to surround
um·schreiben (ie, ie) to rewrite, to express in other words
umsonst free of charge; in vain
der Umstand, -̈e circumstance; trouble, fuss
um·steigen (ie, [ist] ie) to change *(train, bus)*
die Umwelt, -en environment 5
das Umweltbewußtsein environmental awareness
umweltfreundlich environmentally sound
der Umweltschutz environmental protection

die Umweltverschmutzung
pollution
sich um·wenden (wandte um,
umgewandt) to turn around
*um·ziehen (zog um, [ist]
umgezogen) to move
unabhängig independent
die Unabhängigkeit
independence 8
unausstehlich insufferable
unbedingt absolute;
unconditional
unbestimmt vague,
undetermined
unbeweglich inflexible
*und and; ~ so weiter and so
on
undemokratisch undemocratic
undenkbar unthinkable
unecht not genuine, fake
unehrlich dishonest
unerträglich intolerable
unerwünscht unwanted
unfair unfair
*der Unfall, ⸗e accident
die Unfreiheit, -en lack of
freedom
unfreundlich unfriendly
*ungeduldig impatient 2
*ungefähr about, approximate
ungefährlich not dangerous
ungerecht unjust
*ungesund unhealthy
ungewöhnlich unusual
unglaublich incredible
*das Unglück, -e misfortune
unglücklich unhappy;
unglücklicherweise
unfortunately
ungültig invalid
*unhöflich impolite
*die Uni, -s (abbrev. for
Universität)
die Uniform, -en uniform
*die Universität, -en university;
auf die ~ gehen to attend a
university
unkultiviert uncultivated
unlogisch illogical
unmißverständlich
unmistakable
unmittelbar direct, immediate

*unmöglich impossible
unnahbar unapproachable
die Unordnung disorder; mess
unpassend unsuitable, not
fitting
das Unpersönliche impersonal
das Unrecht injustice; fault
unruhig restless
die Unschuld innocence
unsicher unsure; insecure
der Unsinn nonsense
*unten down; downstairs
*unter (+ acc./dat.) under,
below, underneath; ~ uns
between us
die Unterabteilung, -en
subsection
*unterbrechen (i; a, o) to
interrupt
unterdrücken to suppress,
repress
der Untergrund underground;
die Untergrundliteratur
underground literature; die
Untergrundbahn, -en
subway
*unterhalb (+ gen.) under,
beneath
*unterhalten (ä; ie, a) to
entertain 5; sich ~ to have a
conversation
die Unterhaltung, -en
entertainment; conversation 5
unternehmen (unternimmt; a,
unternommen) to undertake
die Unternehmung, -en
undertaking
die Unterqualifizierung
underqualification
der Unterricht instruction
unterrichten to teach
unterscheiden (ie, ie) to
distinguish 1
der Unterschied, -e difference
6
unterschreiben (ie, ie) to sign
die Unterschrift, -en signature
die Unterseite, -n underside
unterstützen to support
untersuchen to examine
die Untersuchung, -en
examination 6

unterwegs on the way
untrennbar inseparable
unwahrscheinlich improbable
unwichtig unimportant
die Unwissenheit ignorance
unzufrieden dissatisfied
der Urgroßvater, ⸗ great-
grandfather
*der Urlaub, -e vacation
die Ursache, -n reason, cause
der Ursprung, ⸗e origin
das Urteil, -e judgment 2; ein
~ fällen to pass judgment
urteilen to judge
*die USA (pl.) United States of
America
*usw. (abbrev. for und so weiter)
et cetera

*der Vater, ⸗ father
die Vegetation, -en vegetation
sich verabreden to make a
date or appointment;
verabredet sein to have an
appointment or date
die Verabredung, -en
appointment, date
sich verabschieden to say
good-by 7
verallgemeinern to generalize
die Verallgemeinerung, -en
generalization
sich verändern to change,
transform 5
die Veränderung, -en
transformation
die Veranstaltung, -en event;
performance 5
verantwortlich (für)
responsible (for)
verantwortungsvoll
responsible
verarbeiten to process
verbessern to improve; to
correct 4
die Verbesserung, -en
improvement
*verbieten (o, o) to prohibit
verbinden (a, u) to join,
connect
die Verbindung, -en fraternity;
relation

das Verbot, -e prohibition

der Verbrauch consumption, use; **der Verbraucher, -** consumer

verbrauchen to consume 4

das Verbrechen, - crime; **der Verbrecher, -** (m.) / **die Verbrecherin, -nen** (f.) criminal

verbrennen to consume, to burn

verbringen (verbrachte, verbracht) to spend time

verdammt damned

verderben (i; a, o) to spoil

verdienen to earn; to deserve

der Verdienst profit; merit

verdunkeln to obscure

der Verein, -e club

die Verfassung, -en constitution

verfolgen to follow, pursue 11

die Vergangenheit, -en past 5

vergebens in vain

vergessen (vergißt; vergaß, vergessen) to forget; **vergeßlich** forgetful

der Vergleich, -e comparison

vergleichen (i, i) to compare 2

das Vergnügen, - pleasure, fun 6; **sich vergnügen** to have a good time; **viel ~!** have a good time!

vergnügt cheerful; delighted 9

vergrößern to enlarge; to increase

verhaften to arrest

das Verhalten conduct, behavior; **das Verhaltensmuster** behavior pattern

sich verhalten (ä; ie, a) to conduct oneself

das Verhältnis, -se relations; situation

verhandeln to negotiate

die Verhandlung, -en negotiation

verheiratet married 1

verhindern to prevent

der Verkauf, ̈-e sale; **der Verkäufer, -** (m)/**die**

Verkäuferin, -nen (f) salesperson 3

verkaufen to sell

der Verkehr traffic; **das Verkehrsamt, ̈-er** tourist office; **die Verkehrsampel, -n** traffic light; **das Verkehrsmittel, -** vehicle, means of transportation; **das Verkehrszeichen, -** traffic sign

verknallt in love

verkürzen to shorten

verlangen to demand; to desire

verlangsamen to slow down

verlassen (verläßt; verließ, verlassen) to leave; to abandon

verlegen embarrassed

verletzen to injure

die Verletzung, -en injury

sich verlieben to fall in love 3

verliebt (in + acc.**)** in love (with)

verlieren (o, o) to lose

sich verloben to become engaged 4

verlobt mit engaged with

der/die Verlobte (noun decl. like adj) person engaged to be married

die Verlobung, -en engagement

verlogen insincere

der Verlust, -e loss 5

vermeiden (ie, ie) to avoid

vermieten to rent out

vermuten to suppose, presume

vernichten to destroy

vernünftig reasonable, sensible 8

veröffentlichen to publish

verpacken to wrap up

die Verpackung, -en wrapping

verpassen to miss (opportunity, train) 8

sich verpflichten to promise

verraten (ä; ie, a) to betray; to show

verreisen to go on a trip

verrückt crazy

der Vers, -e verse

versammeln to collect; **sich ~**

to meet

die Versammlung, -en gathering; meeting

verschieden different

verschlagen: es verschlägt ihm die Stimme it takes away his voice

verschließen (o, o) to lock up

verschlossen closed up, reserved, taciturn

die Verschmutzung pollution 5

die Verschwendung waste

verschwinden (a; [ist] u) to vanish, disappear 7

versichern to insure; to assure 2

die Versicherung, -en insurance

die Version, -en version

sich verspäten to be late 3

die Verspätung, -en delay

versprechen (i; a, o) to promise

verstädtern to become urbanized; to get used to life in a city

verständlich understandable

das Verständnis, -se understanding; sympathy

(sich) verstecken to hide 10

verstehen (verstand, verstanden) to understand; **es versteht sich** that is obvious; **sich verstehen** to get along

verstorben deceased

der Versuch, -e attempt; experiment

versuchen to try

die Versuchung, -en temptation 8

verteilen to distribute

der Vertrag, ̈-e contract

vertrauen (+ dat.**)** to trust

das Vertrauen trust

vertreten (vertritt; a, e) to represent

der Vertreter representative

verusachen to bring about, cause

vervollständigen to complete

die Verwaltung, -en administration

(sich) **verwandeln**   to change, transform

die **Verwandlung, -en**   change; metamorphosis

verwandt (mit)   related (to)

der/die **Verwandte** (noun decl. like adj.)   relative 1

die **Verwandtschaft, -en**   relation

verwechseln   to confuse

verweigern   to refuse

die **Verwünschung, -en**   curse

verzeihen (ie, ie) (+ dat. of person)   to pardon, forgive

*die **Verzeihung**   pardon

verzweifeln   to despair

die **Verzweiflung**   despair, desperation

*der **Vetter, -n**   cousin (m)

vibrieren   to vibrate

der **Videorecorder, -**   video recorder

*viel   a lot, much

*vielleicht   perhaps

*das **Viertel, -**   fourth; quarter;
  die **Viertelstunde**   a quarter of an hour

violett   violet

visuell   visual

das **Visum, Visa**   visa

*der **Vogel,** ⁓   bird

die **Vokabel, -n**   word, especially from foreign language

das **Vokabular, -e**   vocabulary

*das **Volk,** ⁓er   people; nation;
  *das **Volkslied, -er**   folk song;
  der **Volkssänger, -**   folksinger; der **Volkswirt, -e**   economist

die **Volkspolizei**   East German Police; ⁓kreisamt   district office of police

*voll (von)   full (of); complete

*der **Volleyball**   volleyball

völlig   total, entire

vollkommen   complete

*von (+ dat.)   of, from, by; ⁓ jetzt ab   from now on

der **Vopo, -s** (abbrev. for der **Volkspolizist, -en -en)**   East German policeman

*vor (+ acc./dat.)   before, previous; in front of; ⁓ allem   above all; ⁓ Jahren   years ago; ⁓ kurzem   recently

die **Voraussetzung, -en**   precondition

*vorbei   over; gone

vorbei·gehen (ging vorbei, [ist] vorbeigegangen)   to go past

vorbei·schieben (o, o)   to push past

*vor·bereiten   to prepare; vorbereitet (auf + acc.)   prepared for

die **Vorbereitung, -en**   preparation

*vorgestern   the day before yesterday

*vor·haben   to intend

das **Vorhaben**   plan, intention

*der **Vorhang,** ⁓e   curtain, drape

*vorher   before; beforehand

vorhin   a short time ago

*vorig   former, preceding, previous

vor·kommen (kam vor, [ist] vorgekommen)   to happen

vor·legen   to present; to show

vor·lesen (ie; a, e)   to read aloud; to lecture

*die **Vorlesung, -en**   lecture; der **Vorlesungssaal, -säle**   lecture hall

die **Vorliebe, -n**   preference

*der **Vormittag, -e**   morning

vorn   in front

der **Vorname, -ns, -n**   first name

der **Vorort, -e**   suburb

der **Vorschlag,** ⁓e   proposal 2

*vorschlagen (ä; u, a)   to propose, suggest

die **Vorschrift, -en**   regulation

die **Vorsicht**   precaution 7

vorsichtig   cautious, careful

die **Vorstadt,** ⁓e   suburb

*vor·stellen   to introduce; sich (dat.) vor·stellen   to imagine 3

*die **Vorstellung, -en**   performance; introduction; idea

das **Vorstellungsvermögen**   imagination

der **Vorteil, -e**   advantage

der **Vortrag,** ⁓e   lecture

vorüber   gone, over 7

das **Vorurteil, -e**   prejudice 2

*vorwärts   forwards

vor·werfen (i; a, o)   to reproach

der **Vorwurf,** ⁓e   reproach 9

vor·zeigen   to display; to produce

vor·ziehen (zog vor, vorgezogen)   to prefer

vorzüglich   excellent, first-rate 2

die **Waage, -n**   scale

waagrecht   horizontal

*wach   awake; alert

*wachsen (ä; u, [ist] a)   to grow

das **Wachstum**   growth

der **Wachtmeister, -**   guard, policeman

die **Waffe, -n**   weapon 10

das **Waffenarsenal, -e**   arsenal

wagen   to dare

*der **Wagen, -**   carriage; car

die **Wahl, -en**   choice

*wählen   to choose; to elect

*wahr   true; real; correct

*während (+ gen.)   during, while

*die **Wahrheit, -en**   truth

*wahrscheinlich   probably, likely; plausible

*der **Wald,** ⁓er   forest, woods

das **Waldland**   woodland

das **Waldsterben**   dying forests

*die **Wand,** ⁓e   wall

der **Wanderer, -** (m.) / die **Wanderin, -nen** (f.)   hiker

*wandern [ist]   to hike, go on foot

*die **Wanderung, -en**   hike

*wann   when

*die **Ware, -n**   article; goods (pl.)

das **Warenhaus,** ⁓er   department store

*warm (ä)   warm; warmherzig   warmhearted

die **Wärme**   warmth

warnen   to warn 9

(das) Warschau   Warsaw
*warten   to wait; ~ auf (+ acc.)
   to wait for
*warum   why
*was   what
*was für   what sort, what kind
*die Wäsche   linen, clothes,
   laundry
*waschen (ä; u, a,)   to wash;
   waschbar   washable
die Wäscherei, -en   laundry;
   das Wäschereiauto, -s
   laundry truck
*die Waschmaschine, -n
   washing machine; der
   Waschraum, ¨e   lavatory
*das Wasser, -   water; ~ auf
   seine Mühle   grist to his mill;
   der Wasserhahn, ¨e   faucet;
   die Wassermühle, -n   water
   mill; die Wasserratte, -n
   person fond of swimming
*das WC   toilet
der Wechsel, -   change,
   alteration
wechseln   to change; to
   exchange; to replace 4
*wecken   to wake
der Wecker, -   alarm clock 1
*weder   neither; *weder ... noch
   neither . . . nor
*der Weg, -e   way; road; path;
   direction; sich auf den ~
   machen   to set out
*weg   gone, away; lost
*wegen (+ gen.)   because of,
   owing to
*weg·fahren (ä; u, [ist] a)   to
   drive away, go away
*weg·gehen (ging weg, ist
   weggegangen)   to go away
*weg·laufen (äu; ie, [ist] au)   to
   run away
*weg·nehmen (nimmt weg; a,
   weggenommen)   to take away
*weg·werfen (i; a, o)   to discard,
   throw away
das Wegwerffeuerzeug, -e
   disposable cigarette lighter
weh   woe; oh ~   alas
*weh tun (+ dat.)   to hurt

der Wehrdienst   military
   service
(sich) wehren   to resist 7
weiblich   feminine 3
*weich   soft
sich weigern   to refuse
*das Weihnachten, -   Christmas;
   der Weihnachtsmann, ¨er
   Father Christmas, Santa
   Claus; der Weihnachtsbaum,
   ¨e   Christmas tree
*weil   because, since
die Weile   a short while 4
*der Wein, -e   wine
*weinen   to cry
die Weise, -n   manner, way,
   method 6; auf diese ~   in
   this way 6
*weiß   white
*weit   wide; far, distant; ~ und
   breit   far and wide
*weiter   further; additional
weiter·arbeiten   to continue to
   work
weiter·bilden   to continue to
   train
die Weiterführung, -en
   continuation
weiter·gehen (ging weiter, ist
   weitergegangen)   to go on
   walking
weiterhin   from then on
weiter·kommen (a, [ist] o)   to
   advance; come on
weiter·treiben (trieb weiter,
   weitergetrieben)   to force
   forward; to drive on
weitgeöffnet   wide-open
der Weizen   wheat
*welcher   which
die Welle, -n   wave
*die Welt, -en   world;
   weltberühmt   world famous;
   der Weltkrieg, -e   world war;
   das Weltfestspiel, -e   world
   festival
*wenden (wandte, gewandt)   to
   turn
*wenig   little, slightly, not much
*ein wenig   a little bit
*wenigstens   at least

*wenn   when, whenever; if
*werden (i; u, [ist] o)   to become
*werfen (i; a, o)   to throw
*das Werk, -e   work; deed;
   factory; *die Werkstatt, ¨en
   workshop; das Werkzeug, -e
   tool; der Werkzeugmacher, -
   tool and die maker
*wert   valued; worth; wertvoll
   valuable; precious
der Wert, -e   value 7
das Werturteil, -e   value
   judgment
*weshalb   why
*wessen   whose
*der Westen   west; West;
   westeuropäisch   West
   European; westlich   western
*das Wetter, -   weather; der
   Wetterbericht, -e   weather
   report
der Wettkampf, ¨e   contest
*wichtig   important
widersprechen (i; a, o)   to
   contradict
*wie   how
*wieder   again
wieder·geben (i; a, e)   to
   reproduce, render
*wiederholen   to repeat
wieder·sehen (ie; a, e)   to see
   again
*das Wiedersehen, -   reunion;
   auf ~   good-by
wiegen (o, o)   to weigh
die Wiese, -n   meadow
wieso   why, how come
*wieviel   how much; wie viele
   how many
*wild   wild
der Wille, -ns, -n   will,
   determination
*willkommen   welcome
*der Wind, -e   wind
*winken   to wave
*der Winter,-   winter
wirken   to bring about; to do
*wirklich   really; true
*die Wirklichkeit, -en   reality
wirksam   effective
die Wirkung, -en   effect
der Wirt, -e   innkeeper, host;

das Wirtshaus, ⁻er
restaurant 7
die Wirtschaft, -en restaurant;
economy 6
wischen to wipe 4
*wissen (weiß; wußte, gewußt)
to know
die Wissenschaft, -en science,
knowledge; der Wissen-
schaftler, - (m) / die Wissenschaftlerin, -nen (f)
scientist, scholar 8;
wissenschaftlich scientific
*der Witz, -e joke
witzig funny; witty 10
*wo where; in which
*die Woche, -n week; in einer ~
in one week, next week; vor
einer ~ one week ago, last
week; *das Wochenende, -n
weekend; das Wochen-
endhaus, ⁻er cottage; der
Wochentag, -e weekday
wofür what for
*woher where from
*wohin where to, where
*wohl well; probably
*wohnen to live, reside;
wohnlich pleasant to live in
der Wohnort, -e place of
residence; die Wohnstraße, -n
residential street; das
Wohnviertel, - residential
district; das Wohnheim, -e
dormitory
*die Wohnung, -en residence,
apartment
der Wolf, ⁻e wolf
*die Wolke, -n cloud
*wollen to want, wish; to intend
womit by what means
*das Wort, ⁻er word; die
Wortbildung, -en word
formation; wörtlich literal;
wortlos without saying a
word; der Wortschatz
vocabulary
das Wort, -e connected words
(in pl.)
*das Wörterbuch, ⁻er dictionary
wozu to what purpose, why
das Wunder, - miracle, wonder;

*wunderbar wonderful;
*wunderschön very
beautiful, very nice
*(sich) wundern to be
surprised; to wonder
*der Wunsch, ⁻e wish
*wünschen to wish
wurscht: das ist mir ~ it
doesn't matter to me (colloq.)
*die Wurst, ⁻e sausage; das
Wurstbrot, -e cold meat
sandwich; das Würstchen, -
small sausage
der Wüstling, -e lecher
die Wut rage, fury 9
wütend (auf + acc.) furious
(with, at)

*z.B. (abbrev. for zum Beispiel)
for example
*die Zahl, -en number
zahlbar payable
*zahlen to pay
*zählen to count
zahlreich numerous
der Zahltag, -e payday
*der Zahn, ⁻e tooth; *der
Zahnarzt, ⁻e (m) / die
Zahnärztin, -nen (f) dentist;
*die Zahnbürste, -n
toothbrush; *die Zahnpaste, -
n toothpaste
zart tender
zärtlich affectionate, tender,
loving 11
der Zaun, ⁻e fence 2
das Zeichen, - sign, symbol 8
die Zeichnung, -en drawing,
sketch
*zeigen to show, to point
*die Zeile, -n line
*die Zeit, -en time; era; zeitig
early; at the right time; vor
kurzer Zeit a short while ago
*die Zeitschrift, -en journal;
magazine; der
Zeitschriftenartikel, -
magazine article
*die Zeitung, -en newspaper;
der Zeitungsartikel, -
newspaper article; der
Zeitungsjunge, -n,

-n paper boy; der
Zeitungsverkäufer, - news
vendor
die Zelle, -n cell
*das Zelt, -e tent
*zelten to camp, tent
zentral central
das Zentrum, Zentren center
(of a city)
zerfallen (ä; zerfiel, [ist] a) to
fall apart, disintegrate
*zerstören to destroy
der Zettel, - note, slip of paper
das Zeug stuff; clothes;
utensils; du redest dummes ~
you're talking nonsense
das Zeugnis, -se testimony;
grades, report card 3
*ziehen (zog, gezogen) to pull;
move
das Ziel, -e goal, aim 6
*ziemlich rather; quite
*die Zigarette, -n cigarette
die Zigarre, -n cigar
*das Zimmer, - room
das Zitat, -e quotation
zitieren to cite; to quote
zittern to tremble, shiver
zivil civilian
der Zivildienst civilian service
in place of military service
die Zivilisation, -en civilization
*zu to; too; shut
zucken to twitch
*der Zucker sugar
zu·decken to cover 10
zueinander to each other
*zuerst first; at first
der Zufall, ⁻e chance 11
zu·fallen (ä; fiel zu, [ist] a) to
close
zufällig accidental, incidental
*zufrieden (mit) content,
satisfied (with)
*der Zug, ⁻e train
der Zugang, ⁻e entrance
zu·geben (i; a, e) to admit
zu·gehen (ging zu, [ist]
zugegangen) to go toward
zugleich at the same time
zu·hören to listen 6
zu·kommen (a, [ist] o) to

die Zukunft future; **zukünftig** future; **zukunftssicher** long term (job)

die Zulassung, -en admittance

zuletzt at last, finally; the last time 6

*__zu·machen__ to close

zunächst first of all

zu·ordnen to associate with; to arrange

*__zurück__ back; backwards; behind

zurück·bleiben (ie, [ist] ie) to remain; to fall behind

zurück·halten (ä, ie, a) to hold back

zurück·kommen (a, [ist] o) to come back

sich zurück·lehnen to lean back

zurück·reichen to hand back

zurück·treten (tritt; trat, [ist]

getreten) to step back

zurück·zahlen to pay back

*__zusammen__ together

zusammen·drängen to crowd together, press together

zusammen·falten to fold

zusammen·fassen to summarize

die Zusammenfassung, -en summary

der Zusammenhang, ⸚e context 1

zusammen·hängen to be connected with

zusammen·stellen to put together

der Zustand, ⸚e condition, situation

zu·stimmen to agree to

zu·treten (tritt zu; a, [ist] e) to step up to

zuverlässig reliable

*__zuviel__ too much

zu·wenden (wandte zu, zugewandt) to turn toward

*__zwar__ to be sure, course, indeed

*__der Zweck, -e__ purpose

*__der Zweifel, -__ doubt

zweifelhaft doubtful

zweifeln to doubt; ~**an** (+ *dat.*) to doubt in 2

zweitens in the second place

der Zwerg, -e dwarf

der Zwieback, -e biscuit, rusk

*__zwingen (a, u)__ to compel

der Zwirnsfaden, ⸚ piece of yarn

*__zwischen__ (+ *acc./dat.*) between

die Zwischenstation, -en way station

zynisch cynical

English-German Vocabulary

The English-German end vocabulary contains the words needed in the grammar exercises that require students to express English sentences in German. The definitions provided are limited to the context of a particular exercise. Strong and irregular weak verbs are indicated with a raised degree mark (°). Their principal parts can be found in the Appendix. Separable-prefix verbs are indicated with a raised dot: **an·fahren°**.

about über
accident der Unfall, ⸚e
acquaintance der/die Bekannte
  (noun decl. like adj.)
across über; ~ **the street from**
  us uns gegenüber
act as if tun, als ob
actually eigentlich
after nach *(prep.);* nachdem
  (conj.)
afternoon der Nachmittag, -e;
  this ~ heute nachmittag;
  afternoons nachmittags
agree: I ~ with [you] ich bin
  [deiner] Meinung
airplane das Flugzeug, -e
all all, alle; ~ **day** den ganzen
  Tag; ~ **the same to me** mir
  gleich
alone allein
along entlang; ~ **the river** den
  Fluß entlang; **bring ~**
  mit·bringen°
already schon
also auch
although obwohl
always immer
amazed: to be amazed (at) sich
  wundern (über)
ambulance der Krankenwagen, -
American der Amerikaner, -
  (m.) / die Amerikanerin, -nen
  (f.); amerikanisch *(adj.)*

and und
annoy ärgern
answer antworten; ~ **a**
  question auf eine Frage
  antworten
anymore nicht mehr
anything etwas
apartment die Wohnung, -en
apple der Apfel, ⸚
around um; ~ **here** hier
arrive kommen°; an·kommen°
as: ~ if als ob
ask fragen
at [seven] um [sieben]; ~ **the**
  movies im Kino; ~ **home** zu
  Hause; ~ **the railroad station**
  am Bahnhof; ~ **the post office**
  bei der Post
Austria Österreich

back zurück; **come back**
  zurück·kommen°
bad schlecht; **too ~** schade
beat schlagen°
because weil, da; denn
become werden°; **to ~ of**
  werden aus...
bed das Bett, -en
beer das Bier, -e
before ehe, bevor
behave sich benehmen°
behind hinter
believe glauben

belong gehören (+ *dat.*)
beside neben
best best-
better besser
bicycle das Fahrrad, ⸚er
biking: to go ~ rad·fahren°
bird der Vogel, ⸚
birthday der Geburtstag, -e; **for**
  [his] ~ zum Geburtstag
bloom blühen
book das Buch, ⸚er
boring langweilig
bottle die Flasche, -n
box office die Kasse; **at the ~**
  an der Kasse
bring bringen°; ~ **along**
  mit·bringen°
brown braun
bus der Bus, -se
but aber; sondern
buy kaufen
by: ~ the way übrigens; ~
  Sunday bis Sonntag

café das Café, -s; **to a ~** ins
  Café
cake der Kuchen, -
call up *(telephone)* an·rufen°
can können; ~ **not be helped**
  läßt sich nicht ändern
car das Auto, -s
change (sich) ändern
cheese der Käse, -

city   die Stadt ¨e; **in(to) the ~** in die Stadt
city hall   das Rathaus, ¨er
class   die Klasse, -n; **to travel [first] ~**   [erster] Klasse fahren°
clothes   die Kleidung; die Sachen *(pl.)*; die Kleider *(pl.)*
coffee   der Kaffee
cold   kalt; die Erkältung; **to catch a ~**   sich erkälten
comb   der Kamm, ¨e
come   kommen°; **~ with me** komm doch mit; **~ back** zurück·kommen°
command   befehlen°
compare   vergleichen°
completely   ganz
concert   das Konzert, -e
cook   kochen
cost   kosten
could   könnte
country   das Land, ¨er; **to the ~** aufs Land
course: of ~   selbstverständlich, natürlich
cream   die Sahne
curious(ly)   neugierig
cut   schneiden°

day   der Tag, -e
describe   beschreiben°
different   andere, anders; **to be of a ~ opinion**   anderer Meinung sein
difficult   schwer
dinner   das Abendessen, -
dishes   das Geschirr, -(e)
do   machen, tun°
doctor   der Arzt, ¨e/die Ärztin, -nen
dog   der Hund, -e
dozen   das Dutzend, -e
dream   träumen
drink   trinken°
drive   fahren°
drugstore   die Drogerie, -n; **to the ~**   in die (zur) Drogerie

easy   leicht
eat   essen°
either: isn't [bad] ~   auch nicht [schlecht]

electrician   der Elektriker, -
elegant   elegant
English (person)   der Engländer, - *(m.)* / die Engländerin, -nen *(f.)*
enough   genug
evening   der Abend, -e; **this ~** heute abend; **in the ~**   am Abend, abends
every   jeder
everything   alles
excellent   ausgezeichnet
exception   die Ausnahme, -n
expensive   teuer
experience   die Erfahrung, -en; erleben
express   aus·drücken

famous   berühmt, bekannt
father   der Vater, ¨
feel   sich fühlen; **~ sorry for** leid tun; **I ~ better**   es geht mir gut (ich fühle mich) besser
few   wenige; **a ~**   einige
film   der Film, -e
find   finden°
first   erst; **to travel ~ class** erster Klasse fahren°
fish   der Fisch, -e
five   fünf
flower   die Blume, -n
fly   fliegen°
follow   folgen (+ *dat.*)
food   das Essen, -
for   für; **~ [his] birthday** zum Geburtstag; **~ a long time** lange; **~ a week**   seit einer Woche
foreigner   der Ausländer, -; die Ausländerin, -nen
forget   vergessen°
France   (das) Frankreich
freeze   frieren°
frequently   häufig, oft
Friday   der Freitag; **on ~**   am Freitag
friend   der Freund, -e/die Freundin, -nen; der/die Bekannte *(noun decl. like adj.)* **boy~** Freund; **girl~** Freundin
friendly   freundlich

from   von
fry   braten°
funny   lustig, komisch
furniture   das Möbel, -

garden   der Garten, ¨
German   der/die Deutsche *(noun decl. like adj.)*; **he is ~** er ist Deutscher; **~ (language)**   (das) Deutsch
Germany   Deutschland
get   bekommen°; **~ from Hamburg to Berlin**   von Hamburg nach Berlin kommen; **~ tired**   müde werden; **~ off** frei bekommen°; **~ in** ein·steigen°; **~ up**   auf·stehen°
gift   das Geschenk, -e
girl   das Mädchen, -; **girl friend** die Freundin, -nen
give   geben°; *(as present)* schenken
glass   das Glas, ¨er; **wine~**   das Weinglas
go   *(on foot)* gehen°; *(by vehicle)* fahren°
good   gut
grandparents   die Großeltern *(pl.)*
great   toll
guest   der Gast, ¨e

had: ~ to   mußte
hair   das Haar, -e
happy   froh; glücklich
hard   schwer; hart
hasn't: ~ it?   nicht? nicht wahr?
have   haben; **~ to**   müssen; **would ~ to**   müßte; **~ [the electrician] come**   [den Elektriker] kommen lassen
hear   hören
help   helfen°; **can't be helped** läßt sich nicht ändern
here   hier; **around ~**   hier
hey!   Du (informal)
hi   Tag!
high   hoch
hike   wandern
history   die Geschichte, -n
hold   halten°

home: at ~ zu Hause; **~** (*direction*) nach Hause
hope hoffen; **I ~** hoffentlich
hour die Stunde, -n; **in an ~** in einer Stunde
house das Haus, ¨er
how wie; **~ nice** wie schön
hurry (up) sich beeilen
hurt weh tun° (+ *dat.*); schmerzen (+ *dat.*)
husband der Mann, ¨er

idea die Idee, -n
if wenn; (*whether*) ob; **~ only** wenn nur
ill krank
immediately sofort
inform informieren
information die Information, -en
inn das Gasthaus, ¨er; der Gasthof, ¨e
instead anstatt
interest interessieren
invite ein·laden°
Italy (das) Italien

jacket die Jacke, -n

key der Schlüssel, -
knife das Messer, -
know (*to know a fact*) wissen°; (*to be acquainted with*) kennen°

lake der See, -n
last letzt; vorig-; **~ night** gestern abend
later später
laugh lachen
learn lernen
leave lassen°; weg·gehen°; **~ the café** das Café verlassen°
leg das Bein, -e
let lassen°; **let's** laß(t) uns doch
letter der Brief, -e
lie liegen°
life das Leben, -

like mögen; **would [you] ~** möchten [Sie]; **would ~ to help** gern helfen°; (*prep.*) **speak ~ him** so sprechen wie er; **~ something** gefallen° (+ *dat.*); **~ someone** gern haben
listen, Trudi hör mal, Trudi!
live wohnen; leben
long lang(e); **a ~ time** lange
longer: no ~ nicht mehr
look schauen; **~ (at)** an·schauen; an·sehen°; **~ for** suchen; **~ as if** aus·sehen°, als ob ...
lose verlieren°
lot: a ~ viel; **a ~ of** eine Menge

mad: to be mad sich ärgern
man der Mann, ¨er
many viele
mark die Mark
married couple das Ehepaar, -e
may dürfen°
mean meinen
meat das Fleisch
meet kennen·lernen; begegnen (+ *dat.*); treffen°, sich treffen° mit
minute die Minute, -n
Monday der Montag
money das Geld, -er
month der Monat, -e
more mehr; **any ~** nicht mehr
morning der Morgen, -
most meist; **~ of the time** meistens
mother die Mutter, ¨
mountain der Berg, -e
move (*change residence*) um·ziehen°
movies das Kino, -s; die Filme; **to the ~** ins Kino; **at the ~** im Kino
much viel
museum das Museum, Museen (*pl.*); **to the ~** ins Museum
musician der Musiker,-/die Musikerin, -nen
must müssen

natural(ly) natürlich
necktie die Krawatte, -n

need brauchen
neighbor der Nachbar, -n, -n/die Nachbarin, -nen
next nächst; **next to** neben
nice nett; schön; **how ~** wie schön
no nein; kein; **~ thanks** nein, danke
not nicht
nothing nichts
nothing more nichts mehr
notice merken, bemerken
now jetzt

obey gehorchen (+ *dat.*)
of course natürlich, selbstverständlich
off frei; **get ~** frei bekommen
official der Beamte (*noun decl. like adj.*), die Beamtin, -nen
often oft
oh o; oh; ach
okay gut; **is it ~** ist es [Ihnen] recht?
old alt
on an; auf; **~ Sunday** am Sonntag; **~ the street** auf der Straße
once einmal
only nur; **if ~ it** wenn es nur
open öffnen
opera die Oper, -n; **to the ~** in die Oper
opinion die Meinung, -en; **in [my] ~** [meiner] Meinung nach; **to be of a different ~** anderer Meinung sein
or oder
order bestellen
ought sollen; **he ~ to** er müßte
outside draußen
over über
own (*verb*) besitzen°; (*adj.*) eigen

pack packen; ein·packen
parents die Eltern (*pl.*)
park der Park, -s; **to go for a walk through the ~** im Park spazieren·gehen°

party die Party, -s; das Fest, -e;
  to have (give) a ~ ein Fest
  machen (geben)
pay bezahlen
people die Leute (*pl.*)
pharmacist der Apotheker, -
photographer der Fotograf, -en,
  -en
piano das Klavier, -e
pick up ab·holen
picture das Bild, -er
plan der Plan, ¨e
play spielen
please bitte
policeman der Polizist, -en, -en
post office die Post; **to the** ~
  auf die Post; **at the** ~ bei der
  Post
practice üben
prefer vor·ziehen°; lieber: ~ **(to**
  travel) lieber (fahren)
prepare vor·bereiten
probably wohl, wahrscheinlich
professor der Professor, -en/die
  Professorin, -nen
purchase kaufen
put stellen; stecken; setzen;
  legen; ~ **on (clothing)**
  an·ziehen°

question die Frage, -n

railroad station der Bahnhof, ¨e
rain regnen; der Regen
raincoat der Regenmantel, ¨
react reagieren
read lesen°
ready fertig
realize merken, bemerken
really wirklich
relative der/die Verwandte
  (*noun decl. like adj.*)
remember sich erinnern an (+
  acc.)
remodel um·bilden
repair reparieren
report das Referat, -e; **give a** ~
  einen Referat halten°
reserve reservieren
restaurant das Restaurant, -s;
  to a ~ ins Restaurant

rice der Reis
right recht; **to be** ~ recht
  haben
river der Fluß, Flüsse
roast braten°
run laufen°; (*water*) fließen°

salad der Salat, -e
same gleich; **it's all the** ~ **to**
  [me] es ist [mir] gleich
sandwich das Brot, -e
Saturday der Samstag, -e; **on** ~
  am Samstag
say sagen
sea das Meer, -e; die See, -n
seat der Platz, ¨e
second zweit-
see sehen°; (*to visit*) besuchen
sell verkaufen
seminar das Seminar, -e; **to the**
  ~ ins Seminar; ~ **paper** die
  Seminar arbeit, -en
send schicken; ~ **for** kommen
  lassen°
several einige
should sollen; ~ **go** sollte
  gehen; ~ **have known** hätte
  wissen sollen
shut zu·machen; schließen°
shy schüchtern
sick krank
simply einfach
since seit
sing singen°
singer der Sänger, -/die
  Sängerin, -nen
sister die Schwester, -n
sit sitzen°
sleep schlafen°
slowly langsam
smile lächeln
so so
some manche
something etwas
sometimes manchmal
son der Sohn, ¨e
soon bald
sorry: I'm ~ es tut mir leid; **I**
  feel ~ **for (her)** (sie) tut mir
  leid
speak (to or with) sprechen°
  (mit); reden (mit)

spend (time) verbringen°
spite: in ~ **of** trotz
stamp die Briefmarke, -n
stand stehen°
station (train) der Bahnhof, ¨e
stay bleiben°
still noch
store der Laden, ¨, das Geschäft,
  -e
story die Geschichte, -n
street die Straße, -n; **across the**
  ~ **from us** uns gegenüber; **on**
  the ~ auf der Straße
stupid dumm; doof
such solch-; ~ **a** solch ein, so
  ein
sudden: all of a ~ plötzlich
suddenly plötzlich
suitcase der Koffer, -
summer der Sommer, -
sun die Sonne, -n
Sunday der Sonntag, -e; **on** ~
  [am] Sonntag
supermarket der Supermarkt,
  ¨e
sure sicher
surely sicher, bestimmt, wohl
sweet süß
swim schwimmen°
Switzerland die Schweiz; **to** ~
  in die Schweiz; **in** ~ in der
  Schweiz

table der Tisch, -e
take nehmen°; bringen°; ~
  along mit·bringen°;
  mit·nehmen°
talk (to) reden (mit)
teacher der Lehrer, -/die
  Lehrerin, -nen
tell erzählen
tennis das Tennis
than als
thanks danke
that das; (*conj.*) daß
theater das Theater, -; **to the** ~
  (*to buy tickets*) zum Theater; **to**
  the ~ (*to see performance*) ins
  Theater
then dann
there dort; da; ~ **is/are** es gibt
these diese

think denken°; **think about** nach·denken° (über); überlegen
this dies-
through durch; **to go for a walk ~ the park** im Park spazieren·gehen°
ticket die Karte, -n; das Ticket -s
time die Zeit; **for a long ~** lange
tired müde
to auf; in; nach (*with cities and masc. and neut. countries*); zu; **~ the movies** ins Kino; **~ the city** in die Stadt; **~ the post office** auf die Post; **~ the drugstore** in die (zur) Drogerie; **~ Switzerland** in die Schweiz; **~ the opera** in die Oper
today heute
together zusammen
tomorrow morgen; **~ evening** morgen abend
tonight heute abend
too zu; **~ bad** schade
towards gegen; **~ evening** gegen Abend
train der Zug, ⁻e
train station der Bahnhof, ⁻e; **from the ~** vom Bahnhof
travel fahren°; reisen
TV das Fernsehen; **watch ~** fern·sehen°

TV set der Fernseher, -

umbrella der Regenschirm, -e
uncle der Onkel, -
understand verstehen°; **understood: it's ~** es versteht sich
unfortunately leider
until bis
upset: to get ~ sich ärgern
use gebrauchen

very sehr
village das Dorf, ⁻er
visit besuchen; der Besuch, -e; **for a ~** zu Besuch

wait warten; **~ for** warten auf
waiter der Ober, -; der Kellner, - (*m.*)/die Kellnerin, -nen (*f.*)
walk: to go for a ~ spazieren·gehen°
want wollen
warm warm
was war
watch TV fern·sehen°
water das Wasser; **~ bottle** die Wasserflasche, -n
way der Weg, -e; **by the ~** übrigens
wear an·ziehen°
weather das Wetter
week die Woche, -n

weekend das Wochenende, -n
weird seltsam; komisch
well, ... na
what was
when als, wenn, wann
where wo; **~ to** wohin; **~ from** woher
whether ob
which welch-
why warum; **~ not** warum nicht
window das Fenster, -
wine der Wein; **~ glass** das Weinglas
wish wünschen; **I ~** ich wünschte, ich wollte
with mit
without ohne
woman die Frau, -en
wonderful wunderbar; wunderschön
word das Wort, ⁻er
work arbeiten; die Arbeit; **to do the ~** die Arbeit machen
would würde; **~ like to help** würde gern helfen; **~ have to** müßte; **it ~ be nice** es wäre schön
write schreiben°

yellow gelb
yes ja
yesterday gestern
yet schon; noch

Index

Permissions and credits

The authors and editors would like to thank the following authors and publishers for granting permission to use copyrighted material.

Ilse Aichinger, "Fenster-Theater" from *Der Gefesselte*, ©1954 by permission of S. Fischer Verlag GmbH, Frankfurt am Main.

Kristiane Allert-Wybranietz, "Gefühle kann man nicht beschreiben," from *Liebe Grüße — Verschenktexte*, Lucy Körner Verlag, BRD-7012 Fellbach.

Rose Ausländer, "Bruder," from *Mein Atem heißt jetzt,*©1981 by permission of S. Fischer Verlag GmbH, Frankfurt am Main.

Anni Becker, "Kartoffellied"; "Das Lied vom Fernsehn."

Peter Bichsel, "Ein Tisch ist ein Tisch," from *Kindergeschichten,*©1969 by Hermann Luchterhand Verlag, Darmstadt und Neuwied.

Wolf Biermann, "Du laß dich nicht verhärten," "Spielzeug," Verlag Kiepenheuer & Witsch, Köln.

Johannes Bobrowski, "Brief aus Amerika," ©Spectrum Verlag, Fellbach.

Heinrich Böll, "Anekdote zur Senkung der Arbeitsmoral," from *Erzählungen 1950–1970*. ©1972 by Verlag Kiepenheuer & Witsch, Köln.

Wolfgang Borchert, "Die Kegelbahn," from Das Gesamtwerk, ©1949 Rowohlt Verlag GmbH, Hamburg.

Bertolt Brecht, "Maßnahmen gegen die Gewalt," *Geschichten von Herrn Keuner,* ©1949; "Die unwürdige Greisin" from *Kalendergeschichten* ©1948 by Gebrüder Weiss Verlag, Dreieich.

Günter Grass, "Mißlungener Überfall," from *Gesammelte Gedichte,* ©1965 by Evergreen

Review, Inc. Reprinted by permission of Grove Press, Inc.

Edward T. Hall and Mildred Reed Hall, "Hidden Differences: Studies in International Communication," Gruner + Jahr AG & Co., Anzeigenabteilung STERN, Hamburg. ©April 1984: Edward T. Hall Associates, Santa Fe, New Mexico 87501 USA. Reprinted by permission of Brandt & Brandt Literary Agents, Inc.

Wolfgang Hildesheimer, "Eine größere Anschaffung," from *Lieblose Legenden*, ©1962 by Suhrkamp Verlag, Frankfurt am Main.

Hugo von Hofmannsthal, *"Die Beiden,"* from *Gedichte und kleine Dramen,* ©1949 by Insel Verlag, Frankfurt.

Hans Kasper, "Nachricht," from *Kehrseite der Wirtschaft,* ©1959 by Paul List Verlag, München.

Hein & Oss Kröher, recording of "Die Gedanken sind frei," Büchergilde Gutenberg, Frankfurt.

Reiner Kunze, "Element," from *Die wunderbaren Jahre,* ©1976 by permission of S. Fischer Verlag GmbH, Frankfurt am Main.

Siegfried Lenz, "Die Nacht im Hotel," from *Jäger des Spotts, Geschichten aus dieser Zeit.* ©1958 by Hoffmann und Campe Verlag, Hamburg.

Herbert Malecha, "Die Probe," reprinted by permission of the author.

Kurt Marti, "Neapel sehen," from *Dorfgeschichten,* ©1983 by Hermann Luchterhand Verlag,

Darmstadt und Neuwied.

Walter Moßmann, "Der neue deutsche Zwiefache," from *Flugblattlieder — Streitschriften*, Rotbuch Verlag GmbH, Berlin.

Alfred Polgar, "Geschichte ohne Moral," reprint by permission of Rowohlt Verlag GmbH, Reinbek bei Hamburg, ©1951 by the estate of Alfred Polgar.

Joachim Ringelnatz, "In Hamburg lebten zwei Ameisen," "Ein männlicher Briefmark," from Joachim Ringelnatz, *Das Gesamtwerk, Gedichte I,* ©Henssel Verlag, Berlin.

Arthur Schnitzler, "Die grüne Krawatte," from *Gesammelte Werke, Die erzählenden Schriften Bd.1,* ©1961 by permission of S. Fischer Verlag GmbH, Frankfurt am Main.

Peter Seeger, "Sag mir wo die Blumen sind" (Where have all the flowers gone?), German translation by Max Colpet, © 1961, 1962 by Fall River Music, Inc. All rights reserved. Used by permission.

Kurt Tucholsky, "Worauf man in Europa stolz ist," from *Und überhaupt...,* ©1953, 1962 by Rowohlt Verlag, Reinbek bei Hamburg.

Gabriele Wohmann, *"Ein netter Kerl,"* ©Verlag Eremiten-Presse, Düsseldorf.

Wolf Wondratschek, *"Mittagspause,"* from *Früher begann der Tag mit einer Schußwunde,* ©1969, 1971 by Carl Hanser Verlag, München & Wien.

Zupfgeigenhansel, recording of "Und in dem Schneegebirge,"

from "Volkslieder 2" 19902, Verlag "pläne" GmbH, Braunschweiger Str. 20, 4600 Dortmund 1.

Adaptations

Die Zeit, Hamburg: "Zeitlupe 2," September 1978; "Sie sind immer etwas besser," May 21, 1982; "Sieben Stunden auf den Knien, "January 21, 1981; "Das harte Brot," December 11, 1981; "Das Grauen und die Hoffnung," April 4, 1986; "Der Protest im Jammerthal," April 15, 1983; "Als die Träume wahr wurden," October 23, 1981. © Zeitverlag Gerd Bucerius KG, Hamburg.

Inter Nationes, Bonn: *Deutscher Kulturspiegel*, "Frauen im Berufsleben," August 1982; "Liedermacher in der Bundesrepublik Deutschland," Folge 5.

Scala, Frankfurt: "Die Frau," Nr. 6/1985; *Jugendscala*, Frankfurt, "Gesungen und gefiedelt," Nr. 7/8, 1981.

New York Times, New York, N.Y.: "In a 'Dying' Forest, the German Soul Withers Too," May 25, 1984, by James M. Markham; "*Angst* on Autobahn: Speed vs. Trees," October 31, 1984, by James M. Markham.

Tatsachen über Deutschland, "Die Schule," ©1978, 1984 by Bertelsmann Lexikothek Verlag GmbH, Gutersloh.

Illustrations

Page 3: © Ulrike Welsch; p. 7: © Ulrike Welsch; p. 8: © Ulrike Welsch; p. 15: Ferdinand Hodler, *Bildnis Carl Spitteler*, 1915. Öl auf Leinwand. 66 × 81 cm., Kunstmuseum Luzern. Foto R. Baumann; p. 23: © Ulrike Welsch; p. 25: Katrina Thomas/Photo Researchers; p. 27: © Jörg-Peter Maucher; p. 33: Courtesy Leitz GmbH, Stuttgart; p. 36: Rudolf Berndt, *Porträt eines Mannes*, 1927. Pastel. Courtesy Rainer Zimmermann; p. 39: Courtesy Hamburger Tennisschule; p. 41: © Ulrike Welsch; p. 44: Courtesy German Information Center; p. 45: © Manfred Vollmer; p. 53: Ernst Hassebrauk, *Sitzende Junge Frau in Sebusein*, 1927. Bleistift, Pinsel, Tusche auf glattem Zeichenkarton. 1002 × 660 mm. Städtische Galerie Albstadt. Inv. Nr. GS81/518; p. 57: Courtesy Kröger & Slottke, Taxenbetrieb, Hamburg, West Germany; p. 59: © Herlinde Koelbl/BD Picture Service; p. 62: Christa Armstrong/Photo Researchers; p. 63: © Ulrike Welsch; p. 71: Emil Nolde, *Mann und junges Mädchen*, 1925. (Frontispiece of *Das Graphische Werk von Emil Nolde 1910-1925*. Berlin, Euphorion Verlag, 1926.) Woodcut. 15.8 × 11.0 cm. Los Angeles County Museum of Art. The Robert Gore Rifkind Center for German Expressionist Studies. Purchased with funds provided by Anna Bing Arnold, Museum Acquisition Fund and Deaccession Funds; p. 77: Courtesy Phonogram GmbH, Hamburg; p. 79: © 1914 by Friedrich Hofmeister, Hofheim, © renewed, © assigned 1981 to B. Schott's Söhne, Mainz. All rights reserved. Used by permission of European American Music Distributors Corp., sole U.S. agent for B. Schott's Söhne; p. 80-81: K. Hohner-Keith; p. 82: © Ashvin Gatha/BD Picture Service; p. 83: K. Hohner-Keith; p. 92: illustration by Deborah Shotwell; p. 99: Courtesy German Information Center; p. 101: Courtesy Bio-Baumarkt Sinsheim; p. 103: Courtesy Brotgarten, Hamburg. Graphic art by Hildegund Koziol, Bremen; p. 104: © Uta Hoffmann; p. 108: Courtesy Reformhaus im Famila-Center, Heidelberg; p. 112: Käthe Kollwitz, *Selbstbild*, 1923. Woodcut. © Bild-Kunst, West Germany/V.A.G.A., New York, 1986; p. 119: J. Douglas Guy/Astrid van Zon; p. 123: © Ulrike Welsch; p. 124: © Uta Hoffmann; p. 132: Lyonel Feininger, *Kleine Lokomotive*, 1936. Holzschnitt. 52 × 85 mm. The Cleveland Museum of Art. Gift of The Print Club of Cleveland; p. 136: Karl Schmidt-Rottluff, *Katzen II*, 1914. Woodcut. © A.D.A.G.P., Paris/V.A.G.A., New York, 1986; p. 139: Courtesy German Information Center; p. 142: Courtesy Deutsche Bundesbahn; p. 144: Courtesy Zentralstelle für die Vergabe von Studienplätzen, Dortmund; p. 146: *Zahlenspiegel Bundesrepublik Deutschland/Deutsche Demokratische Republik–Ein Vergleich*; Bundesministerium für innerdeutsche Beziehungen; p. 147: chart by ANCO/Boston; p. 154: Max Pechstein, *Fischerboote*, 1919. Watercolor and